Between East & West: A Gulf

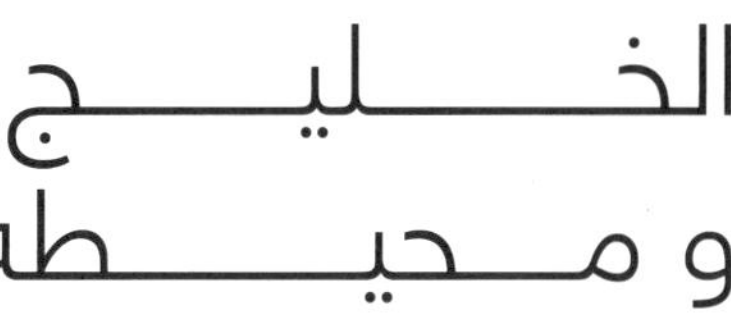

Kuwait's Pavilion at the 15th International Architecture Exhibition – La Biennale di Venezia

Commissioned by the National Council for Culture, Art and Letters - State of Kuwait

مشاركة دولة الكويت في
معرض العمارة الدولي الخامس
عشر – بينالي البندقية

تم تفويض المشروع من قبل
المجلس الوطني للثقافة والفنون
والآداب - دولة الكويت

Between East & West: A Gulf

Introductions

Narratives

Representations

Projections

Reflections

الخـــــليـــــج و مــــحيـــــطه

المقدمات

الروايات

دليل الجزر

التصورات

تأملات

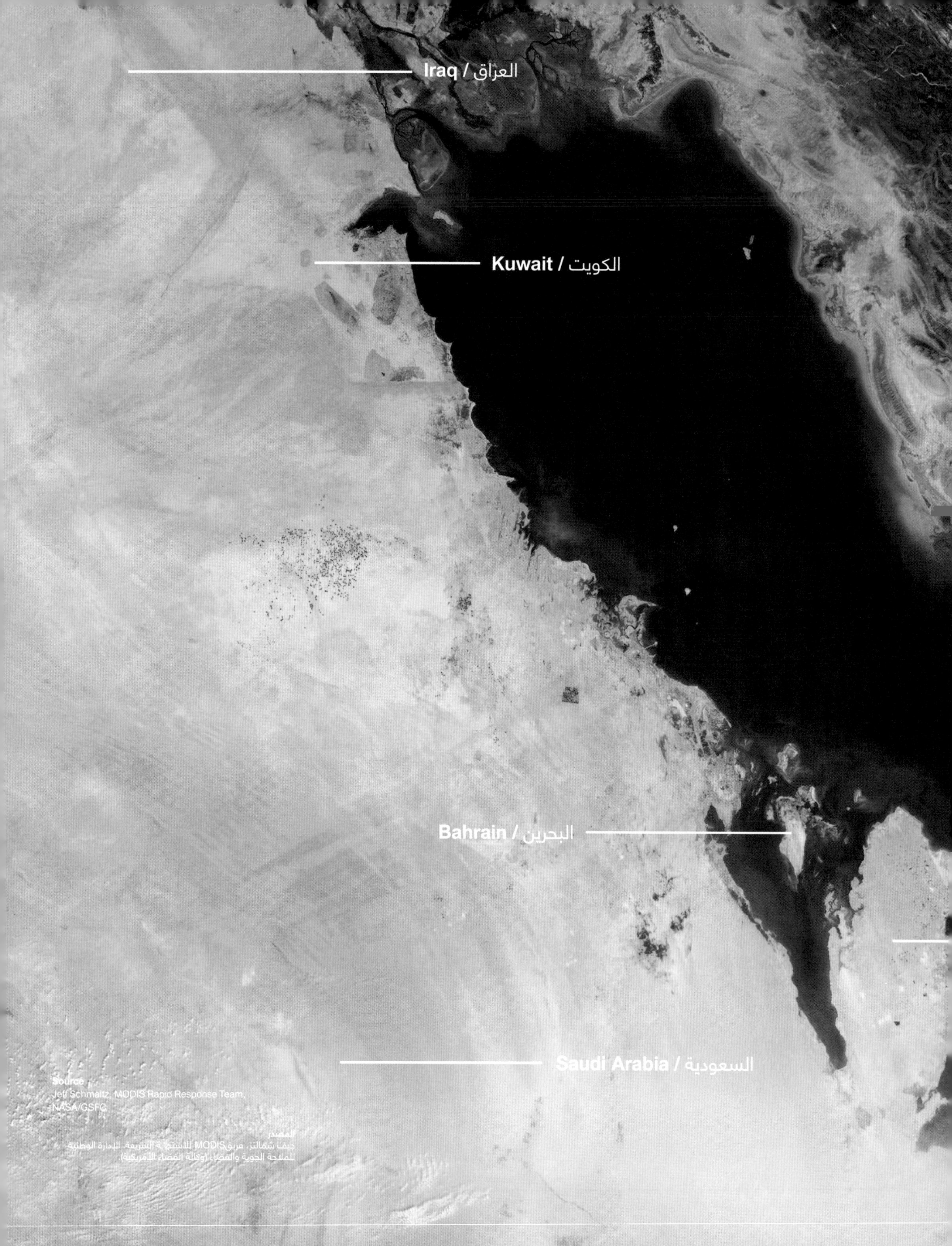

Source
Jeff Schmaltz, MODIS Rapid Response Team, NASA/GSFC

المصدر
جيف شمالتز، فريقMODIS للاستجابة السريعة، الإدارة الوطنية للملاحة الجوية والفضاء (وكالة الفضاء الأمريكية).

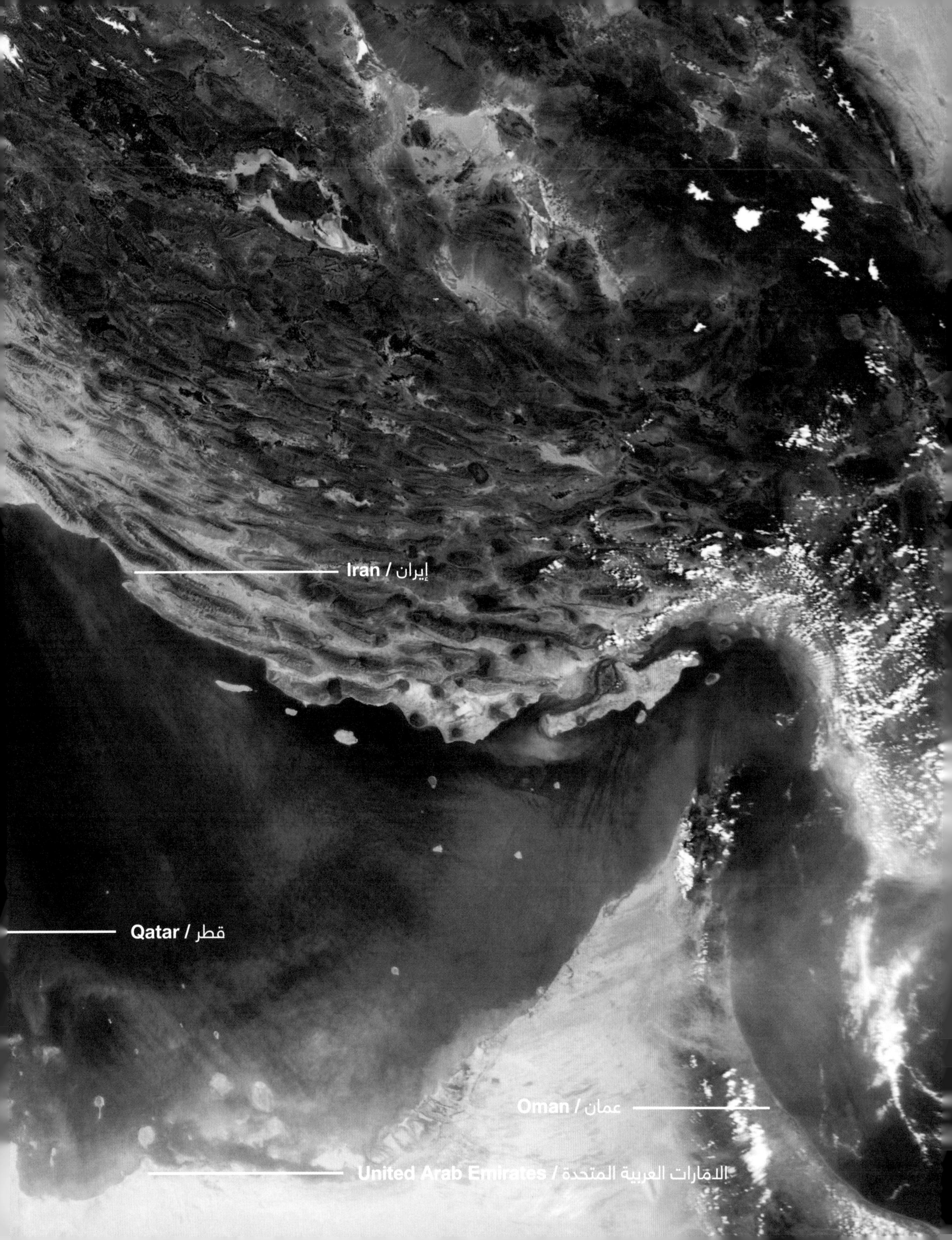

Iran / إيران

Qatar / قطر

Oman / عمان

United Arab Emirates / الامارات العربية المتحدة

Introductions

Commissioner's Statement

Zahra Ali Baba

After the great flood, a nation emerged longing for their lost Eden on the shores of the Upper Gulf in Lower Mesopotamia. They translated their nostalgia into epics depicting the drowning of this classical utopia. Archaeological theories that present the basin of the Arabian/ Persian Gulf as one of the potential locations for this once-green and prosperous paradise are steeped in fascinating mythologies that have potential to trigger an alternative spatial reading for the region. Venice, a location removed from regional constraints and local inhibitions, provides the international political forum through which this alternative perspective can be imagined and shaped.

"Architecture in Islamic Countries," curated by Paolo Portoghesi during the 1982 Second International Architecture Exhibition in Venice, showcased proposals and realized projects intended for the territory extending from Morocco to India. This area traversed both the eastern and western parts of the region, providing examples of the cultural exchange that produced Islamic notions through modern architecture. Kuwait was prominently present in the exhibition and Islamic architecture was reintroduced into contemporary practices. The works of Mohammed Makiya, Sune Lindstrom, Malene Bjorn, and Kenzo Tange as well Kuwaiti-born architect, Ghazi Sultan, propelled a new movement in Arab architecture.

Where the middle ground between East and West is at question, Kuwait becomes central to the debate. It seems that in this part of the world, there are special qualities of mobility and acceptance that enable the coming together of Eastern and Western ideas on both regional and global scales. Between the shores of the Gulf lies a trait deeply rooted in Kuwait's societal psyche. The dhow, a small, lateen-rigged ship, was a mobile-cultural institution that initiated dialogues that went beyond mere economics. Traces of such encounters enriched the cultural experience on both ends.

Investing in regional infrastructural projects is just another extension of the soft politics that Kuwait adopts, where connectivity is at the center of the public cultural diplomacy. It poses questions: What is the role of the civic sphere? Could the region be turned into a vacation destination, where leisure time is spent across the coastal and island towns that speckle the waterscape? Could this be a form of active engagement in reshaping the basin's larger sense of belonging? Can the reposition of tourism as an act of reform shape the spatial parameters of the region and re-establish long-forgotten routes that have been erased from the collective consciousness?

During the process of preparing this year's national representation, Mr. Shehab Shehab, the deputy secretary general of antiquities and museums division, and a supportive voice within the institution of this year's direction, insists on establishing continuity with the prehistoric Gulf. He describes the body of water as the heart of the ancient world that played a major role in cultural evolution: "It is the artery of interaction between societies settling in the region since the dawn

Image 01
The Kuwait Pavilion with Design Earth's "Boubyan Islands: There Was Once an Island" in the foreground. Photo by Giulio Boem.

Image 02
The Kuwait Pavilion. Photo by Giulio Boem.

Image 03
The Kuwait Pavilion. Photo by Giulio Boem.

المقدمات
كلمة المفوض

بعد أن شهدت الأرض الطوفان العظيم، نشأت أمة على الضفاف العلوية للخليج العربي وفي الجزء السفلي من بلاد ما بين النهرين، وكانت هذه الأمة تتوق شوقًا وحنينًا للعودة إلى موطنها المفقود: جنة عدن. فترجمت حنينها لهذا الماضي على شكل ملاحم تصور غرق هذه المدينة الفاضلة.

زهراء علي بابا

وقد تعددت النظريات الأثرية حول موقع جنة عدن، ولكننا نجد أن تلك النظريات التي حددت حوض الخليج العربي كموقع محتملة لهذه الجنة الخضراء المزدهرة ترتبط ارتباطًا راسخًا في أعماق الأساطير ولها من القدرة على إثارة قراءة مكانية بديلة للمنطقة. ومن ناحية أخرى، فإن مدينة البندقية، باعتبارها موقعًا يخلو من القيود الإقليمية والموانع المحلية، تشكل محفلًا سياسيًا دوليًا يمكن من خلاله وضع تصوّر لهذه الرؤية البديلة لتاريخ وتحديد معالمها.

عرضت العديد من المقترحات والمشاريع التي استهدفت المنطقة الممتدة من المغرب إلى الهند على وجه الخصوص خلال معرض العمارة الدولي الثاني في البندقية لعام 1982، المقام بإشراف وتنسيق باولو بورتوغيزي، تحت عنوان "العمارة في الدول الإسلامية". وبذلك تكون هذه المساحة قد غطت الأجزاء الشرقية والغربية للمنطقة، مقدمة أمثلة على التبادل الثقافي الذي نجم عنه مفاهيم إسلامية من خلال العمارة الحديثة.

سجلت الكويت حضورًا بارزًا في المعرض حيث أعيد طرح العمارة الإسلامية في إطار الممارسات المعاصرة. فأسهمت أعمال كلًا من محمد مكية، وسوني ليندستروم، ومالين بيورن، وكنزو تانغي إلى جانب المهندس المعماري كويتي المولد غازي سلطان، برفد انطلاق حركة جديدة في مجال العمارة العربية. ونظرًا لأن المنطقة الكائنة بين الشرق والغرب هي المسألة موضع نقاش، أصبحت الكويت محورًا هامًا واساسيًا في هذا النقاش. ففي هذا الجزء من العالم، يبدو أن هناك مواصفات خاصة للتنقل والقبول تتيح التقاء الأفكار الشرقية والغربية على المستويين الإقليمي والعالمي على حدٍ سواء، وبين ضفتي الخليج تكمن سمة متأصلة في الروح المجتمعية في الكويت انعكست في القوارب الشراعية التي مثلت إحدى المعايير الثقافية التقليدية في مجال النقل والتجوال وأثارت حوارات تتجاوز الأغراض الاقتصادية البحتة، فساهمت آثار مثل هذه اللقاءات في إثراء التجربة الثقافية لكلا الطرفين.

يعتبر الاستثمار في مشاريع البنية التحتية الإقليمية مجرد امتداد آخر مكمِّل للسياسة الناعمة التي تتبناها الكويت، حيث يعتبر الاتصال محور للعمل الدبلوماسي الثقافي العام. ويعتبر ذلك مدعاة لطرح عدة تساؤلات: ما الدور الذي يلعبه المجال المدني؟ هل يمكن أن تتحول المنطقة إلى وجهة لقضاء العطلات، حيث تقضى أوقات الفراغ في المدن الساحلية والجزر التي تشكل معالم المشهد البحري؟ هل من الممكن أن يكون ذلك نوعًا من المشاركة الفعالة في إعادة تشكيل حس الانتماء بالنسبة للحوض في إطاره الأشمل؟ هل يمكن لتغيير مكانة السياحة كشكل من أشكال الأعمال الإصلاحية أن تسهم بتشكيل المعايير المكانية للمنطقة وإعادة طرح طرق منسية منذ زمن بعيد تم محوها من الوعي الجماعي؟

في إطار عملية إعداد التمثيل الوطني لهذا العام، أكد السيد شهاب الشهاب، نائب الأمين العام لإدارة الآثار والمتاحف، والصوت الداعم في المؤسسة لتوجه هذا العام، على ضرورة مواصلة ما شهدته عصور ما قبل التاريخ في الخليج. وانطلاقًا من ذلك، وصف المساحة المائية باعتبارها قلب العالم القديم لما لها من دور رئيسي في التطور الثقافي قائلًا: "إنها تمثل شريان

صورة 01
جناح الكويت مع مشروع «رواية بوبيان: رواية من الماضي» لدزاين آرث.
من تصوير جوليو بويم.

صورة 02
جناح الكويت. من تصوير جوليو بويم.

صورة 03
جناح الكويت. من تصوير جوليو بويم.

Introductions

Commissioner's Statement

of history. This artery played a major role in spreading cultural influences to civilizations beyond the region, and continues to play the same role in our current time."

When I ask him about his opinion as an archaeologist regarding theories that are supportive of the Gulf as the lost paradise he argues against it explaining that "Eden, Paradise, immortality, is translated as bliss, it is all that societies need, it never had a geographical boundary and I don't believe that it ever had a real location and dimensions, Eden is spiritual, it is immanence. How to evoke Eden in our lives? Bliss is realized with the other, in accepting differences, in searching for meeting points and connections, in peaceful coexistence."

Commissioned by the National Council for Culture, Art, and Letters, Kuwait has been present in Venice often, with explorations of the current and recent past, a post-occupancy investigation examining how social capital shaped Kuwait City in *Kethra* project, and the process of acquiring modernity for the second participation in 2014. Kuwait's representation in 2016 responds to the announced theme of the 15th International Architecture Exhibition by designing new frontiers of dialogue and exchange, which suggest that the frontline of architecture is in imagining a future collectivity that reclaims an undivided seascape and vital continuity, while recognizing the urgency of architectural practices.

Zahra Ali Baba (Ahmadi, Kuwait) is an architect that has co-curated The Winter School Middle East in 2011, and is the co-founder of the Kuwait Chapter of Docomomo International, a member of the Kuwait Delegation at The UNESCO World Heritage Committee (since 2011), and the chief researcher of the Abraj Al Kuwait nomination dossier to the World Heritage List. She is currently involved in various architectural and urban conservation projects, as well as curating cultural programs at the National Council for Culture, Art, and Letters. Her work includes Kuwait's presence at the International Architecture Exhibition of La Biennale di Venezia (since 2012), with roles shifting to commissioner representation for Kuwait Pavilion in 2014 and 2016.

المقدمات

كلمة المفوض

التفاعل بين المجتمعات المستقرة في المنطقة منذ فجر التاريخ، وقد لعب هذا الشريان دورًا بارزًا في نشر التأثيرات الثقافية لتطال الحضارات القائمة خارج المنطقة، ولا تزال تلعب الدور ذاته في وقتنا الحالي".

وعند سؤاله عن رأيه، بصفته عالم آثار، فيما يتعلق بالنظريات القائلة بأن الخليج هو موقع الجنة المفقودة أوضح معارضًا: "إن جنة عدن والجنة والخلود مرادفات للنعيم الذي يشكل كل ما تحتاجه المجتمعات، ولكن النعيم لم يكن له حدود جغرافية ولا أعتقد أنه اتخذ موقعًا وأبعادًا حقيقيةً في أي وقت مضى، فجنة عدن مدينة روحية وميزة فطرية. كيف بالإمكان استحضار جنة عدن في حياتنا؟ يتحقق النعيم مع الآخر في قبول الاختلافات والبحث عن نقاط الالتقاء والاتصال والتعايش السلمي".

بتكليف من المجلس الوطني للثقافة والفنون والآداب، سجلت الكويت حضورها في مدينة البندقية، وذلك باستكشافات من الحاضر والماضي القريب في إطار دراسة لفترة ما بعد الاستعمار تسلط الضوء على كيفية إسهام رأس المال الاجتماعي بتشكيل مدينة الكويت من خلال مشروع (كثرة)، إضافة إلى عملية اكتساب الحداثة للمشاركة الثانية في عام 2014. يأتي تمثيل الكويت في عام 2016 استجابةً للتوجه المعلن عنه في معرض العمارة الدولي الخامس عشر من خلال تصميم آفاق جديدة للحوار والتبادل تشير إلى أن الخط الأساسي للعمارة يكمن في تخيل جماعات مجتمعية مستقبلية تطالب باستعادة مشاهد بحرية غير مجزأة واستمرارية التواصل المحوري في ظل إدراك الحاجة الملحة إلى الممارسات المعمارية.

زهراء علي بابا مهندسة معمارية شاركت في تأسيس مدرسة الشرق الأوسط الشتوية في عام 2011، كما أنها تعتبر أحد مؤسسي فرع الكويت لمنظمة دوكومومو الدولية. علاوة على كونها عضو في وفد دولة الكويت في لجنة التراث العالمي التابعة لليونسكو (منذ عام 2011)، ورئيسة الباحثين القائمين على ترشيح ملف أبراج الكويت إلى قائمة التراث العالمي، تشارك زهرة حاليًا في مختلف مشاريع الحفاظ على الطراز المعماري والعمراني، إضافةً إلى تنسيق البرامج الثقافية التي يقدمها المجلس الوطني للثقافة والفنون والآداب. وعملت زهرة على تمثيل الكويت في معرض بينالي فينيسيا الدولي للعمارة (منذ عام 2012)، حيث اضطلعت بعدة أدوار كان آخرها تفويضها بتمثيل جناح الكويت لعامي 2014 و 2016.

Introductions

Curatorial Statement

Between East and West: A Gulf (BEWAG) began as series of questions - an exploration of points and territories that asks how the architect can imagine a scale beyond the national. The investigation of the hydrography of the Arabian/Persian Gulf and its islands reveals a realm forgotten between two coasts. Acting now as the liquid boundary between nations, the Gulf and its islands are the territories in which the identities of the coasts were initially formed. Prior to the discovery of oil, its waters were the source of livelihood for the region which was connected through trade, cultural exchange and commerce. The shallow body of water and the low sandbars that form its islands, create a shifting network of isolated and interconnected nodes. The Gulf island was inextricably linked to the movement of people and resources, yet of a scale and possible containment that allowed it to be planned and experimented upon throughout history. This meant that the island was the smallest plannable political and ecological space in the region.

Ali Karimi
Hamed Bukhamseen

As such, the Gulf is not a body of water, but a field site for the experimentation and creation of identity, culture, and ecology since antiquity. Its islands were utilized by their inhabitants, as well as those who viewed them from the coasts for the purposes of tourism, trade, hunting, and resource extraction. Shrines were built, wars were fought, and prisoners were exiled within their shores. Their scale and reliance on the hinterland of Arabia/Persia, or the distant coasts of India and East Africa, meant that these grounds were continually under the entrepreneurial gaze of the surrounding coasts. The Gulf and its islands are part of one consistent landscape in which the edge condition and the notion of the limit are in flux. The result is a landscape defined by the ebb and flow of water and people, a conceivable realm whose utility was derived from the ability to imagine a purpose for islands.

As the states along the western coast of the Gulf developed in the twentieth century, the historical role of the body of water ceased to exist. Formerly a space of fluid movement and exchange, the Gulf became the dividing space between larger nation-states. The islands that dot this body of water are no longer part of a network, rather, they are isolated properties that serve only as divisive points of contestation, resolved by international arbitration. Yet the imaginary of the island did not end, and the logic of the island became so totalizing that it would go on to influence architectural and urban development within the region. The creation of artificial islands, free trade zones, isolated real estate ventures, or autonomous urban enclosures exhibit the ongoing fascination with the plannable. The island offers autonomy and totality but also a space of separation for reimagining the status quo. This trend continues today with the creation of the Palm and World islands in

Image 01
The Kuwait Pavilion. Photo by Giulio Boem.

Image 02
Fortuné Penniman and Studio Bound's proposal, "A Line Between: Infrastructures of Economic Compromise in the Gulf". Photo by Giulio Boem.

Image 03
PAD10's Failaka island proposal, "Between North and South: Otherness". Photo by Giulio Boem.

المقدمات
كلمة المنسقين

طُرح مشروع "الخليج و محيطه" في البداية كسلسلة من الأسئلة تستكشف نقاطًا ومساحات في الخليج العربي وتتمحور حول قدرة المهندس المعماري على تخيل ما يتجاوز الحدود الوطنية عن طريق تصوراته لجزر المنطقة ليصحبنا إلى عالم منسي ما بين الضفتين. تشكل مياه الخليج اليوم الحدود الطبيعية الفاصلة ما بين الدول الواقعة على ضفتيه، هو الذي حدد مع جزره الهويات الأولى للسواحل المحيطة به. فقبل اكتشاف النفط، كانت مياه الخليج مصدر الرزق الأساسي لسكان المنطقة الذين تواصلوا فيما بينهم عبر التبادل التجاري والثقافي. وأدت مياهه الضحلة وحواجزه الرملية قليلة الارتفاع التي شكلت جزره إلى إنشاء شبكةً متحركة من النقاط المنعزلة والمترابطة فيما بينها، فاتصلت الجزيرة الخليجية اتصالًا وثيقًا بحركة السكان والموارد، ولكن ظلّ ذلك على مستوى ودرجة من الاحتواء أتاحا مجالًا للتخطيط والتجربة على مرّ التاريخ. ما يعني أن الجزيرة كانت أصغر مساحة سياسية وبيئية قابلة للتخطيط في المنطقة.

علي كريمي
حامد بوخمسين

ومن هذا المنطلق، يمكننا القول إن الخليج ليس مجرد جسم مائي بل ميدان للتجربة وإنشاء الهويات والثقافات والفضاءات البيئية منذ العصور القديمة.

في الماضي، استخدمت الجزر من قبل سكانها ومن قبل أولئك الذين لمحوها عن السواحل، فكانت لهم مصيفًا ومنطلقًا للتجارة والصيد واستخراج الموارد. وبنيت هناك الأضرحة وخيضت الحروب ونفي إليها السجناء. وبسبب حجم هذه الجزر واتكالها على الأراضي الداخلية للجزيرة العربية وبلاد فارس، أو السواحل البعيدة مثل الهند وشرقي أفريقيا، ظلّت تحت التأثير التنظيمي للبرّ المحيط بها.

في الواقع، يشكل الخليج مع جزره صورة طبيعية متجانسة يتغير فيها مفهوما الحافة والحدّ باستمرار. والنتيجة صورة طبيعية رسمها المدّ والجزر على وقع حركة السكان، فتحولت إلى عالم ملموس ارتبطت فائدته بمدى القدرة على تخيل هدف لوجود الجزر.

ومع بدء تطور الدول الكائنة على الساحل الغربي للخليج في القرن العشرين، بدأ الدور التاريخي لهذه المساحة المائية بالانحسار. وما كان في السابق مساحة للحركة والتبادل البحري، أضحى مساحة فاصلة ما بين دول كبرى. أمّا الجزر المفترشة لمياه الخليج، ما عادت اليوم جزءًا من شبكة، بل أصبحت أشبه بملكيات منعزلة تشكل مناطق متنازع عليها تخضع للتحكيم الدولي. إلا أن ذلك لم يضع حدًا لحلم الجزيرة التي باتت مفهومًا شموليًا يؤثر في الهندسة والتطوير المدني في المنطقة.

ويتمثل ذلك في بناء جزر اصطناعية ومناطق تجارة حرة ومشاريع عقارية منعزلة ومشاريع مدنية منغلقة ذات اعتماد ذاتي، ما يعكس الانبهار المستمر بالتخطيط المستوحى من الجزر. فالجزيرة توفر الاستقلال الذاتي والشمولية في آن واحد، كما تشكل مساحة تفصلنا عن الوضع الراهن. وتستمر هذه النزعة اليوم سواء عبر جزيرة النخيل أو جزر العالم في دبي، وجزر الإسكان في البحرين، إلى جانب مشاريع تطوير الجزر الكويتية، وغيرها.

هكذا، أصبحت الجزيرة في الخليج المساحة الوحيدة التي تسمح بتخيل نطاق يتجاوز حدود الوطن، والمكان الوحيد للنقاش أو التجربة.

وفي ظلّ تصاعد التوتر بين الدول الإقليمية، أجريت

صورة 01
جناح الكويت. من تصوير جوليو بويم.

صورة 02
مشروع «الخط الفاصل: البنى التحتية للتسوية الإقتصادية في الخليج العربي» لفورتونية بينيمان واستوديو باوند. من تصوير جوليو بويم.

صورة 03
مشروع PAD10 لجزيرة فيلكا: "بيين الشمال والجنوب: مفارقة"". من تصوير جوليو بويم.

Introductions

Curatorial Statement

Dubai, the housing islands in Bahrain, and the new plan for Kuwait's offshore territories, to name a few. The island in the Gulf has become the only space for imagining a scale beyond to the national, the only space for discourse or experimentation.

Tensions between regional countries have led to the investigation and the possibility that the Gulf islands hold an alternative to the current national framework. BEWAG takes these islands as possible points in a larger plan for the region. This year's Kuwaiti participation at the 15th International Architecture Exhibition – La Biennale di Venezia documents these islands and their histories, looking to understand the landscape that forms the Gulf, allowing the history of exchange and maritime fluidity to occur. It asks how the Gulf as a political and economic space can be re-planned through its islands, and reimagined as a space of exchange rather than division. The result is a master plan of islands - literally and conceptually.

An invitation was sent out and asked different architectural offices in the region to propose an instance within the larger framework of a masterplan. The notion of 'masterplanning' these islands, through variant architectural contributions, suggests that a territorial reimagining of a region can occur through the acupunctural structuring of points of contact and exchange. Such a concept runs precisely counter to the top-down planning approach of cities and countries in the Gulf, however such a subversion is necessary where a united effort is an unlikely proposition.

This "piecemeal masterplan," is not consistent, it is not holistic, it is not authored, nor is it a single vision. It leaves individuals and young offices from the region with two questions—what constitutes a masterplan and how can we plan for a new region? The design submissions received range from the entrepreneurial to the ecological providing an insight into what is deemed an urgency that can be addressed by architectural agency. For a divided Gulf, a piecemeal masterplan of its islands offers the conscientious autonomy which is the only hope for political stability. By showcasing an alternate past and future for the region, the Kuwaiti Pavilion looks beyond the status quo of the national as unproductive framework for peace. The political issues associated with that framework are negotiated through an imaginary focused on exchange and connectivity rather than two coasts and the gulf between them.

Ali Karimi is a Bahraini architect interested in social housing, public space, and infrastructural re-imaginings of the Gulf countries. Ali is a graduate of the Harvard Graduate School of Design where he received a Master in Architecture. He has worked in Brussels with OFFICE KGDVS, in New York with SO-IL, and in Santiago-Chile with Elemental. In addition to his time abroad he has also attained regional experience in public projects through his time in Bahrain with Gulf House Engineering. He has also conducted research on government-built housing in the GCC with the Affordable Housing Institute in Boston as a Joint Center for Housing Studies Fellow; and in Havana with a grant from the David Rockefeller Center for Latin American Studies. His work has been published in San Rocco, CLOG, Wallpaper Magazine and other media outlets.

Hamed Bukhamseen is a graduate of the Harvard University Graduate School of Design where he earned a Master of Architecture in Urban Design. With a Bachelor of Architecture and Bachelor of Fine Arts from the Rhode Island School of Design, he was awarded the Architecture Alumni Travel Award where he undertook studies and interventions on public water infrastructure. He has worked internationally within the US, Germany and Kuwait on various architectural and artistic projects. Aimed primarily at the merger of interests in art and architecture across the urban realm, his work has been published in numerous media outlets and has been exhibited in Cambridge, Rome, Venice, and Dublin.

المقدمات

كلمة المنسقين

دراسات حول احتمال أن تسهم جزر الخليج في تقديم إطار يختلف عن الإطار الوطني الحالي. وانطلاقًا من ذلك، يصنف مشروع " الخليج و محيطه " هذه الجزر كنقاط محتملة ضمن خطة أوسع للمنطقة. وكانت الكويت قد كشفت خلال مشاركتها هذا العام في المعرض الدولي للعمارة ضمن فعاليات معرض بينالي البندقية عن وثائق تتناول هذه الجزر وتاريخها في مسعى لفهم الصورة الطبيعية التي يشكلها الخليج، ما قد يتيح تجديد التاريخ الطويل من التبادلات والحركة الانسيابية البحرية. من هنا، يدعو الجناح الكويتي للبحث في كيفية إعادة التخطيط للخليج كمساحة سياسية واقتصادية انطلاقًا من جزره، والنظر إليه كمساحة للتبادل بدل عنوان الانقسام. والنتيجة خطة رئيسية تستند إلى الجزر سواء بالمعنى الحرفي أو كمفهوم عام.

في هذا الإطار، وُجهت دعوة إلى عدد من المكاتب الهندسية في المنطقة لطلب تقديم اقتراح يتناول مثالًا معينًا ضمن الإطار الأوسع للمخطط الرئيسي. فمجرد التفكير بإعداد مخطط رئيسي لهذه الجزر، من خلال مساهمات معمارية متنوعة، يشير إلى إمكانية إعادة تخيل المنطقة عبر هيكلة نقاط التواصل والتبادل على طريقة الوخز بالإبر. إذ إن هذا المفهوم يتعارض تمامًا مع منهجية التخطيط التي تتدرج من الإطار الواسع إلى الإطار التفصيلي، والمتبعة في مدن ودول الخليج، لكن مثل هذا الانقلاب يصبح ضروريًا حين يتعذر التوصل إلى جهد موحد.

إن هذا المخطط الرئيسي التدريجي ليس متجانسًا أو شاملًا أو مبتكرًا بشكل خاص ولا يعبر عن رؤية واحدة. بل يترك الأفراد والمكاتب الناشئة في المنطقة أمام سؤالين يجب الإجابة عليهما: من ماذا يتكون المخطط الرئيسي وكيف يمكننا التخطيط لمنطقة جديدة؟

أمّا التصاميم المقدمة فتراوحت ما بين التصاميم الريادية وأخرى بيئية، لتلقي الضوء على ما يمكن اعتباره حالة طوارئ قابلة للمعالجة من خلال فنّ العمارة.

بالنسبة إلى الخليج المقسم، يمنح المخطط الرئيسي التدريجي لجزره استقلالًا ذاتيًا ذا وجدان حيّ، يُعتبر الأمل الوحيد لتحقيق الاستقرار السياسي.

ومن خلال عرض ماضٍ ومستقبلٍ مختلفين للمنطقة، يتجاوز جناح الكويت الوضع الراهن على المستوى الوطني الذي يعتبر إطارًا غير مثمر للسلام. ويتم التفاوض على الشؤون السياسية المتصلة بهذا الشأن من خلال صورة تستند إلى التبادل والتواصل لا على ساحلين يفصلهما خليج.

علي كريمي معماري بحريني مهتم بالإسكان ، والمساحات العامة، وهيكلة البنية التحتية لدول الخليج. علي خريج كلية الدراسات العليا للتصميم في جامعة هارفرد حيث حصل على درجة الماجستير في الهندسة المعمارية. عمل في بروكسل مع مكتب مع KGDVS، في نيويورك مع SO-IL ، وفي سانتياغو شيلي مع ELEMENTAL. بالإضافة إلى الوقت الذي قضاه في الخارج حصل أيضا على خبرة إقليمية في المشاريع العامة من خلال وقته في البحرين مع دارالخليج للهندسة .كما أجرى أبحاثا حول الإسكان الحكومي في دول مجلس التعاون الخليجي مع معهد الإسكان في بوسطن وفي هافانا بمنحة من مركز ديفيد روكفلر لدراسات أمريكا اللاتينية. وقد نشر عمله في مجلة سان روكو، كلوغ، مجلة Wallpaper*، ووسائل الإعلام الأخرى.

حامد بوخمسين تخرّج من كلية الدراسات العليا للتصميم بجامعة هارفارد حيث حصل على درجة الماجستير في الهندسة المعمارية والتصميم الحضري. يحمل بوخمسين درجة بكالوريوس الهندسة المعمارية وبكالوريوس الفنون الجميلة من كلية رود آيلاند للتصميم، كما حاز على جائزة السفر لخريجي الهندسة المعمارية، حيث أجرى عددًا من الدراسات والتعديلات على البنية التحتية العامة للمياه. كما شارك في العديد من المشروعات الدولية في الهندسة المعمارية والفنون في الولايات المتحدة الأمريكية وألمانيا والكويت. ومن منطلق حرصه على الدمج بين اهتماماته بالفن والعمارة في المجال العمراني، نُشرت أعماله في العديد من المنافذ الإعلامية المرموقة وعُرضت في كلٍّ من كامبريدج، وروما، والبندقية، ودبلن.

Introductions

Editor's Note

Muneerah AlRabe

Between East and West, A Gulf (BEWAG) is a new territorial project that recasts the positioning of the Gulf with the aim to reconcile the eastern Persian shoreline with its western Arabian counterpart. In order to reveal a new dimension to the highly contested body of water, BEWAG focuses on the regional islands and their strategic potential for implementing a new master plan. The intention is to create more political, social, and economic unity for the entire Gulf region.

Taking the fragmented, single entity of the island as a starting point, this publication communicates and engages the overlapping layers of shared history and documents the vast, untapped territories of the 300+ islands located within the Gulf. The aim is to explore new alternatives for a less volatile future. Each of the first three sections within the publication correlates with each of these narratives. While the last section critically reflects on the representation of the overall project as it stands in an international exhibition.

The first section, "*Narratives,*" recasts the overlapping historical descriptions of the islands, exploring notions of identity, spatiality, phenomenology, and the acquired socioeconomic and political constructs that persist. This section utilizes the expertise of historians, architects, and artists to trace these narratives with the hope of identifying the beginnings of national identities through specific fragments of the Gulf islands. This acts as a backdrop to understanding the contemporary complexity of the region's geopolitical relations.

The second section, titled "*Representations,*" seeks to archive the 300+ islands into a tool of investigation that calls attention to the intricacies, overlaps, and aggregations of the varying island typologies.

Leaping from historical accounts into foreseeable imaginaries, the third section of the publication, "*Projections*" envisions an optimistic vision of the future. This section portrays the urgency for architecture and design practitioners to envision the islands, and the Gulf more generally, as a project of unity rather than division.

The logic of the fragmented islands is reflected in the format of the publication itself. The visual narrative collects pieces of historical snapshots with an assemblage of photographic accounts and diagrammatic representations of the dispersed isles. The visual catalog illuminates geographic and phenomenological connections of these fragmented islands, to illustrate the once-unnoticeable similarities. It acts as a large inventory of natural and constructed islands. The catalog epitomizes the islands as vital territories, strategically located throughout the Gulf, to allow for a comprehensive regional project. While at the same time,

Image 01
Opening Ceremony and the "Between East & West: A Gulf" publication stack. Kuwait Pavilion. Photo by Giulio Boem.

Image 02
Opening Ceremony, Kuwait Pavilion. Photo by Giulio Boem.

Image 03
Exhibition accompanying the "A Gulf Abridged" Symposium in Kuwait City, Kuwait. January 2017. Photo by Yousef Alsaleh.

Image 04
Exhibition accompanying the "A Gulf Abridged" Symposium in Kuwait City, Kuwait. January 2017. Photo by Yousef Alsaleh.

المقدمات

كلمة المحرر

«الخليج و محيطه» هو عنوان لمشروع إقليمي جديد يعيد تشكيل وضعية الخليج العربي بهدف تسوية الخلافات بين دولة واقعة على الساحل الشرقي الفارسي ونظيرتها الواقعة على الساحل الغربي العربي منه. ويركز المشروع على الجزر الإقليمية وإمكانياتها الاستراتيجية من أجل الكشف عن بعد جديد للمساحة المائية الهائلة المتنازع عليها، باستخدام الجزر كموقع للدراسة. ويتناول هذا المشروع تاريخ جزر الخليج بغرض إعادة تصورها كنقاط لمخطط رئيسي لخليج جديد يهدف نحو تحقيق الوحدة السياسية والاجتماعية والاقتصادية للمنطقة.

يستند هذا الكتيب على مبدأ الجزيرة كوحدة فردية تمثل نقطة ينطلق منها لاطلاع القارئ ولفت انتباهه على المراحل المتداخلة من تاريخ المنطقة المشترك. ويعمل على تسجيل وتوثيق المساحات الشاسعة من الأراضي غير المستغلة لأكثر من 300 جزيرة واقعة في الخليج، وذلك بهدف استقصاء ودراسة بدائل جديدة لمستقبل أكثر استقرارًا.

منيرة الربعي

وقد تم تقسيم هذا الكتيب الى اربعة اجزاء. القسم الأول منه، الذي يحمل عنوان "الروايات"، فهو يعيد صياغة الروايات التاريخية المتداخلة للجزر بحثًا في مفاهيم الهوية، والمكانية، والظواهرية، والبنى الاجتماعية الاقتصادية والسياسية الموجودة في تلك الجزر. وقد جمع هذا القسم خبرات مؤرخين ومهندسين معماريين وفنانين من أجل اقتفاء اثر هذه الروايات على أمل الكشف عن بدايات الهويات القومية القائمة في أجزاء محددة من الجزر، والتي باتت أساسًا ضروريًا لفهم العلاقات المعاصرة المعقدة.

أما القسم الثاني، فهو عبارة عن دليل لجزر الخليج. يسعى هذا القسم إلى أرشفة الجزر التي يتجاوز عددها الثلاثمائة جزيرة في دليل مصور، تم إنشاؤه كأداة للدراسة من شأنها أن تسترعي الانتباه إلى التعقيدات والتداخلات، وتجميع أنماط الجزيرة المختلفة.

ويتكون القسم الثالث، الذي يحمل اسم "تصورات"، بالدخول في آفاق التخيلات الاستشرافية، فيتصور رؤية محتملة للمستقبل. ويوضح هذا القسم مدى أهمية وضرورة قيام المهندسين المعماريين والمصممين بوضع تصور ينظر إلى الجزر ومنطقة الخليج كمشروع للوحدة وليس الانقسام.

و اما القسم الرابع، فهو عبارة عن خاتمة الكتيب. يشمل هذا القسم خواطر واستنتاجات حول المشروع، "الخليج و محيطه"، بشكل عام بعد اكتماله، كممثل يمثل الكويت كدولة، والخليج والوطن العربي كإقليم على الساحة الدولية للعمارة.

صمم المشروع استجابةً للموضوع المختار من قبل أليخاندرو أرافينا، "تقرير من الجبهة" الذي عرض في معرض العمارة الدولي الخامس عشر من 26 مايو إلى 30 نوفمبر 2016 في بينالي فينيسيا في البندقية، إيطاليا. هذا الكتاب هو خلاصة عمل الفريق القائم بجناح الكويت وانطباعات المشاركة الكويتية في المعرض. ويعكس التصميم المجزأ للكتيب بحد ذاته منطق تقسيم الجزر إلى وحدات فردية، حيث يجمع السرد البصري للجزر مقاطع من لقطات تاريخية مع مجموعة من الروايات المصورة والتمثيلات البيانية للجزر المتناثرة، ويسلط الدليل البصري الضوء على الصلات الجغرافية والظواهرية في

صورة 01
حفل إفتتاح جناح الكويت مع كتب "الخليج ومحيطه". من تصوير جوليو بويم.

صورة 02
حفل إفتتاح جناح الكويت. من تصوير جوليو بويم.

صورة 03
المعرض الذي أقيم مع مؤتمر "موجز الخليج" في مدينة الكويت في يناير 2017. من تصوير يوسف الصالح.

صورة 04
المعرض الذي أقيم مع مؤتمر "موجز الخليج" في مدينة الكويت في يناير 2017. من تصوير يوسف الصالح.

Introductions

Editor's Note

the textual essays enable individual interpretations to be understood within a particular time and space.

The "Reflections," however, stands as an afterword; a conclusive section critically reflecting on the overall project, Between East and West, A Gulf as a representative piece of work, for Kuwait as a nation and the Gulf as a region, in an international arena such as the Biennale di Venezia in Venice, Italy.

This project was a response to Alejandro Aravena's selected theme, "Reporting from the Front." which was exhibited at the 15th International Architecture Exhibition - La Biennale di Venezia from May 26th to November 30th, 2016. This book is a culmination of the work and reflections on the third Kuwaiti participation at the exhibition. Overall, the publication is a responsive call for urgency to envision an alternative future derived from a conceived past. It did not seek to limit itself to a fixed structure, but rather emerged as a result of engaging historians, artists, and architects from the region to participate in reimagining and recasting the historical past and the projective future through an island lens.

Muneerah Alrabe is a research-led designer interested in the intersection of politics, sociology, economics and their patterns in relation to design. She is a recent graduate with a Master of Science of Architecture candidate in the Aga Khan Program for Islamic Architecture (AKPIA) at Massachusetts Institute of Technology (MIT). She holds a Bachelor of Architecture from Syracuse University and has professional experience in the field of architecture and design in Kuwait, Germany, and USA. Her work looks at the socio-spatial politics of public space within Kuwait City in the hopes of achieving a new understating of public spaces within Kuwait. By examining social, political, and economic patterns she hopes to enhance and develop public life and create social tools for a sustainable public life in Kuwait. Her most recent work focuses on co-founding StudioPlay, a research-led design collaborative that critically observes and analyzes the way we live today to propose practical design solutions for a sustainably tomorrow.

المقدمات

كلمة المحرر

تلك الجزر المجزأة سعيًا لتوضيح أوجه التشابه غير الملحوظة بينها، بحيث يعمل كقائمة كبيرة للجزر الطبيعية والمشيدة. ويلخص دليل الجزر بوصفها أراض حيوية ذات مواقع استراتيجية متوزعة في جميع أنحاء منطقة الخليج، في سبيل إتاحة المجال لقراءة شاملة لمنطقة الخليج، كمشروع إقليمي. بينما تتيح المقالات النصية المجال أمام التفسيرات الفردية لأجزاء الجزر، بحيث يتم فهمها ضمن وقت وحيز معينين.

عمومًا، يأتي هذا الكتيب استجابة لأهمية استشراف مستقبل بديل للمنطقة يستمد من ماضيها المُتصوّر. ولم يقصد هذا الكتيب حصر نفسه داخل بنية ثابتة، بل تبلور نتيجة لإشراك مؤرخين ومهندسين معماريين وفنانين من جميع أنحاء المنطقة للمشاركة في إعادة تصور ورسم الماضي التاريخي والمستقبل المتوقع، من خلال منظور هذه الجزر.

منيرة الربعي باحثه ومصممة مهتمة بالجوانب المشتركة بين السياسة وعلم الاجتماع والاقتصاد وأنماطها فيما يتعلق بالتصيم. نالت شهادة الماجستير في علوم العمارة من برنامج الآغا خان للعمارة الإسلامية في جامعة ماساتشوستس للتقنية. وتحمل شهادة بكالوريوس في العمارة من جامعة سيراكيوز، ولها خبرة مهنية في مجال العمارة والتصميم في الكويت وألمانيا. تتحرى أبحاثها السياسات الاجتماعية المكانية للأماكن العامة في مدينة الكويت، أملاً في تحقيق فهم جديد للأماكن العامة في المدينة بهدف تحسين وتطوير الحياة العامة في الكويت. ومن المنتظر في سبتمبر 2017 أن تنضم إلى أعضاء هيئة التدريس بكلية العمارة في جامعة الكويت لتدريس التصميم ونظرية العمارة.

Narratives

Historical readings of the Gulf

01
Evolving Boundaries / تطور مفهوم الحدود

02
Writing Across the Waters of the Gulf and Indian Ocean / المستندات والوثائق الخطية الخاصة بالملاحة في مياه الخليج والمحيط الهندي

03
Musandam's Telegraph Island / جزيرة التلغراف في مسندم

04
Jazirat Albanana, Doha, Qatar / جزيرة البنانا، الدوحة، قطر

05
Cultural Aspirations in the Construct of a Modern Nation / دور التطلعات الثقافية في بناء أمة حديثة

06
Letter / رسالة

07
Kish, an Island Indecisive by Design / كيش، جزيرة غامضة بتصميمها

08
(Re)constructing Failaka / إعادة إعمار جزيرة فيلكا

09
The Five Islands of Kuwait / مشروع الجزر الخمس في الكويت

الروايات

قراءات تاريخية عن الخليج

Evolving Boundaries

Rethinking Borders and Drawing a Better Line

Studio Bound in collaboration with Fortuné Penniman

To draw a line is to draw a distinction—a separation between one space and another. On the other hand, to draw a line is to draw a connection between one point and another.

In both instances, the line is defined as a boundary, and the commonality in both is that an alternative dimension is constructed that is essentially an in-between space that can be defined as a threshold. The history of drawing boundary lines is examined in this paper, with an emphasis on ocean space as the threshold for reconsidering the anatomy and definition of a "line." The Arabian (Persian) Gulf and the islands of Al-'Arabiyah and Farsi are utilized as examples to bring forth the case of the evolving nature of the boundary line, as a political and economic medium in the quest for dominance.

A boundary can be defined as a line drawn in space to mark the peripheries of a state or a territory.[1] International boundaries can be classified in four types: 1) functional/genetic, 2) antecedent, 3) subsequent, and 4) relict boundaries. The first type, functional, is based upon geographical conditions where borders are defined following existing physical boundaries (conditions) manifested by nature, such as a river or a mountain range. The second type of boundary, antecedent, is commonly used today in the New World. This type of boundary usually comprises straight or geometric lines that are drawn and defined on a map around a conference table, without full consideration of the land conditions. These boundaries are usually defined through formal agreements between two or more states. The third type of boundary is the subsequent boundary, and this is based upon ethnic-cultural divisions, whereby delineations are set according to either religion or language. The fourth type of boundary is known as relict, and these are boundary lines that have lost their political function, whereby a bigger state absorbs a smaller state, or when boundaries between two states are abandoned or redrawn.[2]

Boundaries are complex in their nature as is evident in the case of the Arabian Gulf. The Gulf presents an interesting example regarding maritime boundary conditions, due to its wealth in natural resources such as gas and oil, and its geographical form, where a continental shelf boundary is located and shared between seven states. Here the water is the medium that simultaneously connects and divides the surrounding states. In a sense, the water is the frontier and the connecting zone, which as a result of economic and political aspirations of the surrounding states, evolves into a boundary where the need for defining points of contact becomes imminent. In the Arabian Gulf, there are multiple types of boundaries present, whereby the antecedent periphery is present through the marine boundaries drawn and agreed upon by the different states in the way in which the waters are shared. Simultaneously, the functional boundary is the continental shelf, which imposes on the contrived antecedent boundaries. Boundaries are complex as there may be a series of different interpretations of borders within the same context. This complexity is often a result of politicization.

Historically, the predecessor to the concept of the boundary is the frontier. In the ancient world, man was preoccupied with defining the "'frontiers' of his realm; the modern man's main concern regarding the peripheries of his dominion is to define its

تطور مفهوم الحدود

إعادة النظر في مفهوم الحدود ورسمها بشكل أفضل

ترسم الخطوط بشكل عام إما للتمييز بين مساحتين وفصلهما عن بعضهما البعض أو لوصل نقطة بأخرى.

استوديو باوند بالتعاون مع فورتونيه بينيمان

وتقودنا كلتا الحالتين إلى تعريف الخط على أنه الحد بين مساحتين، وكلتا الحالتين أيضًا تجتمعان على نقطة مشتركة واحدة وهي أن البعد البديل الذي أنشأه هذا الخط إنما يشكل مساحة فاصلة يمكن تعريفها على أنها عتبة أو نقطة للانتقال من مساحة إلى أخرى. وفي هذا البحث، سيتم دراسة ومناقشة تاريخ تعيين الخطوط الحدودية، مع التركيز على مساحة مياه المحيط باعتبارها نقطة لإعادة النظر في مفهوم "الخط" وتعريفه، كما ستتم الإشارة إلى الخليج العربي (الفارسي) وجزيرتي العربية وفارسي كأمثلة على موضوع تطور مفهوم الخطوط الحدودية، باعتبارها وسائط اقتصادية وسياسية تستخدم في السعي نحو السيطرة.

ويمكن تعريف الحدود على أنها خطوط مرسومة في حيز المكان لتحديد محيط دولة أو منطقة.[1] ويمكن تصنيف الحدود الدولية إلى أربعة أنواع: 1) حدود وظيفية/عامة، 2) حدود سابقة 3) حدود لاحقة 4) حدود أثرية. ويعتمد النوع الأول من الحدود، وهي الحدود الوظيفية، على الظروف الجغرافية التي ترسم الحدود بالاعتماد على الحدود الفيزيائية الموجودة (الظروف) والموضوعة من قبل الطبيعة، كالأنهار أو سلاسل الجبال. أما النوع الثاني من الحدود، وهي الحدود السابقة، فهي مستخدمة بشكل شائع في عالمنا المعاصر، وتتكون عادة من خطوط مستقيمة أو هندسية يتم رسمها وتحديدها على الخرائط أثناء عقد الاجتماعات والمؤتمرات، دون الأخذ بعين الاعتبار لتضاريس الأرض. ويتم تكوين هذه الحدود غالبًا من خلال اتفاقيات رسمية بين دولتين أو أكثر. وبالحديث عن النوع الثالث من الحدود، وهي الحدود اللاحقة، فهي تعتمد على التقسيمات الثقافية العرقية ويتم تحديدها بحسب الدين أو اللغة. أما النوع الرابع، وهي الحدود الأثرية، فهي عبارة عن حدود فقدت وظيفتها السياسية وذلك بسبب احتلال دولة كبيرة لدولة أخرى صغيرة، أو نتيجة نبذ أو إعادة رسم حدود معينة بين دولتين.[2]

وتعتبر الحدود معقّدة بطبيعتها، ويبدو ذلك واضحًا في منطقة الخليج العربي، والتي تعد مثالًا مثيرًا للاهتمام للحدود البحرية، وذلك بسبب غناها بالموارد الطبيعية مثل النفط والغاز، وتكوينها الجغرافي، حيث تتشارك سبع دول بحدود الجرف القاري فيها. وتعد مياه المحيط في هذه الحالة الوسط الذي يصل الدول المحيطة بها ويفصلها عن بعضها في ذات الوقت، إذ يمكن اعتبار الماء حدودًا ومنطقة تواصل في آن واحد، تطورت بعد ذلك لتصبح حدودًا عندما دعت الحاجة لوجود نقاط تواصل محددة بين الدول المجاورة، وذلك نتيجة للطموحات الاقتصادية والسياسية لهذه الدول. وتمتلك منطقة الخليج العربي أنواعًا متعددة من الحدود، حيث تتواجد الحدود السابقة ضمن الحدود البحرية التي تمّ رسمها والموافقة على تقسيمها من قبل دول مختلفة، بالإضافة إلى الحدود الوظيفية وهي الجرف القاري، والذي يسيطر على الحدود السابقة. وتعد الحدود في هذه المنطقة معقّدة، إذ يمكن لمجموعة مختلفة من الاجتهادات الحدودية أن تتداخل مع بعضها ضمن نفس السياق، وتكون هذه التعقيدات عادة نتيجة للنشاطات السياسية بين الدول.

ومن الناحية التاريخية، يعد مفهوم الأطراف (Frontiers) الكلمة السابقة المستخدمة بدلًا من الحدود (Boundaries)، ففي العالم القديم، كان الفرد مشغولًا بتحديد "الأطراف" الخاصة بعالمه؛ بينما يهتم الإنسان المعاصر بتشكيل "الحدود" لتكون محيطًا لمنطقة نفوذه وسلطاته.[3] ولتوضيح الفرق ما بين المفهومين بشكل أعمق، يمكننا تتبع هذين المفهومين بشكل اشتقاقي، حيث أن جذور كلا المفهومين مختلفة كما يشرح بيتر. جي. تايلور (1989) مستشهدًا بقول كريستوف (1959)، بأن الأطراف (Frontiers) تأتي من التواجد في "المقدمة" (In front) بمعنى في "طليعة الحضارة"، أما الحدود (Boundaries)، فهي مشتقة من كلمة " الحد أو المحيط (Bounds)، والتي تعني حدود المنطقة. ويفرّق تايلور بين المفهومين، حيث يعرّف الأطراف على أنها "متجهة نحو الخارج" أما الحدود فهي "متوجهة نحو الداخل"، وبينما تعد الحدود خطوطًا فاصلة وواضحة، تشكّل الأطراف منطقة الاتصال".[4]

في الماضي، وبالنسبة لأي منطقة محصورة، كانت الأطراف تعيّن حدود سيطرة الدولة ونفوذها، وذلك لأنها تجمع ما بين دولتين كان بينهما صراع سياسي

Evolving Boundaries

Rethinking Borders and Drawing a Better Line

'boundaries.'"[3] To elaborate further on the distinction between the two notions, we can trace the two terms etymologically. Their roots are distinctly different, as Peter J. Taylor (1989) explains while citing Kristof (1959), the frontier comes from the notion of being "in front" as the "spearhead of the civilization." Boundary, on the other hand, comes from "bounds" implying territorial limits. Taylor distinguishes the two notions defining the frontier to be "outward-oriented" whilst boundary is "inward-oriented"... whereas a boundary is a definite line of separation, a frontier is a zone of contact."[4]

As a zone, the frontier suggested the limits of a state's power and influence, and it brought together two entities that were in conflict whether, politically or socially, as they pushed towards each other. Therefore, the frontier becomes a space of contact between two entities, where one political and military power of the two states faces each other. The boundary on the other hand is more divisive and is regarded as the limiting edge of a state's influence. For instance, in the case of the Arabian (Persian) Gulf, the boundaries are a manifestation of a political push, initially between the Persian and Ottoman Empires, and later between the British and the Iranians.[5]

The notion of the boundary is an invention of the nineteenth century. Prior to that, the concept of the frontier was dominant, regarded by the ancient man to mark the end of his conquest. "Frontier is, therefore, ancient and boundary is new."[6] Defining boundaries was a necessity during the nineteenth century; it came hand in hand with the development of the world-economy. The first borderlines were established in North America, Europe, Australia, South Africa, and with the boundaries between British India and Iran. Drawing these margins was fundamental to the establishment of the new world economic order, which meant that precise points of contacts between states was necessary for trade systems to prosper, thus the birth of state boundaries.

Upon the establishment of boundaries, an evolution in their interpretation also occurs, most notably in the seas. There is a shift from an act of stewardship and governance towards ownership, as is evident in the contested waters of the Arabian Gulf. The territory of ocean space, due to its fluid nature, allows sovereign states to not only own the resources of that area but also have the ability to control and manage the sea vessels that traverse the delineated area. This form of governance extends the country's control beyond its territorial land and spreads its sphere of influence onto places that it does not posses. However, due to the necessity of safe passage, claiming water like territory ultimately increases political, economic, and social power. This has been encouraged by competitive capitalist production.[7] Water is governed by sovereign states "as a means of commodifying and guaranteeing rents from resources, the modern era has been characterized by a number of proclamations and events that generally are perceived as drawing lines designed to foster the enclosure, possession, and management of ocean space."[8]

The Arabian Gulf islands of Farsi and Al-'Arabiyah were unclaimed until 1929, and offer a poignant example of the way modern boundaries have evolved to be drawn. This particular case had a profound historical and political impact as it shed light on the construction of maritime boundaries between Saudi Arabia and Iran. This was significant during the twentieth century due to the development of the world-economy as these boundaries had great economic and political impact on the control of the offshore oil and gas reserves. In order to understand the nature in which

تطور مفهوم الحدود

إعادة النظر في مفهوم الحدود ورسمها بشكل أفضل

أو اجتماعي وأصبحتا تقعان ضمن منطقة واحدة. وبالتالي، تصبح الأطراف مساحة للاتصال ما بين كيانين تتواجه فيها القوى العسكرية والسياسية للدولتين، أما الحدود فهي أكثر تقسيمًا وتعدّ الحد الفاصل لقوة ونفوذ الدولة. فعلى سبيل المثال، وفي حالة منطقة الخليج العربي (الفارسي)، تعد الحدود تعبيرًا عن النزاع السياسي الذي وُجد بين الإمبراطوريتين الفارسية والعثمانية في بداية الأمر، وما بين الدولتين البريطانية والإيرانية لاحقًا.[5]

وقد تمّ ابتكار مفهوم الحدود لأول مرة في القرن التاسع عشر، وقبل تلك الفترة، كان مفهوم "الأطراف" هو المفهوم السائد، حيث كان المكان الذي يحدد فيه الإنسان القديم انتهاء غزواته. وبالتالي، "فإن الأطراف هي مفهوم قديم والحدود مفهوم جديد."[6] وكان تشكيل الحدود أمرًا ضروريًا خلال القرن التاسع عشر، نظرًا لأنه يتماشى مع عمليات نمو وتطور اقتصاد العالم، وكانت أول خطوط حدودية تم رسمها في كل من أمريكا الشمالية وأوروبا وأستراليا وإفريقيا الجنوبية، ومع حدود بين الهند البريطانية وإيران. وكان تشكيل هذه الحدود أساسيًا في عملية تأسيس قانون اقتصادي عالمي جديد، وكان من المهم توفر نقاط اتصال محددة بين الدول لتتمكن الأنظمة التجارية من الازدهار، فيما نشأ عن ذلك ولادة مفهوم حدود الدول.

ومع انطلاق هذا المفهوم، بدأ أيضًا تطور تأويل وتفسير الحدود، لا سيما الحدود البحرية. وخلال تلك الفترة ظهر توجه جديد للانتقال من مفهوم الحوكمة والإدارة نحو الملكية، وهو مفهوم بدا جليًا خلال تقسيم المياه المتنازع عليها في الخليج العربي. وبسبب طبيعة الماء السائلة، سمحت عملية تقسيم مياه المحيط للدول بامتلاك موارد المنطقة، وفي نفس الوقت إدارة البواخر التي تمر عبر هذه المناطق والتحكم بها، حيث أن هذا النوع من الحوكمة يوسع نطاق سيطرة الدولة إلى ما أبعد أراضيها البرية، لتمتد إلى مواقع لا تقع ضمن إطار ملكيتها. ولكن بسبب ضرورة توفر ممرات بحرية آمنة، فإن السيطرة على مناطق بحرية رفعت بشكل كبير النفوذ السياسي والاقتصادي والاجتماعي للدولة، وهو أمر عززه الإنتاج الرأسمالي التنافسي بين الدول.[7] ويحكم مياه المحيط في هذه المنطقة عدد من الدول المستقلة ذات السيادة، "باعتبار مياه المحيط وسيلة لتجارة البضائع والحصول على العوائد من الموارد الموجودة داخلها، حيث أن عصرنا الحالي يحكمه عدد من الأحداث والتصريحات التي يمكن النظر إليها على أنها حدود مصممة لتبني مناطق معينة أو ممتلكات او إدارة مساحة المحيط."[8]

بقيت جزيرتا الفارسي والعربية الواقعتان في الخليج العربي بدون سيطرة من قبل الدول المجاورة حتى عام 1929، ويمكن اعتبارهما مثالين قويين لكيفية تطور مفهوم الحدود المعاصرة. وتمتلك هاتان الجزيرتان بالتحديد تأثيرات تاريخية وسياسية عميقة لأنهما تسلطان الضوء على كيفية تعين الحدود البحرية ما بين السعودية وإيران خلال القرن العشرين، وذلك في ظل نمو وتطور الاقتصاد العالمي، حيث تتمتع هذه الحدود بقيمة اقتصادية وسياسية عظيمة تتمثل في السيطرة والتحكم بحقول الغاز والنفط الموجودة في البحر. ولاستيعاب كيف تم تشكيل هذه الحدود، من الضروري دراسة تاريخ هاتين الجزيرتين بشكل أعمق.[9]

لم تُثَر مسألة ملكية هاتين الجزيرتين من قبل الدول المجاورة حتى بدأت هيئات الحكومة البريطانية بطرح استفسارات حول عن هذا الموضوع في عام 1929. وقبل هذا التاريخ، كانت كل من الكويت والسعودية وإيران قد أعلنت جميعها ملكيتها للجزيرتين. وتنبع أهمية هاتين الجزيرتين من كونهما غنيتين بالموارد الطبيعية (الشكل 1)، وفي تلك الفترة، قامت الحكومة البريطانية بترأس المفاوضات بين الدول الثلاثة المذكورة أعلاه حول هذا الموضوع ولمعرفة المزايا التي من الممكن أن تثمر عنها بالنسبة لبريطانيا من حيث الاستفادة من حقول النفط في المنطقة.[10] وفي منتصف الأربعينيات من القرن الماضي، قامت شركة نفط الكويت بتشييد منارة في جزيرة فارسي، احتجت على إثرها كل من السعودية وإيران. وخلال الستينيات، أعادت الدولتان فتح المفاوضات المتعلقة بملكية هاتين الجزيرتين، وذلك بسبب طبيعتيهما الجغرافية وغنى قاع المحيط فيهما بالموارد الطبيعية، كذلك فإن احتمالية وجود حقول للنفط في المحيط بالقرب في المناطق الشمالية للخليج جذبت انتباه الدول المجاورة.[11] واصلت الدول مفاوضاتها حتى توصلت إلى اتفاق في عام 1965، ينص على ملكية السعودية لجزيرة العربية وملكية إيران لجزيرة فارسي،[12] وفي ذات السياق، فإن تشكيل حدود الجرف القاري في عام 1968 أكّد على هذه الحدود على الرغم من وجوب تعديل الخط الفاصل لتقسيم ملكية الجزيرتين بين السعودية وإيران.[13]

وتعد خصائص الحدود التي تم تشكيلها بموجب الاتفاقية المتعلقة بجزيرتي الفارسي والعربية من نوع الحدود السابقة والحدود الوظيفية، وقد تمّ تشكيل هذه الحدود من خلال مجموعة من الأحرف نتج عنها في نهاية المطاف إبرام الاتفاقية المكتوبة، والتي تعرف بـ "الاتفاقية بين المملكة

Rethinking Borders and Drawing a Better Line

these boundaries were shaped, it is necessary to study the history of these islands further.[9]

It wasn't until 1929, when the question of ownership was raised by the agencies of the British government. Until then, Kuwait, Saudi Arabia, and Iran all claimed possession. These islands are particularly significant due to their location in a zone that is rich in natural resources. The British presided over the disputes between the three countries and what it might mean for Britain in terms of access to any oil reserves.[10] In the mid 1940s the Kuwait Oil Company erected a beacon on Farsi Island and Saudi Arabia and Iran protested. During the 1960s, Iran and Saudi Arabia reopened talks regarding the ownership of these islands, due mostly to the geological nature of the seabed and the wealth of natural resources therein. Furthermore, the possibility of offshore oil deposits in the north of the Gulf attracted the attention of these neighboring countries.[11] The countries resumed talks and came to an agreement in 1965 whereby Saudi Arabia claimed Al-'Arabiyah and Iran claimed Farsi Island.[12] However, the demarcation of the continental shelf boundary in 1968 meant the borders were further confirmed, although the median line had to be adjusted to account for the split in ownership of the two islands.[13]

The characteristics of the formed boundary agreement between Al-'Arabiyah and Farsi islands were simultaneously antecedent and functional boundary types. The mechanism by which the boundary lines were established was through a series of letters that finally resulted in a written agreement, known as the "Agreement concerning the sovereignty over the Islands of Al-'Arabiyah and Farsi and the delimitation of the boundary line separating the submarine areas between the Kingdom of Saudi Arabia and Iran."[14] The dividing line was based on connecting the specified latitude and longitude points of the submarine areas, which related to each nation. The agreement relays a series of coordinates that—when a line is drawn between them—identify the dividing boundary between both states.[15]

As the two islands were predominantly left unoccupied prior to the agreement, what became evident is that the ocean space had greater significance than the islands themselves. Therefore, it was less about the islands than it was about the control over the ocean space, and its subsequent economic value, that made this demarcation so significant. What was beneath the seabed had great economic value and by shifting the line in either direction, an oil deposit could be claimed by one state or the other. Therefore the agreement was based upon the establishment of marine boundaries rather than ownership of the land, and the result of this agreement significantly shaped the Saudi-Iranian maritime boundaries in relation to offshore oil and gas deposits.

The territorializing of the ocean space is ultimately related to its stewardship. And although resources found within the seabed provide a great deal of incentive, the control and movement of seafaring vessels also enables an increased economic gain.

Ultimately, it is not merely how these borders are drawn on maps, but more so their spatial realization once the agreements have been made. The translation of boundaries from vectors on maps into demarcations of sovereignty can lead to points of confrontation. The borderline is a highly protected territory in most cases, and infringement upon a boundary can cause significant political unrest, as was the case with the American Navy crew that crossed into Iranian marine space near Farsi Island in January of 2016. Although the Navy claimed that it had crossed into Iranian waters by

تطور مفهوم الحدود

إعادة النظر في مفهوم الحدود ورسمها بشكل أفضل

العربية السعودية والإمبراطورية الإيرانية بشأن السيادة على جزيرتي العربية والفارسي وتعيين خط الحدود الذي يفصل المساحات المغمورة". [14] وقد تمّ رسم الخط الفاصل من خلال الوصل ما بين نقاط طولية وعرضية محددة ضمن المساحات المغمورة، والخاصة بكل دولة، حيث وضعت الاتفاقية مجموعة من الإحداثيات بحيث إذا تم رسم خط فيما بينها شكلت الحد الفاصل بين الدولتين.[15]

كانت الجزيرتان غير مأهولتين قبل إبرام الاتفاقية، وبالتالي من الواضح أن مياه المحيط هي ذات أهمية أكبر من الجزيرتين نفسيهما، حيث نبعت أهمية تشكيل الحدود لهاتين الجزيرتين من الرغبة بالسيطرة على مياه المحيط وعلى قيمتها الاقتصادية أكثر من الأراضي نفسها، فالثروة الموجودة في قاع المحيط تمتع بقيمة اقتصادية هائلة. ومع تحريك الخط الحدودي في أي اتجاه من الاتجاهين، يتواجد هنالك حقل نفط يمكن لأي دولة من الدولتين الاستيلاء عليه. ولهذا السبب، ارتكزت الاتفاقية على تأسيس حدود بحرية بدلًا من محاولة السيطرة على الأرض، حيث ساهمت نتائج هذه الاتفاقية بشكل كبير في تشكيل الحدود البحرية السعودية-الإيرانية فيما يتعلق بحقول الغاز والنفط البعيدة عن الشواطئ.

يرتبط تقسيم مساحة المحيط بين الجزيرتين بشكل وثيق بإدارتها، وعلى الرغم من أن الموارد التي تمّ العثور عليها في قاع المحيط توفر حافزًا كبيرًا، إلا أن حركة البواخر والسيطرة عليها ساهمت في زيادة الفائدة الاقتصادية منها.

وبشكل عام، فإن الحدود ليست مجرد خطوط مرسومة على الخرائط، وإنما هي إدراك لمواقعها من خلال إبرام اتفاقيات متعلقة بها، إلا أن ترجمة الحدود من مجرد كونها إحداثيات على الخرائط إلى مناطق ذات سيادة محددة يمكن أن تؤدي إلى بعض المواجهات بين الدول. ويعد الخط الحدودي في معظم الحالات منطقة محمية وإي تعدٍ عليها الحدود يمكن أن يؤدي إلى نزاعات سياسية كبيرة، كما حدث مع طاقم البحرية الأمريكية الذي تخطى الحدود البحرية الإيرانية بالقرب من جزيرة فارسي خلال شهر ديسمبر من عام 2016. وعلى الرغم من ادعاء البحرية الأمريكية أنها تخطت الحدود عن طريق الخطأ، إلا أن إيران قامت باحتجاز الأمريكيين "لمدة ليلة واحدة في الأسر في جزيرة فارسي."[16] وبعد إجراء التحقيقات مع البحارة الأمريكيين، تبيّن فعلًا أن دخول قوارب الدوريات التابعة لهم إلى الحدود الإيرانية كان عن طريق الخطأ، وذلك بسبب حدوث أعطال ميكانيكية وملاحية. وتعد جزيرة فارسي الجناح البحري لفيلق الحرس الثوري الإيراني، وعندما دخلت القوارب الأمريكية في المياه التابعة لإيران، تمّ أسر البحارة على الجزيرة. ويمكن لتبعات مثل هذه الحركة أن تكون ضخمة وجذرية وسياسية بحتة، فمثلًا، في هذه الحالة قام قائد الحرس الثوري الإيراني بالإعلان عن هذه الحادثة عبر شاشات التلفاز الإيراني.

في عام 2007، حصلت حادثة مشابه عندما دخلت البحرية البريطانية المياه الإيرانية دون الحصول على موافقة مسبقة، وإثر ذلك تمّ أسر أفراد البحرية لمدة 12 يومًا أطلق سراحهم بعدها ضمن احتفال بارز، في حين لم تتم إعادة قوارب الدورية البريطانية التي تمّ إلقاء القبض عليها إلى البحرية البريطانية.[17]

ومن خلال هذه القضايا التي عرضناها سابقًا، يمكننا وبوضوح ملاحظة المفاوضات والنزاعات التي حصلت على ملكية الخطوط الحدودية، والتي تجعل أجزاءً من الأطراف محظورة (مساحة المحيط). ويعد الحد نقطة مواجهة ما بين الدولة وكل من يحاول تخطي أراضيها، ومن خلال الخط الحدودي، تعمل الدول على تحديد سلطاتها وحماية أراضيها التي وجدت فيها حقول الغاز والنفط. وفي الحقيقة، فإن هذه الحقول هي التي منحت أهمية كبرى وواسعة لمنطقة الخليج العربي من قبل الدول المحيطة به والدول البعيدة مثل المملكة المتحدة والولايات المتحدة الأمريكية. ومن هنا، ندرك كيف يمكن لتقسيم مساحة مياه المحيط أن تتطور بشكل أكبر ما بين الدول التي تفصل بينها، بهدف تبني واقع اقتصادي وسياسي سريع التغير. ولأنها منطقة تتنازع عليها العديد من الدول حول العالم، فإن مفهوم تشعيب الحدود لم يعد حصرًا على الدول التي تفصل بينها هذه الحدود، ولكن وبما إن هذه الحدود البحرية تحمل في طياتها قيمة اقتصادية كبيرة ساهمت في العديد من التأثيرات العالمية (كسعر النفط في السوق العالمي)، فإن هذه الحدود تصبح بشكل تدريجي مجالًا دوليًا، فيما يؤكد وجود الحاجة لإعادة فحص مفهوم "الحدود" وما تعنيه بالنسبة لعالم مترابط بشكل كبير.

وبشكل عام، فإن مفهوم "الحدود" قد تطور وتغير منذ نشأته، سواء أكان ذلك عبر الانتقال من مفهوم الأطراف (frontiers) إلى الحدود (Boundaries)، أو تطوره إلى العديد من التعريفات والتصنيفات ضمن المفهوم المعاصر. وهذا يقودنا إلى التأمل في مستقبل الحدود وكيف يمكن إعادة تعريفها لاحقًا، وخاصة مع التقلبات والتوترات السياسية التي تشهدها

Rethinking Borders and Drawing a Better Line

mistake, Iran held the Americans "one night in captivity on Farsi."[16] After questioning the sailors, it was apparent that their patrol boats entered the Iranian territory mistakenly, due to mechanical and navigational failures. Farsi Island currently serves as a base for the naval wing of Iran's Revolutionary Guard Corps, and as the US boats were intercepted at sea, they were taken into custody on the island. The repercussions of such a move can be drastic and are highly politicized. For instance, in this case, the commander of the naval branch of the Revolutionary Guard gave a public account of the incident on television.

In 2007 a similar incident occurred when the British Navy entered Iranian waters without prior consent. They were held captive for twelve days and released in a high profile ceremony, the British patrol boats that were captured were never returned to the British Navy.[17]

Through the presented cases, contested debates of ownership regarding boundary lines are evident and they ultimately restrict portions of the frontier (the ocean space). The border is the point of confrontation between the state and whoever tries to trespass its territories. Through the boundary line, the state internalizes itself and protects its territory on which gas and oil deposits are found. In fact, it is due to these deposits that the Arabian Gulf has gained vast attention, not just by the countries that surround it, but also distant countries such as the United Kingdom and the United States. This brings into question how delineation of the ocean space could further evolve between the states they separate, to adapt to a rapidly changing economic and political realm. As a zone whose border interests are contested globally, border ramifications are no longer exclusive to the states they separate. Rather, as economic values create worldwide ripple effects (such as the price of oil in the world market), these maritime borders are more and more a matter of universal domain, bringing forth the need to critically re-examine the notion of a "boundary" and what it means in an ever-connected world.

The boundary itself has evolved since its inception, whether from a frontier to a boundary, or to the multiple definitions and classifications within its modernized typology. It leads us to speculate on the future of boundaries and what they could be redefined as moving forward. Specifically, the political tensions and volatility in the Gulf region lead us to question the current interpretations. Perhaps instead of shutting away and seeing the boundaries as highly hostile spaces, the ocean space could foster an alternative. Whether through redefining it to become a neutral zone, which is a notion that was considered during the 1960s UN agreement between Kuwait, Iran, and Saudi Arabia. In that instance, Kuwait was willing to define its boundary at the shoreline if Iran agreed to do the same. However, Iran was only willing to do so if Saudi Arabia was also willing to give away its marine boundary. The idea was to make the Arabian Gulf a neutral zone between the three countries. This notion was not agreed upon.[18]

It is interesting to speculate on the possibility of a shared maritime commons and the implications that this might put forward. Perhaps in this way, the islands could become moments of interaction between the citizens of the surrounding states. Not belonging to any old-notion of state-based sovereignty, but rather belonging to the people. In this vision, the islands would be points of trade, whereby the economies could prosper, free from the political agendas of the state. Ideally, this might ease the strict and sometimes difficult process of trade common across the Gulf region.

تطور مفهوم الحدود

إعادة النظر في مفهوم الحدود ورسمها بشكل أفضل

منطقة الخليج العربي، مما يقودنا إلى الشك في تفسير هذه الحدود. وربما بدلًا من اعتبار الحدود منطقة محظورة وعدائية، يمكن لمساحة المحيط أن توفر بدائل لهذه الحالة، وذلك من خلال إعادة تعريفها لتصبح مناطق محايدة، وهي فكرة تمّ اعتبارها خلال الستينيات من خلال اتفاقية الأمم المتحدة التي تمّ إبرامها ما بين كل من الكويت وإيران والسعودية. وضمن هذه الاتفاقية، وافقت الكويت على تعيين حدودها على الشاطئ في حال موافقة إيران على القيام بذات الشيء، إلا أن إيران وافقت على القيام بذلك بشرط أن تتخلى السعودية عن حدودها البحرية. وكان الهدف من هذه الاتفاقية هو جعل منطقة الخليج العربي منطقة محايدة ما بين الدول الثلاثة، ولكن الدول الثلاث لم تتفق على هذه الفكرة.[18]

ومن الشيق التأمل باحتمالية تواجد مياه مشتركة بين الدول وما يمكن أن ينتج عنه من تبعات، ومن المحتمل بهذه الطريقة أن تصبح الجزيرتان نقاطًا للتواصل والتفاعل بين المواطنين من الدول المحيطة، بحيث لا تنتمي هاتان المنطقتان إلى سيادة دولة معينة وإنما تنتميان إلى الشعب ذاته. ومن خلال هذه الرؤية، تصبح الجزيرتان نقطتان للتبادل التجاري بما يساهم في ازدهار اقتصاداتهما بعيدًا عن الأجندات السياسية للدولتين، ومن ناحية مثالية، يمكن من خلال هذه الرؤية تسهيل العمليات الصعبة والصارمة لعمليات التبادل التجاري ضمن كافة منطقة الخليج العربي.

وتشير الأحداث السابقة أن التركيز على نمط أو مفهوم واحد للحدود هو أمر بائد وغير عملي، وذلك بسبب التغيرات السريعة التي تطرأ على الظروف الجغرافية، وبالتالي، من المهم الاطلاع على المناطق والأنماط ذات المنظور الواحد بطريقة أكثر شفافية ومرونة وازدهارًا. من جهة أخرى، يمكن أن تصبح الحدود غير مرئية وغير محددة، إنما تكون جزءًا من بعد بديل يتمحور حول التجارة والأعراف والتواصل الاجتماعي، بما يمنح هذه النشاطات طابعًا أكثر مرونة ضمن كافة الحدود المحيطة.

استوديو باوند تأسس في عام 2015 على يد خريجين من كلية الرابطة المعمارية للهندسة المعمارية: حصة البدر، وبسمة كعكي، وحسام الدقاق. وهو استوديو تصميم متعدد التخصصات يمارس أنشطته فيما بين لندن وجدة والكويت. ويعد بمثابة مختبر تصميم وأبحاث على حدٍ سواء ستوديو. يضطلع استوديو باوند بتصميم مشاريع في منطقة الشرق الأوسط وأوروبا، ويعمل حاليًا على بحث مخطوطة أرشيفية لمكة المكرمة بالتعاون مع كلية الرابطة المعمارية في لندن.

فورتشنيه بينيمان مهندس معماري مقيم في دبي تخرج مع مرتبه الشرف من كلية الرابطة المعمارية للهندسة المعمارية في لندن، ويعمل حاليًا على مشاريع بحث وتصميم في منطقة الخليج.

Evolving Boundaries

Rethinking Borders and Drawing a Better Line

Precedent suggests that fixating on one typology or one definition of a boundary is impractical and obsolete due to the rapidly changing geopolitical conditions. Given this reality, it is important to view once-prescriptive zones or typologies in more fluid, transient, and potentially more prosperous ways. The boundary may no longer be visible and enforced. It would instead be part of an alternative dimension that evolves out of custom, trade, and social interaction, allowing for the flexibility to repurpose itself as it diffuses across the surrounding frontiers.

Studio Bound founded in 2015, by AA alumni Hessa Al Bader, Basmah Kaki and Hussam Dakkak, is a multidisciplinary design studio based between London, Jeddah and Kuwait. Operating as both a design and research lab, Studio Bound is working on design projects in the Middle East and Europe, and is currently working on an archival manuscript researching Makkah in collaboration with the AA in London.

Fortuné Penniman is an architect based in Dubai. He graduated with honors from the AA School of Architecture in London, and is currently working on research & design projects in the Gulf region.

[1] Pirouz Mojtahed-Zadeh, Introduction ,The Concept of Boundary and Its Origin in the Ancient Persian Tradition to Boundary Politics and International Boarders," (Florida: Universal Publishers, 2006) 13.
[2] R.D. Dikshit, Political Geography: The Spatiality of Politics, Third Edition, (Tata McGraw-Hill Education, 1999), 73.
[3] Mojtahed-Zadeh, "The Concept of Boundary,"n13.
[4] Ibid., 13.
[5] Ibid., 13.
[6] Ibid., 13.
[7] Philip E. Steinberg, 1999. rg,of the sentence seems superfluous or out of place. Review my deletio," Geographical Review 89 (2), [American Geographical Society, Wiley]: 254or out of place. Review
[8] Steinberg, "hilip E.. 1999. ph" 254graph
[9] J.E. Peterson, etersoeignty and Boundaries in the Gulf States: Settling the Peripheries to d*International Politics of the Persian Gulf*. Ed. Tehran Kamrava, (Syracuse University Press, 2011), 43.
[10] J. E. Peterson, "The Islands of Arabia: Their Recent History and Strategic Importance," *Arabian Studies VII*, 28.
[11] Peterson, "Sovereignty and Boundaries,"i43.
[12] Peterson, "The Islands of Arabia," 28.
[13] Peterson, J.E, Peterson, J.Es Vllory and,"i43.
[14] Iran-Saudi Arabia: Agreement Concerning Sovereignty Over Al-'Arabiyah And Farsi Islands And Delimitation Of Boundary Line Separating Submarine Areas Between The Kingdom Of Saudi Arabia And Iran," 1969, International Legal Materials 8 (3), *American Society of International Law*: 493overehttp://www.jstor.org/stable/20690497.
[15] Iran-Saudi Arabia: Agreement Concerning Sovereignty Over Al-'Arabiyah And Farsi Islands And Delimitation Of Boundary Line Separating Submarine Areas Between The Kingdom Of Saudi Arabia And Iran," 1969, International Legal Materials 8 (3), *American Society of International Law*: 493can Shttp://www.jstor.org/stable/20690497.
[16] James Rothwell, Chris Graham, and Rob Crilly. illy. Crilly. raham Grahamp 2? Consider renaming. ion. AL-ley]: m," *Telegraph*, January 13, 2016 (accessed March 20, 2016), http://www.telegraph.co.uk/news/worldnews/middleeast/iran/12096275/Iran-holds-two-US-Navy-boats-in-Persian-Gulf.html
[17] Rothwell, Graham, and Crilly," illyell, illy. illy. ," January 13, 2016.
[18] Sohrab Asghari, sghari,ph, 13 January 2016. Accessed 20 March 2016 . ion. AL-ley]: my d *Boundary Politics and the International Boundaries of Iran*, ed. Pairouz Mojtahed-Zadeh, (Universal Publishers 2006) 297.

Writing Across the Waters of the Gulf and Indian Ocean

On April 12, 1893, the *Zanzibar Gazette* described an incident that had taken place the previous Sunday afternoon. British officers in on the island had spotted a dhow quietly sailing away from the harbor under the French flag. Because the "circumstances of her departure warranted a search" officials boarded the vessel, where they found more than fifty slaves stowed away. "The owners of the dhow," the article continued, "were Arabs from Oman, and the destination was to be the Persian Gulf." But despite the discovery of suspected slaves on board the vessel, the search party's hands were tied: "As the dhow sailed under the French flag," the author of the piece lamented, the naval officer "proceeded to the French consulate and surrendered the dhow to the French consul."[1]

Fahad Ahmad Bishara

The incident reported in the *Zanzibar Gazette* was but one of many that occurred around the Western Indian Ocean. Over the course of the last two decades of the nineteenth century, British officers in Zanzibar, Aden, Muscat, and Dubai would regularly encounter suspected Arab slave traders, sailing under the French flag and who possessed French papers. In London, the phenomenon of slaving dhows hiding behind official papers had captured the attention of British officials and the British public so much that by February 1889 the English newspaper *The Illustrated London News*, in a short and otherwise perfunctory article on the East African slave trade, printed a massive two-page image of British naval officers boarding a dhow with the caption "The Blockade of the East Coast of Africa: Overhauling the Papers of a Suspicious Dhow" [See Figure 1].[2]

The overwhelming majority of these dhows, it became clear, hailed from the port of Sur – a small dhow port on the southeast corner of the Arabian Peninsula, roughly 100 miles away from Muscat.[3] A small port, Sur had quickly developed an oversized reputation as an entrepôt for slaves coming to Arabia from East Africa. British naval expeditions in last decades of the nineteenth century often consisted of chasing Suri dhows but failing to apprehend them, often because they raised the French flag to prevent the officers from searching the ship. By the beginning of the twentieth century, the issue had reached such proportions that the British Government, after several failed attempts to convince the French Consul in Muscat to stop issuing French papers to Suri dhows, decided to take the matter to the newly-formed Permanent Court of Arbitration in The Hague. At the court, the British government argued that France was flippantly ignoring all established principles of international law and imperial jurisdiction.

Using the case of the Suri mariners as a springboard, his chapter will attempt to rethink the connections between the Gulf and Indian Ocean in the age of empires. Rather than thinking about the sea as a strictly natural phenomenon, it might be useful to think about the assemblages of actors, texts, instruments, and ideas that shaped the seascape. This was a world in which empires claimed jurisdiction over vast maritime spaces, but did so in very small ways – through pieces of paper,

المستندات والوثائق الخطية الخاصة بالملاحة في مياه الخليج والمحيط الهندي

فهد أحمد بشارة

نشرت جريدة زنجبار الرسمية "*Zanzibar Gazette*" في الثاني عشر من أبريل لعام 1893 حادثة وقعت بعد ظهر يوم الأحد السابق لنشر المقالة. وأكدت فيها أن عددًا من الضباط البريطانيين المتواجدين على الجزيرة رصدوا مركبًا شراعيًا يرفع العلم الفرنسي مبحرًا بهدوء بعيدًا عن الميناء. ونظرًا إلى أن "ظروف مغادرتها تستدعي البحث والتقصي"، صعد مسؤولون على متن المركب الذي عثروا عليه أكثر من خمسين من الرقيق المرحَّلين تهريبًا للاتجار بهم. وتابع المقال مردفًا: "إن أصحاب المركب هم من العرب العُمانيين، والوجهة إلى الخليج العربي". وعلى الرغم من اكتشاف الرقيق المشتبه بهم على متن المركب، فإن المسؤولين القائمين على التفتيش وقفوا مكتوفي الأيدي حيال ذلك لأن "المركب كان يرفع العلم الفرنسي"، كما جاء على حد تعبير كاتب الخبر آسفًا، ما دفع ضابط البحرية بتوجيه الأمر لقبطان المركب "بالتوجه إلى القنصلية الفرنسية وتسليم المركب إلى للقنصل الفرنسي". [1]

ولم تكن هذه الحادثة المنشورة في صحيفة زنجبار الرسمية الأولى من نوعها، فقد شهد غرب المحيط الهندي العديد من الحوادث المشابهة، فعلى مدى العقدين الأخيرين من القرن التاسع عشر، صادف الضباط البريطانيين بشكل منتظم حالات اشتباه بتجار رقيق عرب في كلًا من زنجبار وعدن ومسقط ودبي على حدٍ سواء، مبحرين بمراكب ترفع العلم الفرنسي، وحاملين أوراقًا ثبوتية صادرة عن جهات فرنسية. أما في لندن، فقد استحوذت ظاهرة المراكب المخصصة لتهريب الرقيق المتخفية وراء أوراق ثبوتية رسمية على اهتمام المسؤولين البريطانيين والرأي العام البريطاني، لدرجة قيام الصحيفة الإنجليزية أخبار لندن المصورة "*The Illustrated London News*" في شهر فبراير من العام 1889، بنشر مقالة قصيرة حول تجارة الرقيق في شرق إفريقيا تضمنت صورة ضخمة مطبوعة على صفحتين لضباط البحرية البريطانية وهم يرتقون متن مركب شراعي تحت عنوان "الحصار المفروض على الساحل الشرقي لإفريقيا: تفحص الأوراق الثبوتية للمراكب المشتبه بها بدقة" (صورة رقم "1"). [2]

بدا جليًا أن الأغلبية العظمى من هذه المراكب تبحر قادمة من ميناء صور - وهو مرفأ صغير للمراكب الشراعية يقع في الركن الجنوبي الشرقي من شبه الجزيرة العربية، ويبعد نحو 100 ميل تقريبًا عن مسقط.[3] وسرعان ما ذاع صيت ميناء صور الصغير باعتباره حلقة الوصل للرقيق القادمين من شرق إفريقيا إلى شبه الجزيرة العربية. واضطلعت الرحلات الاستكشافية البحرية البريطانية المنطلقة في العقود الأخيرة من القرن التاسع عشر بمطاردة المراكب المبحرة من ميناء صور، إلا أنها أخفقت في القبض عليها، وغالبًا ما يعود السبب إلى رفعها العلم الفرنسي بهدف الحيلولة دون قيام الضباط بتفتيشها. ففي مطلع القرن العشرين، أصبحت هذه القضية من الخطورة بمكان ما دفع الحكومة البريطانية، بعد عدة محاولات فاشلة لإقناع القنصل الفرنسي في مسقط بوقف إصدار الأوراق الثبوتية الفرنسية للمراكب الشراعية في ميناء صور، إلى أن اتخذت قرارًا برفع القضية إلى محكمة التحكيم الدائمة المشكَّلة حديثًا في لاهاي. واحتجت الحكومة البريطانية أمام المحكمة أن فرنسا تجاهلت باستخفاف كافة مبادئ القانون الدولي والسلطة القضائية الإمبراطورية.

استعانةً بالقضية المرفوعة بخصوص البحارة الصوريين كنقطة انطلاق، يتناول هذا الفصل محاولة إعادة التفكير في العلاقات بين الخليج والمحيط الهندي في "عهد الامبراطوريات". وبدلًا من التفكير في البحر باعتباره ظاهرة طبيعية فقط، قد يكون من الأفضل التفكير في الجهات الفاعلة والوثائق والمستندات والأفكار التي ساهمت بتشكيل سياق الطبيعة البحرية. كانت تلك حقبةً ادعت الامبراطورية بالاختصاص القضائي على المساحات البحرية الشاسعة، ولكنها فعلت ذلك من خلال وسائل بسيطة جدًا - أي من خلال الوثائق والمستندات، والتي بمقدور البحارة أخذها وادعاء ملكيتها وبالإمكان تضمينها في وثائق مرجعية استندوا إليها في صياغة سياق الطبيعة البحرية الخاصة بهم. وبذلك أصبحت الحياة في عرض البحر بعد ذلك

which mariners could then take and make claims of their own to and could fit within a documentary repertoire that they drew on in crafting their own seascapes. Life at sea, then, was much more than dhows, monsoons, and port cities: it was in the geographies that Gulf mariners actively created through the texts and instruments they mobilized to bring order to a changing world.

I

At the behest of the British, the Sultan of Muscat, Sayyid Faisal bin Turki, traveled to Sur in June 1900 to meet with captains who had taken French papers, which they called *aqwāl* (sing. *qōl*, or declaration). When he met the mariners, the Sultan and his armed retainers forcefully confiscated the Suri captains' *aqwāl*, and issued a declaration forbidding them from taking them in the future. However, rather than prompting the immediate surrender of French protection, the confiscation had a more predictable effect: Suri captains immediately went to the French consular and petitioned him for the restitution of their *aqwāl*.[4] Through their petitions, historians can glean a sense of how and why Suri captains imagined themselves as protégés of the French Empire, and what work they imagined French papers as doing for them in a world of increasing regulation. And all but the tersest of petitions mobilized at least one of two notions: that the French would protect them "on land and at sea" – a capacious and robust protection regime that was infused with (trans?) local meaning.

One of the more revealing petitions in the collection preserved in the French record was by Mohammed bin Sulaim bin 'Abood, recorded in July 1900. His exchange with the Sultan forcefully articulated this anti-British imaginary. When the Sultan's suggested to him that the French would not stand up for the Suris against the British, the mariner retorted "O Sayyid, do not belittle the French state if you do not know it, for we know that it is not weaker than that state that you came with [i.e. the British], and it is stronger in its cannons and *manāwir* and soldiers." He then asked the Sultan if he knew of "the Turkish state"; when the Sultan replied in the affirmative, Bin 'Abood told him that "it [i.e. the French state] is of that strength and more."[5] Through an invocation of the strength of the Ottoman Empire, which had for years reached out to maritime communities around the Indian Ocean in an attempt to establish a regional meta-sovereignty,[6] Bin 'Abood highlighted the mariners' hope that by allying with the French they might form a counterweight to British hegemony, both in Oman and in the Western Indian Ocean more broadly.

Central to Bin 'Abood's claim to French subjecthood was his notion of place. In his conversation with the Sultan of Muscat, Bin 'Abood declared that he and his family "have in *Bukīn* [Madagascar] wealth and children and homes", emphasizing that "since I have been of sound mind I have been under French protection, and my residence is in *Bukīn*."[7] Despite his presence in Sur, Bin 'Abood could locate himself and his family squarely within a French possession in the Indian Ocean. This was not merely posturing: the captain did have a long history of movement between Sur, Zanzibar, and the French islands in the Indian Ocean.[8]

Bin 'Abood was not alone in claiming a connection to a French possession elsewhere. During that same month, a number of other Suri dhow captains made similar claims. One mariner, Khamis bin Musallam, claimed that he lived in Madagascar for nearly thirty years as a child and that his father had passed away there; he added that he had been employed by the French in Mauritius, Nosy Be, and Mayotte.[9] Still others claimed to own property or have family in the Comoros Islands or Djibouti.[10] By contrast, not one of the Suri mariners claimed any sort of allegiance to the Sultan of Muscat, who

المستندات والوثائق الخطية الخاصة بالملاحة في مياه الخليج والمحيط الهندي

أكثر بكثير من مجرد مراكب ورياح موسمية ومدن ساحلية، بل تجاوزت ذلك إلى وثائق ومستندات بحوزة مرتادي الخليج من البحارة عملت بشكل فعّال على تشكيل المناطق الجغرافية التي أدت بدورها إلى تفعيل النظام في ظل حقبة متغيرة.

أولًا

بناءً على طلب مقدم من البريطانيين، سافر سلطان مسقط السيد فيصل بن تركي إلى صور في شهر يونيو للعام 1900 للقاء الربابنة الحاصلين على أوراق ثبوتية صادرة عن جهات فرنسية، والتي يطلق عليها "أقوال" (أو "قول" بصيغتها المفردة، ويقصد بها "التصريح"). وفي إطار لقاءه بالبحارة، قام السلطان وأتباعه المسلحون بمصادرة الأقوال الموجودة بحوزة الربابنة الصوريين عنوةً، وأصدر بيانًا يمنعهم بموجبه من أخذها مستقبلًا. ومع ذلك، وبدلًا من تعزيز التنازل الفوري عن الحماية الفرنسية، كان للمصادرة الوثائق تأثيرًا متوقعًا؛ فقد توجه الربابنة الصوريين إلى القنصلية الفرنسية على الفور ملتمسين استعادة الأقوال الخاصة بهم.[4] وبالاطلاع على الالتماسات المقدمة من البحارة، يستطيع المؤرخون استشفاف اعتقاد الربابنة الصوريين أنفسهم تحت وصاية وحماية الإمبراطورية الفرنسية، فيما اعتبروا الأوراق الثبوتية الصادرة عن الجهات الفرنسية بأنها نوع من أنواع التراخيص في ظل تزايد النظم والقوانين، وقد تملكهم شعور عام مشترك بأن الفرنسيين سيوفرون لهم الحماية "برًا وبحرًا"، وهو ما شكل نظام حماية متين وواسع النطاق مشبّعًا بمراد مجتمع الربابنة.

إن أحد أكثر الالتماسات المحفوظة في السجلات الفرنسية التي كشفت هذا الجانب، هو الالتماس الذي قدمه محمد بن سليم بن عبود، والمقيد في يوليو 1900، حيث أفصح بوضوح عن تسبب مصادرة السلطان للأوراق الثبوتية الصادرة عن جهات فرنسية عنوةً في رسم تصور فكري مناهض لبريطانيا. فحينما أوضح السلطان له بأن الفرنسيين لن يقفوا داعمين في صف الربابنة الصوريين في موقف مناهض للبريطانيين، جاء رد الملاح "يا سيد، لا تستخف بالدولة الفرنسية إن كنت لا تعرفها تمام المعرفة، ذلك لأننا نعلم أنها ليست أضعف من الدولة التي جئت معها [البريطانيين]، وتعتبر أقوى بما تمتلكه من مدافع ومناوير وجنود"، ومن ثم تابع موجهًا للسلطان تساؤلًا حول مدى علمه "بالدولة التركية؟"، وعندما أجاب السلطان على تساؤله بالإيجاب، أخبره بن عبود بـ"أنها [الدولة الفرنسية] تبلغ من القوة ما تبلغه الدولة التركية بل وتفوقها قوة".[5] فمن خلال التطرق إلى القوة التي تتمتع بها الإمبراطورية العثمانية، التي بلغت سيادتها لسنوات بما يطال المجتمعات البحرية في المحيط الهندي في محاولة لتعزيز سيادتها الإقليمية،[6] سلط بن عبود الضوء على أمله في أن يسفر التحالف مع الفرنسيين عن تشكيل البحارة ثقلًا موازنًا للهيمنة البريطانية، في عُمان وغرب المحيط الهندي على حدٍ سواء.

وشكلت فكرة بن عبود المتعلقة بالمكان نقطة محورية لمزعمه بكونه خاضعًا للسيادة الفرنسية. في إطار حديثه مع سلطان مسقط، صرح بن عبود أنه وعائلته "يمتلكون في بوكين [مدغشقر] الثروة والأولاد والمنازل"، مؤكدًا على أنه "منذ أن بلغت أشدي، وجدت نفسي تحت الحماية الفرنسية، ومحل إقامتي في بوكين"[7] وعلى الرغم من وجوده في صور، فقد أفاد بن عبود أنه يعتبر نفسه وعائلته بأنهم خاضعين للسيادة الفرنسية في المحيط الهندي بشكل صريح دون حياد. ولم يكن هذا مجرد موقف، فالربان يتمتع بتاريخ طويل من التنقل بين صور وزنجبار والجزر الفرنسية في المحيط الهندي.[8]

لم يكن بن عبود وحيدًا في زعمه الخضوع للسيادة الفرنسية في أي مكان آخر، فقد أدلى ربابنة صوريين آخرين بمزاعم مماثلة خلال ذلك الشهر، حيث زعم أحد البحارة المدعو خميس بن مسلم، أنه عاش في مدغشقر لما يقرب من ثلاثين عامًا منذ أن كان طفلًا صغيرًا، وأن والده وافته المنية هناك. وأضاف أنه عمل لصالح الفرنسيين في موريشيوس ونوسي بي ومايوت.[9] فيما ادعى آخرون امتلاكهم عقارات أو أن لديهم عوائل في جزر القمر أو جيبوتي.[10] وعلى النقيض من ذلك، لم يصرح أيًا من البحارة الصوريين عن أي نوع من أنواع الولاء لسلطان مسقط، الذي مارس السلطة اسميًا على ميناء صور.

شكلت مزاعم وتصريحات البحارة الصوريين المتعلقة بإقامتهم وعوائلهم وثرواتهم في الجزر الفرنسية في المحيط الهندي محاولة جيدة لإخضاعهم للسيادة الفرنسية. وأشاروا جزئيًا إلى تاريخ من الانتماء العبر إقليمي، وهو جزء من حياة بحرية شملت شبكة من الجزر والمدن الساحلية في غرب المحيط الهندي. وباعتبارهم جزء من مجتمع التجار المتجولين الذين عملوا على نقل التمور وجذوع أشجار القرم وغيرها من السلع عبر أنحاء غرب المحيط الهندي، حظي الصوريون بالكثير من الفرص لترسيخ مكانتهم في هذه الجزر الفرنسية. فقد هاجر البعض إلى هناك منذ زمن، وقاموا بإنشاء مزارع قصب السكر والفانيليا والبن. كما سجل البحارة الصوريون أنفسهم في مايوت في مرحلة مبكرة لا تتجاوز عام 1863، فيما ترك آخرون زوجاتهم في جزر القمر

exercised nominal jurisdiction over the port of Sur.

Suri claims to residence, family, and wealth in French islands around the Indian Ocean, then, constituted more than a cheap attempt to place themselves under French jurisdiction. In part, they signaled a history of trans-sregional belonging – that they were part of a maritime world that included a network of islands and port cities in the Western Indian Ocean. And there is much to back it up: as part of an itinerant commercial community that moved dates, mangrove poles, and other goods around the Western Indian Ocean, Suris had plenty of opportunity to embed themselves within French islands. Some had migrated there from very early on, establishing sugar, vanilla, and coffee plantations. Suri mariners had registered themselves in Mayotte from as early as 1863; another kept a wife in the Comoros and had registered himself there in 1880. Still another spent his life shuttling between family members in the Comoros, Pemba, Madagascar, and the Gulf.[11]

Their movements might fruitfully be placed in a broader historical context. One of the most prominent vectors of regional migration was between Oman and East Africa. While Arabs from Oman had been settling in East Africa for centuries, a boom in the ivory trade during the early nineteenth century prompted hundreds of Omanis to travel to Zanzibar and coastal East Africa in pursuit of fortune. Many invested their earnings in a growing plantation economy on the coast, where they settled for generations, reaping the benefits of East Africa's growing integration into the world economy.

The commercial bonanza was not limited to Oman and East Africa: by the second half of the 19th, merchants in the Gulf were reaping the rewards of the transformations that had taken place around the Western Indian Ocean. A late-nineteenth century boom in demand for dates and pearls from the Gulf gave a boost to its trade with the broader Indian Ocean. In the late eighteenth century there were a number of Kuwaiti merchant families operating out of Surat – once the principal commercial and financial center of Western India; however, by the mid-19th, after Surat's decline, many more had moved to Bombay, Karachi, Calicut, Mangalore and other ports on the West Coast of India.

Gulf merchants in Bombay and other Indian ports primarily dealt in pearls, the Gulf's most valuable export, but also sold dates, either directly or through local brokers: dhow captains would pick up shipments of dates from farms the merchants owned in Basra and would transport them to brokers' offices along the entire coast. Although the goods they imported from the Gulf were limited in their variety, the range of goods they sent back to their home ports was dizzying: lists from Kuwaiti merchants in Bombay and Karachi during the 1920s include prices for different legumes, sugar, tea, wheat flour, cloth, shoes and even matches. Their presence in India, coupled with a substantial Indian presence in the Gulf, effectively tied the two regions together in a reciprocal commerce in food, commodities, and credit.

But the history of trans-regional mobility and settlement in the Gulf and Indian Ocean was hardly free of outside intervention. Virtually every mariner began his statement with a reference to the threat that British men-of-war – Arabized as manāwir – posed to their mobility. "All of this happened because of fear of British *manāwir*", claimed one captain, 'Abdullah bin Khamis; another, Salim bin Musallam, stated that they were "afraid of the English *manāwir* and we wanted them to go away and give us breathing room."[12] Others articulated the fear of British *manāwir* "coming up on us" in different ways.[13] The captains' usage of term *manāwir* opens the doors to a much

المستندات والوثائق الخطية الخاصة بالملاحة في مياه الخليج والمحيط الهندي

وسجلوا أنفسهم هناك في عام 1880. بالإضافة إلى آخرين قضوا حياتهم في التنقل ما بين أفراد أسرهم في جزر القمر وبيمبا ومدغشقر والخليج.[11]

قد تكون تحركاتهم قد اتخذت موضعًا بصورة مثمرة في سياق تاريخي أشمل، حيث أن أحد أبرز نواقل الهجرة الإقليمية هي بين عُمان وشرق إفريقيا. فيما استقر العرب العُمانيين في شرق إفريقيا لعدة قرون، دفعت الطفرة التي شهدتها تجارة العاج خلال أوائل القرن التاسع عشر مئات العُمانيين للرحيل إلى زنجبار وسواحل شرق إفريقيا سعيًا وراء تحقيق الثروة. فاستثمر الكثير عوائدهم المتحققة في مجال الزراعة الذي شهد تناميًا على الساحل، حيث استقروا لأجيال، ما مكنهم من جني ثمار الاندماج المتزايد لشرق إفريقيا في الاقتصاد العالمي.

لم تقتصر الطفرة التجارية على عُمان وشرق إفريقيا. فقد شهد النصف الثاني من القرن التاسع عشر جني التجار في الخليج ثمار التحولات التي حدثت في غرب المحيط الهندي. كما أسهم ازدهار الطلب على التمور واللؤلؤ من الخليج في أواخر القرن التاسع عشر في تعزيز تجارته على نطاق أوسع مع المحيط الهندي. أما في أواخر القرن الثامن عشر، فقد كان ثمة عدد من العائلات الكويتية العاملة بالتجارة التي باشرت تجارتها انطلاقًا من صور – التي كانت تعد المركز التجاري والمالي الرئيسي لغرب الهند. ومع ذلك، بحلول منتصف القرن التاسع عشر، وفي أعقاب تراجع الدور الرئيسي لصور، فقد انتقل الكثيرون إلى موانئ بومباي وكراتشي وكاليكوت ومانجالور وموانئ أخرى على الساحل الغربي للهند.

اشتغل تجار الخليج في بومباي وغيرها من الموانئ الهندية بتجارة اللؤلؤ بشكل أساسي، والذي يعتبر من أهم صادرات الخليج من حيث القيمة، إلا أنهم اشتغلوا أيضًا بتجارة التمور، وذلك إما بشكل مباشر أو عن طريق وسطاء محليين. في الواقع، عمل ربابنة المراكب على تحميل شحنات التمور من مزارع التجار المملوكة في البصرة، ومن ثم نقلها إلى الوسطاء على طول الساحل بأكمله. وعلى الرغم من محدودية تنوع السلع المستوردة من الخليج، إلا أن مجموعة السلع التي كانوا يقومون بتصديرها إلى موانئهم تثير الذهول، فقد اشتملت قوائم خاصة بتجار كويتيين في بومباي وكراتشي خلال عشرينيات القرن العشرين أسعارًا مختلفة للبقوليات والسكر والشاي ودقيق القمح والأقمشة والأحذية وأعواد الثقاب. وأسهم تواجدهم في الهند، إلى جانب وجود الهنود الطاغي في الخليج، بتوثيق عرى التواصل الفعال بين المنطقتين إلى جانب التجارة المتبادلة للمواد الغذائية والسلع والائتمان.

ولكن تاريخ التنقل والاستقرار العبر إقليمي في الخليج والمحيط الهندي كان لا يكاد يخلو من التدخل الخارجي. بدأ كل بحار تقريبًا تصريحه بالإشارة إلى التهديد الذي شكله مجندين البحرية البريطانيين – المعروفين باللغة العربية بالمناوير – الذين حدّوا من قدرتهم على الحركة، فقد أفاد أحد الربابنة المدعو عبد الله بن خميس: "حدث كل هذا بسبب الخوف من المناوير البريطانيين"، فيما ذكر آخر يدعى سالم بن مسلم أنهم "يخشون من المناوير الإنجليز، وكل ما نريده أن يرحلوا بعيدًا عنا تاركين لنا فسحة من الحرية".[12] كما عبر آخرين عن مخاوفهم من المناوير الإنجليز "المقبلين علينا" بطرق مختلفة.[13] إن استخدام لفظة "مناوير" يفسح المجال أمام تاريخ أطول بكثير من سفن الدوريات الأوروبية في البحر، بدءًا من مجندين البحرية البرتغاليين الذين حاولوا فرض سيادة البرتغال على المحيط الهندي من خلال فرض الرخصة البحرية (cartazes) على الشحنات المحلية.[14] بخصوص إطلاق مسمى المناوير عليهم، تحدث البحارة الصوريين عن دخول الطرادات البريطانية للتاريخ المضطرب للقاءات العُمانية مع الأوروبيين في البحر. في نواحٍ كثيرة، دلَّ هذا المسمى على شبكات من التحالفات والأنظمة الإمبراطورية التي أسهمت في تشكيل الخطوط الملاحية للمراكب في المحيط الهندي.

في خضم ادعاءهم الخضوع للحماية الفرنسية "برًا وبحرًا"، حاول الربابنة الصوريين تشكيل ملامح النظام القانوني الدولي، وذلك من خلال ترجمته إلى مسميات متداولة على الصعيد المحلي. فالأقوال، على سبيل المثال، تعتبر إحدى المظاهر المادية الملموسة للتغير المستمر في القوانين الدولية التي أسهمت في تحديد معالم النشاط التجاري الممارس في إطار الأنظمة المحلية خلال خضوعهم لتلك الحماية. وباستخدامهم الأقوال لتأكيد عضويتهم في شبكة من الجزر والمدن الساحلية التي تربط جنوب شبه الجزيرة العربية بالمستعمرات الفرنسية عبر بحر العرب، ومن خلال إقحام تلك العضوية في تاريخ المنافسة بين الإمبراطوريات، ساهم الربابنة الصوريين برسم الخطوط العريضة للجغرافيا القانونية عبر المحيطات بطريقة عشوائية غير دقيقة، وذلك وفقًا لفهمهم لها. وبقيام مسؤولين لدى الإمبراطورية المستعمرة باستحداث طبيعة بحرية تنظيمية جديدة قائمة على الاتصال بالأراضي والدول الخاضعة لسيادتها، لجأ هؤلاء الربابنة إلى استخدام هذه الوثائق المتوافقة لتقديم مطالباتهم بالملكية المكانية والقانونية. فقد تم السعي لاستخدام الأقوال لإيجاد

longer history of European patrol ships at sea, starting with the Portuguese men-of-war that tried to assert their sovereignty over the Indian Ocean by forcing *cartazes* onto local shipping.[14] In calling them *manāwir*, Suri mariners brought British cruisers into a turbulent history of Omani encounters with Europeans at sea, and of the crisscrossing webs of imperial alliances and regulations that shaped dhow itineraries in the Indian Ocean.

In claiming French protection "on land and at sea", Suri captains were trying to shape the contours of an international legal order, translating it into terms that had more meaning to them locally. The *aqwāl*, as the material manifestation of international legal regime, constituted the basic artifact by which they understood a changing body of international law as taking shape locally, but also acted as a tool by which they could make that regime work for them. By using the aqwāl to assert their membership in a network of islands and port cities connecting South Arabia to French possessions across the Arabian Sea, and by infusing that membership with a history of inter-imperial competition, Suri captains crudely sketched out the contours of a transoceanic legal geography as they would have understood it. As imperial officials constructed a new regulatory seascape based on attachments to land and sovereign states, these mariners used the instruments of that order to make spatial and legal claims of their own. Their consumption of the *aqwāl* sought to produce realities that were separate from the processes and structures that produced them – realities that ran below their winds, rather than against them.

II

As a set of papers, the *aqwāl* were a written manifestation of the forms of protection that mariners sought, and of the legal geographies that they imagined themselves as inhabiting. But also because they were a set of papers, the *aqwal* took on a material form that protection itself could not. They could thus be transferred from one person to another, or included as part of a sale contract. In the captains' use of the *aqwāl* in moments we can see a sense of how that status, instantiated as it was in a set of documents, could transfer between people and possessions. In a legal world of hardening jurisdictions, their fluid use of French papers and the flag enacted a community around the documents themselves and the protections they involved. But of course, the *aqwāl* themselves were only one part of a much broader documentary repertoire that Gulf *captains* and sailors utilized to navigate the uncertainties of a changing imperial seascape. Images of Arab dhows being searched by British officials depicted officers looking through several papers, not just one. And to be sure, Gulf *captains* made use of a dizzying variety of instruments and texts to navigate the waters.

As they sailed around the Indian Ocean, *captains* from Kuwait and Oman recorded their journeys in logbooks (called *rōznāmahs*) in which they made note of their location, the calendar date (according to three calendars: Hijri, Gregorian, and Nawruz), the condition of the water, other dhows they came into contact with, and general observations on trade. These, combined with the nautical manuals that a number of captains published, rendered an oceanic seascape legible and navigable – in a sense, it made them familiar. Through reliance on past rōznamahs and manuals, those traveling around the Indian Ocean could picture themselves navigating a seascape that many others had traversed before them. These texts took the uncertain furies of nature that could have made for a disastrous voyage and rendered them into known itineraries and routes – sea lanes that were secure, safe, and predictable.

And Gulf crews never ambled along aimlessly; they traveled through networks of merchants and brokers,

المستندات والوثائق الخطية الخاصة بالملاحة في مياه الخليج والمحيط الهندي

حقائق لا تمت بصلة للعمليات والأسس التي صدرت لأجلها بالواقع - الحقائق التي لم تجرِ وفقًا لأهوائهم، كما لم تأتِ لتكون مناهضة لهم.

ثانيًا

شكلت الأقوال، باعتبارها مجموعة من الأوراق الثبوتية، إثباتات خطية لشكل من أشكال الحماية التي سعى البحارة للحصول عليها، فضلًا عن تحديدها المناطق الجغرافية القانونية التي تصوروا أنفسهم يسكنونها. وعلاوة على ذلك، اتخذت الأقوال شكلًا ماديًا ملموسًا من أشكال الحماية كونها مجموعة من الأوراق التي أثمرت في هذا الإطار عن إمكانية نقلها من شخص إلى آخر، أو تضمينها كجزء من عقد بيع، مساهمةً بذلك في تقديم وسيلة لحالة قابلة للتحويل. وفي ظل فضاء قانوني يتألف من سلطات قضائية مشددة، أسهم استخدامهم الواسع للأوراق الثبوتية الصادرة عن جهات فرنسية ورفع العلم الفرنسي في فرض اتفاق حول الأوراق نفسها والحماية الممنوحة بموجبها.

ولكن بطبيعة الحال، شكلت الأقوال جزءًا واحدًا فقط من مجموعة أوسع بكثير من الوثائق المرجعية التي استخدمها الربابنة والبحارة الخليجيين للملاحة في عالم عدم اليقين من المشهد الملاحي الخاضع للسيادة الإمبراطورية ودائم التغير. إن الصور المأخوذة للمراكب العربية التي يقوم مسؤولون بريطانيون بتفتيشها تصور ضباط يدققون عدة أوراق وليس ورقة واحدة فحسب. ومما لا شك فيه، فإن استخدام ربابنة الخليج لمجموعة متنوعة تثير الذهول من الوثائق والمستندات للملاحة البحرية.

في إطار ملاحتهم في المحيط الهندي، عمد ربابنة من الكويت وسلطنة عُمان إلى تسجيل رحلاتهم في سجلات (وتسمى "روزنامة")، وتحتوي هذه السجلات على ملاحظات متعلقة بمواقع تواجدهم، وتقويم بالتواريخ (وفقًا لثلاثة تقويمات: الهجري والميلادي والفارسي)، وحالة المياه، ومراكب أخرى تم الاتصال معها وملاحظات عامة حول التجارة. وتأتي هذه السجلات مرافقة لأدلة بحرية قام عدد من الربابنة بإصدارها، تضمنت الطبيعة البحرية للمحيط بشكل واضح ومفهوم وقابل للملاحة - أي بشكل يجعلها معروفة ومألوفة. استنادًا إلى الروزنامات والأدلة الماضية، تعززت معرفة هؤلاء المسافرين عبر أنحاء المحيط الهندي بالملاحة عبر الطبيعة البحرية. تناولت هذه المواد المكتوبة ضراوة الطبيعة غير المؤكدة التي من الممكن أن ينجم عنها رحلات وخيمة العواقب، كما ألقت الضوء على الممرات البحرية الأكثر أمنًا وسلامةً ويمكن التنبؤ بها.

لم يبحر طواقم الخليج أبدًا على غير هدى، حيث سافروا عبر شبكات من التجار والوسطاء والاتصالات التي وفرت قاعدة محددة لرحلاتهم السنوية. فقد أسهمت الرسائل التي تبادلها الربابنة والتجار فيما بينهم بين الخليج والمحيط الهندي، والتلغرافات المرسلة، وقوائم الأسعار، وأنماط التحيات الموجهة من خلال مراسلاتهم، في تشكيل الروابط التجارية والاجتماعية عبر البحر. وكان لذلك أهمية خاصة في عصر انتشار الرأسمالية الحديثة، حيث جرى تهميش تجار الخليج وربابنة المراكب الشراعية بوتيرة متزايدة على يد الجهات الفاعلة المهيمنة على الاقتصاد العالمي. فمن خلال شبكات الاتصالات هذه التي عملوا على تشكيلها، انتزع تجار الخليج وربابنة المراكب أرباحهم على هامش الاقتصاد الإقليمي المتغير. وعلى الرغم من أن تجارتهم قد لا ترقى إلى المستوى العالمي في التمويل والصناعة، إلا أنهم بمقدورهم أن يضمنوا إمساكهم بزمام الأمور في تجارة اللؤلؤ والتمور والأخشاب والمواد الغذائية التي لن تخرج عن نطاق سيطرتهم.

احتلت الوثائق والمستندات المالية الخطية مكانة هامة لما تحتويه من معلومات حول كيفية تجميع طاقم المركب وإبحاره في الرحلة. وإذا كانت التجارة عبر المراكب قادرة على الحفاظ على استقلالها الذاتي جزئيًا خلال حشود الإمبراطوريات على اختلافها في المحيط الهندي، فإن ذلك يعزى بشكل كبير إلى الأعمال الداخلية للتجارة والنظم القانونية التي وضعها التجار والربابنة والغواصين لتنظيم العلاقات القائمة فيما بينهم. ففي هذا الإطار، شكّل ذلك في حد ذاته نمطًا للإنتاج، حيث تمتع هذا النمط بحكم شبه ذاتي، وعلى الرغم من لجوء المشاركين في بعض الأحيان إلى السلطات القضائية على اختلافها في المنطقة، بما في ذلك الحكام المحليين وأحيانًا المحاكم الأوروبية، كان النظام معزولًا جدًا، يحكمه التجار والربابنة، ولم يكن بمقدور القضاة المسلمين (المحكمين) التدخل في الأعمال المباشرة في إطار هذا النظام. فقد كان البحارة المثقلين بالديون ملزمين تجاه المراكب، والربابنة ملزمين تجاه التجار. ونظرًا لتميز الأنشطة الاقتصادية بالمخاطر وعدم اليقين، أسهمت صكوك الالتزامات الناجمة عن الديون بمنح الجهات الفاعلة في الاقتصاد اليقين والمرونة التي تحتاجها للاستمرار في إنتاج السلع التي تعتمد عليها أثناء التكيف مع الظروف المتغيرة عبر المحيط الهندي.

communication with whom gave a particular structure to the annual voyages. The letters that *captains* and merchants wrote to one another between the Gulf and Indian Ocean; the telegraphs they sent, the price lists they circulated, and the salutations that echoed through their correspondences forged commercial and social links across the sea. And these were particularly important in an age of emerging modern capitalism, where Gulf merchants and dhow captains became increasingly marginalized as global economic actors. Through the networks they forged – networks underpinned by a constant flow of letters and other forms of written communication – Gulf merchants and *captains* eked out profits at the margins of a changing regional economy. Their world might not have been one of global finance and industry, but they could ensure that the trade in pearls, dates, timber, and foodstuffs wouldn't slip beyond their grasp.

And finally, written financial instruments were crucial to how the dhow crew itself was assembled and bound to the voyage. If the dhow trade was able to maintain a partial autonomy throughout the different waves of empires in the Indian Ocean, it was in no small part due to the internal workings of the dhow trade, the institutions that merchants, *captains,* and divers developed to regulate their relations with one another – in a sense, the very architecture of the dhows' mode of production. These were largely autonomous: though participants at times appealed to different juridical authorities in the region, including local rulers and sometimes European courts, the system was a highly insular one, governed by merchants and *captains;* not even Muslim *qadis* or jurists were able to intervene in its operation. Debt bound mariners to dhows, *captains* to merchants. In economic activities characterized by risk and uncertainty, the bonds of obligation that credit created gave Indian Ocean economic actors the certainty and flexibility they needed to continue to produce the commodities they depended on while adapting to changing circumstances. And it was in the account ledgers that *captains* carried with them – a genre of financial writing that itself was built on countless debt instruments – that all of these debts and obligations met. The *aqwāl,* then, formed only one component of a broader documentary arsenal among *captains* – a set of texts that the captains, merchants, and crews readily deployed to bring order to a changing economic and political world around them. The maritime world of the Gulf was only in part animated by the ships and port cities that linked it to the Indian Ocean; it also resided in the forms of writing that Gulf mariners mobilized to capture opportunities, to craft itineraries, and to navigate a changing imperial and commercial seascape.

III

What does the Gulf's history look like from the perspective of the water? How might we capture the world of Indian Ocean trade and travel as Gulf mariners might have seen it? How do we write a history that eschews prefabricated geographical and political categories in favor of geopolitical and legal *imaginaries?* This chapter has attempted to address these questions by thinking about geography and trans-oceanic mobility through the medium of texts. Starting with small statements and mundane instruments, it has worked its way upward into a larger, more encompassing understanding of how Gulf mariners articulated (and inscribed) their place in an oceanic world, and how they navigated a changing imperial seascape. If imperial authorities sought to regulate the captains' use of *aqwāl* in order to inscribe clear boundaries between licit and illicit movement in the Indian Ocean, they failed to grasp at how the *aqwāl* fit into a broader documentary and textual repertoire that captains had long been mobilizing to bring order to a ever-changing maritime world.

Fahad Ahmad Bishara is Assistant Professor of Law and Society in the Department of Middle Eastern and Islamic Studies at New York University. He recently completed a book on Islamic law and capitalism in 19th-century Oman and East Africa, and he now spends his time thinking about dhows.

1 "Local News," *Zanzibar Gazette* (12 April 1893): 2
2 *The Illustrated London News* (9 February 1889): 176-77
3 J.G. Lorimer, *Gazetteer of the Persian Gulf, Oman, and Central Arabia*, Vol. 2 (Statistical): 1847-48
4 For background on the establishment of the French consulate in Muscat, see Lorimer, *Gazetteer*, Vol. 1 (Historical): 546-50.
5 Ministere des Affairs Etrangeres (MAE) France, Muscat Series Vol. 28, p. 21
6 Giancarlo Casale, "Global Politics in the 1580s: One Canal, Twenty Thousand Cannibals, and an Ottoman Plot to Rule the World," *Journal of World History*, Volume 18, Number 3 (2007): 267-96
7 MAE Muscat Series Vol. 28, p. 21
8 Abdul Sheirff, "Sur: The World of a Dhow Port," *Journal of Oman Studies*, Vol. 13 (2004): 99-112
9 MAE Muscat Series Vol. 28, p. 20
10 MAE Muscat Series Vol. 28, pp. 19-20
11 Abdul Sheirff, "Sur: The World of a Dhow Port," *Journal of Oman Studies*, Vol. 13 (2004): 99-112
12 MAE Muscat Series Vol. 28, p. 21
13 MAE Muscat Series Vol. 28, p. 20-21
14 It was largely through the military efforts of the Omani Ya'rubi dynasty in the 17th century that the Portuguese would be dislodged from their holdings in the Persian Gulf, South Arabia, and East Africa.

المستندات والوثائق الخطية الخاصة بالملاحة في مياه الخليج والمحيط الهندي

واشتملت دفاتر الحسابات التي كان يحملها الربابنة معهم -وهي أحد أصناف الوثائق المالية المستند إلى عدد لا يحصى من والوثائق المقيدة للديون - عمليات سداد هذه الالتزامات.

وفي أعقاب ذلك، مثّلت الأقوال عنصرًا واحدًا فحسب من الأساس الأشمل المُشكِّل للوثائق المستخدمة فيما بين الربابنة - مجموعة من الوثائق التي استغلها الربابنة والتجار والطواقم بسهولة لتنظيم المجالين الاقتصادي والسياسي المتغيرين من حولهم. لقد شهد المجال البحري في الخليج حركة جزئية تعزى إلى السفن والمدن الساحلية التي عملت على ربطها بالمحيط الهندي؛ كما كان المجال البحري في الخليج حاضرًا في أنماط الكتابة التي أعدها بحارة الخليج لاقتناص الفرص ووضع المسارات الملاحية والإبحار في ظل طبيعة بحرية إمبراطورية وتجارية متغيرة.

ثالثًا

ما الذي يبدو عليه تاريخ منطقة الخليج من الناحية البحرية؟ كيف يمكن وصف وتصوير مجال التجارة والسفر في المحيط الهندي من منظور بحارة الخليج؟ كيف نكتب التاريخ مع تجنب فئات جغرافية وسياسية قائمة بما يتوافق والتصورات الجيوسياسية والقانونية؟ وقد حاول هذا الفصل تناول هذه المسائل من خلال التفكير في الجغرافيا والتنقل عبر المحيطات بالاستعانة بالوثائق. بدءًا بالتصريحات والوثائق البسيطة، التي عملت تعزيز فهم أشمل وأعمق لوصف بحارة الخليج (وتدوينهم) لمكانتهم في عالم المحيطات، وكيف أمكنهم الملاحة في سياق طبيعة بحرية متغيرة خاضعة لسيادة إمبراطورية. إذا ما سعت السلطات الإمبراطورية إلى تنظيم استخدام الأقوال من أجل رسم حدود واضحة تفصل ما بين الحركة المشروعة وغير المشروعة في المحيط الهندي، فإنهم قد فشلوا في فهم كيف تناسبت هذه الوثائق مع إطار أوسع من الوثائق المرجعية الموجودة بحوزة الربابنة منذ زمن طويل لتنظيم المجال البحري المتغير باستمرار.

فهد أحمد بشارة أستاذ مساعد في الدراسات القانونية والمجتمعية في قسم الدراسات الإسلامية والشرق أوسطية في جامعة نيويورك. أصدر و ألف كتاب في الشريعة الإسلامية والرأسمالية في عُمان وشرق أفريقيا في القرن التاسع عشر، ويقضي فهد وقته حاليًا في التفكير عن المراكب الشراعية ودراستها.

Musandam's Telegraph Island

"A hundred years ago, the electric telegraph made possible—indeed, inevitable—the United States of America. The communications satellite will make equally inevitable a United Nations of Earth; let us hope that the transition period will not be equally bloody."[1]
—Arthur C. Clarke

Ahmad Makia

Telegraph Island is situated a mile off the Musandam Peninsula. Historically, the tribes who lived inside Musandam aligned themselves with the Sultan of Oman, instead of Sheikh Zayed, the ruler born in Al Ain, who later formed the United Arab Emirates, during the late 1960s and early 70s. The peninsula, today, remains an Omani exclave, separated from its motherland by the United Arab Emirates (UAE). It is a strategic location, known for the passage of approximately 35% of the world's seaborne oil, partially controlled by the UAE and Iran.[2] Geographically, the area sits at the edge of the Arabian tectonic plate and is surrounded by fjords while a few towns and ports populate its boundaries.

This island's modern history is known for the British colonialists who attempted to make a permanent base for a telegraphic repeater station in the Persian Gulf during the late nineteenth century. Their aim was to establish better communications with Australia and New Zealand. Telegraph Island might appear inconsequential and minuscule relative to the encompassing annals of imperial history, but it provides an important perspective into the logistical operations of the Eastern Telegraph Company (ETC), a major communications project that was born out of the British telegraphic network. During the nineteenth century, the ETC successfully sent communicative signals to North America via cables under the Atlantic Ocean.[3]

The global telegraphic network is the major predecessor to today's fiber-optic internet technology. Given its role in connecting the empire, it is considered a total British invention; the institution that revolutionized how the world—or rather, how the imperial world—communicated. Prior to the telegraph, a message from London to New York took 12 days; from London to Sydney, Australia took to 73 days; and from London to Shanghai, China was 57 days. By the mid-1850s, the telegraphic system was able to transmit 15 words a minute from London to North America.[4] The telegraph's engineering analog relies on flag semaphore systems that used colored and angled flags to convey messages over long distances. This type of signaling was unique because the recipient did not obtain an object or message but instead, received data and information by observing, listening, reading, and interpreting.[5]

The making of the telegraph's hardware was a marvelous feat, which required the laying of submarine cables across the global oceans to generate a world in real-time. A landing-telegraph station, usually built at specific shores, would be connected to a cable that spread out into the sea. The cables are carried by specialized ships and then injected into sea beds. These industrial pathways were usually delegated by national and international port authorities, local and global governments, and private telecommunication providers.[6] (Private companies, enabled by local powers, spanning numerous nationalities and political alliances, owned these cables.) As the telegraph created new forms of proximity between the places bordering North Atlantic waters, Britain sought

جزيرة التلغراف في مسندم

"قبل مائة عام، أتاح التلغراف الكهربائي وجود الولايات المتحدة الأمريكية، بل جعله حتميًا في الواقع. ومع ظهور الأقمار الصناعية للاتصالات، ستنشأ كذلك حتمًا "أمم الأرض المتحدة"؛ فدعونا إذن نأمل ألا تكون فترة التحول القادمة دموية كسابقتها."[1]
— آرثر سي. كلارك

أحمد مكية

تقع جزيرة تلغراف على بعد ميل واحد من شبه جزيرة مسندم. وتاريخيًا، كانت القبائل التي عاشت في مسندم متحالفة مع سلطان عمان، بدلاً من الشيخ زايد، الحاكم المولود في العين ومؤسس دولة الإمارات العربية المتحدة لاحقًا خلال أواخر الستينيات وأوائل السبعينات من القرن الماضي. ولا تزال شبه الجزيرة اليوم تابعة لسلطنة عمان، وإن كانت تفصلهما دولة الإمارات العربية المتحدة. وتتميز شبه الجزيرة بموقعها الاستراتيجي، حيث يمر به حوالي 35% من نفط العالم المنقول بحرًا، ويخضع لسيطرة جزئية من جانب كل من الإمارات العربية المتحدة وإيران.[2] وجغرافيًا، تقع المنطقة على حافة الصفيحة التكتونية العربية، وتحيط بها المضايق، ولا يوجد على حدودها سوى عدد قليل من المدن والموانئ.

إن التاريخ الحديث لهذه الجزيرة معروف للمستعمرين البريطانيين الذين حاولوا إنشاء قاعدة دائمة لمحطة تقوية إشارات التلغراف في الخليج العربي إبان أواخر القرن التاسع عشر. وقد كان هدفهم هو توفير اتصالات أفضل مع استراليا ونيوزيلندا. ربما تبدو جزيرة التلغراف ضئيلة الأهمية مجرد فصل قصير في سجلات تاريخ الإمبراطورية البريطانية، إلا إنها توفر منظورًا مهمًا إلى العمليات اللوجستية لشركة التلغراف الشرقية (ETC)، وهي إحدى أكبر مشاريع الاتصالات التي خرجت من رحم شبكة التلغراف البريطانية. وإبان القرن التاسع عشر، نجحت شركة التلغراف الشرقية في إرسال إشارات الاتصال إلى أمريكا الشمالية عبر كابلات تمر تحت المحيط الأطلسي.[3]

كانت شبكة التلغراف العالمية هي المنظومة الرئيسية السابقة على تكنولوجيا إنترنت الألياف الضوئية التي نعرفها اليوم. ونظرًا للدور الذي أدته هذه الشبكة في ربط مختلف أنحاء الإمبراطورية، فإنها تعتبر اختراعًا بريطانيًا خالصًا؛ وهي المؤسسة التي أحدثت ثورة في كيفية التواصل بين أسقاع العالم، أو بالأحرى كيفية التواصل بين أطراف الإمبراطورية. وقبل التلغراف، كان إرسال الرسالة من لندن إلى نيويورك يستغرق 12 يومًا؛ ومن لندن إلى سيدني الأسترالية يستغرق ما يصل إلى 73 يومًا؛ ومن لندن إلى شنغهاي الصينية يستغرق 57 يومًا. وبحلول منتصف خمسينيات القرن التاسع عشر، كانت منظومة التلغراف قادرة على نقل 15 كلمة في الدقيقة من لندن إلى أمريكا الشمالية.[4] ويعتمد التناظر الهندسي للتلغراف على أنظمة إشارات الأعلام التي كانت تستخدم أعلامًا ملونة وذات زوايا لنقل الرسائل عبر مسافات طويلة. وكان إرسال الإشارات بهذه الطريقة فريدًا من نوعه لأن المتلقي لم يكن يحصل على رسالة أو شيء مادي، وإنما كان يتلقى بدلاً من ذلك بيانات ومعلومات من خلال الرصد والاستماع والقراءة والتفسير.[5]

لقد كان صنع أجهزة التلغراف إنجازًا مبهرًا، إذ تطلب مد الكابلات البحرية عبر محيطات العالم لإرسال الرسائل في الوقت الحقيقي. وعادة ما كانت محطات الأطراف الأرضية الكابلات البحرية تُبنى على شواطئ معينة، وتتصل بكابلات ممدودة عبر البحر. وكانت الكابلات تُنقل بسفن متخصصة، ثم تُلقى إلى قيعان البحار. وعادة ما كان يتم تعهد هذه المسارات الصناعية من جانب سلطات الموانئ الوطنية والدولية، والحكومات المحلية والعالمية، ومقدمي خدمات الاتصالات الخاصة.[6] (كانت الشركات الخاصة تمتلك هذه الكابلات، وهي شركات تتمتع بسلطات محلية وتضم العديد من الجنسيات والتحالفات السياسية.) ومع ظهور أشكال جديدة من التقارب بين البقاع التي تحد مياه شمال الأطلسي، سعت بريطانيا لمد الاتصال تجاه الشرق حيث أكثر الأقاليم قيمة للإمبراطورية: الهند. وفي ستينيات القرن التاسع عشر، تأسست شبكة التلغراف الهندوأوروبية ومدت خطوطها عبر قناة السويس والبحر الأحمر، ثم انتشرت من القرن الأفريقي إلى المحيط الهندي، حتى انتهت أخيرًا في مومباي. وقد تم تطوير هذا الكابل لاحقًا بحيث يصل إلى جنوب شرق آسيا وأستراليا.[7]

وبما أن إشارات التلغراف كانت تضعف بسبب طول المسافة، تم اختيار عدة محطات على مسار

Musandam's Telegraph Island

to establish an eastward connection to the empire's most valuable territory, India. In the 1860s, The Indo-European Telegraph Network was founded and it carved through the Suez Canal and Red Sea, then spread out from the Horn of Africa into the Indian Ocean, and finally landed in Mumbai. This cable was later developed to reach southeastern Asia and Australia.[7]

Since telegraphic signals faded with distance, multiple stations around the Indo-Eastern telegraphic route were selected to repeat messages; or, more accurately, "boost" them. A submarine cable that connected London to Bombay was established through the Red Sea and Aden, yet the quality of transmission was poor, which led to pilot studies for new telegraphic submarine routes. Geological surveys pointed towards the Persian Gulf as an alternative route from London to the subcontinent. Eventually, the British government decided to lay a cable through the Persian Gulf via Ottoman telegraphic lines. This necessitated the establishment of multiple repeater stations across the Gulf.[8] The main telegram stations that existed during the mid-nineteenth century were in Bushire, Iran and Gwadar, Pakistan, and, consequently, the booster chosen between these two locations was Jazirat al-Maqlab, the island off the Musandam Peninsula, which evolved to become what we know today as Telegraph Island.[9]

The built connection was achieved in 1865, except it was very difficult to sustain operations at the station. The Ottomans had difficulty securing the line in Mesopotamia, whose neighboring local tribes protested and fought against the building of the cable. Tribes who lived in Musandam also opposed the repeater station since they perceived it to be a British invasion and colonization of their lands. Moreover, the ominous and isolated location of the island, as well as the extreme heat of the climate, led to the death of two British operators in the first few months of set-up. Additionally, the delivery of goods (such as letters and food) were rare and extremely difficult to come by while living on the island.[10] Therefore, it was evacuated a few years after it was developed, but it remained an important site for British control in the region. The Qatar Digital Library contains a plethora of letters sent between London and its colonies discussing which flag to erect on Telegraph Island after evacuation: would it be the Union Jack or the Blue Ensign of the Royal India Marine?[11] The former would imply sovereignty over the island, which Britain did not have, while the latter might imply British responsibility to defend it, which the government did not want.[12] Today, the island is forgotten, much like the technology it once hosted. It is now known for tourism. This historic colonial outpost, however, belonged to one of the most extensive urban-seas projects since the Columbian Exchange of the fifteenth and sixteenth centuries.

Telegraph Island, then, became another node within the British Indian Ocean colonial network for the extraction and accumulation of resources, intelligence, and territory. This reveals the common colonial preoccupation with the Gulf as not the host of direct colonial infrastructure—churches, schools, hospitals—but through terminal, invisible infrastructures and connective pathways—highways, ports, and runaways—to European imperial centers. This architectural invisibility is perhaps best represented in the engineered forms of presence for submarine cables, which are designed to be invisible to humans by burying them under the sea floor.

What is particularly interesting to note about these infrastructural relations is that colonial ambitions in the Gulf did not occur only with the discovery of oil, rather the space of the Gulf has

جزيرة التلغراف في مسندم

إشارات التلغراف الهندوشرقي بهدف إعادة إرسال الرسائل، أو بتعبير أدق "تقوية" الإشارات. وتم مد كابل بحري يربط لندن بمدينة بومباي عبر البحر الأحمر وعدن اليمنية، إلا أن الإرسال كان ضعيفًا، ما قاد إلى إجراء دراسات تجريبية حول مسارات بحرية جديدة للتلغراف. وقد خلُصت عمليات المسح الجيولوجية إلى اختيار الخليج العربي ليكون مسارًا بديلاً من لندن حتى شبه القارة الهندية. وفي النهاية، قررت الحكومة البريطانية مدَّ كابل عبر الخليج العربي خلال خطوط التلغراف العثمانية. وقد استلزم ذلك إنشاء عدة محطات تقوية عبر الخليج.[8] وكانت محطات التلغراف الرئيسية القائمة إبان منتصف القرن التاسع عشر في مدينة بوشهر الإيرانية ومدينة جوادر الباكستانية، وبالتالي تم اختيار محطة التقوية بين هذين الموقعين في جزيرة مقلب، وهي تقع قبالة شبه جزيرة مسندم التي تطورت لتصبح ما يُعرف اليوم بجزيرة تلغراف.[9]

نجح تحقيق الربط في عام 1865، إلا أنه كان من الصعب جدًا الحفاظ على سير عمليات التشغيل في المحطة؛ فقد وجد العثمانيون صعوبة في تأمين الخط في بلاد ما بين النهرين (العراق حاليًا)، حيث احتجت القبائل المحلية المجاورة وحاربت ضد مد الكابل. كما عارضت القبائل التي عاشت في مسندم إنشاء محطة التقوية، حيث اعتبرت ذلك غزوًا بريطانيًا واستعمارًا لأراضيها. علاوة على ذلك، أدى موقع الجزيرة غير المواتي والمعزول عما حوله، فضلاً عن المناخ شديد الحرارة، إلى وفاة اثنين من المشغلين البريطانيين في الأشهر القليلة الأولى من إنشاء المحطة. إلى جانب ذلك، كان تسليم البضائع (مثل الرسائل والغذاء) نادرًا وصعبًا للغاية بشكل يشق على المقيمين على الجزيرة.[10] ولذلك، تم إجلاء الجزيرة بعد سنوات قليلة من تطويرها، لكنها ظلت موقعًا مهمًا للسيطرة البريطانية في المنطقة. تحتوي مكتبة قطر الرقمية على عدد كبير من الرسائل المرسلة بين لندن ومستعمراتها تتناول اختيار العلم الذي سيتم رفعه على جزيرة التلغراف عقب الإجلاء: هل سيكون العلم البريطاني أم الراية الزرقاء للبحرية الملكية الهندية؟[11] فالأول سيعني السيادة على الجزيرة والتي لم تكن بيد بريطانيا، أما راية البحرية الملكية الهندية فستشير إلى مسؤولية بريطانيا في الدفاع عنها، وهو الأمر الذي لم تكن تريده الحكومة.[12] واليوم، أصبحت الجزيرة في طي النسيان، مثل التكنولوجيا التي استضافتها الجزيرة في يوم من الأيام. وتُعرف الجزيرة الآن كوجهة سياحية، غير أن هذه المحطة الاستعمارية التاريخية كانت جزءًا من أحد أكبر المشاريع البحرية الحضرية الضخمة منذ حقبة التبادل الكولومبي في القرنين الخامس عشر والسادس عشر.

بعد ذلك، أصبحت جزيرة التلغراف حلقة أخرى ضمن شبكة المستعمرات البريطانية في المحيط الهندي لاستخراج الموارد وجمع المعلومات الاستخباراتية والسيطرة على الأراضي. ويكشف ما حدث عن الأفكار المسيطرة على الدول الاستعمارية عن الخليج، لا باعتباره مستضيفًا للبنية التحتية الاستعمارية المباشرة، مثل الكنائس والمدارس والمستشفيات، وإنما للمحطات والبنية التحتية غير المرئية ومسارات الوصل - مثل الطرق السريعة والموانئ والمسارات التكتيكية - بالمراكز الإمبراطورية الأوروبية. ولعل أفضل مثال على هذا المنهج المعماري غير المرئي الأشكال التي صممت بها الكابلات البحرية، فهي مُعدة لتكون خفية عن البشر بدفنها بقاع البحر.

والمثير للاهتمام بشكل خاص حول علاقات البنى التحتية هو أن الطموحات الاستعمارية في الخليج لم تتولد مع اكتشاف النفط فقط، وإنما كانت منطقة الخليج مستغلة باستمرار لاعتبارات التكتيكات التخطيطية من أجل خدمة الهيمنة والتفوق البريطاني.[13] وأثناء محاولات بناء المحطة في مسندم، كان المهندسون الاستعماريون البريطانيون يحاولون التحكم أيضًا في الصناعات البحرية العمانية في المحيط الهندي ويسيطرون على تجارة الرقيق هناك من خلال استمالة جيران عمان المباشرين: القواسم (الذين لا يزالون يحكمون إمارتي الشارقة ورأس الخيمة حتى وقتنا هذا). علاوة على ذلك، في أوائل القرن العشرين، تطور الخليج وأصبح يضم مواقع محلية استراتيجية لهبوط وإقلاع طائرات الخطوط الجوية الإمبراطورية، وهي شركة نقل جوي بريطانية. وفي النهاية، تقول هذه السجلات التاريخية إن غالبية الخليج العربي كان مكانًا جذابًا للبريطانيين، سواءً كان به نفط أم لم يكن. فالخليج وجزره ومساحاته المتنوعة تنتمي إلى ما يُعرف بعصر الهوموجينوسين (Homogenocene) أو عصر التجانس بين البشر.

يصف تشارلز سي. مان (Charles C. Mann) عصر الهوموجينوسين بأنه عصر بيئي تتلاشى خلاله السمات البيولوجية المتمايزة للأنواع ويحدث بينها تجانس بسبب النظام الرأسمالي المتسارع والتدفقات المعاصرة للتجارة والهجرة. وبموجب هذه النظرية، تستحوذ الأنواع المنتشرة والعامة على أجزاء كبيرة من العالم، مما يقصي الأنواع المتخصصة التي تطورت منعزلة. وتعتبر حقبة التبادل الكولومبي، إلى جانب اجتماع إسبانيا والصين في مانيلا عام 1492،

continually been adopted as a cartographic tactic for British hegemony and vantage.[13] As attempts were being made to build the station in Musandam, Britain's colonial engineers were also lobbying Omani maritime industries in the Indian Ocean and seizing control over its slave trade by appealing to Oman's immediate neighbors, the Al Qasimis (who continue to rule over the present-day emirates of Sharjah and Ras al-Khaimah). Moreover, in the early twentieth century, the Gulf grew into strategic locales for the landings and alights of Imperial Airways, an air transport company from Britain. Ultimately, what these histories say is that a majority of the Persian Gulf has been an enticing place for the British, with and without oil. Rather, the Gulf, its islands, and its spaces belong to the *Homogenocene*.

Charles C. Mann describes the Homogenocene as an ecological era during which the distinct and unique biological traits of species dissolve and homogenize due to accelerated capitalism and contemporary flows of trade and migration. In this theory, weedy and generalized species take over large portions of the globe, pushing out specialized species that developed in isolation. The Columbian Exchange, along with the meeting of Spain and China at Manila in 1492, is considered the beginning of this globalized, biological leveling, where a variety of unique species mixed and then emerged as globally uniform blends.[14] These today have surpassed ecological and biological species and encapsulate other global terrains of homogenous modernist industry, such as submarine cables, electric poles, street lights, sewers, and airports. This has been especially relevant since 2010 marked a momentous global achievement in which all of the world's continents (except for Antarctica) were connected via submarine cables.

The history of Telegraph Island asks for reflection into what we currently consider as urban and modern. These concepts often convey images of overpopulated and dense cities, proposing the urban landscape as a set of "deep" infrastructures that are designed to be concealed, mostly aesthetically but mainly politically. Secondly, the history of the island conflicts with the cultural-political narrative of the Gulf that features the emergence of a class from a landlocked desert sustenance to the hyper-contemporaneity of liquid-capital. Telegraph Island asks us to consider the Gulf as a place that is enticing and strategic in submergence, rather than only within its landed and upwardly determined architecture.

Ahmad Makia is co-founder of THE STATE and a fiction reader for Structo magazine. He is currently researching "The Pan-Arab Hangover," and "The Gulf Turn," while living in Dubai.

[1] Arthur C. Clarke, *How the World Was One* (New York: Bantam, 1992), 17
[2] Alejandra Roman and Administration, *The Encyclopedia of Earth*, "Strait of Hormuz," Boston: Encyclopedia of Earth, 2007, http://www.eoearth.org/view/article/51c-beef47896bb431f69b6d3/, (accessed March 1, 2016)
[3] Simon Iler, *Wiring the World: The Social and Cultural Creation of Global Telegraph Networks* (New York: Columbia University Press, 2016), 96.
[4] *Wiring the World*, 556
[5] Ibid, 34
[6] David Brown, "10 Facts About the Internet's Undersea Cables", *Mental Floss*, November 12, 2015, http://mentalfloss.com/article/60150/10-facts-about-internets-undersea-cables. (accessed on March 3, 2016)
[7] P. M. Kennedy, (October 1971), "Imperial Cable Communications and Strategy, 1870-1914." *The English Historical Review* 86 (341): 728–752.
[8] Ibid.
[9] Farajollah Ahmadi, "*Linking India with Britain: The Persian Gulf Cables, 1864-1907*." (PhD diss., University of Exeter)
[10] Ibid.
[11] See: http://www.qdl.qa/en/search/site/telegraph%20 island
[12] Ibid.
[13] *Linking India with Britain: The Persian Gulf Cables, 1864-1907.*
[14] Ibid.

جزيرة التلغراف في مسندم

بداية هذه التسوية البيولوجية العالمية، حيث امتزجت مجموعة متنوعة من الأنواع الفريدة، ومن ثم ظهرت أخلطة موحدة عالميًا.[14] واليوم، تجاوز هذا التجانس النظم البيئية والأنواع البيولوجية وشمل المجالات العالمية الأخرى للصناعات الحديثة المتجانسة، مثل الكابلات البحرية والأقطاب الكهربائية ومصابيح الشوارع والمجارير والمطارات. ويتضح هذا التجانس بتحقق إنجاز عالمي هائل في عام 2010 عندما تم توصيل جميع قارات العالم (باستثناء القارة القطبية الجنوبية) عن طريق الكابلات البحرية.

إن تاريخ جزيرة التلغراف يدعوك إلى التفكير فيما نعتبره اليوم المدنية والحداثة؛ فهذان المفهومين غالبًا ما ينقلا صورًا لمدن مزدحمة ومكتظة بالسكان، ويطرحان مشهد الحياة المدنية كمجموعة من البنى التحتية "العميقة" المصممة لتكون غير مرئية، ويكون ذلك غالبًا لأغراض جمالية، ولكن الهدف وراء ذلك يكون في الأصل سياسيًا. ثانيًا، يتعارض تاريخ الجزيرة مع الرواية الثقافية والسياسية للخليج التي تحكي ظهور طبقة تحولت من المعيشة في المناطق الصحراوية غير الساحلية إلى الحياة المغالية في العصرية والقائمة على رأس المال السائل. إن جزيرة التلغراف تدعونا لنرى الخليج مكانًا جذابًا واستراتيجيًا حتى تحت سطح الماء، وليس فقط بأراضيه ومبانيه الشاهقة.

نقش جزيرة مقلب من "البرق والسفر: سرد لتشكيل وتطوير الاتصالات البرقية بين انكلترا والهند، بأمر من حكومة صاحبة الجلالة، مع إشعارات عرضية للبلدان التي اجتازتها خطوط / العقيد السير فريدريك جون غولدسميد"

Etching of Telegraph Island from "Telegraph and Travel : a Narrative of the Formation and Development of Telegraphic communication between England and India, under the orders of Her Majesty's government, with incidental notices of the countries traversed by the lines / by Colonel Sir Frederic John Goldsmid"

أحمد مكية أحد مؤسسي مجلة THE STATE وقارئ سرد روائي لدى مجلة Structo. ويعمل أحمد حاليًا على البحث في "الآثار السلبية المترتبة في البلدان العربية" و "منعطف الخليج"، خلال إقامته في دبي.

Jazirat Albanana
Doha, Qatar

Entering the region's growing tourism scene in 2014, Banana Island is Doha's newest leisure destination. As a state-owned site and development, the popular public beaches of the island have been transformed into an exclusive resort. Limited to hotel and restaurant guests, the lavish destination targets families of the Gulf that seek a rather conformist setting in accordance with their traditions and beliefs.

Fatma Al-Sehlawi,
Rashid bin Shabib

Banana Island competes in the regional tourism scene by importing and replicating exotic international destinations. This formula offers an alternative to the local tourism scene. Marketed as the Gulf's "Maldivian experience," the resort promises to match the likes of the Seychelles, Sri-Lanka, and Barbados.[1]

The story of Banana Island started in 1976 when the coastline of Doha was redefined through dredging and land reclamation. The Sabkhas (marshlands) and shallow waters were made deeper in some areas while land reclamation took place in others. The spoils from dredging formed remnant islands in various selected locations within the eastern Qatari waters.[2] These desolate islands were rapidly populated with beautiful native flora and scenic fauna, through the natural courses of migration and displacement from the mainland. Two islands were created near Doha, which were later named the "Palm Tree Island" and "Banana Island" (*fig. 1*).

"Jazirat Albanana" (Banana Island) fostered diverse native wildlife further south of Doha. As one of Qatar's popular spots for breeding and migrating birds, the indigenous wildlife continues to grow. The 13-hectare island, accessible to the public, was considered a passive recreation site by the state; intended for simpler activities, visits, and light structures, not major developments (*fig. 2&3*). However, as Qatar re-embarked on the wave of recreational island development, Banana Island was closed to the general public in 2011 in preparation for a new island resort.

The concept of recreational islands may seem to be a relatively new form of development in the Qatari tourism market. Nevertheless, both Qatar specifically and the Gulf more generally have witnessed a comparable upsurge in realized and unrealized projects. The notion of recreational islands began well into the early 1970s. In Dubai, Reima and Raili Pietilä proposed an island themed around "Arabian Nights" for the Deira Sea Corniche competition of 1974.[3] While in Abu Dhabi, the city's archipelagos were potential sites for Cedric Price's suggested "Sea Garden" in 1973[4] and Oscar Niemeyer's proposed "Lulu Island" in 1977.[5] Jeddah, too, participated in the trend with Kiyonori Kikutake's 1976 floating island idea, which berthed and moved along the city's shorelines.[6] And in Qatar, Kenzo Tange proposed a marginal recreational compound on Doha's Al Aliyah Island.

It is fair to say that this last-mentioned, unrealized proposal by Kenzo Tange for Jazirat Al Aliyah was the conceptual beginning of recreational islands in Doha. In 1977, the Japanese architect was commissioned to suggest four different schemes for a recreational island northeast of Doha.[7] This peripheral island was intentionally chosen to create a remote attraction that was removed from the

جزيرة البنانا الدوحة، قطر

انضمت جزيرة البنانا إلى المشهد السياحي المتنامي في المنطقة في عام 2014، لتصبح بذلك أحدث وجهة ترفيهية في العاصمة القطرية الدوحة، وتعد هذه الجزيرة موقعًا ومشروعًا سياحيًا مملوكًا للدولة القطرية أثمر عن تحويل الشواطئ العامة الشهيرة إلى منتجع حصري فاخر يقتصر على استقبال ضيوف الفندق والمطعم فقط. وتستهدف هذه الوجهة السياحية الفخمة العائلات الخليجية التي تسعى إلى الاستمتاع ببيئة محافظة متوافقة مع عاداتها وتقاليدها ومعتقداتها.

فاطمة السهلاوي
و راشد بن شبيب

تتمتع جزيرة البانانا بمكانة تنافسية قوية ضمن المشهد السياحي في المنطقة حازت عليها من خلال إحضار تجربة الوجهات السياحية الاستوائية العالمية إلى المنطقة وتوفير نسخة بديلة عنها في إطار المشهد السياحي المحلي، حيث يعد المنتجع الذي تم التسويق له على أنه "التجربة المالديفية" في الخليج العربي، ضيوفه بتقديم أنماط مماثلة للوجهات الاستوائية سيشيل وسري لانكا وباربادوس.[1]

بدأت قصة جزيرة البانانا في عام 1976 عندما تم تجديد ساحل الدوحة من خلال أعمال الحفر واستصلاح الأراضي، حيث تم تعزيز عمق السبخات والمياه الضحلة في بعض المناطق واستصلاح الأراضي في مناطق أخرى. فشكلت أنقاض عمليات التجريف آثارًا لجزر في مواقع مختارة متعددة في المياه الإقليمية القطرية من جهة الشرق.[2] سرعان ما شهدت هذه الجزر النائية نموًا وانتشارًا للنباتات الجميلة والحيوانات المحلية التي ساهمت بتشكيل مناظرًا طبيعية خلابة، وذلك من خلال الدورات الطبيعية للهجرة والنزوح من البر الرئيسي. ونتيجةً لذلك، تم إنشاء جزيرتين بالقرب من الدوحة، أطلق عليهما "جزيرة النخيل" و "جزيرة البنانا" (الشكل رقم 1).

تحتضن "جزيرة البنانا" أشكالًا متنوعة من الحياة البرية المحلية إلى الجنوب من الدوحة، وباعتبارها إحدى مناطق قطر الأكثر ملاءمة لظروف تكاثر الطيور واجتذاب الطيور المهاجرة، تستمر الحياة البرية الطبيعية في التنامي والتزايد. وقد اتخذت الدولة من هذه الجزيرة الممتدة على مساحة تبلغ 13 هكتار، المتاحة لعموم الجمهور، موقعًا ترفيهيًا غير نشط بمباني متواضعة يهدف إلى تنظيم أنشطة وزيارات بسيطة وليس مشاريع عمرانية ضخمة (الشكل رقم 2 و3). ولكن الحكومة القطر قررت ركوب موجة مشاريع التطوير الترفيهية للجزر ومنع العامة من دخول الجزيرة في عام 2011، وذلك استعدادًا لإنشاء منتجع الجزيرة الجديد.

قد يبدو مفهوم الجزر الترفيهية شكلًا جديدًا نسبيًا من المشاريع في سوق السياحة القطرية. ومع ذلك، شهدت كلًا من قطر تحديدًا ومنطقة الخليج بشكل عام طفرة مماثلة في المشاريع المنفذة وغير المنفذة. وكان مفهوم الجزر الترفيهية قد بدأ بالتبلور في مطلع سبعينات القرن المنصرم. ففي دبي، اقترح كلًا من ريما وريلي بيتيلا إنشاء جزيرة تحمل طابع "الليالي العربية" للمسابقة المقامة على كورنيش بحر ديرة لعام1974.[3] أما بالنسبة لأبوظبي، فقد شكل أرخبيل جزر المدينة مواقع محتملة لإقامة كلًا من "حديقة البحر" المقترحة من قبل سيدريك برايس في العام 1973 [4] و"جزيرة اللولو" المقترحة من قبل أوسكار نيماير في العام 1977.[5] كما شاركت جدة أيضًا في هذا التوجه من خلال فكرة الجزيرة العائمة المقترحة من قبل كيونوري كيكوتيك في العام 1976، والتي اتخذت موقعًا لها على طول ساحل المدينة.[6] وفي قطر، اقترح كنزو تانغي إقامة مجمع ترفيهي ساحلي على جزيرة العالية في الدوحة.

ومن الإنصاف أن نقول إن المقترح الأخير غير المنفذ لكنزو تانغي لجزيرة العالية كانت بمثابة بداية انطلاق مفهوم الجزر الترفيهية في الدوحة. ففي عام 1977، كُلّف المهندس المعماري الياباني باقتراح أربعة مخططات مختلفة لإقامة جزيرة ترفيهية إلى شمال شرق الدوحة.[7] وقد وقع الاختيار على هذه الجزيرة المتطرفة عمدًا بغية تحويل وتعزيز الجذب والاستقطاب للأماكن النائية وهو ما يفتقده التركيز الذي يدور حول مشاريع التطوير المقامة في المدينة. اشتمل المشروع على إقامة نادٍ رياضي ومتحف بحري ومعارض فنية حوض أسماك وحديقة نباتية ومطاعم ومحلات تجارية وشاليهات (الشكل رقم 4).

وعلى الرغم من عدم تنفيذ مقترح تانغي، فقد تم تطوير جزيرة النخيل في منتصف تسعينيات القرن المنصرم باعتبارها أول جزيرة ترفيهية مقامة في قطر،

Jazirat Albanana Doha, Qatar

centralized concentration of developments in the city. The scheme was to include an athletic club, a marine museum, art galleries, an aquarium, a botanical garden, restaurants, shops, and bungalows (*fig. 4*).

Although Tange's proposal was never realized, in the mid-1990s the Palm Tree Island was developed as Qatar's first recreational island. As Jassim Al-Nesf, former Chairman of the Qatar National Hotels (QNH) stated, "We at QNH first sought after Palm Tree Island due to its centrality and visibility from Doha's Corniche. There was a thirst for new, unique leisure destinations. My idea was to recreate what you would find at the Maldives, an exotic recreational island with water villas run by a hotel operator."[8] This led to the commissioning of the British-Lebanese architects, Triad-CICO, who proposed two phases for the island's development. The first phase of entertainment facilities was realized, while the second phase comprising tropical-type bungalows was abandoned. Although Al-Nesf was supportive of the project, the remainder of the decision-making team at QNH did not support the foreign typology (*fig. 5&6*).

The experimentation of Doha's island development continued well into the early 2000s. Palm Tree Island was again included in a competition for a comprehensive master plan of the Doha Corniche in 2003. Jean Nouvel proposed to designate the isle as an open public beach, with shading structures in some areas. On the other hand, Martha Schwartz suggested creating an archipelago of "pleasure islands," transforming the Palm Tree Island into a bird-watching haven, with minimal structures and extensive vegetation (*fig. 7&8*).[9]

In the multiple entries, it was advised to add and construct very little on Palm Tree Island, allowing it to exist as a public nature refuge in the middle of the bay. Though none of the entries were materialized, the humble entertainment facilities of the 1990s were demolished in 2006 for unknown reasons. The island remains vacant, except for a newly planted Sidra tree, a remnant of the previously demolished development.

Following the multiple attempts of recreational island developments, the state's attention shifted to the more distant Banana Island as a site for tourism offerings. The island was transformed into an exclusive high-end destination resort, operated by Anantara Hotels and Resorts. According to tourism officials, this resort-style facility fills a gap in Doha's hospitality offerings. With a target to attract local and regional tourism, it was promoted as Qatar's answer to island tourism and was benchmarked with competing resorts in Dubai and Abu Dhabi.

The continued ambitions of island development within Qatar's hospitality infrastructure became a priority in an attempt to increase tourism and grow beyond a predominately oil-based economy. Attention is given to regional tourists, mainly Saudis, who formerly flocked to cities such as Cairo, Damascus, and Beirut. Today, with the unfortunate commotion in the Middle East, such tourists have diverged to safer grounds such as Dubai, Doha, and Kuwait. This led Qatar's tourism arm to recreate foreign settings within its boarders to accommodate more conservative tourists who prefer its proximity, leading to the launch of Banana Island Resort by Anantara.

The Thai hotel operator is well known for its particular exotic locations, such as Zambia, Mozambique, and the Maldives. Its selected locations have recently extended into the Gulf countries, with hotels now in the UAE, Oman, and Qatar. Today, the five-star resort offers its guests "an island paradise of natural exclusivity" through pools and water villas, private beaches,

جزيرة البنانا
الدوحة، قطر

وذلك كما جاء على حد تعبير جاسم النصف، الرئيس السابق لمجلس إدارة شركة قطر الوطنية للفنادق: "سعينا في قطر الوطنية للفنادق إلى تطوير جزيرة النخلة في المرتبة الأولى نظرًا لموقعها المركزي وإطلالتها على كورنيش الدوحة. بالإضافة إلى أنه ثمة تعطُّش لإيجاد وجهة سياحية جديدة فريدة من نوعها. تمثلت فكرتي في توفير كل ما تجده في جزر المالديف، من جزيرة ترفيهية بمعالم غريبة مدهشة تتضمن فلل مقامة على المياه يديرها مُشغّل الفنادق".[8] وبناءً على ذلك تم تكليف شركة سيكو للاستشارات الهندسية، والتي عملت على تقديم مقترح تطوير الجزيرة على مرحلتين، حيث تم تنفيذ المرحلة الأولى المتعلقة بتطوير المرافق الترفيهية، في حين تُرك تنفيذ المرحلة الثانية التي تضم تطوير شاليهات ذات طراز استوائي. وعلى الرغم من دعم جاسم النصف للمشروع، إلا أن تبني الأنماط الأجنبية لم يلقَ دعمًا من بقية أفراد فريق الإدارة من صناع القرار في شركة قطر الوطنية للفنادق (الشكل رقم 5و6).

استمرت تجربة تطوير جزر الدوحة بشكل جيد في مطلع القرن الحالي، حيث تم إشراك جزيرة النخيل مرة أخرى في منافسة بخصوص الخطة الرئيسية الشاملة لكورنيش الدوحة في عام 2003. حيث اقترح جان نوفيل جعل الجزيرة شاطئ عام مفتوح، مع إضافة مظلات في بعض المناطق. ومن ناحية أخرى، اقترحت مارثا شوارتز إقامة أرخبيل "جزر البهجة والسرور"، وتحويل جزيرة النخيل بذلك إلى ملاذ لمراقبة الطيور، مع الحد من الأبنية العمرانية وتوسيع نطاق الغطاء النباتي (الشكل رقم 7و8).[9]

تمت التوصية، من خلال مداخلات متعددة، بالبناء والتشييد على نطاق ضيق جدًا على جزيرة النخيل، لتكون بذلك ملاذًا طبيعيًا للجمهور في منتصف الخليج. وعلى الرغم من عدم تنفيذ أيًا من التوصيات، فقد تم هدم المرافق الترفيهية المتواضعة المقامة في تسعينيات القرن المنصرم في عام 2006 لأسباب غير معروفة. بقيت الجزيرة خالية، إلا من أشجار السدر المزروعة مؤخرًا، وآثار المرافق المهدومة مسبقًا.

وبعد محاولات عديدة بشأن مشاريع الجزر الترفيهية، تحول اهتمام الدولة إلى جزيرة البنانا الأبعد مسافة كموقع لتقديم الخدمات السياحة. تحولت الجزيرة إلى منتجع خاص يعتبر بمثابة وجهة راقية، بإدارة أنانتارا للفنادق والمنتجعات. ووفقًا لمسؤولين في قطاع السياحة، يعمل هذا المنتجع الترفيهي على سد الفجوة في قطاع الضيافة في الدوحة. وبهدف جذب السياحة المحلية والإقليمية، تم تقديمها كاستجابة من قطر لسياحة الجزر ووضع المنتجعات المنافسة في دبي وأبوظبي كمعيار قياسي لها.

أصبحت الطموحات المستمرة المتطلعة لتطوير جزيرة ضمن البنية التحتية لخدمات الضيافة في قطر أولوية، في محاولة لتعزيز السياحة وتحقيق النمو خارج إطار اقتصاد يعتمد في الغالب على النفط. ويولى السياح في المنطقة اهتمامًا، لاسيما السعوديين، الذين توافدوا فيما مضى إلى مدن مثل القاهرة ودمشق وبيروت. أما اليوم، ومع ما تشهده منطقة الشرق الأوسط من اضطرابات مؤسفة، حوّل هؤلاء السياح وجهتهم إلى مناطق أكثر أمنًا مثل دبي والدوحة والكويت، وهذا أدى إلى قيام دائرة السياحة في قطر توفير مرافق بطابع أجنبي على أراضيها لاستيعاب المزيد من السياح المحافظين الذين يفضلون قربها، ما أدى إلى إطلاق منتجع جزيرة البنانا بإدارة أنانتارا.

يشتهر مشغل الفنادق التايلاندي بمواقعه الغريبة، مثل زامبيا وموزامبيق، وجزر المالديف، وقد امتدت مواقعه المختارة مؤخرًا لتطال دول الخليج، وذلك بتشغيل فنادق حاليًا في كلًا من دولة الإمارات العربية المتحدة وسلطنة عمان وقطر. يقدم المنتجع المصنف ضمن فئة الخمس نجوم اليوم لضيوفه "جزيرة أشبه بالجنة لتفردها الطبيعي" من خلال المسابح والفلل المقامة على المياه والشواطئ الخاصة وصالات البولينج ودور السينما والمطاعم، وبرك ركوب الأمواج. ينقل المنتجع ضيوفه المنقولين بالزوارق إلى "جزر المالديف في قطر" من خلال تقمص أجوائها وجمالياتها، وتعتبر حاليًا البديل الأقرب والأكثر ملائمة لجزر المالديف الفعلية.

نجح منتجع أنانتارا في تكييف المعايير التشغيلية للجزيرة بعناية من خلال تدابير مختلفة. أولًا، حفظ الخصوصية للزوار المحافظين مع التركيز على استهداف مواطني دول الخليج. ثانيًا، تهدف الشاليهات إلى توفير الخصوصية التامة والعزلة لكل عائلة نزيلة. ثالثًا، لا يقدم الفندق مشروبات كحولية، مما يجعل هذا المشروع الأول من نوعه بالنسبة لأنانتارا. رابعًا، يتم تطبيق ميثاق اللباس الصارم على نزلاء الفندق ومنع ظهور الإناث بملابس السباحة باستثناء شواطئ محدودة. وأخيرًا، يقتصر دخول الجزيرة على نزلاء الفندق فقط والزوار المستوفين للرسوم المطبقة.

ومن المفارقات، اشتهار جزيرة البنانا بالأصل

Jazirat Albanana
Doha, Qatar

bowling alleys, cinemas, restaurants, and surf pools. The resort transports its ferried guests to the "Maldives in Qatar" through its atmospheric and aesthetic depiction and is now being dubbed as the closer, more convenient alternative to the actual Maldivian islands.

The Anantara resort has succeeded by carefully tailoring the island's operational parameters through various measures. First, the private retreat is aimed at a more conservative population with an emphasis on targeting Gulf nationals. Secondly, the hotel bungalows are laid out to offer ultimate privacy and seclusion to each residing family. Thirdly, the hotel offers no alcohol, making this project Anantara's first "dry hotel." Fourth, a strict dress code is applied on hotel guests, banning public appearances of females in swimming suits except for limited beaches. And lastly, the strict physical access to the island is limited to only hotel guests and paying visitors.

Paradoxically, Banana Island was originally known for its public beaches and camping sites, otherwise seldom found on Doha's privatized shoreline. The island was visited for its natural and untouched character as an outdoor get-away from the heavily congested city. Today, most of the outdoor spaces within the island feel abandoned, with very little life or people in public areas. Although the resort is often fully booked during weekends, it is in the indoor entertainment facilities that one feels the occupancy of the space. Visitors lean towards the indoor spaces and private rooms rather than the outdoor areas and beaches. While formerly a public place in a pure natural environment, it is now a private and exclusive island development.

Looking back on such a project, the implications of both the social and architectural dynamics of the island within a larger context of the Gulf can begin to be explored. The social and spatial constructs of Tange's Jazirat Al Aliyah plan in contrast to Banana island, bring about a range of issues through which each island can be understood – the first of which is accessibility.

While Jazirat Al Aliyah's program allowed for public access, Banana Island is exclusive and limited to paying visitors. Moreover, the scale of development allowed for wildlife and nature to dominate within Jazirat Al Aliyah, while the aim of the Banana Island development is purely recreational and service based. Additionally, the architecture of Tange's modernist approach is clearly more abstract and embedded within the actual landscape. In many ways, this is juxtaposed with the imported bungalow architecture, which mimics a form of East Asian island atoll.

The different architectural strategies employed on both islands leads to the question of whether or not this implies a change in the Gulf's urban language, or rather represents a simple addition to a tourism mandate. In the case of Banana Island, the latter seems to be the case, with developers influenced by the nation's new tourism directive which has set a precedent within Doha's economy. The scale, thematic architecture, imposed typology, and exclusivity has become a main agenda within this new economic sector. These values seem to contrast the planning measures of older island developments, which considered an inclusive civic context and communal advantages as more essential than tourism cultivation. What is surprising is the shift in comparison throughout the decades and scale that has now made Banana Island exclusive and totally independent from a city that is five kilometers away.[10]

Independence from mainland Doha is the strategic appeal to the guests. These visitors are taken through a de-

جزيرة البنانا
الدوحة، قطر

Fig. 9

شكل 9

Fig. 10

شكل 10

Fig. 11

شكل 11

Fig. 12

شكل 12

piction of a journey to an exotic island resort far away. However, they are still connected with the cultural context embedded within the island's code of conduct. This is intentionally shaped by the state-owned development, which aims to attract visitors from the Gulf. Therefore, the guests are not only able to travel through Doha and visit what the city has to offer, they are also able to visit this recreated fantasy island within Doha's jurisdiction, so long as they abide by the values of its socio-religious beliefs. While one can argue against the import of this foreign architectural typology, the formula that Banana Island adopted has undoubtedly attracted a new Gulf-based tourism sector.

As Qatar continues to shape its tourism industry with new destinations, the perceived success of Banana Island has created a new pipeline of resorts catering to conservative local and regional tourism. With six more man-made islands to be developed in the same manner, the emergence of yet another imported model of development is being duplicated in Doha's tourism industry, one that offers an escape from the urban realm with a focus on reclaimed marine territories (*fig. 9–12*). Unlike Banana Island's Maldivian-themed experience, the upcoming island will be inspired by the Mediterranean architecture of Greece, with more themes to inevitably follow.

Fatma Al-Sehlawi is a practicing architect and urbanist in Qatar. She is the founder of the Doha Architecture Forum and the Atlas Bookstore in Doha, which specializes in architecture and urbanism books that reference the Middle East and North African regions. She holds a Bachelor of Architecture from the American University of Sharjah and a Master of Architecture in Urban Design from the University College of London's Bartlett School of Architecture.

Rashid bin Shabib is an urbanist at Cultural Engineering, which has tasked itself with advancing the identity of the contemporary Gulf region through three key disciplines—research, education, and urbanism. As a result, Cultural Engineering has been recognized through its nomination for the Aga Khan award for architecture in 2010. He also holds Masters degree from the University of Oxford in the field of Urbanism.

[1] T. Peck, "*Banana Island Resort Doha, Qatar - Hotel Review*," Evening Standard, 2015. http://www.standard.co.uk/lifestyle/travel/banana-island-resort-doha-qatar-hotel-review-10354450.html
[2] "Doha Landscape Master Plan Report" (Doha: Ministry of Municipal Affairs, 1983).
[3] Raili, Reima Pietiläietilaietet Pietiet Fundación ICO.
[4] Cca.qc.ca. (2016). *Canadian Centre for Architecture (CCA) | An international research centre and museum devoted to architecture*, 2016, Cca.qc.ca.
[5] "Brownbook.me. (2016). *Oscar Niemeyer in Abu Dhabi*," 2016, Brownbook.me.
[6] K. Kikutake and K. Ôshima, *Between land and sea* (Cambridge: Harvard University Graduate School of Design, 2016).
[7] J. Lockerbie, *The Development of Doha*, 2016, Catnaps.org.
[8] J. Alnesf, Interview with former director of Qatar National Hotels, 2016.
[9] "Archnet.org. (2016). *Doha Corniche International Arts and Culture Center Competition*," 2016, Archnet.org.
[10] H. Arendt, *Between Past and Future* (New York: Penguin Books, 2006).

جزيرة البنانا
الدوحة، قطر

بالشواطئ العامة ومواقع التخييم، التي قلما توفرت على شواطئ الدوحة الخاصة. واعتبرت وجهة يقصدها الزوار نظرًا لطبيعتها باعتبارها منطقة مفتوحة بعيدًا عن الازدحام الخانق للمدينة. أما في الوقت الحالي، فإن معظم المساحات الخارجية داخل الجزيرة توحي بأنها مهملة، مع ضئالة مظاهر الحياة أو قلة تواجد الناس في المناطق العامة. وعلى الرغم من أن المنتجع يكون محجوزًا بالكامل خلال عطلة نهاية الأسبوع، إلا أنه في المرافق الترفيهية الداخلية يمكن ملاحظة الاكتظاظ بالزوار. يميل الزوار نحو الأماكن الداخلية والغرف الخاصة أكثر من المناطق الخارجية والشواطئ. على قدر ما كان الموقع عامًا في بيئة طبيعية نقية فيما مضى، أضحى الآن تطوير لجزيرة خاصة وحصرية.

إذا ما نظرنا إلى الوراء في هذا المشروع، أمكن اكتشاف الآثار المترتبة على كل من الدوافع الاجتماعية والمعمارية للجزيرة ضمن سياق أوسع للخليج. إن مقارنة البنيات الاجتماعية والمكانية لمخطط تانغي لجزيرة العالية بجزيرة البنانا، يضعنا أمام مجموعة من القضايا التي يمكن من خلالها فهم كل جزيرة – وعلى رأسها إمكانية الدخول. في حين يسمح برنامج جزيرة العالية بالدخول العام للجمهور، تعتبر جزيرة البنانا حصرية ويقتصر دخولها على الزوار المستوفين للرسوم المطبقة. وعلاوة على ذلك، سمح نطاق التطوير بهيمنة الحياة البرية والطبيعة على جزيرة العالية، في حين أن الهدف من تطوير جزيرة البنانا هو ترفيهي بحت وقائم على الخدمات. بالإضافة إلى ذلك، يتبع التصميم المعماري لتانغي منهج الحداثة الذي يعتبر أكثر تجريدًا وجزءًا لا يتجزأ من داخل المشهد الفعلي. وفي نواحٍ كثيرة، يتوافق ذلك مع الأسلوب المعماري المستورد للشاليهات، الذي يحاكي شكل من أشكال الجزر المرجانية في شرق آسيا.

تؤدي الاستراتيجيات المعمارية المختلفة المتبعة لكلا الجزيرتين إلى التساؤل إذا ما كان هذا يعني إحداث تغير في اللغة المعمارية في منطقة الخليج، أو أنه يمثل إضافة بسيطة لمواكبة المتطلبات السياحية. في حالة جزيرة البنانا، وينطبق عليها الاحتمال الثاني على ما يبدو مع تأثر المطورين بالتوجهات السياحية الجديدة للبلاد التي شكلت سابقة في اقتصاد الدوحة. أصبح النطاق والعمارة بطابع معين والنوعية المفروضة والحصرية منهاج متبع في هذا القطاع الاقتصادي الجديد. ويبدو أن هذه القيم مناقضة لتدابير التخطيط لتطويرات الجزر القديمة، التي تعتبر سياق مدني شامل ومزايا مجتمعية أكثر إلحاحًا من الثقافة السياحية. ما يثير الدهشة هو التحول مقارنة بالعقود الماضية، والنطاق الحالي الذي جعل من جزيرة البنانا حصرية ومستقلة تمامًا عن المدينة التي تبعد عنها خمسة كيلومترات.[10]

إن الاستقلالية عن البر الرئيسي للدوحة هو المطلب الاستراتيجي للضيوف، حيث أنهم مؤخوذين بالتصور لرحلة إلى منتجع جزيرة غريبة بعيدة. إلا أنهم لا يزالون على اتصال بالسياق الثقافي الذي يعتبر جزءًا لا يتجزأ من ميثاق السلوكيات المتبع في الجزيرة. ويتمثل هذا بشكل مقصود من خلال التطوير المملوك للدولة، الذي يستهدف استقطاب الزوار من منطقة الخليج. ولذلك، فإن الضيوف يسكونون قادرين على السفر عبر الدوحة وزيارة ما تقدمه المدينة، بالإضافة على زيارة هذه الجزيرة الخيالية ضمن الصلاحيات التي تمنحها الدوحة، طالما أنهم ملتزمين بالقيم والمعتقدات الاجتماعية والدينية. في حين يمكن للمرء أن يجادل ضد استيراد هذا الطراز المعماري الأجنبي، والصيغة التي اعتمدت عليها جزيرة البنانا قد جذبت مما لا شك فيه قطاع السياحة الجديد في منطقة الخليج.

مع استمرار قطر في صياغة قطاع السياحة بإضافة وجهات جديدة، أسهم النجاح الملحوظ لجزيرة البنانا بتأسيس خط سير جديد للمنتجعات التي تلبي متطلبات السياحة المحلية والإقليمية المحافظة. مع وجود ستة جزر اصطناعية أخرى مزمع تطويرها على نفس المنوال، يتم تكرار ظهور نموذج مستورد آخر للتطوير في قطاع السياحة للدوحة، من شأنه أن يوفر ملجأ من عالم المناطق الحضرية مع التركيز على المناطق البحرية المستصلحة (الشكل رقم 9-12). وخلافًا لتجربة تقمص التجربة المالديفية لجزيرة البنانا، سوف تكون الجزيرة المزمع تطويرها مستوحاة من العمارة المتوسطية المتبعة في اليونان، مع اعتزام المزيد من الأنماط المتقمصة حتمًا.

فاطمة السهلاوي مهندسة معمارية ومختصة في التخطيط العمراني في قطر، أسست منتدى الدوحة للعمارة ومكتبة أطلس في الدوحة، وتتخصص في مجال كتب العمارة والتخطيط العمراني في منطقة الشرق الأوسط وشمال أفريقيا. وتحمل فاطمة درجة البكالوريوس في الهندسة المعمارية من الجامعة الأمريكية في الشارقة، ودرجة الماجستير في الهندسة المعمارية في التصميم العمراني من جامعة كلية بارتليت للهندسة المعمارية في لندن.

راشد بن شبيب مختص في التخطيط العمراني لدى مؤسسة الهندسة الثقافية التي اضطلعت بتعزيز هوية منطقة الخليج المعاصرة من خلال ثلاثة تخصصات رئيسية: الأبحاث، والتعليم، والتخطيط العمراني. ونتيجة لذلك، فقد تم الاعتراف عالميًا بمؤسسة الهندسة الثقافية من خلال ترشيحها لجائزة الآغا خان للعمارة في عام 2010. ويحمل راشد درجة الماجستير من جامعة أكسفورد في مجال التخطيط العمراني.

Cultural Aspirations in the Construct of a Modern Nation

"Your Saadiyat, Your Leisure," is the slogan plastered on renderings depicting life on Saadiyat Island in Abu Dhabi. The vignettes present joyous faces living, working, and being entertained on the "island of enlightenment." Saadiyat Island isn't merely another real estate development scheme; it represents Abu Dhabi's aspirations towards becoming a major international cultural hub, primarily through the Saadiyat Cultural District, which plans to house a maritime museum, an opera house, a national museum, and satellites of the Louvre and Guggenheim museums.

Approximately half a century prior to the launch of the Saadiyat Island project, the American architect Frank Lloyd Wright drew up a similar scheme for Baghdad on another island named Um Al-Khanazeer, translated to English as "Pig Island." Originally commissioned to design a combined opera house and theater in central Baghdad, Wright had more ambitious ideas and eventually convinced King Faisal II to allow him to develop a master plan on the island for a Greater Baghdad Cultural Center, which included an opera house, landscaped parks, a botanical garden, museums for both ancient and contemporary art, a grand bazaar, a casino, and an amphitheater.

Rand Abdul Jabbar & Meitha Al Mazrooei

This chapter will explore the role that cultural development plays within the context of Iraq and the United Arab Emirates as relatively young nations aspiring to emerge onto the world stage. It will examine the historic, economic, and architectural parallels between the two schemes as well as the political and institutional partnerships that facilitated their development. Finally, it will discuss the significance of the physical location of these projects on islands and how that contributes to their utopian aura and fantasy.

The Greater Baghdad Cultural Center and the Saadiyat Cultural District projects were planned within thirty years of the establishment of Iraq and the UAE as modern nation states. In this time, both nation's capital cities underwent rapid expansion and urbanization. Baghdad was reinstated as a center of political and cultural power in 1921, when it became the capital of the Hashemite ruled Iraq. During this era, Iraq witnessed unprecedented growth in both size and population. The first decades of governmental investment revolved primarily around modernizing infrastructure. However, by the 1950s, the Iraqi government, having set up the institutional foundations for the country's agricultural, educational, transportation, and defense

دور التطلعات الثقافية في بناء أمة حديثة

"السعديات، ترفيهك"؛ هذا هو الشعار الذي يتصدر عنوان وصف الحياة على جزيرة السعديات في إمارة أبوظبي، فيما تعكس الصور المصاحبة له وجوها فرحة لأناس يعيشون، ويعملون، ويقضون إجازاتهم في جزيرة الثقافة. وجزيرة السعديات ليست مجرد مخطط آخر من مخططات التنمية العقارية في أبوظبي؛ بل هي مشروع يمثل تطلعات أبوظبي في تعزيز مكانتها كوجهة رائدة للثقافة والفنون على مستوى العالم، وذلك من خلال المنطقة الثقافية القائمة في السعديات بشكل أساسي، والتي يخطط لها أن تستضيف متحفًا بحريًا ودار للأوبرا، ومتحفًا وطنيًا، وفرعًا محليًا لمتحفي غوغنهايم واللوفر.

قبل إطلاق مشروع جزيرة السعديات بحوالي نصف قرن، وضع المهندس المعماري الأميركي فرانك لويد رايت، مخططًا مماثلًا لمدينة بغداد في جزيرة أخرى يطلق عليها اسم أم الخنازير. وتم تكليف رايت في الأصل بتصميم مجمع يحتوي دار أوبرا ومسرح في وسط بغداد، ولكن رايت كان لديه مخططًا أكثر طموحًا، وفي نهاية المطاف، تمكن من إقناع الملك فيصل الثاني، بالسماح له بتطوير مخطط رئيسي في الجزيرة لمركز بغداد الثقافي، والذي ضم دارًا للأوبرا وحدائق بمناظر طبيعية وحديقة نباتية ومتاحف للفنون القديمة والمعاصرة، وسوق تقليدية كبيرة وكازينو ومدرج.

رند عبد الجبار وميثاء المزروعي

سنبحث في الدور الذي تؤديه المشاريع الثقافية في سياقات العراق والإمارات العربية المتحدة بوصفهما دولًا فتيةً نسبيًا تسعيان إلى تبوأ مكانة بارزة على الساحة الثقافية العالمية. كما سندرس أيضًا أوجه الشبه التاريخية والاقتصادية والمعمارية بين المخططين، فضلًا عن الشراكات السياسية والمؤسسية التي سهلت تطويرهما. وأخيرًا، سنناقش أهمية الموقع المادي لهذه المشاريع على الجزر وكيف يساهم ذلك في التأثير على الهالة المثالية والسحر الخيالي اللذين يحيطان بهذه الجزر.

جاء التخطيط لكل من مركز بغداد الثقافي ومشاريع المنطقة الثقافية في السعديات خلال ثلاثين عامًا من تأسيس دولتي العراق والإمارات العربية المتحدة، كدول قومية حديثة، خضعت خلالها العاصمتين العراقية والإماراتية إلى عمليات توسع وتحضر سريعة. وقد استعادت بغداد مكانتها كمركز للسلطة السياسية والثقافية في عام 1921 عندما أصبحت عاصمة الحكم الهاشمي للعراق، حيث شهدت في هذه الفترة مرحلة غير مسبوقة من النمو في الحجم وعدد السكان على حد سواء. وركزت الاستثمارات الحكومية بشكل أساسي في العقود الأولى من تأسيس المملكة العراقية على تحديث البنية التحتية. ولكن بحلول الخمسينات، كانت الحكومة العراقية قد أرست القواعد المؤسسية لأنظمة البلاد الزراعية والتعليمية وقطاع النقل وأنظمة الدفاع، فحولت انتباهها نحو مشاريع التنمية العمرانية واسعة النطاق. وتزامن ذلك مع إعادة التفاوض بشأن اتفاق النفط مع البريطانيين في عام 1951، الأمر الذي ضاعف عائدات النفط الحكومية عشرة أضعاف تقريبًا.[1]
ساهمت إيرادات أبوظبي الأولى من الصادرات

Cultural Aspirations in the Construct of a Modern Nation

systems, turned its attention to large-scale urban development projects. This coincided with the 1951 renegotiation of the oil agreement with the British that increased governmental oil revenues by almost tenfold.[1]

Revenue from Abu Dhabi's first oil exports in 1962 also facilitated initial development projects in the emirate. It was not until after 1971, once it became the capital of the newly established United Arab Emirates, that citywide urban restructuring occurred. Initial projects included mapping out the existing urban fabric, identifying major transportation arteries, and enabling the provision of modern housing. The city slowly developed over 30 years, however, the expedited rate shot to full force in the early 2000s. The obvious results of hyper-tourism in neighboring Gulf States triggered a shift in pace that lead to the Saadiyat Island project and the prioritization of tourism as a form of economic diversification within the UAE.

The choice of investing in cultural development is significant. For Iraq, it was seen as a unifying force in forging a common national identity amongst an ethnically diverse population with a shared, ancient cultural past. Uniting Iraqi citizens around a common Mesopotamian ancestry proved to be a crucial nationalistic strategy and is clearly palpable in the evolution of the post-colonial Iraqi architectural sensibility. As for the UAE, a future of depleted oil resources was contemplated and Saadiyat Island was seen as an ideal first step towards a post-oil investment agenda. It is a much sought after economic diversification tool, capitalizing on a booming international art market and a global trend of cultural tourism through the inclusion of museums. It could also be seen as an attempt to create a larger platform for communication between the local population and the world, bridging the gap between nations through a proposed exchange of knowledge through what can be considered the universal language of art.

With oil profits constituting the main economic driver for development, both the Iraqi and Emirati governments established institutional bodies that were tasked with determining where and how to invest. The Iraq Development Board (IDB) and Abu Dhabi's Tourism Development and Investment Company (TDIC) embarked on large-scale projects in which the world's leading Western architects were invited to forge new architectural identities in each city. With the appropriate financial and institutional mechanisms set firmly in place, Baghdad and Abu Dhabi were determined to assert their presence on the world stage, becoming ideal sites for ambitious experiments.

The IDB was established in 1950 as a six-member panel whose mandate was to direct the investment of the country's oil revenues towards restructuring the urban landscape of the country. As part of their second six-year plan (1955-60), approximately $700 million was set aside for the construction of public buildings, including a university campus, a national museum, a gallery of fine arts, an opera house, a symphony hall, a soccer stadium, and a post and telegraph office.[2] A young, Harvard-trained Iraqi architect named Nizar Ali Jawdat, who as the son of prime minister Ali Jawdat Al Ayyubi was well connected within the political sphere, suggested to the IDB that it would be more "advantageous to the country to engage some of the world's great architects to do their projects."[3] Thus, they set about distributing the commissions amongst the leading architectural figures of the time. In addition to the opera house assigned to Frank Lloyd Wright, the soccer stadium went to Le Corbusier, the new campus for Baghdad University to Walter Gropius, the Gallery of Fine Arts to Alvar Aalto, and the headquarters for the Development

دور التطلعات الثقافية في بناء أمة حديثة

النفطية في عام 1962 كذلك بتيسير مشاريع التنمية الأولية في الإمارة. ولكن جهود إعادة الهيكلة الحضرية الرئيسية في المدينة ولم تحدث إلا بعد عام 1971، حين أصبحت عاصمة دولة الإمارات العربية المتحدة المنشأة حديثًا. وشملت المشاريع الأولية رسم خرائط للنسيج الحضري القائم، وتحديد طرق النقل الرئيسية، وتوفير المساكن الحديثة. تطورت المدينة ببطئ على مدى أكثر من ثلاثين عامًا، إلا أن معدل عجلة التسريع وصل قوته الكاملة في مطلع الألفية الثانية، حيث أثمرت النتائج الواضحة لزيادة معدل السياحة في دول الخليج الأخرى إلى التحول في وتيرة التنمية، مما أدى بدوره إلى إطلاق مشروع جزيرة السعديات الذي يعطي الأولوية للسياحة كنموذج للتنويع الاقتصادي في الإمارات العربية المتحدة.

إن خيار الاستثمار في التنمية الثقافية هو أمر بالغ الأهمية، حيث اعتبر هذا الخيار بالنسبة للعراق كقوة موحدة في تشكيل هوية وطنية مشتركة بين السكان المتنوعين عرقيًا ويشتركون بماض ثقافي عريق. وقد أثبت توحيد صف المواطنين العراقيين على الثقافة التي جمعت بين أجدادهم في بلاد ما بين النهرين أنه استراتيجية قومية بالغة الأهمية، وتجلى بأبرز آياته في تطور الحس المعماري العراقي في فترة ما بعد الاستعمار. أما بالنسبة لدولة الإمارات العربية المتحدة، فقد كانت تفكر وتخطط لمستقبل الدولة بعد نضوب الموارد النفطية، وقد تم اعتبار جزيرة السعديات خطوة مثالية لاختبار تنفيذ الاتجاه الجديد للاستثمار في مرحلة ما بعد النفط، فهي عبارة عن أداة مثالية للتنويع اقتصادي الذي تسعى الإمارات إلى تحقيقه، بالاستفادة من سوق الفنون الدولي المزدهر والاتجاه العالمي للسياحة الثقافية من خلال إنشاء المتاحف على أرضها. ويمكن اعتبارها كذلك محاولة لإنشاء منصة أكبر لتعزيز التواصل بين المواطنين الإماراتيين والعالم أجمع، وسد الفجوة بين الأمم من خلال التبادل المقترح للمعرفة، وتبادل ما يمكن اعتباره لغة فنية عالمية.

ونظرًا أن العائدات النفطية تشكل محركًا اقتصاديًا رئيسيًا لتطوير العاصمتين، أنشأت الحكومتان العراقية والاماراتية هيئات مؤسسية وكلفتها بتحديد مواطن الاستثمار وسبله. فشرع كل من مجلس الإعمار العراقي وشركة التطوير والاستثمار السياحي في أبوظبي بتنفيذ مشاريع واسعة النطاق دُعي لتصميمها عددٌ من أبرز المهندسين المعماريين الغربيين في العالم للعمل على خلق هوية معمارية جديدة لكلتا المدينتين. ومع إرساء وتحديد الآليات المالية والمؤسسية المناسبة، كانت بغداد وأبوظبي مصممتين على تأكيد حضورهما على الساحة العالمية، مما جعل منهما الموقع الملائم لاختبار التجارب الطموحة.

تأسس مجلس الإعمار العراقي في عام 1950 كهيئة تتألف من ستة أعضاء مكلفة بالعمل على إدارة استثمار العائدات النفطية للدولة وتوجيهه نحو إعادة هيكلة المشهد العمراني في العراق. وقد عمل المجلس كجزء من خطته السداسية الثانية (-1955 1960)، على تخصيص حوالي 700 مليون دولار بهدف تشييد المباني العامة، بما في ذلك الحرم الجامعي، والمتحف الوطني، ومعرض الفنون الجميلة، ودار الأوبرا، وقاعة السمفونية، واستاد كرة القدم، ومكتب للبريد والبرق.[2]

وأشار نزار علي جودت- وهو مهندس معماري عراقي شاب تلقى دراسته وتدريبه في جامعة هارفارد، وكانت له اتصالات وثيقة في المجال السياسي كونه ابن رئيس الوزراء، علي جودت الأيوبي- على مجلس الإعمار العراقي بأن "إشراك بعض أهم المهندسين المعماريين في العالم في تنفيذ مشاريع المجلس سيكون مفيدًا جدًا للعراق".[3] وبهذا كلف المجلس عددًا من أبرز المهندسين المعماريين الدوليين في ذلك الوقت بتنفيذ المشاريع. فإلى جانب تكليف فرانك لويد رايت بتصميم مشروع دار الأوبرا، فقد تم تكليف لو كوربوزييه بتصميم استاد كرة القدم. أما الحرم الجامعي الجديد لجامعة بغداد فقد تم دُعي المهندس المعماري والتر غروبيوس إلى تصميمه، فيما تم تكليف ألفار ألتو بتصميم معرض الفنون الجميلة، وجيو بونتي لتصميم مقر مجلس التنمية ووزارة التخطيط.

كان فرانك لويد رايت المهندس المعماري الدولي الأول الذي قبل دعوة مجلس الإعمار العراقي، وردّ عليها بحماسة ثم قام برحلة إلى المدينة بعد وقت قصير من تعيينه في منصب "مستشار تصاميم ومواصفات دار الأوبرا في بغداد". وتم إعطاؤه مساحة عشرة آلاف متر مربع داخل الموقع المقرر لإنشاء مركز المدينة.[4] ولدى وصوله، صرح رايت أنه لن "يحدد نفسه بتصميم دار الأوبرا فقط، بل سيعمل على تصميم مركزًا ثقافيًا يليق بالخلفية التاريخية والثقافية التي تتمتع بها بغداد، فضلًا عن طابعها كمدينة".[5] واستطاع رايت أن يقنع الملك فيصل الثاني أن جزيرة أم الخنازير، وهي جزيرة تابعة للأراضي الملكية تقع على في نهر دجلة الذي يتدفق عبر بغداد، هي الموقع المناسب ليس فقط من أجل إنشاء دار الأوبرا فقط، بل من أجل إنشاء

Cultural Aspirations in the Construct of a Modern Nation

Board and Ministry of Planning went to Gio Ponti.

Frank Lloyd Wright was the first international architect to accept the Iraq Development Board's invitation. Wright responded enthusiastically, making the trip to the city shortly after his appointment as "Consultant on Designs and Specifications for the Baghdad Opera House." He was given a site of 10,000 square meters within what was planned to be the city's civic center.[4] Upon his arrival, Wright stated that he was "not limiting himself to the design of an opera house only, but a sort of cultural center suited to Baghdad's historical and cultural background as well as its character."[5] He was able to convince King Faisal II that Um Al Khanazeer, an imperially owned island located within the Tigris River that flows through the heart of Baghdad, would not only be a more suitable site for the opera house, but an ideal location for a much larger cultural center that encompassed an extensive public program geared towards leisure and tourism.

Similar to the IDB in purpose, however with a more specific mandate focused on promoting tourism through urban development, the TDIC, established in 2006, is a public sector enterprise founded and owned by the Abu Dhabi Government. Since its inception, the TDIC has been actively investing in the growth of the Emirate's tourism sector by developing its physical infrastructure in parallel with its public profile. Responsible for all cultural and commercial projects on Saadiyat Island, the entity oversees construction, designates contractors, contacts potential corporate partners, and schedules the phases of deliverables for all ongoing projects.

The museum strategy for the Saadiyat Cultural District unfolded in 2005 when the Government of Abu Dhabi approached Thomas Krens, the Director of the Solomon R. Guggenheim Foundation in New York from 1988-2008 and the mastermind behind the Guggenheim Bilbao, to consult on what was initially intended to be a new branch of the museum in Abu Dhabi. However, it became clear very quickly that the ambition to a build a tourism economy surpassed Bilbao and he was hired to consult on a larger cultural district for the island. As Krens describes it, "I went to Abu Dhabi. . . They had the gigantic Saadiyat Island site; roughly one-sixth of it was to be cultural district, and a big hotel was planned on the point where the Guggenheim was eventually to be sited. . . I did a drawing on a napkin. . . I said, "Here's the Guggenheim; here's the Louvre; here's the maritime museum; here's the national museum; here's the opera house."[6] Krens was heavily involved during the concept phase and spent time with the architects to develop a specific framework for each project. His preliminary napkin sketch did not stray too far from the current process of construction, where three colossal museums plan to call Abu Dhabi home—the 800 Million Dollar Frank Gehry designed Guggenheim, the 500 Billion Dollar Louvre by Jean Nouvel, and the Zayed National Museum by Foster and Partners.

Architecturally, there is a common desire for cutting-edge, flashy, and iconic buildings that attempt to capture a "regional character." This approach to architecture, although embodying modernity through the use of state-of-the-art building technology, is expected to represent and allude to qualities drawn from the local-cultural context.

In Baghdad, Wright's proposal was to utilize the country's unique medieval legacy with an architecture that evoked his spirit of his childhood fantasies based on the classic story of *One Thousand and One Nights.*[7] Running counter to the internationalist style prevalent amongst his contemporaries, Wright embraced historic references and drew heavily from Islamic

دور التطلعات الثقافية في بناء أمة حديثة

مركزًا ثقافيًا أكبر يشمل برنامجًا عامًا واسع النطاق، ويتم توجيهه نحو الترفيه والسياحة.

وكما هو الحال من غرض تأسيس الحكومة العراقية لمجلس الإعمار، تأسست شركة التطوير والاستثمار السياحي في إمارة أبوظبي في عام 2006 كشركة مملوكة لحكومة أبوظبي، ولكن بتكليف أكثر تحديدًا يهدف إلى تشجيع السياحة من خلال التنمية المعمارية الحضرية. نشطت الشركة منذ تأسيسها في الاستثمار في تنمية القطاع السياحي في الإمارة، وتطوير بنيتها التحتية المادية بالتوازي مع صورتها العامة. وبصفتها الشركة المسؤولة عن تنفيذ جميع المشاريع التجارية والثقافية في جزيرة السعديات، تشرف شركة التطوير والاستثمار السياحي على أعمال البناء والمقاولين والشركات الشريكة المحتملة، وتحدد مواعيد مراحل إنجاز كافة المشاريع الجارية.

كُشف عن استراتيجية تشييد المتاحف في المنطقة الثقافية في السعديات في عام 2005 عندما خاطبت حكومة أبوظبي توماس كرينز، الذي عمل مديرًا لمؤسسة سولومون آر. غوغنهايم، في نيويورك، ما بين 1988-2008 وكان العقل المدبر وراء إنشاء متحف غوغنهايم بلباو، للتشاور معه بشأن ما كان في البداية مجرد فكرة لافتتاح فرع جديد للمتحف في أبوظبي. بيد أنه أصبح واضحًا بسرعة أن طموح الإمارة الرامي إلى إرساء دعائم قوية لقطاع سياحي ضخم لا يقف عند حد إنشاء فرع لمتحف غوغنهايم بلباو فقط، وبات التشاور معه يتناول تطوير منطقة ثقافية أكبر للجزيرة. ويصف كرينز ما حدث قائلًا: "ذهبت إلى أبوظبي... كان لديهم موقعًا عملاقًا على جزيرة السعديات خصص سدسه تقريبًا للمنطقة الثقافية، بالإضافة إلى فندق ضخم كان من المقرر أن يتم إنشاؤه في المكان الذي أصبح في النهاية موقع متحف غوغنهايم...رسمت رسمة على منديل... وقلت: 'يشيد غوغنهايم هنا؛ ومتحف اللوفر هنا؛ والمتحف البحري هنا؛ والمتحف الوطني؛ وهنا دار الأوبرا'".[6] شارك كرينز بشكل كبير في مرحلة تحديد المفهوم وقضى وقتًا مع المهندسين المعماريين لوضع إطار محدد لكل مشروع. لم يختلف الرسم على منديله كثيرًا عن التصميم الحالي قيد التشييد الذي يتضمن إنشاء ثلاثة متاحف شهيرة، وهي: متحف غوغنهايم من تصميم فرانك جيري بتكلفة 800 مليون دولار، ومتحف اللوفر من تصميم جان نوفيل بتكلفة 500 مليار دولار، ومتحف زايد الوطني من تصميم شركة فوستر أند بارتنرز.

هناك رغبة مشتركة من الناحية المعمارية في تصميم مبان حديثة رائعة وغير عادية تسعى أن تصبغ بلمسة إقليمية. ورغم أن هذا النهج المعماري يجسد التطور والحداثة من خلال استخدام التقنيات المتطورة في البناء، لكن يتوقع منه أن يعكس ويظهر سمات مستمدة من السياق الثقافي المحلي.

في بغداد، كان التصميم المقترح من رايت مستلهمًا من الإرث الحضاري للعراق في العصور الوسطى الممزوج بخيال رايت المستمد من قصة "ألف ليلة وليلة" الكلاسيكية التي أغرم بها أثناء طفولته.[7] تعارض عمل رايت مع النمط الدولي السائد بين معاصريه من المهندسين المعماريين، حيث احتضن المراجع التاريخية معتمدًا بشكل كبير على تصميمات مستوحاة من العمارة الإسلامية والفارسية. ويشير تصميم دار الأوبرا الدائري إلى أصول مدينة بغداد، وهياكلها اللولبية وقبابها وتلالها الأرضية المنحدرة من العمارة الزقورية القديمة في حضارة بلاد ما بين النهرين. بالإضافة إلى اعتماد القباب واللوالب، والأنماط التاريخية الشائعة في جميع أنحاء المنطقة، اختار رايت أيضًا أن يغطي المبنى كله بالسيراميك، إحياءً لفن الفخار العربي التقليدي. ويوفر التصميم فكرة عن رؤية رايت لحضارة العراق وثقافته.[8]

وفي أبوظبي، اقترح جميع المهندسين المدعوين تصاميم للمباني على الجزيرة مستوحاة من رمز للثقافة المحلية، فعلى سبيل المثال، اقترح جان نوفيل قبة ضخمة لمتحف اللوفر، الذي استوحيت فتحاته الهندسية من سعف النخيل المتداخلة. وتحت القبة، تقع مساحات مخصصة للعرض "تذكرنا بالمدينة العربية وأسواقها الشعبية".[9] أما تصميم جيري للمتحف، فقد استعار عناصر من بلباو وأدخل معها تفاصيل تحاكي برأيه أبراج الرياح المعروفة في فن العمارة الخليجية. ونظرًا لخصوصية وعمق طبيعة الثقافة في الخليج العربي، فإن العديد من المقترحات التي قدمت لمباني جزيرة السعديات، قد أظهرت قراءة سطحية مستوحاة من المراجع البيئية الواضحة، مثل أبراج الرياح والكثبان الرملية، والأفلاج (وهي قنوات محفورة في باطن الأرض لجمع المياه الجوفية) والواحات. وقد أقر جيري، في مقابلة أجرتها معه مؤسسة كلوغ بشأن النهج الهندسي الذي اتبعه في أبوظبي، بالصعوبات التي واجهها في فهم السياق قائلًا: "لم أعمل في أي بلد عربي من قبل. ولم أكن أعرف السياق المحلي كي اتلاعب بالتصميم، فالثقافة العربية ثقافة تتمتع بخصوصية شديدة، ولم يكونوا ليدعوني إلى منازلهم لتناول العشاء حتى اتعرف عليها".[10]

وفيما يتعلق بالتوجه الفكري، أوضحت كلتا الحالتين المفاهيم المسبقة التي كانت لدى المهندسين

and Persian architecture. The circular plan of the Opera House alludes to the origins of Baghdad, and its spirals and earth mound substructures hearken the ancient ziggurat architecture of Mesopotamia. In addition to adopting domes, spirals, and prevalent historic typologies from across the region, he also chose to embellish the entire building with ceramics, reviving traditional Arab kiln crafts. The scheme provides insight into Wright's own Orientalist interpretations of the country and its culture.[8]

In Abu Dhabi, all the invited architects proposed structures on the island that referenced a contrived cultural icon. For example, Jean Nouvel proposed a massive dome for the Louvre whose geometry is inspired by interlaced palm leaves. Underneath the dome, a series of exhibition volumes "recall the Arab city and its medina."[9] Gehry's Guggenheim borrowed elements from Bilbao and composed them with details—as he perceived—that evoke Gulf architecture through colored wind towers. Due to the private and introspective nature of Gulf culture, many of the proposals on Saadiyat Island demonstrate a superficial reading, drawing from obvious environmental references such as wind towers, dunes, falaj (underground water channels), and oases. Gehry acknowledged the difficulties in understanding the context in a collaged interview with Clog regarding his approach in Abu Dhabi, "I had never worked in an Arab country. I had no context to play with, this was a very private culture; they weren't going to invite me home for dinner."[10]

In terms of conceptual direction, both cases illustrate the foreign architects' preconceived notions and superficial understanding of local identity. Confronted with unfamiliar territory, both culturally and environmentally, these architects resorted to validating their proposals through broad historic and/or climatic references. For nations yearning for the future while struggling to grasp the remnants of their past, they viewed this adoption as a reflection of themselves.

The siting of these fantastical projects on islands only adds to their utopian feel. They offer both the authorities and the architects a blank slate—an open playground for their imagination. In Wright's scheme, the island would act as a bridge connecting the eastern and western portions of the city, providing a prime locus for public activity. Operating outside the physical confines of the city, Wright had complete control over the transformation of the island and its landscape, eventually redrawing its borders and topography.

Ironically, Saadiyat Island, which was poised to be a cultural hub, remained completely isolated and inaccessible for years after its development plans were unveiled. It was not until 2009, when the Sheikh Khalifa Bridge connecting the island to the mainland was completed, that TDIC was finally able to move forward with the plan laid forth by the Abu Dhabi Government. This isolation provided a breeding ground for experimentation. Islands are fantastical locations that offer a form of escape. Being out of view, their development—or lack thereof—can remain unnoticed. They are presented as heavenly retreats from urban life, offering the centrality and accessibility of the city without the restrictions of its urban structure, rhythm, and processes. It is no wonder that Frank Lloyd Wright, chose to rename Um Al-Khanazeer to the "Isle of Edena," referencing the Garden of Eden.

The repetition of history proves, through these two examples, that the creation of museums and educational outlets is seen as a social necessity in the development of modern nations. The cases put forth in Iraq and the United Arab Emirates demonstrate

Satellite image of Um Al Khanazeer Island, Baghdad, 2016

صورة الأقمار الصناعية لجزيرة أم الخنازير، بغداد، 2016.

Sir William Halcrow & Partners Urban Plan, Abu Dhabi, 1963,
Courtesy of Dr. Abdulrahman Makhlouf archive.

السير ويليام هالكرو وشركاه: الخطة العمرانية لأبوظبي، 1963،
على إثر أرشيف الدكتور عبدالرحمن مخلوف.

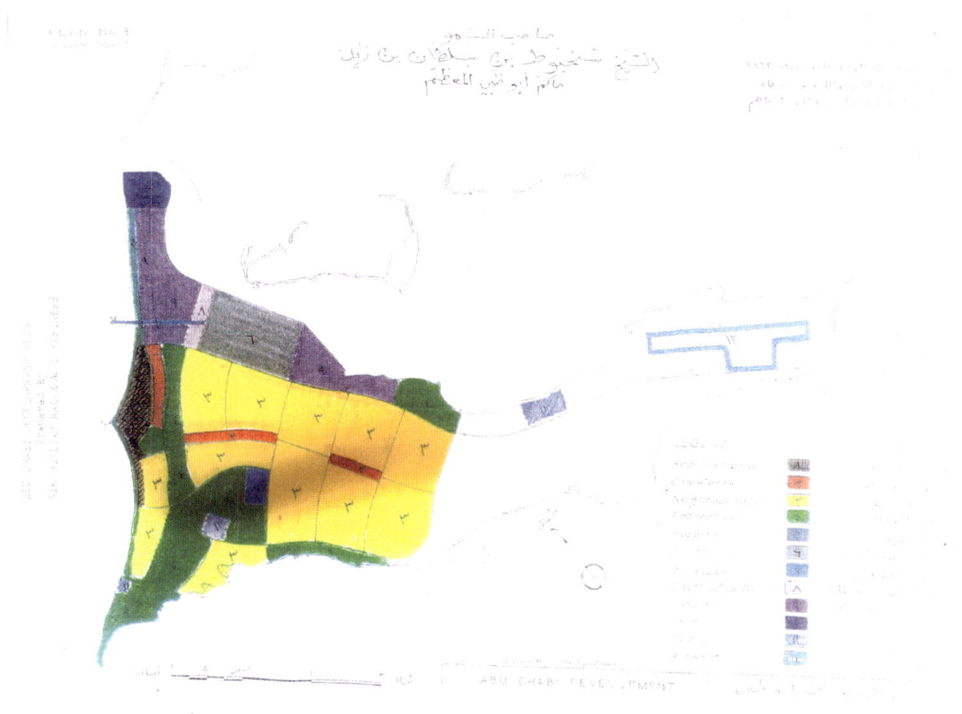

Cultural Aspirations in the Construct of a Modern Nation

that the aspiration towards international recognition for cultural advancement is perceived as part of that process. By projecting ideals that on one hand convey a perceived or fragmented identity, and on the other hand adopt what's recognized on a global scale as valid cultural conditions (here specifically under the arts), this recognition can be attained.

Although the proposal for Baghdad halted abruptly with the military coup in 1959, and the success of Saadiyat Island is a future that is yet to be determined, the possibilities that could foster from the regional context can initiate a discussion that breaks the homogeneity of the existing art network. The space created from the current template or imported model can proffer a natural reaction when finalized. It is important to note that this phenomenon is not specific to the Middle East but can be witnessed across the world in many emerging nations such as China, for example. As with any artistic endeavor, the transfer of art centers will inevitably lead to new reactions that will in turn provide alternative interpretations that add to the critical discourse within the industry. This process has the potential to lead to new museum formats and models that are a result of the distinct cultural contexts. The cultural island can, therefore, be understood as a space for the new and evolving global-cultural landscape.

Rand Abdul Jabbar is an architect and writer focused on urbanism and cultural development. She received a Master of Architecture from Columbia University in 2014. Her work is typically research and process driven, drawing from the structure and flow of the city as a primary point of departure.

Meitha Al Mazrooei is the founder of WTD Magazine, a biannual architecture and design platform that draws attention to urban conditions in the Middle East. WTD documents the existing landscape of the region through visual essays and critical narratives. Al Mazrooei continues to search for alternative mediums in which discourse on the landscape could be presented.

[1] Magnus T. Bernhardsson. "Vision of Iraq. Modernizing the Past in 1950s Baghdad." In *Modernism and the Middle East: Architecture and Politics in the Twentieth Century*, edited by Sandy Isenstadt and Kishwar Rizvi, 81-96. Seattle: University of Washington Press, 2008.
[2] Neil Levine. *The Urbanism of Frank Lloyd Wright*. Princeton: Princeton University Press, 2015.
[3] Louis McMillen. "The University of Baghdad, Baghdad, Iraq." In vol. 4 of The Walter Gropius Archive, edited by Alexander Tzonis, 189. New York: Garland Publishing, 1991.
[4] Joseph M. Siry. "Wright's Baghdad Opera House and Gammage Auditorium: In Search of Regional Modernity." *The Art Bulletin* 87, no. 2 (2005): 265-311.
[5] Siry, "Wright's Baghdad Opera House and Gammage Auditorium," 272.
[6] Culea, Eliza, and Min Hong. "A Collage Interview: Gehry On The Guggenheim(s)." Clog, May 2015, 48-49.
[7] Bernhardsson. "Vision of Iraq," 88.
[8] Ibid., 89.
[9] Culea & Hong, 2014, 48.
[10] Clog Staff, ed. "Interview with Thomas Krens." Clog, May 2015, 66-71.

دور التطلعات الثقافية في بناء أمة حديثة

المعماريين الأجانب عن الثقافة العربية، وفهمهم السطحي للهوية المحلية في بناء عمارة تمثلها، إذ لجأ المهندسون إلى التغلب عدم معرفتهم بالمنطقة من ناحية ثقافية وبيئية من خلال ربط مقترحاتهم التصميمية بقاعدة عريضة من العوامل التاريخية و/أو المناخية، والتي شكلت بالنسبة لأمم تتوق لرسم مستقبلها فيما تكافح للحفاظ على بقايا ماضيها انعكاسًا لذاتهم.

وقد جسد اختيار الجزر كمواقع لتنفيذ هذه المشاريع الخيالية إضافة إلى الهالة المثالية التي تحيط بهذه الجزر في الأساس، فهي وفرت للمؤسسات الحكومية المعني والمهندسين المعماريين صفحة بيضاء وساحة مفتوحة لإطلاق العنان لخيالهم فيها. ففي تصميم رايت، ستكون الجزيرة بمثابة جسر يربط بين الجزئين الشرقي والغربي من المدينة، ويوفر مكانًا رئيسيًا للنشاط العام. ونظرًا للعمل خارج حدود المدينة الفعلية وعلى منطقة بكر، سيطر رايت بشكل كامل على التحول في الجزيرة ومناظرها الطبيعية، حيث عمل في نهاية المطاف على إعادة رسم حدودها وتضاريسها.

ولعله ضرب من المفارقة، أن جزيرة السعديات، التي تستعد لتصبح "منارةً" ثقافيةً، ظلت معزولة تمامًا ولا يمكن الوصول إليها حتى سنوات بعد رفع الستار عن خطط التنمية المقررة لها. إذ لم تتمكن شركة التطوير والاستثمار السياحي من المضي قدمًا في الخطة التي وضعتها حكومة أبوظبي، إلا بعد العام 2009، حين اكتمل بناء جسر الشيخ خليفة الذي يربط الجزيرة بجزيرة أبوظبي. وقد وفر ذلك العزل أرضًا خصبة للاختبار والتجربة. فالجزر في العادة هي مواقع خيالية توفر نوعًا من الملاذ كونها بعيدة عن الأنظار، ولذلك يمكن ألا يفطن أحدٌ إلى مسألة تطويرها أو حتى عدم تطويرها. وتقدم تلك الجزر على أنها واحات هنيئة للراحة من الحياة العصرية، فيما توفر في الوقت ذاته القرب من مركز المدينة دون التقيد ببنية المدينة الحضرية وإيقاعها وإجراءاتها المعقدة. فلا عجب إذن أن فرانك لويد رايت، اختار إعادة تسمية أم الخنازير، بـ "جزيرة أدينا"، تيمنًا بجنة عدن.

تثبت التجارب المتكررة عبر التاريخ، من خلال هذين المثالين، أن إنشاء المتاحف والمؤسسات التعليمية أمر ينظر إليه على أنه ضرورة اجتماعية في تنمية الأمم الحديثة. وقد أوضحت الحالات التي قدمناها في هذه الوثيقة من العراق والإمارات العربية المتحدة أن التطلع نحو الاعتراف الدولي للنهوض بالثقافة يعتبر جزءًا من تلك العملية. ويتحقق هذا بإسقاط مثل عليا من شأنها من ناحية، أن تسقط هوية مجزأة أو قائمة على فكرة سابقة، وأن تعتمد ما هو معترف به على نطاق عالمي بأنه يشكل الظروف الثقافية الصالحة (يقصد هنا في إطار الفنون على وجه التحديد) من ناحية أخرى.

على الرغم من أن مقترح بغداد قد أوقف فجأة مع حدوث الانقلاب العسكري في عام 1959، وعلى الرغم من كون نجاح جزيرة السعديات مستقبل لم يحدد بعد، فإن الاحتمالات التي يعززها السياق الإقليمي هي قادرة على الشروع في نقاش يكسر التجانس الراسخ في شبكة الفنون. ويمكن للمساحة المشيدة بناءً على قالب موجود أو على نموذج مستورد، أن تعكس ردة فعل طبيعية عندما يتم إتهامها. ومن المهم أن نشير أن هذه الظاهرة ليست خاصة بمنطقة الشرق الأوسط، إذ يمكن مشاهدتها عبر العالم في العديد من الدول الناشئة مثل الصين، على سبيل المثال. وكما هو الحال مع أي جهود تقوم بها الدول على صعيد الفن، فإن انتقال المراكز الفنية إلى مكان آخر سوف يتبلور عنه تفاعلات جديدة، والتي بدورها ستوفر قراءات بديلة تضيف إلى الحوار الهام في القطاع. وهذه العملية يمكن أن تثمر عن أنماط ونماذج جديدة من المتاحف نابعة من السياقات الثقافية المتميزة. وبالتالي يمكننا فهم الجزيرة الثقافية كمساحة جديدة للمشهد الثقافي العالمي الجديد والمتطور.

رند عبد الجبار مهندسة معمارية وكاتبة متخصصة في مجال التخطيط العمراني والتنمية الثقافية. حائزة على درجة الماجستير في الهندسة المعمارية من جامعة كولومبيا في عام 2014. وعادةً ما يتمحور عملها حول الأبحاث والعمليات، مستمدة من هيكل المدينة وانسيابها بمثابة نقطة الانطلاق الأولى.

ميثاء المزروعي مؤسسة مجلة وتد، منصة نصف سنوية في مجال العمران والتصميم يتركز اهتمامها على الأوضاع العمرانية في منطقة الشرق الأوسط. تعمل وتد على توثيق المساحات العمرانية القائمة في المنطقة من خلال المقالات الاستطلاعية والأطروحات الهامة. وتواصل مهرة بحثها عن وسائل بديلة يمكن من خلالها عرض نقاشات حول المساحات العمرانية.

Letter:

A visit to Kuwait City on 21st February 1960 described in a letter from Peter Seeberg to his wife Hanne.

During five campaigns in 1958, 1959, 1960, 1961/62 the tells on the southwestern corner of Failaka became the focus of the Danish Archaeological Expedition. Excavation teams consisted of between 5 to 14 Danes, and 2 Kuwaitis from Education department, Assisted by up to 185 laborers.

Source: The Danish Archaeological Expedition to Kuwait 1958-1963; A Glimpse Into The Archives of Moesgard Museum, 2008. A contribution from NCCAL.

رسالة:

في إطار وصف زيارة إلى مدينة الكويت في الثاني والعشرين من شهر فبراير لعام 1960 في رسالة وجهها بيتر سيبيرغ إلى زوجته هان.

من خلال خمس حملات قائمة في الأعوام 1958، 1959، 1960، 1961-1962 أصبحت الحكايات المروية حول الزاوية الجنوبية الغربية لجزيرة فيلكا محور البعثة الدنماركية الأثرية. وضمت فرق التنقيب 5-14 من الدنماركيين، و 2 من الكويتيين من قسم التعليم، بمساعدة ما يصل الى 185 عامل.

المصدر: البعثة الدنماركية الأثرية إلى الكويت للفترة 1963-1958. لمحة عن أرشيف متحف موسغارد، 2008. مساهمة من المجلس الوطني للثقافة و الفنون الآداب في الكويت.

Kish, an Island Indecisive by Design

It was midnight, 25 July 1966. Misty and very humid. A ship had unloaded its cargo at Shahpour port and was heading for its homeland Greece. It drifted off course and was stranded just off the coast from the village Baghoo on the island of Kish– so close to shore in fact that it could have easily run aground on the island. One of the villagers once told me that for seven nights the ship's lights lit up the coastline and nearby village, which in those days didn't have electricity. Just a boy then, he brought melons to the ship's crew in exchange for canned fruit. On the eighth night, the ship ran out of fuel, its lights dimming and finally going out. Much work was done to tow the ship back into deeper waters, it only moved a few centimetres.

Nasrin Tabatabai & Babak Afrassiabi

Today the ship has completely rusted over. Every time I happen to stop by, it seems as if it has been pulled a little further into the gulf. But in reality it is the coastline that's slowly wearing off into the sea. For 45 years the ship has stubbornly watched the island. Tourists come from all over Iran to view it silhouetted against the setting sun. With time it has merged with Kish's tropical sunset. I believe that Kish's modernity began at midnight on 25 July 1966 when the steamship stranded off its coast. The marooned ship prophesied what would become Kish's awry odyssey along the map of the modern world.

A Brief Introduction

For a long time Kish was a forgotten island in the Persian Gulf, left to its destiny and deprived of the riches and advancements that the northerly parts of Iran were enjoying. The islanders provided for themselves through fishing and unsteady farming – but most of all by importing illegal goods from neighbouring countries across the Gulf. In the island's first official census in 1956, the population numbered a mere 760. This was less than half of what was registered six years earlier by the geographic department of the Iranian national army. Since then, poverty had forced people to migrate to the countries on the south of the Persian Gulf. Permissive trade and custom regulations and the easy ways of travelling had turned the Arab sheikdoms into a true 'free-trade zone' which lured many people away from Kish and other southern parts of Iran. In 1955, when visiting Iran's ports in the Gulf, the newly appointed customs CEO also stopped at Dubai's free-trade port. He was impressed by its many facilities. Two years later, when he was Minister of Customs, he promised to establish a free zone in Iran's southern ports as well. However, this did not happen straight away. Not until the political scene in the neighbouring Arab countries changed did the authorities in Iran really began to take notice of Kish.

Still, it was only a decade later that a plan for Kish was drawn up: Kish was to become a 'modern' and 'progressive' island for exclusive tourism. During the previous decade the larger cities in Iran had gone through an accelerated, almost obsessive, top-down modernization and Kish was to be a showcase in the Persian Gulf. The government's plan was to develop the island into an

This text is an excerpt from *Kish, an Island Indecisive by Design*, from the book with the same title, written and edited by Nasrin Tabatabai & Babak Afrassiabi, Nai publishers, Rotterdam, NL. 2012

كيش، جزيرة غامضة بتصميمها

في منتصف ليلة 25 تموز/يوليو 1966، وبينما كان الطقس ضبابياً شديد الرطوبة، أفرغت إحدى السفن حمولتها في ميناء شاهپور ثم همّت بالعودة إلى موطنها اليونان. لكن السفينة انحرفت عن مسارها وتقطعت بها السبل قبالة الساحل عند قرية باغو في جزيرة كيش، في مكان قريب جداً من الشاطئ لدرجة كان يمكنها معها الاصطدام باليابسة في الجزيرة. وقد أخبرني أحد سكان القرية ذات مرة أن أضواء السفينة أنارت الساحل والقرية القريبة - التي لم تكن مخدومة بالكهرباء في ذلك الحين- سبع ليال متواصلة؛ كان هذا الساكن صبياً حينها، وكان يحضر البطيخ لطاقم السفينة مقابل الفاكهة المعلبة. وفي الليلة الثامنة، نفد الوقود من السفينة، وبدأت أنوارها تخفت، إلى أن انطفأت تماماً. وعلى الرغم من العمل الشاق الذي بُذل لسحب السفينة إلى عرض البحر، إلا أنها لم تتحرك لأكثر من بضعة سنتيمترات.

نسرين طبطابئي و بابك افراسيابي

والآن، لا زالت السفينة مكانها والصدأ يعلوها تماماً، وكلما مررت من هناك يخيل لي كما لو أنها تعرضت للسحب قليلاً داخل الخليج، لكن في واقع الأمر فالخط الساحلي هو الذي يخبو ببطء داخل البحر. بقيت السفينة مدة ٤٥ عاماً، تراقب الجزيرة بعناد. يأتي السياح من جميع أنحاء إيران لمشاهدة ظلها المنعكس عن الشمس. ومع مرور الوقت، امتزجت السفينة مع غروب الشمس الاستوائي في كيش. أعتقد أن الحداثة في كيش قد بدأت في منتصف ليلة ٢٥ تموز 1966، عندما تقطعت السبل بهذه السفينة قبالة سواحلها. تنبأت السفينة المهجورة بما أصبح رحلة كيش المتعرجة على خريطة العالم الحديث.

مقدمة موجزة

بقيت جزيرة كيش بقعة منسية في الخليج لفترة طويلة من الزمان؛ كانت متروكة لمصيرها ومحرومة من الثروات والتقدم اللذين كانت تتمتع بهما الأجزاء الشمالية من إيران. كان سكان الجزر يجدون رزقهم من خلال صيد الأسماك والزراعة المتقلبة الموسمية، لكن الطريقة الأساسية كانت استيراد السلع غير المشروعة من البلدان المجاورة عبر الخليج. وصل عدد سكان الجزيرة، في أول تعداد سكاني رسمي تم إجراؤه عام ١٩٥٦، ٧٥٠ شخصاً لا غير، وكان هذا أقل من نصف ما سجلته الإدارة الجغرافية للجيش الوطني الإيراني قبل ست سنوات. ومنذ ذلك الحين، أجبر الفقر الناس على الهجرة إلى البلدان القابعة جنوب الخليج. وقد أدت التجارة الدلالية وقوانين الجمارك، إضافة إلى طرق السفر السهلة، إلى تحويل المشيخات العربية إلى مناطق تجارة حرة، دفعت العديد من السكان إلى الهرب من كيش والمناطق الجنوبية في إيران. وفي عام ١٩٥٥، وأثناء زيارته للموانئ الإيرانية في الخليج، توقف رئيس الجمارك -الذي كان حديث العهد بهذا المنصب وقتذاك-لزيارة ميناء دبي للتجارة الحرة، وأبدى انبهاره بمرافقه المتعددة، وما لبث بعد عامين حينما أصبح وزيراً للجمارك أن وعد بإنشاء منطقة حرة في موانئ جنوبي إيران كذلك. لكن ذلك لم يحدث على الفور؛ فلم تلتفت السلطات في إيران بالشكل المطلوب لجزيرة كيش إلا بعد تغير المشهد السياسي في البلدان العربية المجاورة.

ولم يمر سوى عقد واحد بعدها، حتى تم وضع خطة لكيش التي خطط لها أن تصبح جزيرة حديثة ومتقدمة، ومخصصة حصرياً للسياحة. وعاشت المدن الكبيرة في إيران على مدار العقد السابق لذلك حالة تحديث شمولي متسارع على نحو مهووس إلى حد ما، وكانت الخطة أن تكون كيش نموذجاً للعرض في الخليج. فقد خططت الحكومة لتطوير الجزيرة لتصبح منطقة سياحية وتجارية دولية تجذب الصفوة الثرية من المشيخات العربية الغنية بالنفط، وكذلك نظيرتها في الغرب. وتم اعتبار كيش رسمياً منطقة حرة عام 1968؛ وألغيت كافة خطط تحويل الموانئ التجارية الموجودة إلى مناطق حرة لقطع الطريق على أي منافسة لهذه الجزيرة.

وكان قصر الشاه الإيراني أول بناء تم تشييده في كيش؛ فقد قرر أنه يتحتم على الجزيرة أن تصبح منتجعاً يقضي فيه فصل الشتاء مع أسرته، ويستقبل ضيوفه فيه.

هذا النص مقتطف من كتاب «كيش، جزيرة غامضة بتصميمها»، الذي كتبه ووضع تصوره كل من نسرين تباتبي وباباك أفراسيابي، وتم نشره عن طريق ناي للنشر، في روتردام، هولندا ٢٠١٢.

Kish, an Island Indecisive by Design

international tourist and trade zone that would attract the wealthy elites from the oil-rich Arab Sheikdoms as well as the West. In 1968, Kish was officially designated a free zone; and to cut out any competitors, all plans to turn existing trade ports into free zones were cancelled.

The first structure that was erected on Kish was the Shah's own palace. He had decided that the island should be an exclusive resort where he would spend the winter with his family and receive guests.

The island's association with the royal family undoubtedly highlighted its allure and granted it geopolitical significance. It was only natural in this light that the royal family hosted its high-toned inauguration, for which a select group of international guests were flown in with a Concorde airliner. The date was 29 October 1977; the protests preceding the revolution on mainland Iran were slowly getting underway.

I once calculated that if I were to walk from the spot where the Greek ship was stranded all the way to the opposite side of the island, in a straight line exactly aligned with the ship's axis, I would end up at a curved tip on the north-eastern shore renowned for being the best spot on the island from which to view the sunrise. The development of the resort began right at the foot of this spot. With its sandy beaches it was considered the best place for leisure and entertainment. The site of the new resort was already inhabited, however, and had to be evacuated before the resort could be built. The spot used to be the administrative heart of the island and home to its largest village, Masheh, the Farsi word for 'trigger'. In 1971, a governmental entity called The Kish Development Organization (KDO) was established to manage the new developments on Kish.[1] KDO first built another village further to the west, adjacent to the existing village of Saffein, and moved the 700 inhabitants of Masheh there, mostly against their will. The new village became New Saffein, and Masheh was renamed Old Saffein.

Walking through New Saffein is truly a strange experience. The architects painstakingly tried to simulate, both in use of materials and design, the features of the vernacular architecture and planning typical of southern Iran, as was found in Old Saffein. In an information booklet that accompanied the 1977 official unveiling and was handed out to foreign visitors, New Saffein is described as a village displaying the genuine traditional lifestyle of the native inhabitants of Kish as it was during the time of Marco Polo.

Now, decades later, the village feels both old and unfinished. It's old, but not necessarily because of the traditional appearance of the architecture. The continuous re-appropriation of the buildings by the villagers to adjust them to their traditional needs has given the village both a ruinous and an unfinished appearance. The architecture of New Saffein is exhausted, it is an 'old building site' born out of an initial architectural misplacement.

Once the residents of Masheh were moved to New Saffein, the old village was demolished and replaced by a very peculiar display of architecture. Among the things that were built were hotels, villas and apartments, royal palaces and mansions, parks, restaurants, beach clubs, a casino, shopping malls, sport clubs, and facilities such as banks, a radio and TV station and a clinic. The planning was developed by the San Francisco-based landscape and urban planning firm Eckbo Dean Austin & Williams and the architecture firm Mercury Consultants from Tehran. The latter were responsible for the actual designing and development of 95 per cent of the buildings.

As was explained by Mahmoud Monsef of Mercury Consultants, who

كيش، جزيرة غامضة بتصميمها

وبطبيعة الحال، أدى ارتباط الجزيرة بالأسرة الحاكمة إلى التركيز عليها ومنحها أهميتها الجيوسياسية. وكان من الطبيعي في ضوء ذلك، أن تقيم الأسرة الحاكمة حفل تدشين الجزيرة الراقي، الذي نقلت مجموعة مختارة من الضيوف الدوليين على طائرة كونكورد لحضوره. كان ذلك يوم ٢٩ أكتوبر ١٩٧٧؛ حيث كانت الاحتجاجات التي سبقت الثورة في إيران بدأت بالظهور شيئا فشيئاً.

وخطر ببالي ذات مرة أنني لو مشيت من النقطة التي انحرفت السفينة اليونانية عن مسارها عندها بخط مستقيم تماماً نحو الجانب الآخر من الجزيرة بالتوازي مع محور السفينة، لانتهى بي المطاف عند منحنى يقع على الشاطئ الشمالي الشرقي الشهير بكونه أفضل بقعة في الجزيرة لمشاهدة شروق الشمس. ومن هذه النقطة، بدأ تطوير المنتجع السياحي؛ فقد تعتبر بشواطئها الرملية، أفضل مكان للتسلية والترفيه. كان موقع المنتجع الجديد مأهولاً بالسكان وقت البدء فيه لكن اقتضى إخلاؤه ليصبح بناء المنتجع أمراً ممكناً. وفي هذا المكان، كان القلب الإداري للجزيرة والموقع الذي توجد فيه أكبر قراها؛ قرية ماشيه، وماشيه كلمة فارسية تعني الزناد. وفي عام١٩٧١، تم إنشاء هيئة حكومية تدعى منظمة تنمية كيش، بهدف إدارة عمليات التطوير الجديدة في كيش.[1] وكان من أول أعمال منظمة تنمية كيش، بناء قرية أخرى إلى الجهة الغربية، لتكون متاخمة لقرية سافين القائمة، وكذلك نقل سكان قرية ماشيه البالغ عددهم 700 نسمة إلى هناك، وهو ما تم على الرغم من إرادة معظمهم بالبقاء في مكانهم. أصبح اسم القرية الجديدة "سافين الجديدة"، بينما أعيدت تسمية ماشيه بـ"سافين القديمة".

يمثل المشي عبر "سافين الجديدة" تجربة غريبة بالفعل، فقد حاول المهندسون المعماريون أن يحاكوا تصاميم البناء الشائعة في جنوب إيران، سواء في استخدام المواد أو التصميم، أو ملامح العمارة المحلية والتخطيط النموذجي، في تصميم سافين القديمة. وفي كتيب إعلامي رافق حفل الافتتاح الرسمي عام ١٩٧٧، ووزع على الزوار الأجانب، وُصفت سافين الجديدة على أنها عرض أصيل لنمط الحياة التقليدية الحقيقي للسكان الأصليين الذين تواجدوا في جزيرة كيش على زمن ماركو بولو.

واليوم، وبعد عقود، تبدو القرية قديمة وغير مكتملة البناء في آن واحد؛ فهي قديمة، لكن ذلك لا يعود بالضرورة إلى مظهر العمارة التقليدية إذ أعطت عمليات إعادة التوسع المستمرة للمباني من قبل القرويين لجعلها تلائم احتياجاتهم التقليدية القرية مظهراً يجعلها تبدو مدمرة وغير مكتملة. أما الهيكلية المعمارية لسافين الجديدة فهي أقرب ما تكون إلى المستنزفة؛ فالقرية عبارة عن موقع بناء قديم ولد من مخطط معماري أولي تائه.

وفور نقل سكان ماشيه إلى سافين الجديدة، هدمت السلطات القرية القديمة واستبدلتها باستعراض غريب جداً للهندسة المعمارية، وكان من بين المباني الجديدة فنادق، وفيلات وشقق، وقصور ملكية، وقصور فارهة، وحدائق، ومطاعم ونوادٍ شاطئية، وكازينو، ومراكز تسوق، ونوادٍ رياضية، ومرافق مثل المصارف وإذاعة ومحطة تلفزيون وعيادة. تم وضع تخطيط المناظر الطبيعية من قبل شركة إيكبو دين أوستن آند ويليامز، لتخطيط المناظر الطبيعية والحضرية، والتي يقع مقرها في سان فرانسيسكو، وشركة ميركوري كونسالتنتس، للاستشارات الهندسية في طهران وكانت هذه الأخيرة مسؤولة عن التصميم الفعلي وتطوير ٩٥% من المباني. وحسبما أوضح محمود منصف، من ميركوري كونسلتنتس، والذي أصبح أيضا رئيس هيئة تطوير كيش، فإن هندسة المنتجع المعمارية تحتوي على نمط يجمع بين علامات العمارة الإيرانية القديمة وتقنيات البناء الغربية الحديثة، فالعنصر الرئيسي الذي يظهر في جميع أنحاء المنتجع هو قوس غير مكتمل، أو قوس منقسم من الوسط. ويعود التمسك بشكليات هذه الهيكلية إلى البنية النصية المسمارية لإيران القديمة على ما يبدو.

تميزت كل المباني الحديثة التي شيدت في كيش في أواخر السبعينيات بالأسطح المنحنية، والمستطيلات المائلة والنقاط الحادة، فقد كانوا يريدون تجسيد رحلة الجزيرة الحادة نحو الحداثة، وهي المرحلة التي لم تدخلها

became also the head of the KDO, the architecture of the resort has a style that combines signs of ancient Iranian architecture with modern Western building techniques. The main element that reappears throughout the resort is a 'discontinued arch' or an arch with a split in the middle. Apparently, the formalism of this architecture could be traced back to the cuneiform script of ancient Iran.

Bent surfaces, slanting rectangles and sharp points are all features of the modern buildings constructed on Kish in the late 1970s. They were to embody the island's steep flight into the contemporary. But the island never really took off. Instead, with the revolution in 1979, the top of Kish's establishment fled the island, and those who couldn't were arrested. After the revolution, the KDO practically became non-existent as 95 per cent of its employees were redeemed and sent away. All the buildings in the resort area, the palaces, the hotels, the villas and the casino were left unattended, and in no time much of what was inside was looted or auctioned off. And what remained of the buildings rapidly dilapidated in the island's harsh climate.

Kish became a predicament for the new government after 1979. On the one hand it represented 'Western decadence' and the corrupted self-indulgence of the monarchy – all of which the new regime despised. But there were also unpaid wages and 350 million dollars of national and international debts plus a huge infrastructure that had to be dealt with. The post-revolutionary government simply did not have the means to absorb this inherited excess. Various ideas were proposed: turning the island into a museum, an exile for drug addicts, a maritime university with a naval base, an international medical centre, or simply returning it to the island's indigenous people. Finally, in desperation, the government declared Kish the Islamic Republic's first free zone in February 1980. This would, at least theoretically, pave the way for the island to generate income if it engaged in custom-free trade. However, the start of the Iran/Iraq war that same year prevented the actual realization of this plan.

Then a new bill was passed allowing the KDO to utilize the existing hotels and tourist facilities on Kish, and to organize affordable tours to the island and even create new leisure and sports amenities – all in compliance with Islamic rules. Despite this legislation, the lack of political and ideological consistency among various governmental entities prevented any substantial progress on the island. The prevailing weak economy in the whole of the country made it difficult for the KDO management to even pay monthly salaries. There was simply no traffic to and from the island, and Kish was all but isolated from the rest of the country.

It was only towards the end of the 1980s that people from mainland Iran actually began travelling to Kish. This was mainly encouraged by the passing of yet another bill in 1986, which not only allowed a tax- and license-free import of goods (except, of course, those from America and other 'denounced' countries), but also allowed tourists to buy and carry a high quantity of purchases (54 items per person) to the mainland without having to pay taxes or customs on the items. Things that were scarce on the mainland were suddenly available on Kish, mostly imported from across the Gulf. From electronics to toys and industrial spare parts – they all could be purchased on Kish. Even items needed for restoring the war-affected cities were imported through Kish.

With the Iran/Iraq war finally over in 1989, the flow of tourists started to rapidly increase. That year the KDO was renamed the Kish Free Zone Organization. If you wanted to shop on Kish

كيش، جزيرة غامضة بتصميمها

الجزيرة بالفعل. فبدلاً من ذلك، ومع قيام الثورة في عام ١٩٧٩، فر الصف الأول من قيادات مؤسسات كيش في الجزيرة، واعتقل أولئك الذين لم يتمكنوا من الفرار. أما بعد الثورة، انتهى وجود هيئة تنمية كيش عملياً، وتم استبدال ٩٥ بالمائة من موظفيها ونفيهم إلى الخارج، وتُركت جميع المباني في منطقة المنتجع، مثل القصور، والفنادق، والفيلات والكازينو لتصبح مهجورة، وفي وقت قصير كان معظم ما بداخلها قد نهب أو بيع في المزادات العلنية. أما ما تبقى من المباني فقد تداعى وانهار بعد وقت قصير، جراء ظروف الجزيرة المناخية القاسية.

أصبحت كيش تشكل مأزقا للحكومة الجديدة بعد عام ١٩٧٩؛ فقد كانت تمثل الانحطاط الغربي من ناحية، والانغماس الذاتي للنظام الحاكم الزائل من ناحية أخرى- الأمران اللذان احتقرهما النظام الجديد. ولكن كان عليها أن تتعامل كذلك مع الأجور غير المدفوعة، والديون الوطنية والدولية التي بلغت ٣٥٠ مليون دولار، بالإضافة إلى بنية تحتية ضخمة. ببساطة، لم تملك حكومة ما بعد الثورة وسيلة تمكنها من استيعاب هذا التضخم الموروث. لذلك، تم اقتراح أفكار مختلفة: تحويل الجزيرة إلى متحف، أو منفى لمدمني المخدرات، أو جامعة عسكرية بحرية مع قاعدة عسكرية، أو مركز طبي دولي، أو إعادتها ببساطة لسكان الجزيرة الأصليين. وأخيراً، بعد حالة من اليأس، أعلنت الحكومة جزيرة كيش أول منطقة حرة في الجمهورية الإسلامية في فبراير ١٩٨٠، إذ كان لهذا أن يؤدي - نظرياً على الأقل - إلى تمهيد الطريق أمام الجزيرة لإدرار الدخل إذا تم ربطها بالتجارة الحرة، ولكن اندلاع الحرب الإيرانية العراقية في نفس العام منع التنفيذ الفعلي لهذه الخطة.

بعد ذلك، تم تمرير مشروع قانون جديد يسمح لهيئة تنمية كيش بالاستفادة من الفنادق والمرافق السياحية الموجودة في الجزيرة، وتنظيم جولات سياحية إليها بأسعار معقولة، وحتى إنشاء مرافق ترفيهية ورياضية جديدة على أن تمتثل كل هذه المرافق لتعاليم الشريعة الإسلامية. وعلى الرغم من هذا التشريع، فقد منع انعدام الاتساق السياسي والأيديولوجي بين مختلف الكيانات الحكومية حدوث أي تقدم جوهري في الجزيرة، كما أدى ضعف الاقتصاد السائد في البلاد بأسرها، إلى تعقيد الأمور أمام إدارة هيئة تنمية كيش التي لم يعد بوسعها حتى دفع المرتبات الشهرية. لم تكن هناك ببساطة أي حركة مرور من وإلى الجزيرة، وبقيت كيش معزولة تماماً عن بقية البلاد.

لم يبدأ أهل إيران البلد فعلياً بالسفر لزيارة كيش إلا في نهاية الثمانينيات مما شجع المشرعين على تمرير مشروع قانون آخر في عام ١٩٨٦، الذي لم يقتصر على الاستيراد المعفى من الضرائب وترخيص السلع (ما عدا تلك الآتية من الولايات المتحدة وغيرها من البلدان المدانة بالطبع)، بل سمح كذلك للسياح بشراء وحمل كمية كبيرة من المشتريات (٥٤ سلعة للشخص الواحد) إلى المدينة الرئيسية، دون الاضطرار إلى دفع الضرائب أو الجمارك على السلع. أصبحت الأشياء التي كانت نادرة في المدينة الرئيسية فجأة متوافرة في كيش، وكان معظمها مستورداً من جميع أنحاء منطقة الخليج؛ من الإلكترونيات إلى ألعاب الأطفال وقطع الغيار الصناعية، حيث كان يمكن شراء كل تلك الأشياء - بالإضافة إلى مستلزمات ومواد إعادة إعمار المدن المتضررة من الحرب - من جزيرة كيش.

ومع انتهاء الحرب الإيرانية العراقية عام ١٩٨٩، بدأ تدفق السياح يزداد بوتيرة سريعة، وفي تلك السنة تمت إعادة تسمية هيئة تنمية كيش، لتصبح منظمة المنطقة الحرة في كيش. فإذا كنت تريد التسوق في كيش، كان يتعين عليك شراء ما كان يسمى بطاقة المسافر التي تمنح كل سائح ترخيص تسوق وتصديراً معفى من الضرائب. وكان بيع هذه البطاقات واحداً من مصادر الدخل الرئيسية للمنظمة الجديدة، حيث كان التجار هم المشترون الرئيسيون، وأصبح شراء وإعادة بيع هذه البطاقات في كيش عملاً فوضوياً. كان بعض التجار ينظمون جولات مجانية في كيش من المدينة الرئيسية، حتى أنهم كانوا يدفعون رسوماً إضافية للمسافرين مقابل بطاقاتهم. وكانت هذه هي الطريقة التي تمكنوا من خلالها من التصدير إلى أسواق طهران وغيرها من المدن الكبرى. كما كانت هناك قوارب نقل

you had to buy a so-called traveller's card. With these cards every single tourist was given a tax-free shopping and exporting permit. Selling these cards was one of the main sources of income for the new organization, merchants being the chief buyers. The buying and re-selling of these cards on Kish became a nasty business. Some merchants organized free tours to Kish from mainland cities and even paid an extra fee to the travellers in exchange for their cards. That's how they exported to markets in Tehran and other big cities. There were also ferryboats arriving with large groups of families from the southern provinces.

To support this 'new' economy the Kish Free Zone Organization began to build additional facilities, such as shopping centres, motels, parks, etcetera. To counter the growing international embargo against Iran, the island was to function as a backdoor through which alternative economic and political operations could be exercised. In a seminar about the future of Kish organized in October 1995, the head of Iran's Council of Free Zones considered the island's recent role as a mere importer of commodities as too limited: 'What justified this role was that it encouraged national tourists to buy their goods on Kish rather than in a foreign country like Dubai.' But the future role of Kish in his view should be to provide foreign exchange earnings by attracting foreign tourists and through 're-exportation'.[2] In that seminar, Kish was also seen as an economic model that has realized a shift from a controlled economy to an 'open economy':

> Much of what is done in the free zones cannot be done on the mainland, thus we experience these activities on a smaller scale in these zones and if the results were desirable we would do the same in the rest of the country.[3]

From the beginning of the 1990s onward, the emphasis was put on creating fewer social restrictions on Kish as compared to the mainland. Yet this was not sufficient to encourage an international flow of tourists. Kish still had many social restrictions compared to popular holiday resorts. Even when it eased the regulations and offered extendable visas to foreigners upon their arrival, Kish became a transit place where visitors renewed their visas to travel to neighbouring countries. Many tourists now hopped over from Dubai to Kish only to return the next day for their new visa. Kish was, however, luring ever more tourists from cities on the mainland. The island offered a glimpse of life from 'overseas' – allowable as long as it didn't spill over onto the mainland.

The source of income was no longer traveller's cards but land. Land was rented or sold for private buildings and various commercial developments and businesses. All investments were exempt from taxes in the first 15 years, sometimes extendable to 30 years. From then on, the island went through an implosion of 'self-made' architectural bricolage mostly defined by a mixture of incongruous shapes and symbols inspired by contemporary commercial architecture catalogues with detailing from old Persian architecture. Nothing followed any logic of urban planning. Deer and camels were allowed to roam free across the island to promote a sense of naturalness. The ruins of an ancient city dating back to the eleventh century were excavated and renovated into tourist traps with restaurants and shops. To entertain the public, various festivals were organized. Loudspeakers installed in parks, malls and along the roads played music all day. Even one of the beaches was assigned to foreign tourists so that men and women could swim together. For the first time since the revolution, live music was played in cafés and restaurants. Concerts by male rock and pop bands were held. Kish advertised itself as a sun-splashed paradise.

كيش، جزيرة غامضة بتصميمها

تصل بها مجموعات كبيرة من العائلات الآتية من المحافظات الجنوبية.

ولدعم هذا الاقتصاد "الجديد"، قامت منظمة المنطقة الحرة في كيش ببناء مرافق إضافية، مثل مراكز التسوق، والموتيلات، والحدائق، إلخ، لمواجهة الحصار الدولي المتنامي ضد إيران، كانت الجزيرة بمثابة الباب الخلفي الذي سمح بممارسة العمليات الاقتصادية والسياسية البديلة. ففي ندوة نُظمت حول مستقبل كيش في أكتوبر ١٩٩٥، اعتبر رئيس المجلس الإيراني للمناطق الحرة دور الجزيرة الذي اقتصر مؤخراً على كونها مجرد مستوردة للسلع الأساسية، دوراً محدوداً للغاية: "الأمر الذي يبرر هذا الدور هو كونه يشجع السياح المحليين على شراء بضائعهم من كيش وليس من بلد أجنبي مثل دبي." ولكن ينبغي أن يضطلع دور كيش المستقبلي، في رأيه، في توفير إيرادات النقد الأجنبي عبر استقطاب السياح الأجانب، ومن خلال "إعادة التصدير".[2] وفي تلك الندوة، اعتبرت كيش كذلك نموذجاً اقتصادياً حقق تحولاً في الاقتصاد الذي كان مسيطراً عليه، إلى اقتصاد مفتوح:

إن الكثير نفعله في المناطق الحرة، لا يمكن القيام به في المدينة الرئيسية، وبالتالي فإننا نختبر هذه الأنشطة على نطاق أصغر في هذه المناطق، وإذا كانت النتائج جيدة، فسنفعل الشيء ذاته في بقية البلاد.[3]

وانصب بالتركيز منذ بداية التسعينيات فصاعدا، على تقليل القيود الاجتماعية في كيش مقارنة مع المدينة الرئيسية، إلا أن ذلك لم يكن كافياً لتشجيع تدفق السياح الدوليين. كانت الكثير من القيود الاجتماعية لا تزال في كيش مقارنة بمنتجعات الإجازات الشعبية. وحتى عندما تم تخفيف الأنظمة وعرض تمديد تأشيرات الدخول للأجانب لدى وصولهم، أصبحت كيش مكان عبور حيث يمر الزائرون لتجديد تأشيرات سفرهم إلى البلدان المجاورة. يقوم الكثير من السياح الآن بالقفز من دبي إلى كيش، لكي يعودوا فقط في اليوم التالي للحصول على تأشيرتهم الجديدة. بيد أن كيش كانت تستدرج السياح الآتين من مدن البلاد الرئيسية أكثر من أي وقت مضى. لقد قدمت الجزيرة لمحة عن الحياة فيما وراء البحار والتي كان مسموحاً بها طالما أنها لم تمتد إلى المدن الرئيسية.

لم يعد مصدر الدخل يأتي من بطاقات المسافرين بل من الأراضي؛ إذ كان يتم تأجير الأراضي أو بيعها من أجل إنشاء المباني الخاصة ومختلف مرافق التطوير التجارية والشركات، وكانت جميع الاستثمارات معفاة من الضرائب في السنوات الخمس عشرة الأولى، وهو ما كان يسمح بتمديده إلى 30 عاماً في بعض الأحيان. منذ ذلك الحين فصاعداً، مرت الجزيرة بانهيارات من التغيرات المعمارية العصامية، والتي أتت معظمها من المعرفة المكتسبة من خلال مزيج من الأشكال غير المتناسبة والرموز المستوحاة من كتالوجات العمارة التجارية المعاصرة، مع تفاصيل مأخوذة من الهندسة المعمارية الفارسية القديمة. لم يتبع أي من تلك التطورات المعمارية المذكورة أي منطق للتخطيط الحضري، فقد كان يسمح للغزلان والإبل بالتجول بحرية في جميع أنحاء الجزيرة لتعزيز الإحساس بطبيعية المكان وتم الحفر في أنقاض مدينة قديمة يعود تاريخها إلى القرن الحادي عشر، وتجديدها لتحويلها إلى أفخاخ سياحية مع مطاعم ومحلات تجارية، كما نُظمت مهرجانات مختلفة في سبيل تسلية الجمهور. وبقيت مكبرات الصوت المثبتة في الحدائق ومراكز التسوق وعلى طول الطرق، تبث الموسيقى طوال اليوم، حتى أنه تم تخصيص أحد الشواطئ للسياح الأجانب، حيث كان يمكن للرجال والنساء السباحة سوية، وللمرة الأولى منذ قيام الثورة، كان يتم عزف الموسيقى الحية في المقاهي والمطاعم. وأقيمت حفلات لمغني روك وفرق بوب من الذكور. كانت كيش تروج نفسها بوصفها جنة ترشقها الشمس، إلا أنها كانت في واقع الأمر استثناءً محلياً، بهالة دولية زائفة.

كانت معظم تلك التطورات استثنائية (لكنها لم تدم طويلاً) وقد تمت بتشجيع ودفع من رئيس منظمة المنطقة الحرة في كيش الذي حظيت خططه بدعم التيار المعتدل في الحكومة خلال معظم فترة التسعينيات. وشكلت رحلات الرئيس المتكررة إلى الجزيرة حينها، ضماناً لكون الأمور لم تتجاوز حدودها بعد. ومع ذلك، فقد تعالت أصوات قلقة غير مواتية لما كان يجري، من المعسكرات

In reality it was a national exception with a pseudo-international aura.

These were exceptional (but short-lived) developments mostly encouraged and pushed by the head of the Kish Free Zone Organization. His plans enjoyed the support of the moderate side of the government throughout most of the 1990s. The frequent travels of the then current president to the island were a guarantee that things were not yet surpassing their limits. Nevertheless, unfavourable voices of concern were being raised from other political camps inside the establishment, criticizing the Kish Organization for following trends contrary to the mainland ideology and cultivating non-Islamic lifestyles. It was said that Kish had 'cultural issues'. The elections of 1997 resulted in a moderate reformist government, and the cultural and political scene in the country became more open. The Kish Free Zone Organization saw a role for itself in this, and started its own newspaper called Azad, meaning 'free'. This brought the organization closer to politics but also into public scrutiny. Ultimately in 2000, the newspaper was banned following an article on a serials of political murders in the late 1990s, as well as a cartoon that was deemed 'offensive'. This was followed by the replacement of the head of the Kish Free Zone Organization that same year.

Today Kish's main concern is still to attract foreign investors, to have Iranian entrepreneurs invest in Kish rather than in foreign countries, and to make Kish a gateway for export rather than import. However, the truth is that the policies on foreign trade and tourism remain quite undecided and even contradictory.

This makes the economy too unreliable and insecure. In an interview two years after his replacement, the former head of the Kish Free Zone Organization replied to the question of what needed to be done for Kish to achieve its ideal state:

> ...The main problem in attracting tourists is the governing system's disbelief in the tourist industry. Our main industry is oil and all attention is in that direction. We don't look at tourism even as an alternative for increasing our GDP or tackling unemployment. Maybe as long as there is oil this situation will remain.[4]

Five years later, in another interview, he announced that 'under no circumstances have we been successful in attracting foreign investors; we haven't even performed effectively with regard to domestic investors.'[5]

Return to the Greek Ship
From the mid-1980s the Greek ship began to lure travellers from mainland Iran. Images of it often appeared in mainland newspapers and magazines. It had unofficially become Kish's trademark. Naturally, the Kish Free Zone Organization wanted to know everything about the ship's story and past.

The Lloyd's Register's information services in London sent snippets of information: the ship carried the name of *Koula F* and was built in 1943 by William Hamilton & Co. in the Port of Glasgow, Scotland. It stranded near the island of Kish on 25 July 1966. Several unsuccessful attempts were made to salvage the ship by the Dutch tugboat Orinoco on 29 and 30 July 1966. The ship, however, moved only ten degrees. Meanwhile, two holes were detected in its tanks by the *Orinoco* salvage team. On 7 August the entire crew, with exception of the chief officer, left the ship. After a survey on 27 August, the tugboat's salvage inspector concluded that retrieving the ship was economically unfeasible. The wrecked vessel was then abandoned as a constructive total loss.

كيش، جزيرة غامضة بتصميمها

السياسية الأخرى داخل المؤسسة السياسية، والتي كانت تنتقد منظمة كيش، لاتباعها اتجاهات مخالفة لأيديولوجية البلاد وغرس أنماط الحياة اللا-إسلامية. وقيل إن كيش كانت تشهد "مشكلات ثقافية". وعندما أفرزت الانتخابات التي أجريت في عام ١٩٩٧، تشكيل حكومة إصلاحية معتدلة، أصبح المشهد الثقافي والسياسي في البلاد أكثر انفتاحاً. وقد وجدت منظمة المنطقة الحرة في كيش دوراً لنفسها في هذا الأمر، وأطلقت صحيفة خاصة بها بعنوان آزاد، بمعنى "الحرة". وقد جعل هذا الأمر المنظمة أقرب إلى السياسة ولكن أيضا إلى الجمهور. في نهاية المطاف، تم حظر الصحيفة عام ٢٠٠٠، بعد مقال تناول سلسلة الاغتيالات السياسية في أواخر التسعينيات، فضلا عن رسم كاريكاتوري اعتبر هجومياً وقتها، وقد أعقب هذه الأمور، استبدال رئيس منظمة المنطقة الحرة في كيش في نفس السنة.

لا يزال الشاغل الرئيسي لكيش اليوم هو اجتذاب المستثمرين الأجانب، وقيام رجال الأعمال الإيرانيين بالاستثمار في كيش بدلاً من البلدان الأجنبية، وجعل كيش بوابة للتصدير بدلاً من الاستيراد. لكن الواقع أن السياسات المتعلقة بالتجارة الخارجية والسياحة لا تزال مترددة جداً بل ومتناقضة.

كل ذلك يجعل الاقتصاد غير موثوق وغير آمن بدرجة كبيرة. ففي مقابلة أجريت معه بعد سنتين من استبداله، أجاب الرئيس السابق لمنظمة المنطقة الحرة في كيش، عن السؤال المتعلق بما يلزم القيام به لكي تحقق كيش وضعها المثالي قائلاً:

"... تكمن المشكلة الرئيسية باستقطاب السياح في عدم إيمان النظام الحاكم بقطاع السياحة، فصناعتنا الرئيسية هي النفط وكل الاهتمام منصب في هذا الاتجاه، ونحن لا ننظر إلى السياحة حتى كبديل لزيادة الناتج المحلي الإجمالي لدينا أو لمواجهة البطالة، وربما سيظل هذا هو الحال ما دام هناك نفط." [4]

بعد خمس سنوات، وفي مقابلة أخرى، أعلن نفس الرجل أننا لم ننجح تحت أي ظرف من الظروف في اجتذاب المستثمرين الأجانب؛ نحن لم نقم حتى بوضع إجراءات فعالة فيما يتعلق بالمستثمرين المحليين.[5]

العودة إلى السفينة اليونانية

بدأت السفينة اليونانية بجذب الزوار من إيران منذ منتصف الثمانينيات، وكانت صورها تظهر غالباً في صحف ومجلات البلاد وقد أصبحت العلامة التجارية لكيش بشكل غير رسمي. أرادت منظمة المنطقة الحرة في كيش، بطبيعة الحال، أن تعرف كل شيء عن قصة السفينة وماضيها.

أرسلت شركة لويد لخدمات سجلات المعلومات في لندن قصاصات من المعلومات: كانت السفينة تحمل اسم *كولا إف*، وقد بنتها شركة ويليام هاملتون آند كو، في ميناء جلاسجو، باسكتلندا، عام ١٩٤٣. وتقطعت بها السبل قرب جزيرة كيش بتاريخ ٢٥ يوليو تموز ١٩٦٦، وجرت عدة محاولات غير ناجحة لإنقاذ السفينة من قبل، *أورينوكو*، سفينة القطر الهولندية، في يومي ٢٩ و٣٠ يوليو من عام ١٩٦٦ لكن لم تتحرك السفينة، رغم ذلك، سوى عشر درجات. وفي الوقت نفسه، اكتشف فريق إنقاذ *أورينكو* ثقبين في خزاناتها. وفي ٧ أغسطس، غادر الطاقم بكامله السفينة، باستثناء المسؤول الأول. بعد دراسة استقصائية أجريت في ٢٧ أغسطس، خلص مفتش قاطرة الإنقاذ إلى أن استرداد السفينة كان غير مجد اقتصاديا لذلك تم التخلي عن السفينة المحطمة كخسارة إيجابية كاملة.

حين تمت خسارتها كانت ملكية، *كولا إف* مسجلة باسم *بول جي فرانجوليس وآي آند آي كليافاس*، من اليونان. ومع هذا، فقد أبحرت السفينة قبل ذلك تحت العلم الإيراني من عام ١٩٥٩ إلى عام ١٩٦٦. ومن خلال بحثي في محفوظات مكتبة كيش، عثرت على ورقة مصورة لإفادة من سكان كيش تشير إلى أن طاقم السفينة اليونانية قد أشعل النار بالسفينة قبل التخلي عنها، وقد يكون هذا صحيحاً في الواقع، لأنه لم يُعثر على أي شيء قابل للاشتعال على متن السفينة.

تم تثبيت عجلة دفة كبيرة على الساحل قبالة السفينة، مع لوحة منحوتة تحمل قصتها. إنه مشهد غريب - كما لو أن العجلة قد نقلت من السفينة إلى الشاطئ لتسمح للجزيرة بالإبحار صوب الوجهة التي فشلت السفينة بالعودة إليها: الغرب،

At the time of her loss, the *Koula F* was listed under the ownership of Paul J. Frangoulis and A. & I. Cliafas of Greece. However, before that, from 1959 to 1966, the ship sailed under Iranian flag. In my own search in the archives of the Kish library, I came across a photocopied sheet of paper with an account by inhabitants of Kish who recalled that the Greek ship's crew set the vessel on fire before abandoning it. This may indeed be true as nothing flammable has ever been found aboard the ship.

On the coastline opposite the ship, a large rudder wheel was installed, holding a carved plate bearing the story of the ship. It is a strange sight – as if the steering wheel were moved from the ship to the shore to allow the island to sail towards where the ship failed to return: the West, or some unattainable projection of it. The melancholy of the scenery at sunset, the dim hours in which people gather to view the ship, highlights Kish's pathological fixation and identification with the Greek ship, or rather, with the ship's loss and wrecked state. In the past decades Kish turned into an almost masochistic battlefield over this 'lost destination', that 'Where/West' that it wants both realized and destroyed. This schizophrenic divide within the island has torn Kish into bits and pieces of ambivalent architecture, an architecture that is symptomatic of the island's melancholia. If for Kish there ever was a dialogue with history, it is from this inner divide. And the ruins it cultivates give the island its geography.

In 2003 an Iranian expatriate and investor organized an architecture competition to design a huge tourist and business resort on the island called The Flower of the East, destined for the north-east of the island, right where that curved tip is located. It would be 237 ha with a seven-star hotel and six other luxury hotels, circa 4700 luxury apartments and villas, an 18-hole golf course, a marina, approximately 53,000 m^2 of retail and 80,000 m^2 of office space. The heart of the resort is transacted by a promenade lined with buildings in which 'the merits of international architecture are combined with the charm of the Middle Eastern dedication to detail'.

As many as 12 German architecture firms became involved in designing this resort. In the initial briefing they were given images of famous European tourist resorts like those on the Cote d'Azur and in Nice, with a focus on their nineteenth- and early twentieth-century architecture, but also of mosques and bazaars from Esfahan and Marrakesh.

It might be confusing to understand how such a resort with its emphasis on internationalism could exist in a place that has held such sour memories of international relations. There is an ambiguous zone between 'resort' and 'free zone' through which the 'Flower of the East' articulates itself on the island (and beyond). Apparently the idea was to make the resort into a gated area with only one entrance, either to keep out unwanted guests or keep in undesired practices. (Was this the way the authorities could tolerate this resort?) In any case it is exactly due to geopolitical indecisiveness that a phantasmagorical mixture of architecture as desired for the Flower of the East resort is imaginable. In a conversation with one of the architects involved in the competition the issue of the possibility of such a kind of architecture came up. The office he was working for did not usually design 'Beaux-arts' nor 'oriental' architecture. For them this was an exceptional situation, too. But I was curious about how they managed to become involved in the competition:

> We don't think it is interesting to transplant Western classical architecture to another location. The result would be a tacky world that

كيش، جزيرة غامضة بتصميمها

أو بعض إسقاطاته بعيدة المنال. لعل كآبة المشهد عند الغروب، وساعات خفوت ضوء النهار التي يتجمع فيها الناس لمشاهدة السفينة، هي ما يسلط الضوء على حالة التعلق المرضية التي تعيشها كيش، وارتباطها بالسفينة اليونانية، أو بالأحرى، بفكرة فقدان السفينة وحالة تحطمها. تحولت كيش في العقود الماضية إلى ساحة معركة سادية تقريبا فيما يتعلق بتلك "الوجهة المفقودة"، حيث هو الغرب الذي يراد تحقيقه وتحطيمه على حد سواء. وقد مزق انقسام الجزيرة الداخلي كيش إلى أجزاء وقطع من التناقضات المعمارية، في هيكلية معمارية تظهر أعراض حالة الذهان تلك التي تسود الجزيرة، وإذا حدث وكان لكيش أي حوار مع التاريخ، في أي وقت مضى، فلابد أن يكون ذلك آتياً من انقسامها الداخلي. وتأتي جغرافية الجزيرة كنتاج للأنقاض التي تزرعها تلك التناقضات المعمارية.

في عام ٢٠٠٣، نظمت مجموعة من الإيرانيين المغتربين والمستثمرين مسابقة هندسة معمارية لتصميم منتجع سياحي وأعمال تجارية ضخمة على الجزيرة، ليحمل اسم زهرة الشرق، بحيث تقع على الجزء الشمالي الشرقي للجزيرة، تماماً حيث يقع ذلك المنحنى. كان المطلوب تصميمه يفوق ٢٣٧ فداناً، ليحتوي على فندق سبع نجوم، وستة فنادق فاخرة أخرى، ومجمع لـ٤٧٠٠ شقة فاخرة، وفيلات، وملعب غولف ب ١٨ حفرة، ومرسى، وحوالي ٥٣ ألف متر لمنطقة بيع بالتجزئة، و٨٠ ألف م 2 من بنايات المكاتب التجارية. يتم الوصول إلى قلب المنتجع عبر متنزه تصطف على جانبيه مبانٍ تحمل مزايا الهندسة المعمارية العالمية، مع جمعها بسحر "التفاني بالتفاصيل الذي يمتاز به الشرق الأوسط".

انخرطت عدة شركات هندسة معمارية ألمانية بلغ عددها ١٢ شركة في تصميم هذا المنتجع. في الإحاطة الأولية، أعطيت لهم صور من المنتجعات السياحية الأوروبية الشهيرة مثل تلك التي في كوت دازور وفي نيس، مع التركيز على هندستها المعمارية الخاصة بالقرن التاسع عشر وأوائل القرن العشرين، كما وأعطيت لهم صور لمساجد وبازارات في أصفهان ومراكش.
قد يكون من المربك أن نفهم كيف يمكن لمنتجع كهذا أن يوجد بتركيزه على النزعة الدولية في مكان حمل عقد ذكريات سيئة من العلاقات الدولية. كما أن هناك منطقة غامضة بين فكرة "المنتجع" و "المنطقة الحرة" التي تظهر "زهرة الشرق" خلالها في الجزيرة (وما بعدها). ويبدو أن فكرة جعل المنتجع منطقة ببوابة مع مدخل واحد فقط، قد أتت إما لإبقاء الضيوف غير المرغوب بهم خارجاً، أو لإبقاء الممارسات غير المرغوب فيها في الداخل. (هل كانت هذه هي الطريقة التي تسامحت بها السلطات مع هذا المنتجع؟) وعلى كل حال، فإن حالة التردد الجيوسياسية هي السبب الأساسي الذي يجعل خليط الهندسة المعمارية المطلوب لمنتجع زهرة الشرق، أمراً يمكن تخيله. جاءت مسألة إمكانية هذا النوع من العمارة في محادثة مع أحد المهندسين المشاركين في المسابقة. لم يقم المكتب الذي كان يعمل فيه عادة بتصميم أعمال الهندسة المعمارية "الشرقية" أو تلك المتعلقة "بالفنون الجميلة"، كانت هذه حالة استثنائية، بالنسبة لهم أيضا. إلا أن فضولي جعلني أريد أن أعرف كيف تمكنوا من المشاركة في المنافسة:

"لا نعتقد أن القيام بزرع العمارة الكلاسيكية الغربية في موقع آخر، هو أمر مثير. ستكون النتيجة عبارة عن عالم غير أصيل، وغير حقيقي، وسيكون غريبا على أي حال. لذا فقد حاولنا وضع تصميم معماري يتعامل مع عناصر العمارة الكلاسيكية من خلال لوحات خيالية للهندسة المعمارية الكلاسيكية. وكانت صور المناطق الحضرية المحيطة غير الموجودة، هي مصدر تصميمنا. بدلاً من نقل بنية معمارية قائمة إلى موقع آخر، قمنا باختراع نوع من العمارة الكلاسيكية الخيالية كمشهد، ووصلناه بمشاهد مختلفة. حينها سيكون الهيكل الناتج من هنا، إلا أنه يمكن أن يكون كذلك، بطريقة مزعجة، من مكان آخر - وربما هذا هو التعبير الذي يصف الماهية الحقيقية لهذا المنتجع: مفصول عن الحياة اليومية، إلا أنه قائم رغم ذلك. ثمة نوع من الانزعاج مرتبط بهذه الحالة. أعتقد أن من المهم جداً إيضاح هذا الوضع للناس--فهم في الداخل والخارج في نفس الوقت. إنهم داخل هذا المشروع، داخل هذا المنتجع، يقومون بما يشاءون. ولكنهم

is not real and would be strange anyway. So we tried to develop an architectural design that deals with the elements of classical architecture through classical utopian paintings of architecture. These pictures of non-existing urban surrounding were the sources of our design. Rather than transferring an existing architecture to another location, we reinvented a kind of utopian classical architecture as a scene and connected it to different scenes. The resulting architecture then can be from here but can also be, in an irritating way, from somewhere else – and maybe this is the expression of what a resort is really like: separated from everyday life but still existing. There is some kind of irritation attached to this situation. I think it's very important to make this situation clear to people – they are inside and outside at the same time. They are inside this project, inside this resort doing what they want to do. But at the same time they are outside. Outside their normal life, outside the normal political conditions in Iran. And I think that only an architecture that is somehow irritating can manage that.

In 2008 the government broke its contract with the investor of the Flower of the East project and retrieved the land assigned to it. It had failed to interest enough investors to raise the 1.9 billion euros needed for the project. When the projects started in 2003, the political climate in Iran was very different from that of a few years onward. In early 2007 I went to Kish and visited the construction site of the resort. Nothing had been erected. Not a single brick of those grandiose hotels and villas. Soil had been moved from one place to the next, and the otherwise flat land had become a landscape of mounds and ditches, resembling a scale model of a sandy desert. It felt as if everything had become extinct before it was even built. I didn't mistake this scene as some sort of regression to the origin of the island natural characteristics – a sandy desert. What I witnessed was a productive process of decomposition of something that never materialized. Kish's modern history became a possibility only insofar as it was a misplaced history – a misplacement it has always remained faithful to.

Nasrin Tabatabai & Babak Afrassiabi have collaborated as Pages since 2004, producing joint projects and publishing a bilingual magazine – also called Pages – in Farsi and English of which 9 issues are published so far. Their projects and the magazine's editorial approach are closely linked, both described by the artists as 'attempts in articulating the indecisive space between art and its historical condition'. They live in Rotterdam and work in the Netherlands and Iran.

[1] The budget for the KDO was provided by the Development Bank (Bank-e Omran) and the National Intelligence and Security Organization (SAVAK).
[2] Until now Iran has been itself one of the importers of re-exported goods. More than anything, re-exportation is a method to bypass trade embargos, because re-exported items do not undergo any value-added processes, so cannot be counted towards a nation's exports. Sine the mid-1990s Dubai was the most important re-export hub for Iran. It also serves as a pathway for smugglers to circumvent US sanctions.
[3] The head of Iran's Council of Free Zones - Free Zones magazine, issue 41.
[4] Interview in the Haml va Naghl magazine, spring issue 2002.
[5] Interview with Baran Mehri in Sarmaye newspaper, no. 460, 2007.

كيش، جزيرة غامضة بتصميمها

في الخارج في الوقت ذاته. خارج حياتهم الطبيعية، خارج الظروف السياسية العادية في إيران. وأعتقد أنه لا تستطيع سوى البنية المزعجة التعامل مع ذلك الوضع."

وفي عام ٢٠٠٨ فسخت الحكومة العقد المبرم مع مستثمر مشروع زهرة الشرق، واستردت الأراضي المخصصة للمشروع؛ فقد فشل باجتذاب ما يكفي من المستثمرين لجمع مبلغ 1.9 مليار يورو، الذي كان لازماً للمشروع. عندما بدأت المشاريع في عام ٢٠٠٣، كان المناخ السياسي في إيران يختلف كثيرا عن السنوات القليلة التي تلت. ذهبت إلى كيش في أوائل عام ٢٠٠٧، وزرت موقع بناء المنتجع، لم يكن أي شيء قد نُصب حينها ولا لبنة واحدة من تلك الفنادق الفخمة والفيلات. تم نقل التربة من مكان إلى آخر، وباتت الأرض المسطحة أو تلك التي اعتلتها التلال أو تخللتها الخنادق، تشبه نموذجا مصغراً للصحراء الرملية. بدا المكان كما لو أن كل شيء فيه قد انقرض حتى قبل أن يتم بناؤه. لم أخلط هذا المشهد بنوع من الانحدار إلى الخصائص الطبيعية الأصلية للجزيرة - وهي الصحراء الرملية، فكان ما شهدته عبارة عن عملية مثمرة لتحلل شيء لم يتحقق ابداً. أصبح تاريخ كيش الحديث مجرد احتمالية فحسب، بمقدار ما كان تاريخاً متشرداً في غير مكانه؛ وهو تشرد لطالما كانت الجزيرة وفية له.

عاونت **نسرين طبطبائي وبابك افراسيابي** معًا ضمن مشروع Pages منذ عام 2004، حيث شاركا في إنتاج عدد من المشروعات ونشرا مجلة تحمل الاسم ذاته باللغتين الفارسية والإنجليزية، صدرت منها تسعة أعداد حتى الآن. وثمة ارتباط وثيق بين المشروعات التي يقومان بإنتاجها والنهج التحريري الذي يتّبعانه في إدارة المجلة، حيث يصفهما الفنانون بأنهما "محاولات للتعبير عن تلك المساحة الغامضة بين الفن وظروفه التاريخية". تتخذ طباطبائي وأفراسيابي من روتردام مقرًّا لهما، كما يعملان في كلٍّ من هولندا وإيران.

(Re)constructing Failaka:

The Perils of a Controlled Masterplan in the Reconstruction of a Historical Narrative and National Identity

Located just off the coast of Kuwait, lays the Island of Failaka. The island's sixteen square miles is home to the archaeological footprints of fragmentary villages spanning over 4,000 years of global history.[1] Its location within the Arabian/Persian Gulf allowed for continuous human settlement dating back to the Bronze Age, Hellenistic Period, Dilmun Civilization, and Alexander the Great's settlement (it was a step-off site for his connection to India and the Silk Road). This succession of some of the world's most notable civilizations brought with them their own historical narratives and physical representations, contributing to the collective identity of the island, leading up to the modern State of Kuwait. This continuous inhabitation of Failaka came to a sudden halt during the 1990 Iraqi invasion of Kuwait, when inhabitants were forcefully evacuated from the island and much of its built environment was destroyed. Accounts of violence and destruction prevent any realistic potential of resettlement on the island so long as it remains in its current state of disrepair.[2] As made evident by the government's vision and the development plans produced,[3] the redevelopment of the island with a master-plan approach showcases an attempt to reconstruct its history and identity using political, economic, and religious factors.

Noor Boushehri

Failaka Today

Today, Failaka can be best described as a neglected jewel along the Arabian/Persian Gulf, not quite forgotten, not effectively cherished. A brief search of web images can validate the island's disregarded state—pictures of a desert-like land with sparse vegetation, war-torn buildings, poor infrastructure, incomplete roadwork, and mostly devoid of human interaction. While these images may not be wrong, they do not tell the whole story of the Island of Failaka, rather, they only suggest aspects of the more recent history. To truly understand the dismal level of attention given to the island in correlation to its potentiality, a deeper look into the many layers of its history allows for a more accurate perspective on its present condition, enabling a deeper respect for its glorious past, and showcasing the growing concerns with regards to the development of its future.

A Trip to the Island: Expectations vs. Reality

Experiencing the Island of Failaka today entails planning ahead. Transportation, both to and around the island, needs to be prearranged. Public visitors, as opposed to private visitors who work on the island, have two main transit options to get to Failaka (apart from the use of private boats, yachts, or helicopters). Visitors today can purchase a return ticket aboard

إعادة إعمار جزيرة فيلكا:

تقييم مخاطر تطوير مخطط رئيسي منظم لإعادة تصييغ الإرث التاريخي والهوية الوطنية للجزيرة

تقع جزيرة فيلكا بالقرب من الساحل الكويتي على الخليج العربي، وهي تشغل مساحة ستة عشرة ميلًا وتعد موطنًا لآثار العديد من القرى التاريخية التي تعاقبت بالاستيطان عليها على مدى 4 آلاف عام من التاريخ العالمي.[1] وقد كان لموقع الجزيرة على الخليج العربي أكبر الأثر في استمرارية تتابع الحضارات الإنسانية بالاستيطان فيها منذ العصر البرونزي والحقبة الهلنستية والحضارة الديلمونية، وعهد الإسكندر الأكبر (إذ كانت الجزيرة بمثابة محطة للراحة في طريقه إلى الهند و طريق الحرير). وقد ساهم تعاقب مجموعة من أبرز الحضارات العالمية التي جلبت معها قصصها التاريخية وتأثيراتها الفيزيائية في تحديد ملامح هوية الجزيرة، والتي أدت في نهاية المطاف إلى تشكيل دولة الكويت الحالية. إلا أن الاستيطان المتواصل في جزيرة فيلكا قد توقف بشكل فجائي خلال الاجتياح العراقي لدولة الكويت، حيث أُجبِرَ المواطنون على إخلاء الجزيرة وتم تدمير معظم مبانيها، الأمر الذي جعلها غير صالحة للاستيطان كما أفادت التقارير الموثقة الكويتية عن العنف والدمار.[2] حيث أفادت الحكومة بشكل واضح ضمن رؤيتها وخطط التنمية التي اقترحتها،[3] فإن إعادة إعمار الجزيرة من خلال تنفيذ منهجية إعداد مخطط رئيسي للجزيرة هو عبارة عن محاولة لإعادة تصييغ تاريخ وهوية جزيرة فيلكا ضمن أطر سياسية واقتصادية ودينية.

نور بوشهري

فيلكا اليوم

واليوم، يمكن وصف جزيرة فيلكا بأنها جوهرة منبوذة مهملة تقع على الساحل الغربي للخليج العربي، وهي ليست منسية بالكامل، إلا أنها لا تحظى بالتقدير الذي تستحقه. ومن خلال القيام ببحث بسيط لصور هذه الجزيرة على الإنترنت يمكن للمرء أن يرى الحالة المزرية التي تعاني منها؛ حيث تبين الصور أراضٍ تشبه الصحراء تتناثر فيها بعض النباتات الحولية (الموسمية)، بالإضافة إلى مبانٍ دمّرتها الحرب وبنى تحتية متهالكة، وأعمال طرق إنشائية غير مكتملة، والأهم من ذلك تظهر الصور بأنها خالية من أشكال التفاعل الإنساني. وعلى الرغم من أن ما تبينه هذه الصور ليس خاطئًا، إلا أنها لا تعكس الواقع الفعلي لجزيرة فيلكا وقصتها الكاملة، فهي فقط تبين نواحٍ معينة لوضعها الحالي وتاريخها الأخير. ولكي ندرك مستوى الاهتمام الضئيل والمحزن الذي تحظى به هذه الجزيرة بالرغم مع مكانتها التاريخية، يكفيإلقاء نظرة أعمق على المراحل التاريخية المتعددة التي مرّت بها ليتشكّل لدينا منظور دقيق حول وضعها الحالي، ويولِد لدينا احترامًا أكبر لماضيها العظيم، وفي ذات الوقت يظهر الصعوبات التي تواجه تطويرها وتنميتها في المستقبل.

رحلة إلى الجزيرة: التوقعات مقابل الواقع

إن استكشاف/زيارة جزيرة فيلكا يتطلب تخطيطًا مسبقًا، إذ يجب إجراء ترتيبات محددة تتعلق بالتنقل من وإلى الجزيرة وداخل الجزيرة نفسها. هنالك وسيلتي نقل يمكن للزوار العموميين (وذلك غير الأشخاص العاملين في الجزيرة) الوصول عبرهما إلى فيلكا (هذا إلى جانب استخدام القوارب الخاصة واليخوت والهليكوبتر)، إذ يمكن للزوار اليوم شراء تذكرة ذهاب على متن قوارب شركة النقل العام الكويتية،[4] والتي تنطلق من رأس السالمية، كما يمكن

(Re)constructing Failaka:

The Perils of a Controlled Masterplan in the Reconstruction of a Historical Narrative and National Identity

Noor Boushehri

the Kuwait Public Transit Company[4] (KPTC) ferryboat, which leaves from Ras Al-Salmiyah. For a slightly larger fee, visitors are able to drive their personal vehicle onto the ferry to be used as transportation around the island. The second option available is to purchase a round-trip ticket at a higher cost from a specialized private boat and yacht rental company that leaves from the Marina Crescent. Depending on the choice of transportation methods, a journey should take anywhere between 40 and 90 minutes, presuming everything runs according to plan and schedule.[5]

Upon arrival at one of the two main ports of Failaka, located along the southwest coast of the island, visitors walk up the dock and are immediately greeted by the impaired sites of current Failaka. At this point, the visitor is either able to drive their personal vehicle off the ferryboat or one of the buses belonging to the Ikaros Hotel may be arranged to tour the island and do some sightseeing. Ideally, relaxing and barbequing by the beach, walking through Al-Zor experiencing the once inhabited Kuwaiti town, witnessing archaeological ruins amidst ongoing excavation missions,[6] riding camels, renting paddle boats, and touring the Heritage Village of Failaka are just some of the activities a visitor may wish to enjoy.[7] Yet, the visitor is pressed for time as the ferryboats operate on a fixed schedule, leaving Failaka before sunset, urging visitors to either stay overnight or depart after only a few hours.

The Heritage Village of Failaka, along with the Ikaros Hotel and Restaurant, are only fragments of the largely unrealized development plan for the island that aims to transform it into a winter resort, to attract the growing regional tourism industry to Kuwait. This vision has yet to be implemented. A more detailed look into the initial plan gives a clear sense as to the intentions and future plans for Failaka.

Evolution of an Unrealized Masterplan

On December 29,1962, Arab urban planner Saba George Shiber[8] published an article that made the case for development in Failaka.[9] In his article, Shiber goes into great detail about Failaka becoming an international winter resort. He explains the advantages of transforming the island into not only a place of rest and recreation, but also as a great source of income for the Government of Kuwait. In his words, “This languid island—a stone’s throw away from hustling and bustling Kuwait—is a ready-made asset to Kuwait if it can be developed and provided with necessary amenities to become a resort area, a playground, on an international level, during the months from November to April, when the weather of the Arabian Gulf is ideal and when it is too cold in most other places.” For this reason, Shiber expressed the need for a master plan of development for the island. His excitement and belief in the island’s potential gained much popularity. He expressed the view that Failaka can be to Kuwait what “the Princess Islands are to Istanbul, what the Greek Islands are to Athens, what Capri is to Rome, and the Canaries are to Spain.” This perspective particularly appealed to his audience and almost a year later, November 14, 1964 Shiber followed up the discussion with another article pushing the project forward and asserting in his book that both the article and the preliminary masterplan developed had been presented to and approved by the Municipal Council of Kuwait later that year.[10]

The merits of Shiber’s proposals have since been debated, with sides coming out for and against his vision of a master development plan. The aspects of his proposals, in light of present-day knowledge and experience, bring to light questions regarding the ability to retain Failaka as a peaceful sanctuary for both its local residents as well as the projected tourists. In other

إعادة إعمار جزيرة فيلكا:

تقييم مخاطر تطوير مخطط رئيسي منظم لإعادة تصييغ الإرث التاريخي والهوية الوطنية للجزيرة

للزوار تحميل سياراتهم على الزوارق ليتم استخدامها كوسيلة نقل داخل الجزيرة (وذلك مقابل أجر أعلى). أما وسيلة النقل الثانية فهي شراء تذكرة ذهاب وإياب بتكلفة أعلى عبر قوارب ويخوت خاصة يتم استئجارها من شركات متخصصة وتنطلق من مارينا كريسنت بمنطقة السالمية. وتستغرق الرحلة ما بين 40 إلى 90 دقيقة للوصول إلى الجزيرة (وذلك حسب وسيلة النقل المستخدمة) مع الافتراض أن الرحلة تسير بحسب الخطة والجدول المقرر لها.[5]

ولدى الوصول إلى أحد المينائين الرئيسيين في جزيرة فيلكا، الواقعين على الساحل الجنوبي الغربي من الجزيرة، يمشي الزوار في الميناء ليكون أول ما تقع أنظارهم عليه المواقع الفريدة في فيلكا الحالية. وخلال هذه المرحلة، يمكن للزوار قيادة سياراتهم من على الزورق أو استقلال إحدى الحافلات الخاصة بفندق إيكاروس لتأخذهم في جولة في الجزيرة لمشاهدة المواقع فيها. وبشكل عام، تتضمن الأنشطة التي يمكن القيام بها في الجزيرة كلٍ من الاسترخاء وتنظيم حفلات الشواء على الشاطئ، والسير عبر منطقة الزور التي كانت مدينة كويتية مأهولة في السابق، والاطلاع على الآثار التاريخية ضمن بعثات التنقيب المتواصلة،[6] بالإضافة إلى ركوب الجمال واستئجار قوارب التبديل بالأرجل، والقيام بجولات سياحية في القرية التراثية في فيلكا.[7] إلا أنه يجب على الزوار القيام بجولاتهم ونشاطاتهم بشكل سريع وذلك لأن الزوارق تعمل ضمن مواعيد محددة، وبالتالي فهي تغادر الجزيرة قبل غروب الشمس، فيما يترك للزوار حرية المبيت في الجزيرة أو مغادرتها خلال عدة ساعات.

وتعدّ كل من القرية التراثية في فيلكا ومطعم وفندق إيكاروس المَعلمين الوحيدين مما تمّ تنفيذه من المخطط الرئيسي لتطوير الجزيرة الذي يهدف إلى تحويلها إلى منتجع شتوي لجذب السياح القادمين إلى الكويت من المنطقة، ولا تزال هذه الرؤية قيد التنفيذ. كذلك فإن إلقاء نظرة عن كثب على الخطة الأولية لتنمية وتطوير الجزيرة توفر فكرة أوضح عن النوايا والخطط المستقبلية لهذه الجزيرة.

تقييم المخطط الرئيسي غير المنفذ

في 29 ديسمبر من عام 1962، قام المخطط العمراني العربي سابا جورج شبر[8] بنشر مقال كان له أكبر الأثر في عملية اتخاذ قرار تطوير جزيرة فيلكا،[9] حيث ناقش المقال بالتفصيل كيف يمكن للجزيرة أن تكون منتجعًا شتويًا. وفقد تناول شبر في مقاله مزايا تحويل الجزيرة إلى وجهة للراحة والاستجمام، وكذلك إلى مصدر دخل إضافي للحكومة الكويتية. وقال: «هذه الجزيرة الساكنة التي تقع على بُعد رمية حجر من مدينة الكويت المفعمة بالحركة والحيوية والضوضاء، يمكن أن تعتبر ثروة جاهزة وذات قيمة كبيرة للكويت إذا ما تم تطويرها وتزويدها بالمرافق الضرورية لتصبح منتجعًا وملعبًا على المستوى العالمي خلال الفترة ما بين شهر نوفمبر وأبريل، حين يكون الطقس في منطقة الخليج العربي مثاليًا بينما يكون باردًا في معظم المناطق الأخرى.»

ولهذا السبب، بيّن شبر وجود الحاجة لإعداد مخطط رئيسي لتطوير الجزيرة، وقد حاز اهتمامه وإيمانه بالإمكانات التي تتمتع بها الجزيرة بشعبية واسعة، حيث بيّن من خلال مقاله أن مكانة جزيرة فيلكا للكويت ممكن أن تكون تمامًا «كجزيرة الأميرات بالنسبة لإسطنبول، والجزر اليونانية بالنسبة لأثينا، وكابري بالنسبة لروما، وجزر الكناري بالنسبة لإسبانيا». هذا الجزء من المقال بالذات نال إعجاب القرّاء، وبعد عام واحد تقريبًا، وبالتحديد في 14 نوفمبر من عام 1964، ألحق شبر هذا المقال بمقال ثانٍ لدعم مشروع تطوير جزيرة فيلكا للمضي قدمًا، حيث أكد بأن المقال والمخطط الرئيسي الذي تم تطويره قد تم تقديمهما للمجلس البلدي الكويت والموافقة عليهما في نهاية العام ذاته.[10]

ومنذ ذلك الحين، تمّت مناقشة اقتراحات شبر ومناقشة مزاياها وسلبياتها، فبعض الأطراف كانت مع رؤياه والمخطط الرئيسي الشامل الذي اقترحه، بينما عارضت جهات أخرى هذه الأفكار. وفي ظل المعلومات والخبرات التي نتمتع بها في أيامنا هذه، فإن بعض الاقتراحات التي قدمها شبر تسلط الضوء على الاستفسارات المتعلقة بإمكانية تحويل جزيرة فيلكا إلى منتجع هادئ للسكان المحليين والسياح المحتملين على حد سواء. ففي بعض المواقع الأخرى التي تمّ فيها تنفيذ مثل هذه الخطط الموجهة من الناحية المالية، لا يكون النصيب الأكبر من الاهتمام للثقافة بل للأنشطة والمشاريع التي ستطور لتجعل الموقع أكثر حيوية وجذبًا للسياح. وعادة ما تستولي التنمية على السكان المحليين بينما هي تلبي توقعات السياحة العالمية، كما أن المخطط الرئيسي الأولي لم يتوقع الآثار المدمرة التي أحدثها الاحتلال العراقي وتبعات الحرب ما بعد الاحتلال على الجزيرة، فقد توقفت بالكامل كافة عمليات التطوير التي تمّ إطلاقها أو استكمالها أو التي لا تزال قيد التنفيذ خلال فترة الدمار.

تبعات الإحتلال المدمر

في الثاني من اغسطس من عام 1990، قامت القوات العسكرية لحكومة صدام حسين بغزو دولة الكويت

(Re)constructing Failaka:

The Perils of a Controlled Masterplan in the Reconstruction of a Historical Narrative and National Identity

Open War Museum, Failaka.

متحف الحرب، فيلكا.

Abandoned School, Failaka, 1990.

مدرسة مهجورة، فيلكا، 1990.

Abandoned School, Failaka, 2016.

مدرسة مهجورة، فيلكا، 2016.

Al Khidr Shrine.

مقام الخضر.

Al Khidr Shrine, photo by Violet Dickson.

مقام الخضر. الصورة منسوبة لڤايوليت ديكينسن.

إعادة إعمار جزيرة فيلكا:

تقييم مخاطر تطوير مخطط رئيسي منظم لإعادة تصييغ الإرث التاريخي والهوية الوطنية للجزيرة

The Heritage Village, Failaka.

القرية التراثية، فيلكا.

locales where such financially driven proposals have been implemented, culture typically takes back seat to the "hustling and bustling." Development often usurps local populations while it fulfills the expectation of international tourism. Furthermore, the preliminary masterplan could not have possibly anticipated the devastating affects that the Iraqi invasion and subsequent war would later have on the island. Any development initiated, completed, or in progress, took a complete standstill against the befallen destruction.

Aftermath of a Paralyzing Invasion

On August 2, 1990, Saddam Husain's military regime invaded the State of Kuwait and Failaka immediately became one of the places occupied by Iraqi forces. Many accounts have been told of people's experiences during that time throughout Kuwait,[11] including a televised interview conducted immediately following the invasion.[12] The interview focused on the hardships and trials of people living on the island during invasion as well as their heroic actions amidst the period of occupation. The interviewees recalled their experiences of desperation in times when Iraqi armed forces ceased control of any shipment of supplies to the island. The people of Failaka were captured, threatened, and tortured until finally a few months into the occupation, the island was forcefully evacuated and left in a state of exile, until allied forces liberated Kuwait.[13]

Failaka suffered much destruction during that period, especially considering the fact that it was later used by military forces as a site for target practice.[14] A year after the liberation of Kuwait, a survey was conducted amongst 377 displaced Kuwaiti families that had resettled from Failaka to mainland Kuwait. The survey consisted of three options: a) I wish to go back to Failaka; b) I do not wish to go back to Failaka; or c) I wish to go back to Failaka if the government takes specified measures. Of the 377 families that participated in the survey, 300 wanted to stay in Kuwait, 27 wanted to go back to Failaka as is, and only 56 families wanted to eventually move back to Failaka, provided that the Government of Kuwait dealt with infrastructure and transportation issues.[15] The results were completely understandable given the comfortable settlements the families had become accustomed to, however, this meant the redevelopment of the island was no longer an immediate priority following the invasion. To this day, signs of a devastating war are clearly visible to anyone setting foot on the island. Left in a state of complete disrepair, Failaka continues to house a collection of military vehicles and weapons that are on display in what can be labeled as an open war museum for all to see and experience. This bone-yard setting of broken vehicles and objects merges with the crumpled infrastructure and destroyed built environment to function as an open-wound reminder to those who escaped as well as a vivid picture for those current and future generations who have known no other version of Failaka's past. With over a quarter of a century passing since the invasion, Failaka is still aching and in ever-growing need of rehabilitation and development. Begging the question, what is to become of the Failaka of today and what does that mean for the creation of the Failaka of tomorrow?

Reconstruction in the Service of the State

Construction versus destruction in the service of a reconstructed national narrative becomes a key question to be addressed in the case of Failaka, with particular reference to the Shrine of Al-Khidhr. Part history, part legend, and deeply rooted in religion, the story of Al-Khidhr is one that is mentioned in the Holy Quran with global parallels suggesting that his story may be related to St. George of the Dragon, Alexander the Great, and the Babylonian Goddess Ishtar.[16] Legend has it that during one of his great

إعادة إعمار جزيرة فيلكا:

تقييم مخاطر تطوير مخطط رئيسي منظم لإعادة تصييغ الإرث التاريخي والهوية الوطنية للجزيرة

وأصبحت بذلك جزيرة فيلكا مباشرة واحدة من المناطق المحتلة من قبل القوات العراقية. وقد تم سرد العديد من القصص حول تجارب الأفراد خلال هذه الفترة في الكويت،[11] ومنها كان عبر مقابلة تلفزيونية أجريت مباشرة بعد الاحتلال، [12]حيث ركزت المقابلة على المعاناة والمحاولات التي قام بها سكان الجزيرة خلال الاحتلال، بالإضافة إلى الأعمال البطولية خلال تلك الفترة. وتحدّث الأفراد الذين أجريت معهم المقابلة عن محاولاتهم اليائسة عندما سيطرت القوات المسلحة العراقية على كافة الشحنات القادمة إلى الجزيرة، حيث عانى سكان فيلكا من الاحتجاز والتهديد والتعذيب، حتى تمّ بعد عدة أشهر من الاحتلال إخلاء الجزيرة بالقوة ليتم تركها في حالة من الإهمال والخراب، إلى أن قامت قوات التحالف بتحرير الكويت. [13]

عانت فيلكا من الدمار خلال تلك الفترة، خاصة مع استخدامها من قبل القوات المسلحة كموقع لتدريبات الرماية.[14] وبعد عام واحد من تحرير الكويت، تمّ إجراء مسح شمل 377 عائلة كويتية نازحة من فيلكا إلى الكويت اشتمل على ثلاثة خيارات: أ. أتمنى العودة مجددًا إلى فيلكا، ب. لا أتمنى العودة إلى فيلكا ج. أتمنى العودة إلى فيلكا في حال قيام الحكومة بإجراءات معينة. ومن بين 377 عائلة اللاتي شملهن المسح، 300 عائلة أرادت البقاء في الكويت، و27 عائلة أرادت العودة إلى فيلكا على وضعها الحالي، بينما رغبت 56 عائلة بالعودة إلى فيلكا بشرط أن تقوم حكومة الكويت بالتعامل مع بعض مشاكل النقل والبنى التحتية.[15] ومن الطبيعي والمفهوم أن تكون نتائج المسح بهذا الشكل، وذلك بالنظر إلى أوجه الاستقرار المريحة التي اعتادت عليه العائلات، إلا أن هذه النتائج تشير كذلك إلى أن عمليات إعادة تطوير الجزيرة لم تعد ذات أولوية ملحة بعد الغزو.

وحتى يومنا هذا، لا تزال آثار الحرب المدمرة واضحة لكل من تطأ قدمه على الجزيرة، فقد تُركت بحالة من الدمار الشامل، إلا أن فيلكا لا تزال مرتعًا لمجموعة من المركبات العسكرية والأسلحة التي يتم عرضها ضمن ما يمكن تسميته بمتحف الحرب المفتوح لكل من يرغب بزيارته وتجربة معروضاته. هذه الساحة المليئة بالمركبات والأغراض المكسّرة تظهر من تحت البنى التحتية المهدمة والبيئة المعمارية المدمرة لتكون بمثابة جرح نازف يذكرنا بكل الذين هربوا من الحرب، وبالأجيال الحالية والمستقبلية التي لا تعرف عن فيلكا إلا هذا الماضي الحزين. وبعد مرور أكثر من ربع قرن على الاحتلال، لا تزال جزيرة فيلكا تعاني وفي أمَسّ الحاجة إلى عمليات تنمية وإعادة تأهيل. ومن هنا ينبع هذا السؤال المُلح: ماذا سيحصل لجزيرة فيلكا اليوم وكيف سنصنع غدًا آخر لها؟

إعادة الإعمار في مصلحة الدولة

في حال إعادة صياغة التاريخ والهوية الوطنية لمصلحة فكر معين فإن الإختيار ما بين تسليط الضوء أو الإبادة يعد الوسيلة الأساسية للتنفيذ كما هو ظاهر في جزيرة فيلكا وتحديدا فيما يتعلق بمقام الخضر ، فهو موقع يجمع ما بين التاريخ والأساطير والأصول الدينية الراسخة. وقد وردت قصته في القرآن الكريم، كما أُشير إليه في كتب عالمية أخرى على أنه مرتبط بالقديس جرجس والتنين، وألكسندر الأكبر، وعشتار آلهة البابليين.[16] وتقول الأساطير أنه خلال إحدى رحلات الخضر الطويلة، مرّ من جزيرة فيلكا، فتمّ بناء مزار في نفس البقعة التي مر منها تخليدًا لذكراه. وشيئًا فشيئًا، أصبح المزار موقع تجمع بالنسبة لسكان الجزيرة، ومع مرور السنين، بدأت الناس من كافة بقاع العالم تأتي لزيارة المزار لأغراض دينية وروحية، ولتقديم الهدايا وتأدية الطقوس في الموقع لأنه أصبح بالنسبة إليهم مرتبطًا بالبركات والخصوبة (من أجل الإنجاب). وقد أصبحت هذه الأعمال، التي يقوم بها غالبًا فئة الشيعة من المسلمين، أمرًا غير مريحا لفئة السنة من المسلمين الذين لا يؤمنون بهذه المعتقدات.

بُني المزار وهُدّم ثلاث مرات خلال العقدين الماضيين إلا أن أسطورته لا تزال حية إلى الآن. وقد تم في المخطط الرئيسي المقترح لجزيرة فيلكا الذي قدمته بلدية الكويت عام 1962[17] وبشكل واضح وصريح تغيير صياغة تاريخ الجزيرة وهويتها حيث قامت بإزالة مقام الخضر وبتصنيف الأرض في المخطط المقترح بمسمى "منطقة ترفيهية" في محاولة لإزالة الأهمية التاريخية أو، بالأخص، الدينية لهذه المنطقة. وعلى الرغم من أن نوايا هذا العمل لا تزال قيد النقاش، فإن مواصلة هدم وإعادة بناء المزار مرارًا وتكرارًا يشيد بأهمية الذاكرة ورواية القصص وسياسة الإزالة أو إعادة البناء فيما يتعلق بتغيير هوية موقع مثل جزيرة فيلكا.

وومنذ عام 2013، تم تقديم عدد من المواقع الموجودة في فيلكا لقائمة مواقع التراث العالمي التابعة لليونسكو، وعلى الرغم من تأجيل النظر في هذه المواقع، إلا أنه لم يتم ذكر القيمة العالمية لمزار الخضر أو قصته. إن احتمالية اعتماد جزيرة فيلكا

(Re)constructing Failaka:

The Perils of a Controlled Masterplan in the Reconstruction of a Historical Narrative and National Identity

journeys, Al-Khidhr passed through the Island of Failaka. On the very site of his passage during this grand voyage, a shrine was built in his memory. The shrine slowly became a place of gathering for the people of the island, and over the years, many more people from surrounding countries came to visit the shrine for spiritual and religious purposes, leaving gifts and performing rituals at the site as it had come to be associated with blessings and fertility. These acts, more related to and practiced by the Shia sector of Islam, became a discomfort inside a predominantly Sunni country and government that did not share such beliefs. The shrine was built and demolished three times over the course of a few decades, yet the legend lives on. The preliminary masterplan proposed for the Island of Failaka by the Kuwait Municipality in 1962[17] clearly repurposes the land as it labels the area of the shrine as an "amusement zone" in an attempt to further remove its historical and, more particularly, religious significance. While the intentions behind this act may be debatable, the constant destruction and rebuilding of the shrine illustrates the power of memory, storytelling, and the politics behind embracing or erasing stories from the identity of a place such as Failaka.

As of 2013, specific sites along Failaka have been submitted to UNESCO's World Heritage Center's Tentative List. Despite pending review, there is no mention of the global significance behind the Shrine of Al-Khidhr or its story. The possibility of a designation provides great anticipation in the hopes of preserving Failaka's history and heritage. However, as the submitted report states, "Since the liberation of Kuwait in 1991, the island remains significantly underdeveloped, giving way to current policies of cultural tourism to further shape future scenarios for the island and support strategic-development projects aligned with keeping the island as an archaeological record,"[18] one can only hope the rich archaeological history of the island is not selectively embraced or demolished and reduced to a theatrical backdrop on the basis of an elitist, profit-based tourism industry as has been the fate of many UNESCO World Heritage Sites.[19] Such a designation might actually decrease the possibility of the local people of Failaka to return to the land they once called home.

Conclusion

It is unclear what the future holds for Failaka's past but one thing is for certain, a fully implemented master plan becomes a great nationalist tool in an attempt to reconstruct the historical identity and national heritage. It could be a benefit to those in power at a critical point in time. While a plan is necessary to move forward with the implementation of development in an organized manner, it needs to be contextual and malleable, as opposed to grandiose and unyielding. It needs to anticipate and enable evolution with the aim to accommodate a multi-faceted and ever-growing context that looks to the future to develop the present without excluding the island's rich historical identity.

[1] Andrew Lawler, "Archaeology Island," *Archaeology*, Archaeological Institute of America (2013), http://www.archaeology.org/issues/79-1303/features/537-kuwait-failaka-island-ur-gulf-war.
[2] Jehan S. Rajab, "Looting, Pillage, Rape and Resistance," *In Invasion Kuwait: An Englishwoman's Tale* (London, New York: The Radcliffe Press, 1993), 21-50.
[3] KUNA, *Kuwait Times*, January 19, 2016, http://news.kuwaittimes.net/website/amir-informed-of-islands-development-projects/.
[4] Founded in 1962 under the name "Kuwait Communications Co." the Kuwait Public Transportation Company operated with the objective of performing all public land transport operations inside and outside the State of Kuwait. In 1987, the Marine Transport Department was established linking Failaka Island to the rest of the Kuwaiti region and operates as a tourism service within the company's services. Source: http://www.transportkuwait.com/kptc.html.
[5] Nawara Fattahova, "A Disappointing Trip to Failaka," *Kuwait Times*, May 11, 2015, http://news.kuwaittimes.net/website/a-disappointing-trip-to-failaka/.
[6] "Kuwaiti-Slovak Archaeological Mission," last modified 2010, http://www.kuwaitarchaeology.org/history.html (accessed 2016).
[7] Safir International Hotel & Resort Management, *Heritage Village Failaka*, last modified 2013, http://heritagevillage-failaka.com/default.asp (accessed 2016).
[8] Saba George Shiber: Born in Jerusalem in 1923, Shiber became the first Arab urban planner in Kuwait. His 1964 publication entitled *The Kuwait Urbanization: Documentation, Analysis, Critique* serves as a great resource providing insight into his vision for the region. Unfortunately, Shiber was unable to witness much of any long-term development he had envisioned as he passed away 4 years after the publication was released.
[9/17] Saba George Shiber, "Chapter 9: Failaka," In *The Kuwait Urbanization: Being an Urbanistic Case Study of a Developing Country* (Kuwait, 1964), 387-390.
[10] Shiber, "Chapter 9: Failaka," In *The Kuwait Urbanization*, 387-390.
[11] Rajab, "Looting, Pillage, Rape and Resistance," 21-50.
[12/15] Abdulwahab Abdullah Al-Ali. Yousef Yaqoub Abdulrahman, Abbas Mohammad Al-Failakawi, Mohammad Ahmad Eisa, Hasan Ahmad Abedeen, and Abdulrahman Ahmad Rabih, interview by Dr. Najeeb Al-Refae. *Rasa'el Al'Okhowa: Botoolat 'Ahal Faylaka 'Ayam Al-Ehtilal (Messages of Brotherhood: The Heroic Acts of the People of Failaka in the Days of the Occupation)* Kuwait Television. KTV 1, Kuwait. 1991-1994.
[13] Andrew Lawler, "Archaeology Island," *Archeology*, 2013.
[14] Jehan S. Rajab, *Failaka Island: The Ikaros of the Arabian Gulf* (Kuwait: Tareq Rajab Museum, 1999).
[16] Jehan S. Rajab, "Failaka Island - Kuwait: An Island of al-Khidr, the Green Man or Elias, the Servant of God," Budapest: Chair for Arabic Studies, Eötvös Loránd University and Section of Islamic Studies, Csoma de Kőrös Society, 1996.
[18] "Sa'ad and Sae'ed Area in Failaka Island," *UNESCO World Heritage Center*, 2013, http://whc.unesco.org/en/tentativelists/5800/.
[19] Marco D'eramo, "UNESCOCIDE," *New Left Review*, 88 (2014): 47-53.

إعادة إعمار جزيرة فيلكا:

تقييم مخاطر تطوير مخطط رئيسي منظم لإعادة تصييغ الإرث التاريخي والهوية الوطنية للجزيرة

ضمن قائمة التراث العالمي يولد آمالًا كبيرة لحماية تاريخ وتراث هذه الجزيرة، إلا أنه وبحسب ما قدمه التقرير "منذ تحرير الكويت في عام 1991، لا تزال الجزيرة بحاجة إلى عمليات تنموية كبيرة، مما يسمح للسياسات الحالية المتعلقة بالسياحة الثقافية بتشكيل سيناريوهات مستقبلية للجزيرة ودعم مشاريع التنمية الاستراتيجية الهادفة إلى الإبقاء على الجزيرة على أنها موقع أثري."[18]

وولا نستطيع سوى أن نتأمل بعدم الإنتقاء من التاريخ الأثري الغني للجزيرة أو تشويه أو تدميره أو اختيار بعض المواقع منه فقط لتسليط الضوء على أهميتها من أجل الاستفادة منه في تعزيز قطاع السياحة يهدف بالدرجة الأولى إلى توليد الأرباح، كما هو حال العديد من المواقع التراثية العالمية التابعة لقائمة اليونسكو،[19] فهذه الاحتمالية من شأنها الحد من احتمالية عودة السكان المحليين لجزيرة فيلكا إلى أرضهم الذي كان يعدّ موطنهم في الزمن السابق.

الخاتمة

ليس واضحًا ما قد يحمله المستقبل لتاريخ جزيرة فيلكا وماضيها، إلا أن هناك شيء واحد مؤكد وهو أن تنفيذ مخطط رئيسي شامل ومتكامل هو بمثابة أداة وطنية مميزة لمحاولة إعادة صياغة الهوية التاريخية والتراث الوطني للجزيرة، ويمكن أن تكون ذات فائدة لأصحاب السلطة لخدمة فكر معين في مرحلة زمنية حرجة. وعلى الرغم من ضرورة تحديد خطة للمُضي قُدمًا بتنفيذ عمليات تطوير الجزيرة وبطريقة منظمة، إلا أنه يجب أن تكون هذه الخطة مرنة وذات سياق، بعيدًا عن كونها فاخرة دون تحقيق نتائج فعالة، إذ عليها أن تتنبأ وتعزز عمليات التطور بهدف إلى تحقيق مستقبل أفضل للجزيرة من خلال تطوير حاضرها دون العبث بهويتها التاريخية الغنية.

نور بوشهري حائزة على درجة البكالوريوس في الهندسة المعمارية من جامعة الكويت، وتعمل حاليًا على الحصول على درجة الماجستير في دراسات التصميم مع التركيز على الحفاظ على الطراز المعماري في كلية الدراسات العليا للتصميم في جامعة هارفارد. عملت بوشهري كمهندسة متدربة في استوديوهات هاشم سركيس في كامبريدج، ماساشوستس، وفيما بعد في شركة AGi لخدمات الهندسة المعمارية في الكويت. تدور اهتماماتها البحثية الحالية حول مدينة الكويت وجزيرة فيلكا المجاورة باعتبارها دراسات حالة لتحقيق التوازن بين التطوير المستقبلي وأساليب الحفاظ على الطراز المعماري.

Noor Boushehri received Bachelors Degree in Architecture from Kuwait University. Completed a yearlong international training program under the Kuwait Fund for Arab Economic Development. Worked as an architect- intern at Hashim Sarkis Studios in Cambridge and later at AGi Architects in Kuwait. Went on to pursue a Masters Degree in Design Studies focusing on Critical Conservation at the Harvard Graduate School of Design. Current research interests revolve around Kuwait City and the neighboring Island of Failaka as case studies for balancing future development and conservation methods.

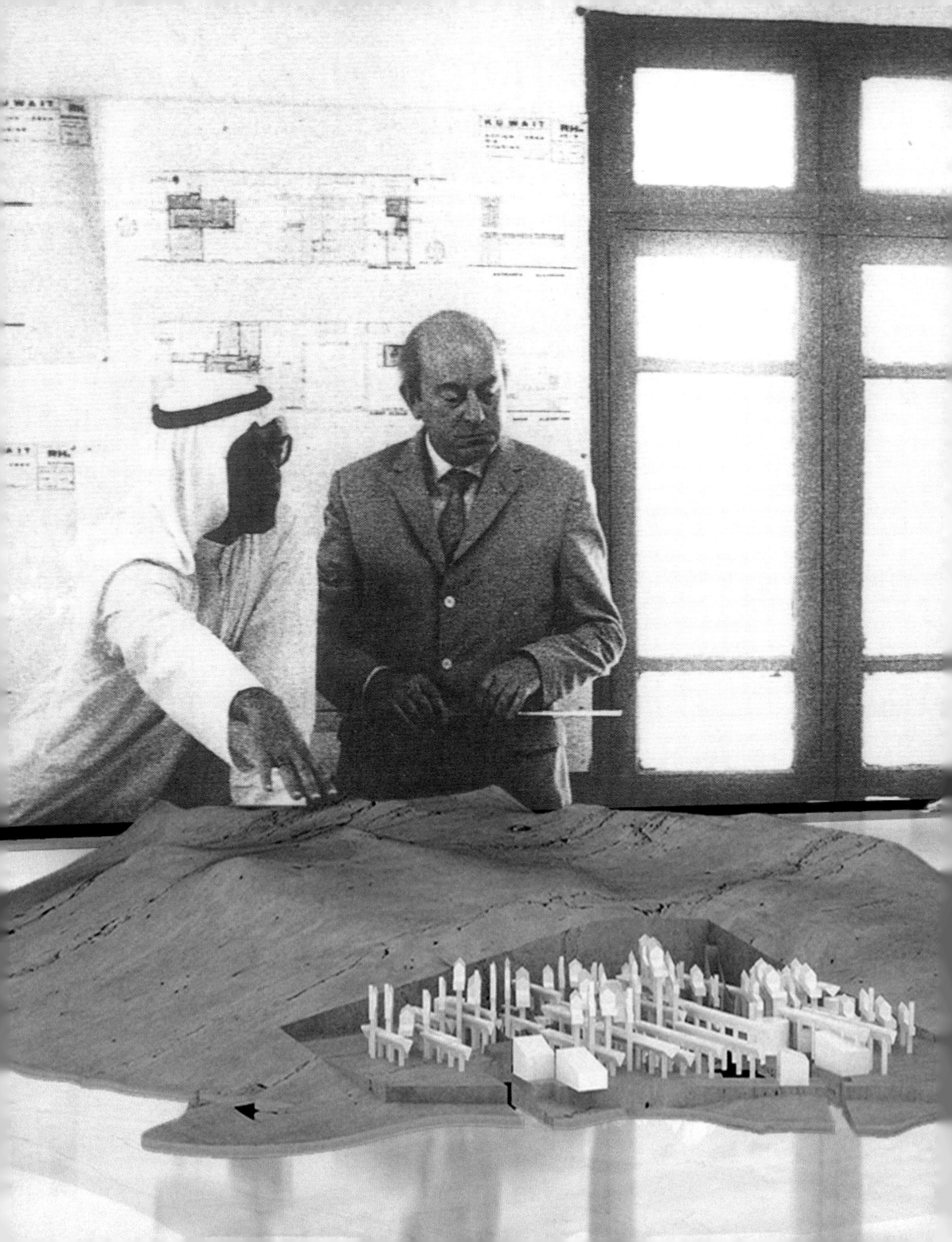
KUWAIT

The Five Islands of Kuwait:

A Zone that Challenges the Zone

Instantaneous, powerful, and rather impulsive upsurges in development normally characterize the nature of urban growth in oil-rich city states across the Arabian Peninsula. Wealth from oil revenues fueled the first cycles of development that saw whole, new capital cities planned and built. Massive infrastructural projects that characterized this era were driven by the modern dream of taming the land and exemplifying the strength and modernity of the nation state and its institutions. As these initial grand schemes coagulated in the 1970s, the Gulf in general and Kuwait more specifically underwent a renaissance. It was during this time that Kuwait City was re-envisioned as an alternative to the norm, a place for an economic, political, and architectural revolution.

Abdulatif Al-Mishari

It could be argued that Kuwait's master planning was driven more by political and economic aspirations than by spatial intentions. Sheikh Abdullah Alsalem Alsabah's desire to distribute oil profits to the people led to the establishment of a social welfare state that generously provided healthcare, education, and housing benefits to all its citizens at low or no cost, while at the same time providing job opportunities for all who applied. As these policies continued without major alterations from the government, the resultant status quo became that of an overburdened, underutilized structure that proved difficult to sustain. Economically, the public sector dominated all industries, as it was the sole driver of built projects and development programs in the country. Politically, democratic participation got confined to discussions and legislations concerned with the amounts of benefits distributed to citizens, as opposed to the type of mechanisms and qualitative aspects to which the benefits needed to be associated. Socially, the comfort of secure public sector jobs and overbearing, non-incentivizing governing structures deterred the development of a more agile, entrepreneurial labor force, therefore hindering any major changes to the country's strategic infrastructural governance.

Within this climate of economic, political, and social constraint, and in light of dwindling oil revenues coupled with major deficits, Kuwait is faced with a difficult position in terms of ensuring the standard of living created within the existing system. As part of the efforts to aid in the implementation of His Highness, Sheikh Sabah Al Ahmad Al Sabah's vision of transforming the country into an international financial and commercial hub, the Supreme Council of Planning and Development of Kuwait recently introduced several related and congruent initiatives, the first of which is known as "The Five Islands Project."

The Five Islands Project takes the islands of Boubyan, Warba, Failaka, Miskan, and Auheh and incorporates them into a "free economic zone" (FEZ). An FEZ includes a distinct set of laws and regulations that act to aid in the realization of a different economic environment; one that is competitive, led by the private sector, and, most importantly, ensures the cultivation of alterative sources of

مشروع الجزر الخمس في الكويت:

منطقة حرة تتحدى فكرتها

تعتبر "فورات" النمو المفاجئ واللحظي عادة من السمات التي تميّز طبيعة التطور الحضري في الدول الغنية بالنفط في منطقة الجزيرة العربية، إذ أسهمت الثروات المتأتية من عوائد النفط في تغذية دوائر التطور الأولى لتلك الدول، والتي لعبت دوراً في تطوير وتخطيط مدن جديدة بأكملها. أما مشاريع البنى التحتية الضخمة التي شكلت ملامح هذه الفترة، فقد كان وراءها حلم معاصر يسعى إلى استغلال الأرض وتجسيد قوة وعصرية الدولة ومؤسساتها. وحالما بدأت هذه المخططات المبدئية الضخمة بالتبلور في السبعينيات، شهدت منطقة الخليج بشكل عام والكويت على وجه التحديد ولادة حقبة جديدة فيها؛ فخلال تلك الفترة، تم تشكيل رؤية جديدة لمدينة الكويت لتكون بديلًا عن الوضع التقليدي، ومكانًا تتجسد فيه الثورة الاقتصادية والسياسية والمعمارية.

عبداللطيف المشاري

وتختلف وجهات النظر فيما إذا كانت خطط تطوير الكويت مدفوعة بطموحات سياسية واقتصادية أم كانت معتمدة على النوايا المكانية، فقد كانت رغبة الشيخ عبدالله السالم الصباح في توزيع أرباح عوائد النفط على الشعب، تنبع من طموحه المتمحور حول تأسيس دولة خيرية اجتماعية تقدم مزايا متنوعة من رعاية صحية وتعليم وإسكان لجميع المواطنين وبأسعار في متناول الأيدي إن لم تكن بالمجان، وفي نفس الوقت توفير فرص عمل لجميع الباحثين عنها. ولما جرى تطبيق هذه السياسات دون أي تدخل من قبل الحكومة، كانت النتيجة ولادة نظام مثقل بالأعباء وهيكل تنظيمي مترهل أثبت فشله في تحقيق الاستدامة المنشودة. وعلى الصعيد الاقتصادي، سيطر القطاع العام (الحكومي) على كافة الصناعات، فقد كان المحفّز الوحيد للمشاريع القائمة وبرامج النمو والتطوير في الدولة، أما سياسيًا، انحصرت المشاركة الديمقراطية بحوارات وقوانين تخص الفوائد الموزعة على المواطنين، بدلًا من أن تتركز حول الآليات والمجالات التي يجب أن ترتبط بها هذه الفوائد. ومن الناحية الاجتماعية، أسهم شعور الارتياح لوجود وظائف حكومية آمنة وهيكل تنظيمي حكومي بيروقراطي غير محفز، في تشكيل قوة عاملة ريادية ونشيطة، فيما ساعد على الحد من حدوث أية تغييرات جذرية على الحوكمة الاستراتيجية للبنى التحتية.

وفي سياق هذه البيئة المقيدة اقتصاديًا وسياسيًا واجتماعيًا، وفي ضوء اضمحلال عوائد النفط وحدوث عجز في نواحٍ متعددة من الميزانية، بدأت الكويت تواجه ظروفًا صعبة تتمثل في عدم قدرتها على الحفاظ على مستوى المعيشة المرتفع الذي أوجده النظام الحالي. وضمن الجهود المبذولة للمساعدة في تنفيذ رؤية الشيخ صباح الأحمد الصباح في تحويل الدولة إلى مركز مالي وتجاري دولي، قدّم المجلس الأعلى للتخطيط والتنمية في الكويت مؤخرًا العديد من المبادرات ذات صلة، وكانت أولها مبادرة بعنوان "مشروع الجزر الخمس".

ويستهدف مشروع الجزر الخمس ضم جزر بوبيان ووربة وفيلكا ومسكان وعوهة معًا لتشكل منطقة اقتصادية حرة، تتضمن مجموعة مميزة ومحددة من القوانين والأنظمة التي تساهم في توفير بيئة اقتصادية متميزة وتنافسية، يقودها القطاع الخاص، والأهم من ذلك قادرة على توفير مصادر دخل بديلة للدولة التي تقع داخل حدودها. وسيتحدى هذا المشروع في الكويت كل ما هو تقليدي قياساً بالمناطق الحرة، وذلك من خلال دراسة مزايا التطور التي ستوفرها مقارنة مع المزايا التي تقدمها نماذج المناطق العالمية المشابهة. ويهدف المشروع إلى إيجاد منطقة شاملة ومتعددة الأغراض تساهم في رفع تنافسية الكويت الإقليمية والعالمية، وفي ذات الوقت خلق سبل جديدة (للكويت) للحفاظ على استدامة مستوى المعيشة المرتفع فيها، والذي أوجدته الالتزامات السياسية والاجتماعية والمكانية ضمن القطاع العام (الحكومي) فيها.

وتسعى هذه الدراسة إلى البناء على أطر العمل الحالية، من خلال تفسير مفهوم المناطق التجارية

The Five Islands of Kuwait:

A Zone that Challenges the Zone

income for the country in which it is positioned. In Kuwait, the Five Islands Project stands to challenge the established norms of these types of zones by studying the benefits of development relative to similar international models. The aim is to create a comprehensive and multi-purpose zone that increases Kuwait's regional and international competitiveness while generating a new means (for Kuwait) to maintain the current standard of living created by the political, social, and spatial commitments within the public sector.

This paper builds upon the established frameworks by defining the notions of free trade zones, in order to demonstrate how the Five Island Project aims to redefine the zone typology within the specific context of Kuwait.

The Zone [*Definition*]
Keller Easterling defines the FEZ or simply, the "zone," as a spatial product of free market capitalism that is proving to be a main building block for many contemporary cities and nations aspiring to plug into the international network. It is a place where corporations thrive and commerce reigns over politics. These zones, as Easterling continues, are "corporate cities," or the "x-city," where the "x" is the noun describing the mono-programmatic agglomeration of similar units with similar activities, and the "city" is a "modifier indicating a place where something is to be found in abundance."[1] In other words, zones are economic cities, where in many instances neoliberalism trumps national regulatory mechanisms in an attempt to generate foreign investment. Zones are the heirs to the port and places where free market capitalism and exclusivity prevail. According to Easterling, the zone is a distinct territory that combines elements of culture and finance. They are also often referred to as Free Trade Zones (FTZs), special economic zones (SEZs), and export processing zones (EPZs)—each subtle variants that expel barriers to corporate profits. The zone combines with other urban typologies such as high-tech campuses and cultural villages to create alternative, widely ranging parks and "enclave formats . . .that complement the corporate headquarters or offshore facilities."[2]

These types of zones and their exclusivity can be traced all the way back to pirate enclaves and free port laws that developed in European harbor cities like Hamburg, Germany. Mimicking such laws, the United States established its first zone in the 1930s, to accommodate one of it ports for international trade and warehousing. As industry and manufacturing developed in the pursuant decades, EPZs quickly appeared. Since the 1970s, and the establishment of the first SPZs in China, special enclaves have been developing all over the world. Handling over a third of the world's trade and encompassing areas over hundreds of kilometers in size, these zones quickly became a swift and effortless means for entry into the world economy.[3] The zone equalizes the playing field by providing enclaves that speak the same language and operate with the same efficiency.

The Zone as a Duality
[*vs. as Multiplicity*]
The zone tends to thrive on its dual nature; it is neither completely local nor is it entirely international. It may help a nation develop and connect externally, and might also hinder some of its *sovereignty* in the name of neoliberalism. It properly functions because it borrows from both realms. Despite being funded and built locally, in many cases the zone operates internationally, connecting with other zones. This duality extends into juxtaposed theories on globalization. The convergent theory contends that nationalism and culture is eroded in business arenas thereby creating a merging of like-minded interests. Conversely, the divergent theory pos-

مشروع الجزر الخمس في الكويت: منطقة حرة تتحدى فكرتها

الحرة، بهدف عرض الكيفية التي سيقوم مشروع الجزر الخمس من خلالها على إعادة تعريف مفهوم المنطقة بحسب الحالة الخاصة لدولة الكويت.

المنطقة (التعريف)

تعرّف كيلر إيسترلينج المنطقة الاقتصادية الحرة، أو "المنطقة"، على أنها منتج مكاني لرأسمالية السوق الحر، قادر على إثبات كونه حجر بناء أساسي للعديد من المدن والدول المعاصرة التي تسعى إلى أن تصبح جزءًا من الشبكة الاقتصادية العالمية. "المنطقة" هي مكان تسعى الشركات من خلاله إلى الازدهار، وتسود فيها التجارة على السياسة. وتواصل إيسترلينج الحديث بقوله بأن هذه "المناطق" هي عبارة عن "مدن مؤسسية" أو "مدينة (س)"، حيث "س" هي عبارة عن الاسم الذي يصف التكتل أحادي التصوير لوحدات مشابهة تنفذ نفس الأنشطة، بينما توصف "المدينة" بأنها "متغيّر يدل على مكان يمكن إيجاد البضائع فيه بكميات وافرة."[1] وبتعبيرات أخرى، تعد المناطق مدنًا اقتصادية تتغلب فيها الليبرالية الجديدة على الآليات التنظيمية الوطنية، في محاولة لخلق استثمارات أجنبية. هذه المناطق هي وريثة الموانئ والأماكن التي تسود فيها رأسمالية وحصرية الأسواق الحرة. وبحسب إيسترلينج، تعرّف المنطقة بأنها أرض محددة تجمع عناصر الثقافة والأموال، ويمكن الإشارة إليها أيضًا على أنها مناطق تجارية حرة، أو مناطق تجارية خاصة، أو مناطق تصدير، وهي جميعها متغيرات تزيل المعوقات أمام تحقيق الربح المؤسسي. ولدى اجتماع هذه المناطق مع تصنيفات حضرية أخرى مثل المعسكرات التكنولوجية والقرى الثقافية، يتم إيجاد متنزهات متنوعة "محصورة أو مغلقة" تكمّل المقرات المؤسسية للمرافق الخارجية.[2]

وقد تمّ استلهام مفهوم المناطق وخصوصيتها من جيوب القراصنة وقوانين الموانئ الحرة التي كانت سائدة سابقًا، والتي تطورت في بعض المدن الساحلية الأوروبية مثل هامبورج في ألمانيا. ولتقليد ومحاكاة مثل هذه القوانين، أسست الولايات المتحدة الأمريكية أول منطقة حرة خلال الثلاثينيات لجعل أحد موانئها مناسبًا للتجارة الدولية وتخزين البضائع. ومع تقدم وتطور مجالات الصناعة والإنتاج خلال العقود اللاحقة لتلك الحقبة، بدأت مناطق التصدير بالظهور، وخلال السبعينيات ومع بداية تأسيس أول منطقة تصدير خاصة في الصين، بدأت المناطق المحصورة الخاصة بالظهور حول العالم. وشيئًا فشيئًا صارت هذه المناطق تشغَل ثلث العمليات التجارية في العالم وتضم مساحات تزيد عن مئات الكيلومترات، لتصبح وسيلة سريعة وسهلة للدخول إلى والمشاركة في الاقتصاد العالمي.[3] وتعمل المناطق الحرة على معادلة مجالات التجارة من خلال توفير جيوب ومناطق محصورة تتكلم نفس اللغة وتعمل بنفس درجة الكفاءة.

المنطقة باعتبارها كياناً مزدوجاً (مقابل التعددية)

تتمتع المناطق الحرة بطبيعة ازدواجية، فهي ليست محلية بالكامل وليست دولية تمامًا، إلا أنها قادرة على مساعدة الدولة في التطور والتواصل مع العالم الخارجي، كما باستطاعتها الحد من سيادتها عليها تحت اسم الليبرالية الجديدة. ومن المرجح أن هذه المناطق الحرة ناجحة بسبب اعتمادها على كلا المفهومين. وعلى الرغم من كونها محلية التمويل والتأسيس، إلا أنه في العديد من الحالات يتم تشغيل المناطق الحرة عالميًا للتواصل مع مناطق حرة أخرى. وتعتمد هذه الازدواجية على نظريات التجاور والتقارب المتعلقة بالعولمة، والتي تعتبر أن الوطنية والثقافة تتماشيان مع مناطق العمل وبالتالي فهي تخلق تمازجًا ما بين المصالح المشتركة والمتشابهة. وفي ذات الوقت، وبحسب النظرية، وبما أنه يتم فرض القيم المتبعة في مناطق الأسواق الحرة على السكان، فإن القيم التقليدية تتشكل لتحافظ على استدامة الثقافة وتحد من انتشار عدم المساواة والاختلافات الناجمة عن تأسيس المناطق الاقتصادية الحرة. وتستطرد إيسترلينج شرحه عن الازدواجية قائلتاً: "تعد النظريات حول اضمحلال السيادة الوطنية وظهور السيادة العالمية، التمويه المثالي أمام الثقافة المؤسسية التي من الواضح أنها تفضل الاستفادة من الطرفين لتعزيز قوتها وسلطتها وهويتها لإيجاد أفضل البيئات السياسية أو الاقتصادية ذات المنافع. وبينما تعد مصالح الشركات المحرك الأساسي للعديد من أنواع المناطق الحرة، فهي تقوم بتشغيلها بالمزج ما بين التشريعات الوطنية وغير الوطنية، بهدف إيجاد مساحات مريحة لا تتبع تشريعات (كالمناطق الاقتصادية الخاصة والمناطق التجارية الحرة ومناطق التصدير)، وفي ذات الوقت اتباع بعض التشريعات في مختلف المناطق التابعة لها (كاتفاقية التجارة الحرة لشمال أمريكا "نافتا" (NAFTA) والاتفاقية العامة للتعرفة الجمركية والتجارة "جات GATT"). وبالتالي فإن مواقف الدول عادة ما تكون انعكاسًا مزدوجًا أومتضاربًا ما بين المصالح الوطنية والعالمية أو ما بين المواطنين والأطراف المعنية.[4]

كذلك، تلعب هوية الدول دورًا كبيرًا في تشكيل المناطق الحرة؛ فبينما توضح نظرية التجاور سبب قيام العديد من المناطق الاقتصادية الخاصة بما يتوافق بنية بنائية مناسبة للصورة المؤسسية

The Five Islands of Kuwait:

A Zone that Challenges the Zone

tulates that as free-market values are imposed on populations, traditional values are bolstered in defiance of the diminishment of culture and propagation of inequality that comes with FEZs. Easterling further explains this dualism:

> Theories about the waning nation state and waxing transnational realm are the perfect camouflage for the corporate culture that clearly prefers to manipulate both state and non-state sovereignty, alternately releasing and laundering their power and identity to create the most advantageous political or economic climate. . . . Just as corporate interests play a number of zone types for advantage they also operate between state and non-state jurisdictions, seeking out relaxed, extra-jurisdictional spaces (SEZs, FTZs, EPZs) while also massaging legislation in the various states they occupy (NAFTA, GATT). The stances of any one nation are therefore often duplicitous or discrepant reflections of divided loyalties between national and international concerns or citizens and shareholders.[4]

Identity also plays a large role in defining the zone. While the convergent theory explains why many of these special economic zones tend to conform to a specific glass and steel gestalt that is appropriate for the corporate image, divergence sheds light on why many of these zones also borrow from local and traditional built forms—it is a marketing effort to differentiate themselves in an assimilating world. Thus, although the city is disconnected from its immediate locality in terms of function, it still retains a local "look."

In the case of the Five Islands, it is very much true that the zone floats in between the national and international realms. It is governed by nationally stated and agreed upon laws as well as transnational legislations that administer key issues in international courts of law. However, unlike similar zones elsewhere, the Five Islands are influenced by three unique factors: 1) the local Kuwaiti political climate, 2) the transnational spirit in which the idea of the Five Islands was drawn and 3) the current economic situation of the population supported by the welfare state discussed earlier. In contrast to the political climates of other places where the "zone" typology became very successful, Kuwait's politics tend to be more participatory.

The national directive to create the zone (the wish of a one-party rule for example) that exists in the dual relationship between the national and international realms is, in this case, non-singular. The relationship between the legislative and executive branches of government, and the degree of democracy enjoyed by citizens in Kuwait, allows more voices to be heard and more perspectives to be included. More importantly, the spirit in which the idea of the islands was drawn up mimics the ideals and concepts of international water laws, which foreground the protection of natural resources for all mankind. To re-emphasize an important point, the Five Islands are and will continue to be part of Kuwait, under its sovereignty. Moreover, due to the transnational, historical, environmental, and cultural importance of the islands' landscapes, this zone will be developed with environmental sustainability at the forefront. This is to say that the Five Islands Project does not only seek to benefit the economic fortunes of the nation, but it also reflects the common heritage of mankind and thus will be developed in ways that ensure survival and continuity for future generations.

The various natural and manmade heritages of the islands provide an assorted pallet of references and influences that speak to the physical

مشروع الجزر الخمس في الكويت:

منطقة حرة تتحدى فكرتها

تقع جزيرة بوبيان، وربة، و فيلكا، وعوهة، ومسكان، في شمال شرق الكويت بمساحة 100 كيلومتر مربع (5% من مساحةالكلية للبلاد). وتعتبر هذه الجزر منطقة دولية ستضيف 35 مليار دولار أمريكي إلى الناتج المحلي الإجمالي السنوي.

Located in the Northeast of Kuwait and totaling an area of approximately 1000 square kilometers (5% of the total area of the country), the islands of Boubyan, Warba, Failaka, Auheh, and Miskan as an international zone will add 35 billion USD to the Kuwait's GDP annually.

The Five Islands of Kuwait:

A Zone that Challenges the Zone

potentiality of what these islands can manifest. Aiming at being an important node in the contemporary Silk Route, the islands are a place where cultures from all around and beyond are celebrated. Many civilizations have rested in the region, so the idea of a "true local" is already contested. Due to the wide-range of site geographies and existent conditions, the Five Islands Project aims to expand upon the characteristics known to zones around the world in order to provide a vibrant ecosystem that thrives on a multiplicity of factors.

The Zone as a Brand [*vs. as Content*]
With rapid globalization, accessibility, and increased connectivity comes the advancement of mobility infrastructures and communication technology. These modernized means are leveling the playing field for everyone and increasing competition. In order to compete and get a share of international trade, cities have to plug into the global network through the establishment of free trade ports, airport cities, and smart zones that move people, commodities, and information both efficiently and swiftly. Efficiency here does not only depend on the geographic location of these infrastructures but more importantly, it depends on the context of the governing rules and regulations. More than ever, cities across the Arabian Peninsula are competing to become part of the international network and as a result they are designed and built to serve financial investments and consumption needs, utilizing the creation of zones as a means of branding themselves a member of a larger financial network.

Special zones are utilized as urban organizers and instruments of competition. As any other product on the market, they become a commodity, characterized by their highly developed marketing agenda and unique brand awareness. Given the sharp distinction of the zone's monothematic districts, at first glance the Five Islands is no different. However, a deeper examination demonstrates that it intentionally defies these characteristics. The monothematic representation of functions becomes a means of breaking down the project for communication purposes at a larger scale, while the main focus of the master-planning exercise is to create alternative and diverse living environments that can appeal to an array of people from different backgrounds. The planning ideals were related in order to showcase and enhance what exists on site. Both heritage and natural resources are integral in drawing up a novel architectural landscape. Instead of a market-based project, the initial master-planning concepts focused on the creation of ecologically sustainable communities that provide a high standard of living for all its future inhabitants. Although the zone tends to become an instant brand that is marketed and sold on the international market, the Five Islands approach is more concerned with how it can contribute to the holistic development of its inhabitants and how such experiences can, in turn, reflect upon and emphasize sustainability.

The Zone as Obliviousness
[*vs. as Cognizance*]
The zone is known to thrive in regions of chaos; it is oblivious to its surroundings. All too often, a zone capitalizes on the wars and conflicts in its respective region as an alternative spot of security and imperviousness. By nature, zones transcend international treaties and conflicts as they build global alliances and transnational contracts through corporate conglomerates. These extremely powerful organizations simply avoid war because it is bad for business.[5]

Special zones thrive in conditions of chaos because they play by a different set of rules. When a country goes to war, it does not necessarily mean that the zone goes to war. Zones are secured and backed up by multina-

مشروع الجزر الخمس في الكويت: منطقة حرة تتحدى فكرتها

والمصادر الطبيعية الموجودة فيها أموراً جوهرية في رسم مشهد معماري مميز. وبدلًا من اعتباره مشروعًا تسويقيًا بحتًا، ركزت المخططات الشمولية الأولية للمشروع على إنشاء مجتمعات مستدامة بيئيًا قادرة على توفير مستوى معيشي مرتفع لجميع سكانها المستقبليين. وعلى الرغم من أن هذه المنطقة ستصبح علامة تجارية يتم تسويقها وبيعها في الأسواق العالمية، إلا أن منهجية منطقة الجزر الخمس تتركز بشكل أكبر على كيفية المساهمة في التطور الكلي لسكانها، وكيف يكمن لمثل هذه التجارب والخبرات المساهمة في تحقيق الاستدامة.

المنطقة بين الإدراك والنسيان

من المعروف أن المناطق الحرة تزدهر ضمن مناطق تعمها الفوضى؛ وهي منسية من قبل المناطق المحيطة بها، وغالبًا ما يتم الاستفادة من المناطق الحرة خلال الحروب والنزاعات في المناطق التي تتبع إليها، باعتبارها نقطة بديلة للأمن والتحصن. وبسبب طبيعتها، تتخطى المناطق الحرة المعاهدات الدولية والنزاعات، لأنها مبنية على التحالفات الدولية والعقود العالمية التي تعقدها تجمعات مؤسسية متنوعة، فهذه المؤسسات ذات السلطة والقوة تحاول تجنب الحروب لأنها تضر بأعمالها.[5]

وتزدهر المناطق الخاصة خلال الظروف الصعبة لأنها تتبع مجموعة من القوانين المختلفة، فعندما تدخل دولة ما في حالة حرب، فهذا لا يعني بالضرورة أن المنطقة الحرة أيضًا معرضة للحرب. وتعد هذه المناطق آمنة ومدعومة من قبل مجموعة من الدول التي تضغط على الحكومات لتضمن بقاء هذه المناطق المغلقة (المحصورة) دولية ومحايدة ومعزولة بالنسبة لما يدور حولها من أحداث.

وتختلف منطقة الجزر الخمس باعتبارها مدركة للبيئة المحيطة بها، وهي تعتبر المناطق المجاورة لها أساسية لنجاحها كمنطقة حرة، وهي بذلك تتحدى الطبيعة الخاصة للمناطق الحرة، والتي يتم تصميمها خصيصًا لتعمل بعيدًا عن الهياكل القانونية والبيروقراطية والسوقية. ويدرك المشروع هذه المفاهيم الحصرية وبالتالي فقد تم تصميمه لتعزيز النشاطات الاجتماعية، وتشجيع الأعضاء من الدول المجاورة على المشاركة فيما تقدمه هذه الجزر والاستمتاع بمزاياها.

ووسط النزاعات المتصاعدة التي تشهدها المنطقة، يوقد مشروع جزر الكويت شمعة أمل، حيث تسعى رؤية سمو الأمير "رؤية عام 2035" إلى الوصول إلى حقبة من التواصل والتعاون الدولي الإيجابي، كما أن جغرافية منطقة الجزر الخمس تحفز على إقامة علاقات تعاونية مع الغير لضمان تسيير أعمالها بطريقة سليمة. فمثلًا، يعتمد تأسيس مشروع الجزر والبيئة من حولها بشكل كبير على الصحة البيئية العامة لمنطقة الخليج بالكامل. وإدراكًا لفكرة أن الجزر هي جزء من نظام سياسي واقتصادي واجتماعي وبيئي تكون فيه مصالح كل طرف فيها متوافقة مع المصالح الكلية لجميع الأطراف، تسير الجزر أعمالها بما يتماشى ويتوافق مع الأطراف الإقليمية الأخرى المحيطة بها.

المنطقة الحرة باعتبارها حديقة عامة (مقابل حديقة وطنية)

بحسب براين أكلي، تعد دبي مدينة منطقة حرة في "إجازة مستمرة". وضمن الجهود المبذولة لإنشاء مدينة معاصرة تعد مرساة إقليمية للنمو المالي في المنطقة، قامت عدة شركات تطويرية ضخمة بتوفير مساحات لتكون بمثابة مدن ترفيهية تجمع ما بين الترفيه والعمل والمسكن ضمن تجربة موحدة وفريدة. هنالك حيث تصبح الحياة اليومية بمثابة رحلة ترفيهية والمواطنون كأنهم سياح.[6]

وبالتالي، فإن فكرة العيش ضمن إجازة مستمرة تمتزج مع فكرة الحديقة العامة وتفسّر اللغة المعمارية والمنطقة الحضرية المتوفرة ضمن العديد من هذه التصاميم. ومن خلال تسليع الفن المعماري والبحث المستمر عن كل ما هو جديد وحديث، يمكن اعتبار المدينة الحرة على أنها "اللامكان". فالطبيعة العالمية والعامة والعصرية التي تتمتع بها هذه المدينة، توهم الزائر بأنه في "اللامكان أو في أي مكان".[7]

من جهة أخرى، وبالنسبة إلى مشروع الجزر الخمس، تتماشى الأماكن الترفيهية والأفكار المتبعة فيها مع الثروات الطبيعية المتاحة، وبالتالي، سيتم تضمين هكتارات من الأراضي المحمية بيئيًا والمواقع الأثرية والثقافية المهمة وأجزاء أخرى مهمة من الجزيرة باعتبارها حدائق عامة. ومن هنا، ستكون عوامل تطوير الجزر الخمس هي حماية بعض المناطق وتعزيز بعضها الآخر، بالإضافة إلى إيجاد تجمعات مكتظة ومستدامة أينما كان ذلك ممكنًا. وعلى الرغم من توفر المناطق التجارية مثل المولات والتجمعات الإسكانية المغلقة، والتي تعد جزءًا من أراضي المشروع التي تسوق له على أنه مجدٍ اقتصاديًا، تبقى المواقع الجغرافية والطبيعية في الجزر علامتها المميزة والفارقة.

The Five Islands of Kuwait:

A Zone that Challenges the Zone

tionals that lobby governments to make sure that these enclaves stay international, neutral, and oblivious to all that happens around them. The Five Island's case differs in that it is cognizant of its contextual environment. It recognizes its neighbors and others as key players in its success by challenging the special nature of zones, which are designed to defy legal, bureaucratic, and market structures. The project is aware of these notions of exclusion and is therefore designed to promote activities that are socially inclusive, incentivizing members of all its nearby neighbors to participate in and enjoy what the islands have to offer.

Amidst the escalating conflicts in the region, Kuwait's islands have kindled a beacon of hope. His Highness the Amir's "Vision 2035" gears up for an era of positive international communication and cooperation. The natural geography of the Five Islands incentivizes collaboration with others to ensure proper functionality. For example, the formation of the islands and their environment is highly dependent on the ecological health of the entire Gulf. Acknowledging the fact that the islands are part of a political, economic, social, and environmental ecosystem in which the well being of each component is contingent on the well being of the overall system, the islands work in tandem with their regional counterparts.

The Zone as a Theme Park
[*vs. as a National Park*]
According to Brian Ackley, Dubai is a zone city on a "permanent vacation." In an effort to create a modern city that is a regional anchor to financial growth, large-scale developers produced theme-park-like spaces that combined leisure, work, and residence into one experience. Living turned into recreation and citizens turned into tourists.[6]

The notion of a constant vacation blends with the idea of a park and explains the architectural language and urban landscape diction utilized in many of these schemes. Through the commodification of architecture and the constant search for the new and the novel, the zone city seems to fall into the category of a "non-place." Generalized, global, and trendy—the built form disorients the visitor into thinking that they are in "no place or in any place."[7]

However, in the case of the Five Islands Project, the brand of leisure, themes, and retreats is characterized by the scale and existing natural wealth of the islands. Thus, including hectares of environmentally protected areas and significant cultural heritage sites, substantial parts of the Five Islands will be designated as national parks. The incentives of development along the Five Islands are to preserve certain areas, build sensitively on others, and to create dense yet sustainable clusters wherever possible. . . . Although, commercial areas such as malls and themed housing communities might all be part of the real estate mix that sells these islands as economically feasible, it is their geography and natural sights that will always remain their hallmark.

Conclusion
Historically, and as evident in most parts of the world, the city is the locus of progress, ideas, and interaction, characterized by gradual urban evolution that progressively crystallizes into densely populated places. Today, the zone has come to be understood as an urban planning tool for development that has shifted urban evolution from its historical origins to an ahistorical implementation that revolves around international markets. In Easterling's perspective, the zone city is a means of announcing a country's entry into the global market as an independent, post-colonial contactor of outsourcing and offshoring.
The zone is also known as an instru-

مشروع الجزر الخمس في الكويت:

منطقة حرة تتحدى فكرتها

الخاتمة

تاريخيًا، وكما هو واضح في العديد من المناطق حول العالم، تعد المدينة مركز التقدم والأفكار والتفاعل، وتتسم بالتطور الحضري التدريجي، وهي تتبلور بشكل سريع لتتحول إلى أماكن مكتظة بالسكان. واليوم، تعد المناطق الحرة أداة حضرية للتطور، حيث ساهمت في تحويل الثورة الحضرية من منابتها التاريخية إلى تطبيق عصري يتمحور حول الأسواق العالمية. ومن وجهة نظر إيسترلينج، فإن مدينة المنطقة الحرة هي عبارة عن وسيلة لإعلان دخول دولة ما إلى السوق العالمي باعتبارها جهة مستقلة، وذات سيادة واحدة تمتلك مصادر تجارية خارجية.

وتعرّف المنطقة الحرة كذلك على أنها أداة لليبرالية والاستقلالية عن المحلية الصرفة. وتمثل كل منطقة اقتصادية حرة منفسًا/ثغرة في الليبرالية التنافسية، بحيث تكون القيم التي ترتكز عليها شبيهة بتلك التي يتبعها العالم الخارجي، أكثر من كونها شبيهة بالقيم المتبعة في الدولة التي هي جزء منها. وكما يشرح شومون بسار قائلًا: "من الناحية التشريعية، تكون القيم المألوفة والمتعارف عليها ثابتة وعمومية بسبب دخول عدم الثبات في مَنطقها؛ فتوفر خصائص مثل الخصوصية والاستثنائية والأفضلية، يثبت القاعدة الأولى التي تعزز من قاعدة الاستثنائية... فالتناقض ما بين القيم التقليدية والوطنية والدينية، وقيم الحرية الليبرالية، لا يعد تناقضًا بعد الآن".[8] إضافة لما سبق، لا يزال الشكل الحضري النهائي للمناطق الحرة كونها مجموعة من الجزر المستقلة بذاتها، أمرًا مثيرًا للجدل، فالمياه ما بين هذه الجزر الخمس والأرض يشير إلى استقلالية هذه المنطقة عن الأرض المحلية، مما يجعلها تبدو كأنها مياه عالمية.

وتتوجه الكويت لإنشاء أول منطقة حرة أو مجموعة من المناطق الحرة لها، ليس فقط في محاولة للهروب من المألوف ولكن لتأسيس فكرة جديدة، حيث ساهمت الاندماجات التشريعية والإدارية على مدى عقود ماضية في عرقلة تطوير نظام نشط قادر على إدارة الدولة بطريقة مستدامة. إضافة لما سبق، فإن انخفاض أسعار النفط وتزايد غلاء المعيشة أدى إلى حدوث عجز في ميزانية الدولة، ولهذا لا تعد المناطق الحرة مجرد وسيلة لتنويع مصادر الدخل الوطني، وإنما هي أيضًا أراضٍ يمكن من خلالها ممارسة هياكل وعمليات إدارية جديدة. وفي أكثر الأزمات شدة، كما حدث في سنغافورة، فإن الازدهار والتطور لا يحصلان إلا بإجماع كافة الأطراف المعنية. أما في الكويت، فإن المعارضة السياسية الصحية، أسهمت في التركيز بشكل أكبر على حدوث تطور متكامل ومترابط. وتنبع احتياجات ورغبات وأهداف المناطق الحرة من الرغبة في الحصول على موافقة بالإجماع على مشروع واحد يحدد محددات وتعريفات ترتكز على الدروس المستفادة من المناطق الحرة الاخرى حول العالم. وبالتالي، وفيما يتعلق بمخطط الكويت، تصبح المنطقة الحرة حاضنة للأفكار ومحفّزا للتغيير. ويتماشى ذلك مع الدستور الكويتي الذي يركز على الاستدامة الوطنية واستمرارية عمل النظام الذي أوجده الشعب لخدمة الشعب.

إن طبيعة مشروع الجزر الخمس كمنطقة جغرافية (مفصولة فيزيائيًا عن الكويت وتقع بين ثلاث دول متنوعة سياسيًا واجتماعيًا) يتحدى فكرته الأساسية، فهذا المشروع يرتكز على نوايا صادقة لإقامة علاقات تعاونية ووسطية ما بين الدول المجاورة (مثلًا بين ميناء مبارك في الكويت وميناء الفاو في العراق). ومن خلال مشروع الجزر الخمس، سيتم الإعلان عن ولادة حقبة جديدة تُبنى فيها العلاقات الدولية وتتطور خلالها الأراضي بيئيًا، وستتحدى هذه المنطقة المدفوعة بالحوافز الاقتصادية والمحكومة بدعائم سياسية واجتماعية واقتصادية وبيئية قوية، المفاهيم القديمة المتعلقة بالمناطق الحرة.

The Five Islands of Kuwait:

A Zone that Challenges the Zone

ment of liberation and independence from incisive localism. Each free economic zone represents a hiatus from contestable liberation whose values resemble those of the outside world more than the values of the country in which it is situated. As Shumon Basar explains, "The new norm, juristically speaking, gains its consistency by allowing inconsistency as part of its logic. Special, exceptional, extra: it's the supra-rule that proves the rule of the exception . . . Contradiction—between traditional, national, religious values, and the values of laissez-faire liberalism—is not seen as contraction any longer."[8] Furthermore, it can be argued that the ultimate urban form of these zones is the independent archipelago that includes the Five Islands. The water space in between the five islands and the continent signals the zone's independence from the local landscape, thereby giving the illusion of international waters.

Kuwait is gearing up to construct its first zone or set of zones, in an attempt to not just escape the norm but to establish a new one. Decades of legislative and administrative amalgamations have stifled the development of an agile system that can sustainably manage the country. Decreasing oil prices and increasing expenditures have resulted in substantial deficits in the country's budget. More than merely a means of diversifying national incomes, the zones are also grounds to exercise alternative management structures and administrative processes. In the utmost crises, as in the case of Singapore, prosperous development comes with a strong dose of consensus among stakeholders. In the case of Kuwait, healthy amounts of political dissent have impeded a cohesive development focus. The needs, desires, and objectives for a zone comes with the intention of building consensus towards a singular project that sets definitions and limitations based on actual lessons that can be learned and extracted from established zones around the world. Therefore, in the context of Kuwait's plan, the zone becomes an incubator of ideas and a catalyst for change. This is by virtue of Kuwait's Constitution, which focuses on national sustenance and the continuity of a system that was built by the people, for the people.

The nature of the Five Islands as a geography (physically disconnected from Kuwait and amidst three politically and socially diverse countries) challenges its own conception as an idea. The Five Islands Project is built on true intentions of collaboration and mediations between neighbors (eg between the Mubarak Port of Kuwait and Al-Faw Port of Iraq). The islands will usher in a new era of nation-to-nation co-building and the ecological development of land. Driven by economic incentives and governed by strong political, social, and environmental underpinnings, the Five Islands as a zone challenges the very notions for which zones have come to be known.

Abdulatif Al-Mishari is a principal architect at the Associated Architects Partnership and co-founder of the Arabana Project. He is a member of the Supreme Council for Planning and Development of Kuwait and a member of the High Committee of the Master Plan and Mega Projects at the Council of Ministers.

[1] Keller Easterling, "The Corporate City is the Zone," *Visionary Power: Producing the Contemporary City* (Rotterdam, 2007), 76.
[2] Easterling, "The Corporate City," 75.
[3] Ibid., 75.
[4] Ibid., 76-77.
[5] Ibid., 79.
[6] Brian Ackley, "Permanent Vacation: Dubai, circa 2005," *With/Without* (Dubai, 2007), 36.
[7] Ackley, "Permanent Vacation," 35.
[8] Shumon Basar, "The Freedom to Create: How Dubai Makes Room for Exception," *With/Without* (Dubai, 2007), 107.

Robert Fishman, Urban Utopias in the Twentieth Century (New York, 1977).
Stefano Bianca, *Urban Form in the Arab World: Past and Present* (New York, 2000).

مشروع الجزر الخمس في الكويت:

منطقة حرة تتحدى فكرتها

إن الثروة الطبيعية والتاريخية للجزر دائما ستظل سمة مميزة لها. إن الاستثمار في التنمية البيئية في جميع أنحاء الجزر سيضمن عيشها وتعايشها مع المكونات الجديدة (الصور التي التقطت من فيديو لرؤية الكويت 2035).

The natural and historical wealth of the islands will always remain its hallmark. Investment in ecological development throughout the islands will ensure their sustenance and co-existence with the newly introduced components (Images are stills taken from animation of Vision Kuwait 2035).

عبداللطيف المشاري معماري رئيسي في مؤسسة "أسوشييتد أركيتكتس بارتنرشيب Associated Architects Partnership" والمؤسس المشارك لمشروع عربانه Arabana. كما يشغل منصب عضو في "المجلس الأعلى للتخطيط والتنمية" بدولة الكويت، وعضو في "اللجنة العليا للتخطيط الشامل والمشروعات الكبرى" بمجلس الوزراء.

Representations

Mapping the Gulf and its Islands

دليل الجزر

رسم خرائط الخليج و جزره

Boundaries & Navigation /
الحدود والملاحة

Territorial Waters / المياه الإقليمية
Airspace / المجال الجوي
Shipping Lanes / ممرات الملاحة
Maritime Boundaries / الحدود البحرية
Major Cities / المدن الرئيسية
Hydrographic Stations / محطات الهيدروغرافية
Oceanic Buoyancy / الطفو البحري

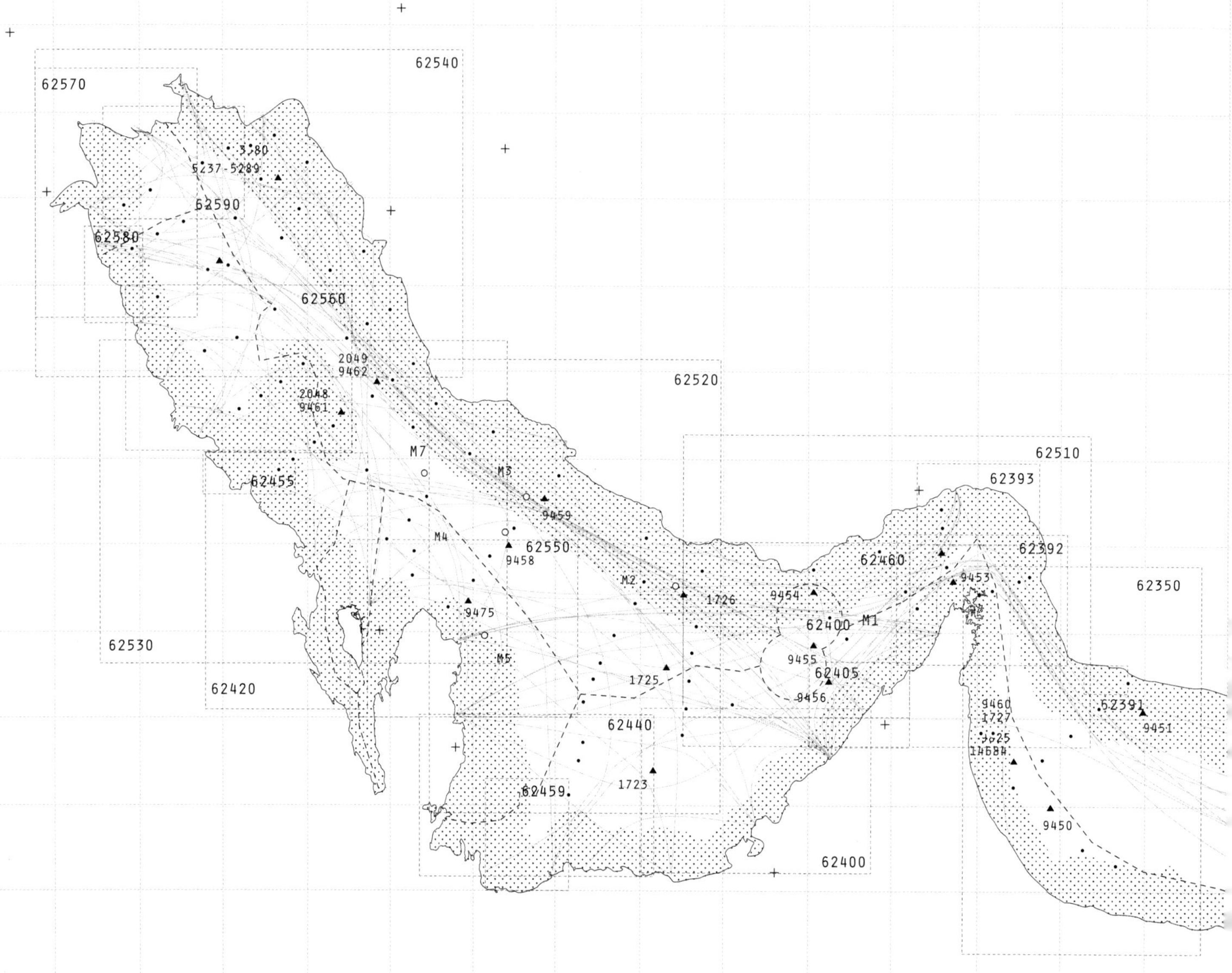

Source
The United Nations and the Center for Strategic and International Studies

Hydrographic stations in the Gulf region during the surveys of R.M. Reynolds, Brookhaven National Laboratory Upton NY (1993).

المصادر
مركز الأمم المتحدة للدراسات الإستيراتيجية والدولية.

المحطات الهيدروغرافية في الخليج حسب مسح ر.م. رينولدس. مختبر بروكهيڤن الوطني، أبتن، نيو يورك.(1993).

Ecologies / البيئات

Pearl Fishing / مناطق الغوص للؤلؤ
Mangroves / أشجار المانغروف
Coral Reefs / الشعا ب المرجانية
Wind / الرياح

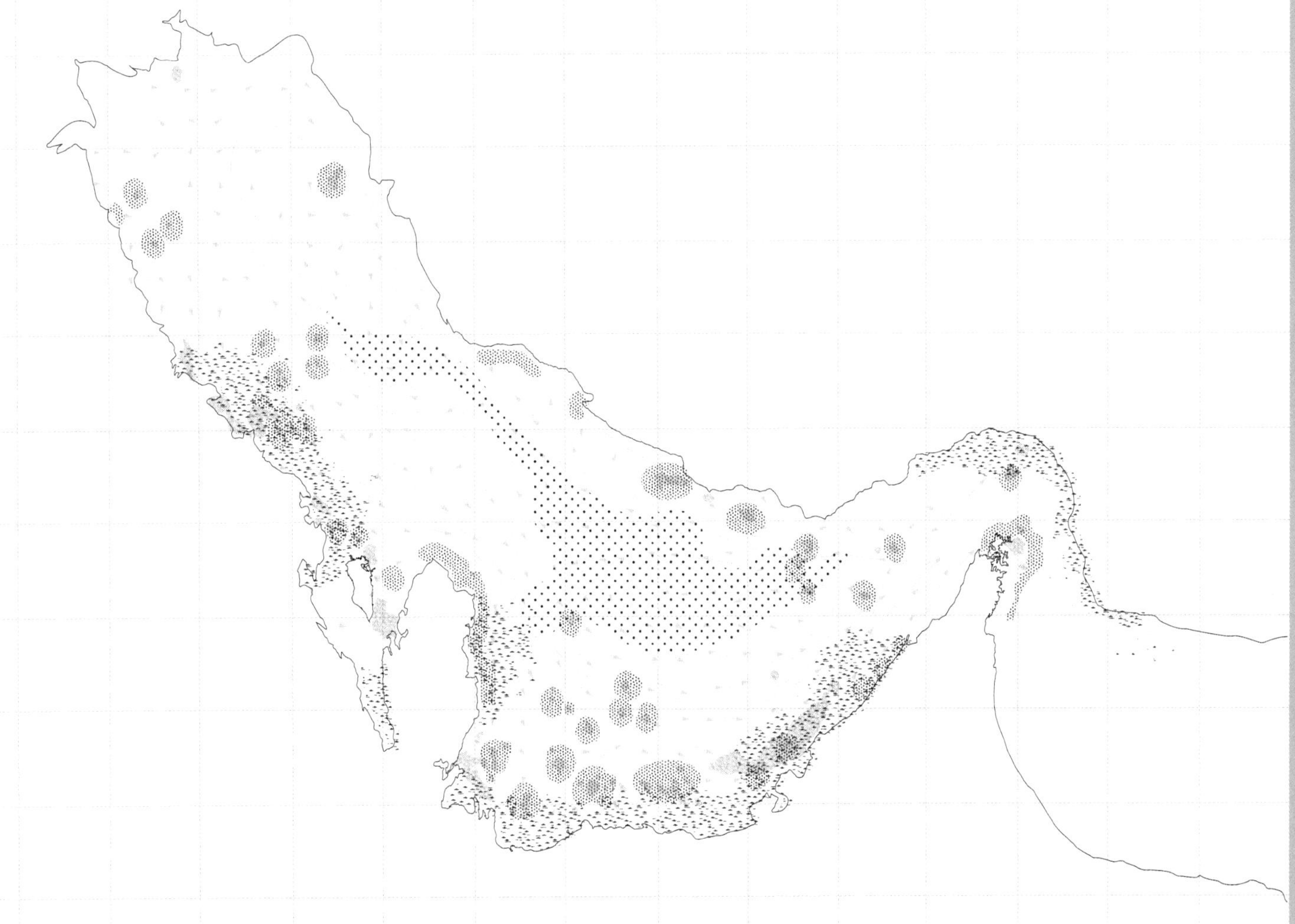

Source
Water depth in meters are derived from the 2' ETOPO2 database.

Physical Oceanography of the Persian Gulf, Strait of Hormuz, and the Gulf of Oman — Results from the Mt. Mitchell Expedition. R.M. Reynolds, Brookhaven National Laboratory Upton NY (1993).

المصادر
عمق المياه بالأمتار مستدرج من قاعدة بيانات ETOPO2.

علم محيطات الخليج العربي - مضيق هرمز وخليج عمان - بيانات من بعثة ميتشل، ختبر بروكهيفين الوطني، أبتن، نيو يورك، (1993).

Oil, Gas & Infrastructure / النفط والغاز و البنية التحتية

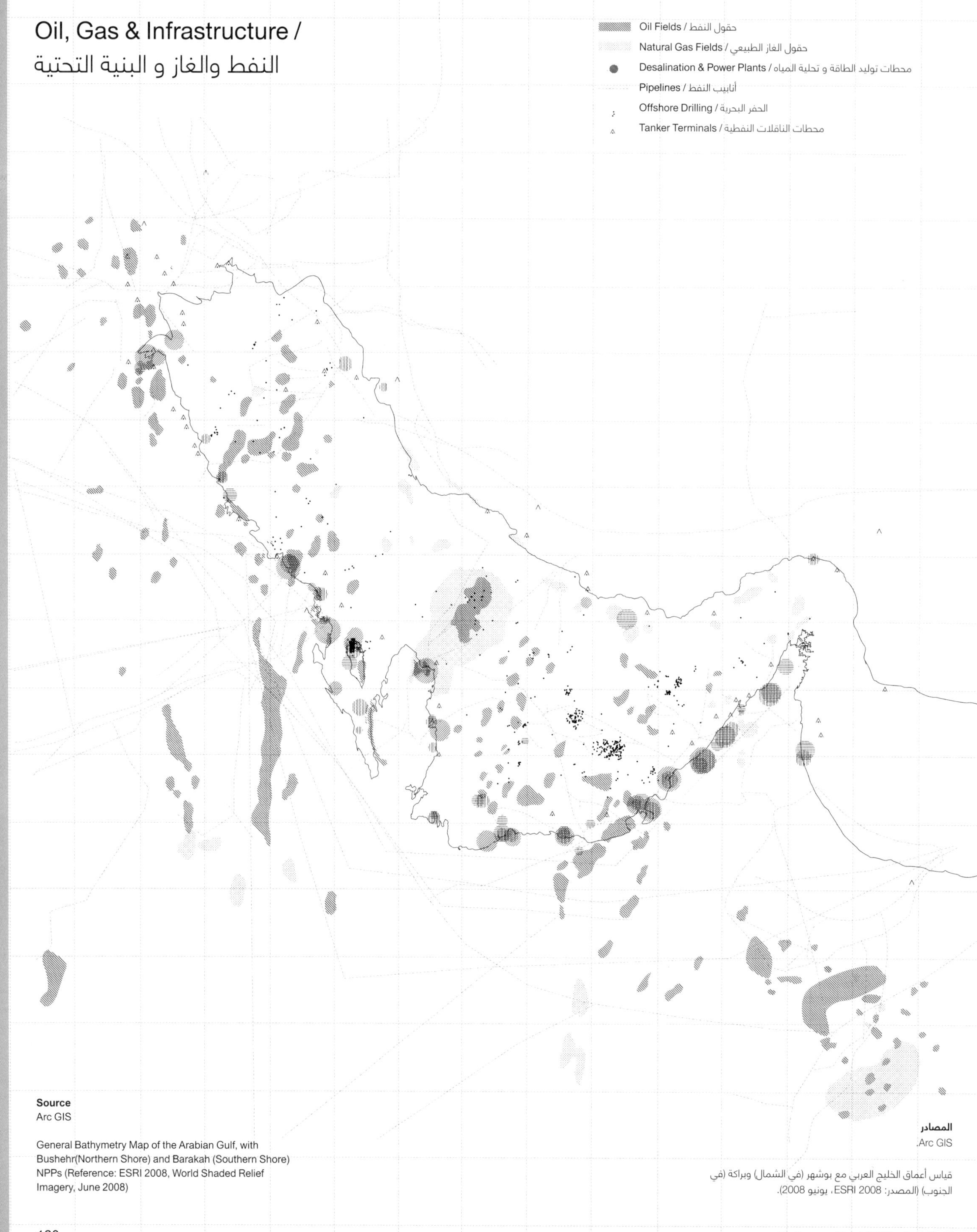

Source
Arc GIS

General Bathymetry Map of the Arabian Gulf, with Bushehr(Northern Shore) and Barakah (Southern Shore) NPPs (Reference: ESRI 2008, World Shaded Relief Imagery, June 2008)

المصادر
.Arc GIS

قياس أعماق الخليج العربي مع بوشهر (في الشمال) وبراكة (في الجنوب) (المصدر: ESRI 2008، يونيو 2008).

Hydrographic Stations / محطات الهيدروغرافية

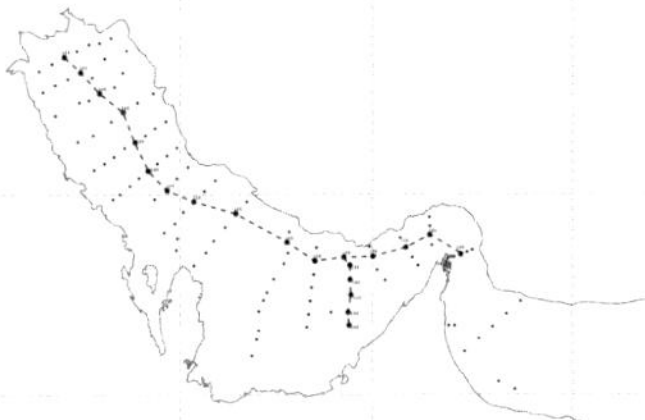

Oceanic Buoyancy / الطفو البحري

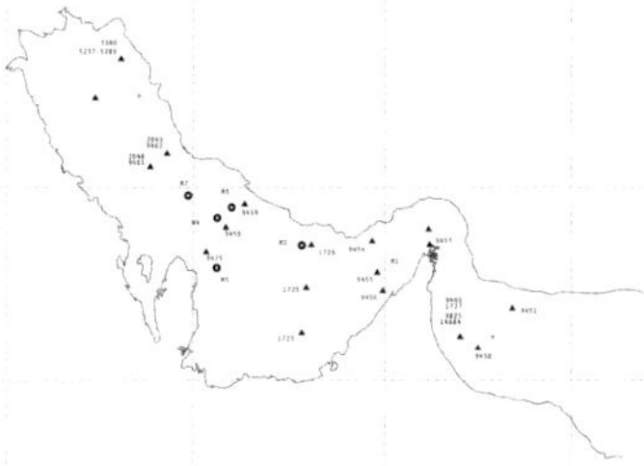

Surface Currents / التيارات السطحية

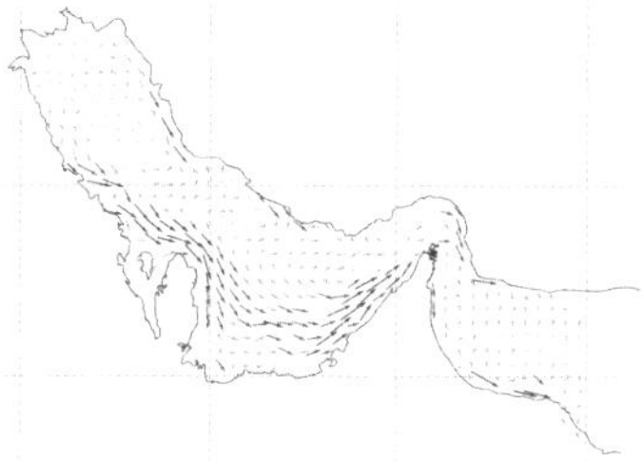

Shipping Lanes / ممرات الملاحة

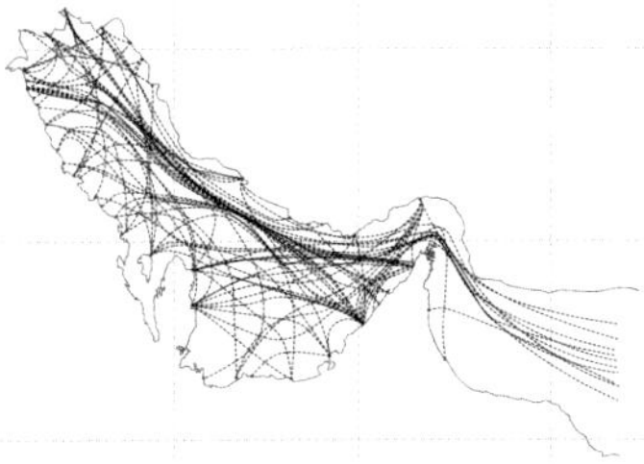

Airspace / المجال الجوي

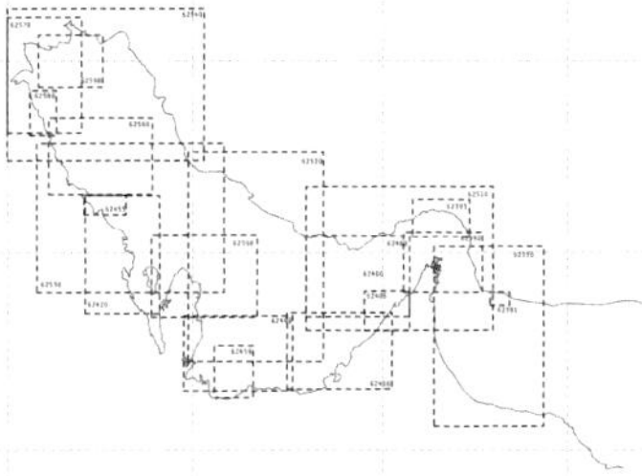

Desalination & Power Plants / محطات توليد الطاقة و تحلية المياه

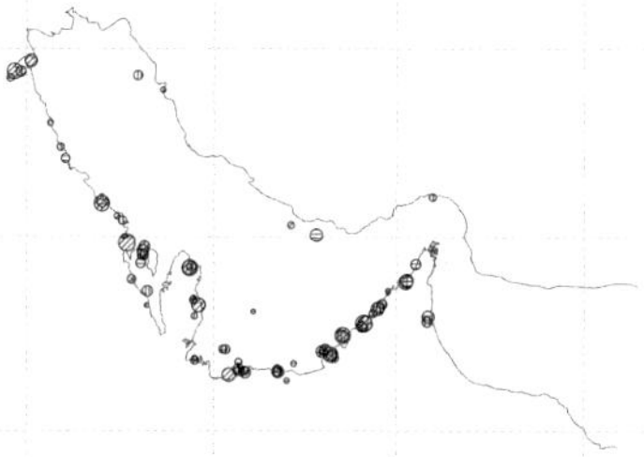

Major Airports / المطارات الرئيسية

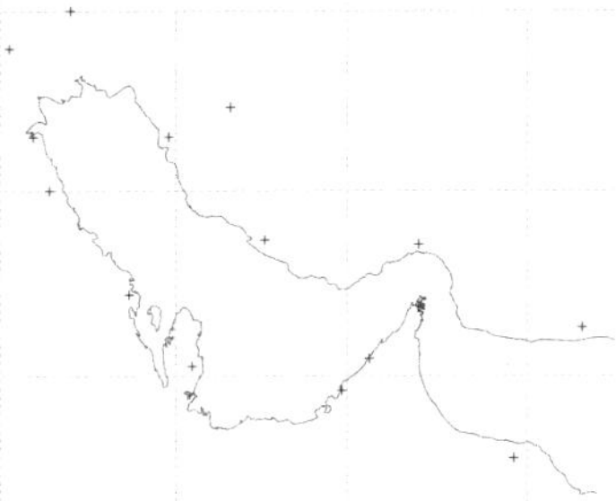

Temperature / درجة الحرارة

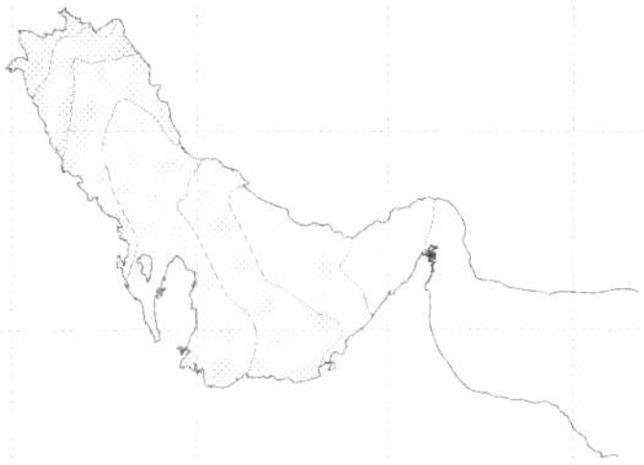

Tanker Terminals / محطات الناقلات النفطية

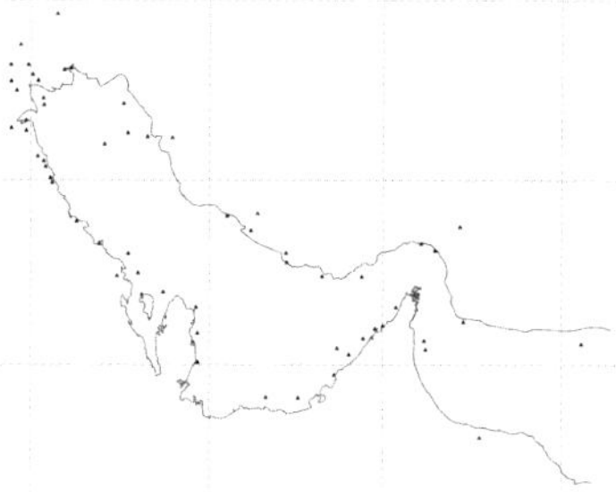

Oil Fields / حقول النفط

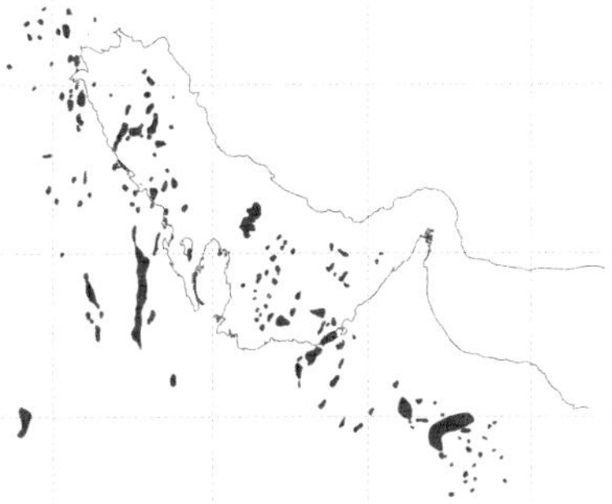

Natural Gas Fields / حقول الغاز الطبيعي

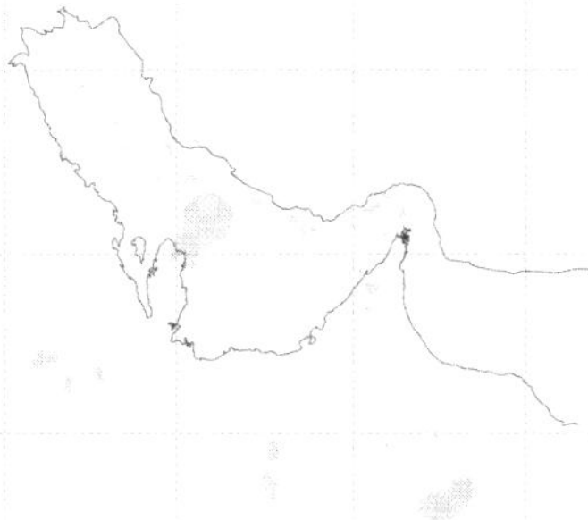

Bottom Currents / التيارات السفلية

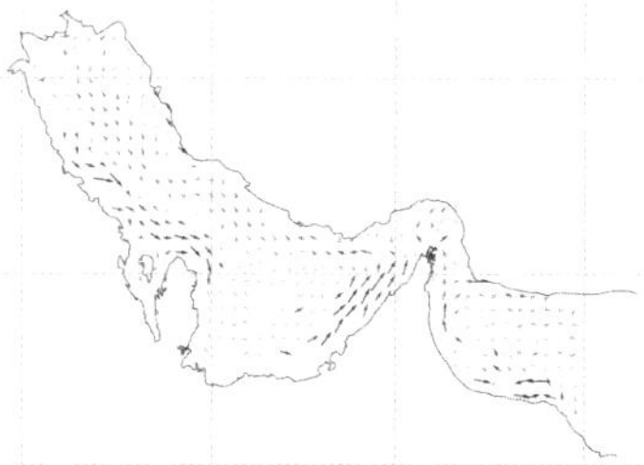

001 009 017 025 033 041 049 057
002 010 018 026 034 042 050 058
003 011 019 027 035 043 051 059
004 012 020 028 036 044 052 060
005 013 021 029 037 045 053 061
006 014 022 030 038 046 054 062
007 015 023 031 039 047 055 063
008 016 024 032 040 048 056 064

001
Auheh / عوهة
0.13 km^2
29.3781, 48.4389
Kuwait / الكويت

002
Boubyan / بوبيان
863 km^2
29.7697, 48.2021
Kuwait / الكويت

003
Failaka / فيلكا
49.23 km^2
29.4356, 48.3352
Kuwait / الكويت

004
Green Island / جزيرة الخضراء
0.2 km^2
29.3651, 48.0269
Kuwait / الكويت

005
Kubbar / كبّر
0.22 km^2
29.0737, 48.4949
Kuwait / الكويت

006
Miskan / مسكان
0.39 km^2
29.4858, 48.2514
Kuwait / الكويت

007
Qaruh / قاروه
0.04 km^2
28.8174 48.7767
Kuwait / الكويت

008
Shuwaikh / الشويخ
3.29 km^2
29.3559, 47.9140
Kuwait / الكويت

009
Umm al Maradim / ام المرادم
0.2 km^2
28.6798, 48.6514
Kuwait / الكويت

010
Umm an Namil / أم النمل
0.88 km^2
29.3843, 47.8681
Kuwait / الكويت

011
Warbah / وربة
33.92 km^2
29.9992, 48.0685
Kuwait / الكويت

012
Abu Ali / أبو علي
63.34 km^2
27.3313, 49.5652
Saudi Arabia / السعودية

013
Al Batinah / الباطنة
38.27 km^2
27.2386, 49.4991
Saudi Arabia / السعودية

014
Al Heeza / الهيزة
0.01 km^2
26.6750, 50.1060
Saudi Arabia / السعودية

015
Alhuwaylat / الحويلات
0.01 km^2
27.1123, 49.5827
Saudi Arabia / السعودية

016
Althumairi / الثميري
0.32 km^2
27.2685, 49.3389
Saudi Arabia / السعودية

017
Al-'Arabiya / العربية
0.1 km^2
27.7783, 50.1725
Saudi Arabia / السعودية

018
Coral / المرجان
0.18 km^2
26.4838, 50.1058
Saudi Arabia / السعودية

019
Du'aynah / الضعينة
3.72 km^2
27.2496, 49.3418
Saudi Arabia / السعودية

020
Gurmah / القرمة
0.07 km^2
27.1440, 49.4888
Saudi Arabia / السعودية

021
Hadhaba / هذبة
0.26 km^2
24.5256, 51.4416
Saudi Arabia / السعودية

022
Halat Za'al / حالة زعل
0.22 km^2
26.6596, 50.1024
Saudi Arabia / السعودية

023
Harqous / حرقوص
0.02 km^2
27.9348, 49.6853
Saudi Arabia / السعودية

024
Haylmiya / الهيلمية
7.22 km^2
27.2114, 49.3563
Saudi Arabia / السعودية

025
Huwaysat / الحويصات
0.27 km^2
24.3971, 51.5030
Saudi Arabia / السعودية

026
Jinna / جنا
0.27 km^2
27.3691, 49.8975
Saudi Arabia / السعودية

027
Judhaym / جذيم
0.5 km^2
25.4843, 50.4215
Saudi Arabia / السعودية

028
Juraid / الجريد
— km^2
27.1993, 49.9569
Saudi Arabia / السعودية

029
Karan / كران
0.75 km^2
27.7191, 49.8259
Saudi Arabia / السعودية

030
Khobar Water Tower Island / برج مياه الخبر
0.07 km^2
26.3075, 50.2322
Saudi Arabia / السعودية

031
Maqta'a / المقطع
0.85 km^2
28.1701, 48.6371
Saudi Arabia / السعودية

032
Muslamiya / مسلمية
4.33 km^2
27.6401, 49.0326
Saudi Arabia / السعودية

033
North Bayna / البينة الشمالية
0.02 km^2
26.2551, 50.3177
Saudi Arabia / السعودية

034
Qannah / جَنة
5.37 km^2
27.3673, 49.3016
Saudi Arabia / السعودية

035
Qraiyn / قرين
0.05 km^2
27.6606, 49.8184
Saudi Arabia / السعودية

036
South Bayna / البينة الجنوبية
0.12 km^2
26.1769, 50.3121
Saudi Arabia / السعودية

037
Tarout / Dareen / تاروت
30.31 km^2
26.5696, 50.0584
Saudi Arabia / السعودية

038
Unaibar / عنيبر
0.04 km^2
24.9334, 50.7374
Saudi Arabia / السعودية

039
Zakhnuniya / الزخنونية
10.95 km^2
25.5566, 50.3281
Saudi Arabia / السعودية

040
Abu Amira / أبو أميرة
0.01 km^2
26.2145, 50.4249
Bahrain / البحرين

041
Ajirah Island / عجيرة
0.03 km^2
25.7401, 50.8236
Bahrain / البحرين

042
Al Hajiyat / الحجيات
0.04 km^2
25.6993, 50.7996
Bahrain / البحرين

043
Aljadoom / الجادوم
0.14 km^2
26.3939, 50.4728
Bahrain / البحرين

044
Al Wukūr / اَلْوُكُور
0.02 km^2
25.6536, 50.8149
Bahrain / البحرين

045
Amwaj / أمواج
4.05 km^2
26.2902, 50.6658
Bahrain / البحرين

046
Bahrain / بحرين
662.32 km^2
26.0534, 50.5504
Bahrain / البحرين

047
Bū Sadād Islands / بُو سَداد
0.06 km^2
25.6252, 50.7769
Bahrain / البحرين

048
Dar / دار
0.03 km^2
26.1302, 50.6572
Bahrain / البحرين

049
Dilmuniah / دلمونيا
1.42 km^2
26.2730, 50.6749
Bahrain / البحرين

050
Durrat Al Bahrain / درة البحرين
3.32 km^2
25.8397, 50.6011
Bahrain / البحرين

051
East Rubud / رَبَض اَلشَّرقيَّة
1.49 km^2
25.7510, 50.7826
Bahrain / البحرين

052
Falkland / فلكلاند
0.01 km^2
26.1345, 50.6572
Bahrain / البحرين

053
Hawar / جزر حوار
40.94 km^2
25.6492, 50.7575
Bahrain / البحرين

054
Jidda / جدة
0.63 km^2
26.1925, 50.4050
Bahrain / البحرين

055
Mashtan / مِشْتان
0.02 km^2
25.8070, 50.6812
Bahrain / البحرين

056
Muharraq / المحرق
49.29 km^2
26.2674, 50.6220
Bahrain / البحرين

057
Mutarith / المعترض
0.1 km^2
25.7847, 50.7093
Bahrain / البحرين

058
Nabih Saleh / النبيه صالح
1.12 km^2
26.1822, 50.5871
Bahrain / البحرين

059
Noon / نون
0.1 km^2
25.7757, 50.5977
Bahrain / البحرين

060
North City / مدينة الشمالية
9.43 km^2
26.2312, 50.4533
Bahrain / البحرين

061
North Sawad / سُوَاد اَلشَّمَالِيَّة
3.01 km^2
25.6752, 50.8110
Bahrain / البحرين

062
Nuranna / نورانا
2.47 km^2
26.2547, 50.4940
Bahrain / البحرين

063
Passport Island / جزيرة الحدود
0.78 km^2
26.1859, 50.3212
Saudi Arabia / Bahrain / البحرين السعودية

064
Qassar Al Qulay'ah / قصار القليعة
0.15 km^2
26.1846, 50.6528
Bahrain / البحرين

Failaka / فيلكا

This small island off the coast of Kuwait has proven to become one of the most complex and historically rich islands in the Gulf. Continually inhabited since the 3rd millennium BC, Failaka island was a part of the Dilmun civilization that existed in the region, and was later reincarnated as "Ikaros," a decision made by Alexander the Great during his travels through the region. The island would remain inhabited for years to come, becoming home to a settlement of Nestorian Christians before the rise of Islam throughout the region.

In more recent years, the island has seen significantly less excitement, as it was abandoned during the 1991 Gulf War and has yet to fully recover. All of the residents of the island were forced to move to the mainland, Kuwait, making way for the use of the island as a critical military position for the Iraqi army. The strategic location of the island for military purposes was not forgotten, and was subsequently utilized by ally forces for military training operations after the war. As the narrative of Failaka continues to evolve, the abundant history that it holds remains unyielding in its importance to the history of the region.

49.23 km^2
29.4356, 48.3352
Kuwait / الكويت

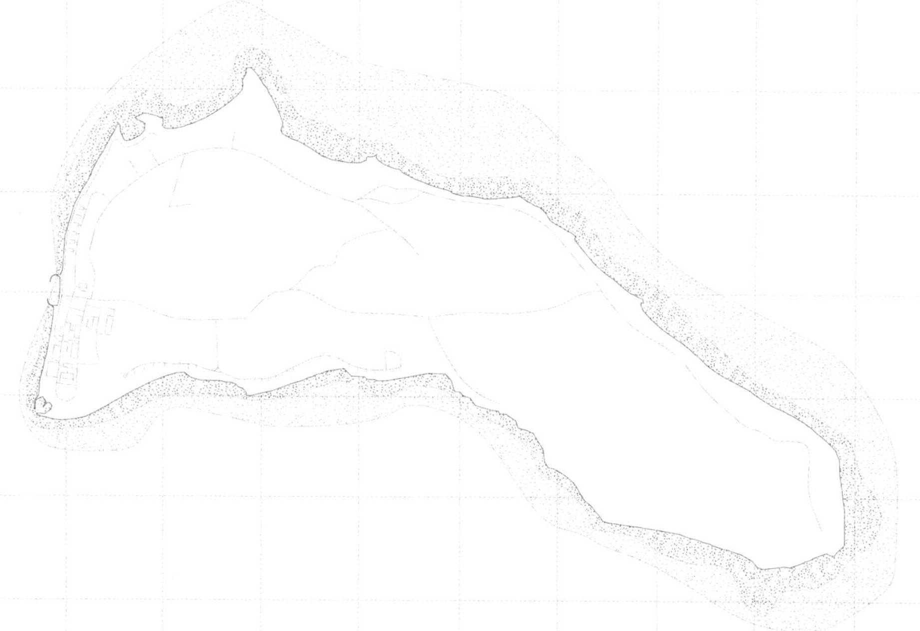

أصبحت هذه الجزيرة الصغيرة التي تقع قبالة الساحل الكويتي إحدى أكثر الجزر تعقيداً وثراءً عبر التاريخ في الخليج العربي. وشكلت جزيرة فيلكا مأهولة منذ الألفية الثالثة قبل الميلاد جزءاً من حضارة دلمون التي كانت موجودةً في المنطقة، وعادت لتظهر فيما بعد باسم "إيكاروس" بقرار اتخذه الاسكندر الأكبر خلال رحلاته إلى المنطقة. بقيت الجزيرة مأهولةً بالسكان لسنوات طويلة بعد ذلك، لتصبح موطناً لمستوطنة يقطنها مسيحيون نساطرة، قبل أن تسقط خلال العصر الإسلامي.

في السنوات الأخيرة، شهدت الجزيرة حركةً أقل بكثير، حيث هُجرت خلال حرب الخليج عام 1991 وما زالت لم تتعاف كلياً من تداعيات ذلك. في ذلك الحين، أجبر كل سكّان الجزيرة على الانتقال إلى البرّ الرئيسي، ليتم استخدامها كموقع عسكري هام للجيش العراقي. ولم ينس بعد ذلك موقع الجزيرة الاستراتيجي عسكرياً فاستخدمتها القوات الحليفة فيما بعد للتدريبات العسكرية بعد انتهاء الحرب. وفي حين تبقى الجزيرة في جزءٍ منها موقعاً عسكرياً. وبينما تواصل قصة فيلكا في التكشف لنا شيئاً فشيئاً، يبقى تاريخها العريق عنصراً هاماً في أهمية المنطقة التاريخية ككل.

Qaruh / قاروه

The invasion of Kuwait on August 2, 1990 led to the complete desertion of the islands off the coast. In a matter of days, previous inhabitants were replaced with the Iraqi Army, which utilized the open land and strategic, coastal locations for new outposts. Qaruh, a small and previously uninhabited island was the first piece of Kuwaiti soil to be liberated—marking the beginning of the end to the invasion.

With the exception of a small, historical lighthouse, the island has remained relatively untouched since its important role in the invasion. The Kuwaiti Army, along with the US Navy, reenacted the emancipation of Qaruh in 2011 as a way to celebrate the 20th anniversary of Liberation Day, a national holiday in Kuwait marking the end of the Gulf War.

0.04 km^2
28.8174 48.7767
Kuwait / الكويت

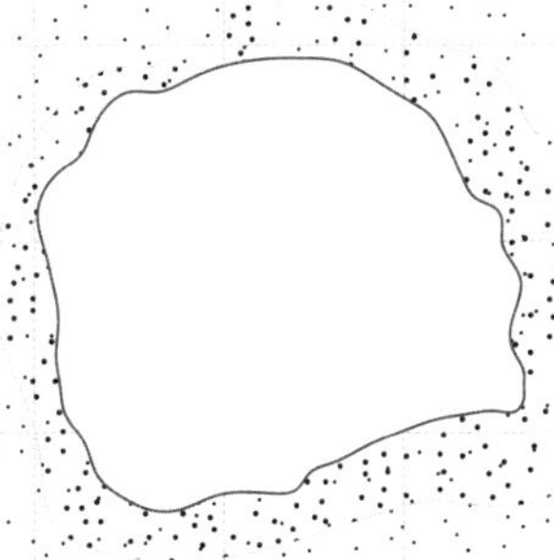

أدّى غزو الكويت في الثاني من أغسطس 1990 إلى فرار سكان الجزر الواقعة قبالة الساحل بشكل تام. وفي غضون أيام، تم استبدال السكان السابقين بالجيش العراقي الذي استفاد من الأراضي المكشوفة والمواقع الاستراتيجية الساحلية ليُنشئ بؤراً استيطانية جديدة. كانت قاروه، الجزيرة الصغيرة التي كانت غير مأهولة في السابق أول قطعة أرض كويتية تمّ تحريرها - ما شكّل نقطة البداية لانتهاء الغزو.

وباستثناء منارة صغيرة تاريخية، بقيت الجزيرة بمنأى نسبياً عن أي نشاط بشري منذ أن أدت دورها الهام خلال الغزو. ويعيد كلا الجيش الكويتي والبحرية الأمريكية تمثيل تحرير قاروه كطريقة للاحتفال بيوم التحرير، وهو عطلة وطنية في الكويت تستذكر نهاية حرب الخليج.

065
073
081
089
097
105
113
121
066
074
082
090
098
106
114
122
067
075
083
091
099
107
115
123
068
076
084
092
100
108
116
124
069
077
085
093
101
109
117
125
070
078
086
094
102
110
118
126
071
079
087
095
103
111
119
127
072
080
088
096
104
112
120
128

065
Qit'at Jaradah / قطعة جرادة
0.02 km^2
26.1838, 50.8974
Bahrain / البحرين

066
Reef / ريف
0.75 km^2
26.2445, 50.5654
Bahrain / البحرين

067
Sheikh Ibrahim Shrine / مقام الشيخ ابراهيم
0.002 km^2
26.0505, 50.6321
Bahrain / البحرين

068
Sitra / سترة
22.45 km^2
26.1200, 50.6500
Bahrain / البحرين

069
South Sawad / سُوَاد اَلْجَنُوبِيَّة
7.46 km^2
25.6416, 50.8004
Bahrain / البحرين

070
Um Annassan / أم النعسان
22.06 km^2
26.1483, 50.4046
Bahrain / البحرين

071
Um Jileed / أم جيليد
0.01 km^2
26.0252, 50.7213
Bahrain / البحرين

072
Um Lama / ام لما
0.37 km^2
26.4046, 50.4842
Bahrain / البحرين

073
Um Sabban / Almuhammadiyah / أم سبان/ المحمدية
0.21 km^2
26.1988, 50.4364
Bahrain / البحرين

074
Umahzuzza / أمحزوزة
0.51 km^2
25.6624, 50.7746
Bahrain / البحرين

075
Umm Jinni / أم جني
0.06 km^2
25.6752, 50.7847
Bahrain / البحرين

076
West Rubud / رِبّض اَلْغَرْبِيَّة
0.84 km^2
25.7510, 50.7826
Bahrain / البحرين

077
Aaliyah / العالية
0.85 km^2
25.4067, 51.5667
Qatar / قطر

078
Abu Fleetah / أبو فليتة
0.14 km^2
25.6171, 50.9244
Qatar / قطر

079
Abu Matar / أبو مطر
0.004 km^2
25.6328, 51.5518
Qatar / قطر

080
Al Ka'ud / الكعود
0.03 km^2
26.0772, 51.0844
Qatar / قطر

081
Banana / موزة
0.21 km^2
25.2974, 51.6459
Qatar / قطر

082
Bashiriya / البشيرية
0.02 km^2
24.9676, 51.6198
Qatar / قطر

083
Diynah / ديينه
1.31 km^2
24.9557, 52.3973
Qatar / قطر

084
Halul / حالول
1.49 km^2
25.6742, 52.4108
Qatar / قطر

085
Ishat / الأسحاط
0.04 km^2
24.7494, 51.6086
Qatar / قطر

086
Jinan / جنان
0.1 km^2
25.5584, 50.7354
Qatar / قطر

087
Mikyar / المكيار
0.37 km^2
25.5340, 51.5259
Qatar / قطر

088
No Name 1 / 1 جزيرة خاصة
0.28 km^2
25.4463, 51.5379
Qatar / قطر

089
No Name 2 / 2 جزيرة خاصة
0.08 km^2
25.4776, 51.5342
Qatar / قطر

090
No Name 3 / 3 جزيرة خاصة
0.04 km^2
25.5435, 51.4909
Qatar / قطر

091
Old Palm Tree Island / النخيل القديمة
0.04 km^2
25.3051, 51.5275
Qatar / قطر

092
Palm / جزيرة النخيل
0.04 km^2
25.3396, 51.5338
Qatar / قطر

093
Pearl / اللؤلؤة
4.65 km^2
25.3728, 51.5594
Qatar / قطر

094
Purple Island / الخور
0.17 km^2
25.6931, 51.5495
Qatar / قطر

095
Qetaifan Islands / قطيفان
4.4 km^2
25.4308, 51.5302
Qatar / قطر

096
Ra's Rakan / رأس ركن
0.67 km^2
26.1767, 51.2199
Qatar / قطر

097
Safiliya / السافلية
1.19 km^2
25.3458, 51.5778
Qatar / قطر

098
Shira'aw Island / جزيرة شراعوه
0.19 km^2
25.0311, 52.2326
Qatar / قطر

099
Um Alfar / أم الفار
0.05 km^2
25.7411, 51.5697
Qatar / قطر

100
Abbasiyah / لعُـبـسية
1.52 km^2
24.3013, 51.6607
UAE / الامارات العربية المتحدة

101
Abo Zayed / ابو زايد
0.05 km^2
24.5041, 54.4500
UAE / الامارات العربية المتحدة

102
Abu Alabyadh / ابو الابيض
289.13 km^2
24.19709, 53.7971
UAE / الامارات العربية المتحدة

103
Abu Dhabi / ابو ظبي
36 km^2
24.4105, 54.5513
UAE / الامارات العربية المتحدة

104
Abulsayayif / ابو السيايف
6.83 km^2
24.1946, 54.0805
UAE / الامارات العربية المتحدة

105
ADPC Khalifa Port / ميناء خليفة
2.26 km^2
24.8097, 54.6683
UAE / الامارات العربية المتحدة

106
Akaab / الآكعاب
1.32 km^2
25.5452, 55.5833
UAE / الامارات العربية المتحدة

107
Aldafin / الدفن
0.06 km^2
24.3803, 53.3800
UAE / الامارات العربية المتحدة

108
Alferdous / الفردوس
0.02 km^2
24.4419, 54.2591
UAE / الامارات العربية المتحدة

109
Al Gantur / قنطور
1.87 km^2
24.1650, 54.0913
UAE / الامارات العربية المتحدة

110
Algelah / الغلا
0.65 km^2
25.5736, 55.5769
UAE / الامارات العربية المتحدة

111
Algurm Resort / القرم
0.23 km^2
24.4208, 54.4063
UAE / الامارات العربية المتحدة

112
Alhamra / الحمرا
0.2 km^2
25.6936, 55.7841
UAE / الامارات العربية المتحدة

113
Alhanyourah / الحنيوره
2.25 km^2
24.7263, 54.6477
UAE / الامارات العربية المتحدة

114
Alheel / الحيل
4.18 km^2
24.6632, 54.5869
UAE / الامارات العربية المتحدة

115
Aljaraf Fisheries / الجرف
0.65 km^2
24.4786, 54.4794
UAE / الامارات العربية المتحدة

116
Almahayim / المهايم
0.87 km^2
24.4891, 51.7330
UAE / الامارات العربية المتحدة

117
Almajaz Amphitheatre Island / المجاز
0.04 km^2
25.3333, 55.3786
UAE / الامارات العربية المتحدة

118
Almamzar Lagoon Island / الممزر
0.02 km^2
25.3127, 55.3580
UAE / الامارات العربية المتحدة

119
Almarjan / المرجان
1.82 km^2
25.6774, 55.7461
UAE / الامارات العربية المتحدة

120
Almaryah / المريح
0.8 km^2
24.5019, 54.3908
UAE / الامارات العربية المتحدة

121
Almaya / المايا
0.003 km^2
24.4702, 54.2955
UAE / الامارات العربية المتحدة

122
Al Noor Island / النور
0.03 km^2
25.3341, 55.3844
UAE / الامارات العربية المتحدة

123
Alqafi / القافي
3.11 km^2
24.5844, 51.7202
UAE / الامارات العربية المتحدة

124
Alreem East / الريم الشرقية
0.25 km^2
24.5058, 54.4313
UAE / الامارات العربية المتحدة

125
Alsarayah / السرايا
1.22 km^2
25.8550, 55.9930
UAE / الامارات العربية المتحدة

126
Alsayed Alhashimi / السيد الهاشمي
0.21 km^2
24.5944, 54.5519
UAE / الامارات العربية المتحدة

127
Alsemaliyah / السماليه
9.66 km^2
24.4597, 54.5291
UAE / الامارات العربية المتحدة

128
Al Sinniyah / السنيه
8.12 km^2
25.6127, 55.6549
UAE / الامارات العربية المتحدة

Passport / جزيرة الحدود

Prior to the construction of the King Fahad Causeway in 1986, travel to and from the island nation of Bahrain was only possible by air or sea. The causeway connects Saudi Arabia and Bahrain across a twenty-five-kilometer bridge: Bahrain's first and only land link with another country. The bridge was a geopolitical success, with implications that allowed the small island nation to join regional counterparts through more manageable transportation. Nevertheless, the two countries still needed to monitor the movement of peoples across their borders, thus the man-made Passport Island was created.

The island, located towards the middle of the causeway, is under the control of both countries—the western half belonging to Saudi Arabia and the eastern half belonging to Bahrain. To cross the island is to cross the border from one nation to another, therefore proper documentation is required, giving the island its name – Passport Island. With the ease of movement between the two countries, many people have begun to live in one country and work in the other, often leading to heavy traffic along the bridge and across the island. This movement of people was worrisome for some from the more traditional Saudi Arabia when the bridge first opened, leading to questions of whether or not the new project would dilute the traditional and the religious ideals of the country due to the more socially liberal Bahraini climate. However, the project has been viewed as a success by most, allowing for greater communication and transportation between Bahrain and its Gulf neighbors.

0.78 km^2
26.1859, 50.3212
Saudi Arabia / Bahrain /
البحرين / السعودية

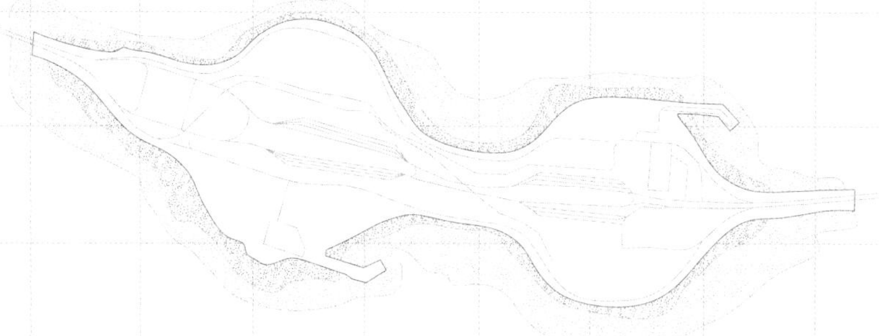

قبل أن يتم افتتاح جسر الملك فهد إلى العموم في العام 1986، لم يكن السفر من وإلى الدولة الجزرية البحرينية ممكناً سوى جواً أو بحراً. يمتد الجسر على طول خمسة وعشرين كيلومتراً رابطاً المملكة العربية السعودية بالبحرين، وهو الرابط البري الأول والوحيد للبحرين بأي دولة أخرى. يُذكر أنّ هذا الجسر شكّل نجاحاً جغرافياً، حيث سمح للدولة الجزرية الصغيرة بالانضمام إلى نظيراتها الإقليمية من خلال وسائل نقل أكثر سهولة. غير أنّه كان يتعين على الدولتين أن ترصدا تحركات الناس العابرين لهذه الحدود، ولذلك أقيمت جزيرة الحدود التي يعني اسمها بالإنجليزية "جزيرة جوازات السفر".

تقع الجزيرة قرابة منتصف الجسر وهي تخضع لسيطرة البلدين - حيث ينتمي النصف الغربي إلى المملكة العربية السعودية والنصف الشرقي إلى البحرين. ويعني اجتياز الجزيرة العبور من دولة إلى أخرى، ولذلك على العابرين تقديم الوثائق اللازمة، ما يفسّر اسم الجزيرة الانجليزي الذي يعني "جزيرة جوازات السفر". ومع سهولة الانتقال بين البلدين، بدأ الكثير من الناس يعيشون في بلد ويعملون في آخر، وهو ما يؤدي في غالب الأحيان إلى أزمة سير خانقة على طول الجسر وفي الجزيرة. أثارت حركة الناس هذه قلق البعض في المملكة العربية السعودية الأكثر تقليدية عندما افتُتح الجسر في بادئ الأمر، حيث طُرحت أسئلة حول ما إذا كان هذا المشروع الجديد سيُضعِف المُثل التقليدية والدينية للبلاد مع ازدياد وتيرة اختلاط الناس من البلدين. غير أنّ أغلبية الناس اعتبرت المشروع ناجحاً، حيث سمح بتواصل ونقل على مستوى أكبر بين البحرين والدول الخليجية المجاورة لها.

Jidda / جدة

From the time of Bahrain's existence as a protectorate of the United Kingdom, the island of Jidda was utilized as an offshore prison and site of exile. The British administrator of Bahrain, Charles Belgrave, was in charge of the change in the island's program. Overtime he would also become enamored with the island and build a vacation home for himself there. While the island is now a private residence, its time as a prison left a notable mark in the international headlines with the ordeal surrounding three political activists known as the "Bahraini Three."

The Bahraini Three were members of the National Union Committee, a democratic organization in Bahrain, who were arrested and immediately imprisoned on Jidda Island during the 1950s. Their imprisonment sparked global concern, with international newspapers, such as the Spectator, following the ordeal from their arrival on Jidda to their subsequent move to St. Helena, a British colonial island known for being the site of Napoleon's second exile. The news articles inspired considerable action, with a group of British MPs creating a defense fund for the prisoner's legal fees. The Bahraini prisoners remained exiled on St. Helena for three years before receiving St. Helenese passports and being released.

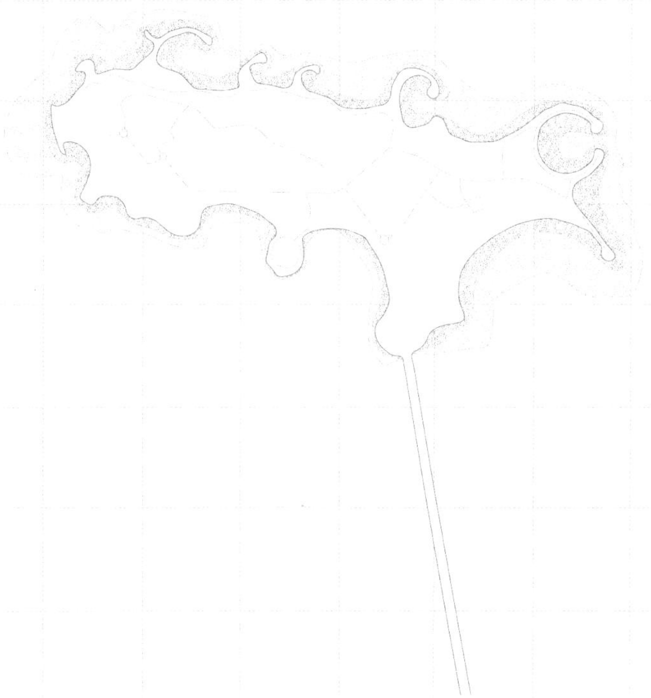

0.63 km^2
26.1925, 50.4050
Bahrain / البحرين

منذ قيام البحرين كمحمية تابعة للمملكة المتحدة، استُخدمت جزيرة جدة كمنفى وسجن بعيد عن الشاطئ. كان حاكم البحرين البريطاني، تشارلز بلجريف، هو المسؤول عن التغيّر الذي طرأ على برنامج الجزيرة. ومع الوقت، أصبح أيضاً مفتوناً بالجزيرة وبنى لنفسه منزلاً لقضاء العطلات فيها. وفي حين تشكل الجزيرة حالياً مكاناً سكنياً خاصاً، خلّف الوقت الذي قضته كسجن علامةً بارزة في عناوين الصحف الدولية مع هذه المحنة التي أحاطت النشطاء السياسيين الثلاثة الذين عرفوا بـ "الثلاثي البحريني".

كان البحرينيون الثلاثة أعضاءً في هيئة الاتحاد الوطني، وهي تجمّع ديمقراطي في البحرين، تم اعتقالهم وسجنهم فوراً في جزيرة جدة في الخمسينيات. أثار سجنهم اهتماماً عالمياً، حيث تابعت صحف دولية مثل "ذا سبكتاتور" محنتهم منذ وصولهم إلى جزيرة جدة وحتى انتقالهم في وقت لاحق إلى سانت هيلينا، وهي جزيرة استعمارية بريطانية عرفت لكونها الموقع الثاني الذي نُفيَ إليه نابليون. وبثت هذه المقالات الإخبارية الإلهام لاتخاذ إجراءات هامة، حيث قررت مجموعة من أعضاء البرلمان البريطاني إنشاء صندوق دفاع يقوم بتغطية الرسوم القانونية للسجناء. بقي السجناء البحرينيون منفيين على جزيرة سانت هيلينا طوال ثلاث سنوات قبل أن يحصلوا على جوازات سفر من سانت هيلينا ويُطلق سراحهم.

129
137
145
153
161
169
177
185
130
138
146
154
162
170
178
186
131
139
147
155
163
171
179
187
132
140
148
156
164
172
180
188
133
141
149
157
165
173
181
189
134
142
150
158
166
174
182
190
135
143
151
159
167
175
183
191
136
144
152
160
168
176
184
192

129
Althumairiya / الثميرية
0.41 km²
24.1558, 53.0463
UAE / الامارات العربية المتحدة

130
Arryam / اريام
54.75 km²
24.3075, 54.2316
UAE / الامارات العربية المتحدة

131
Artifical Island 1 / 1 جزيرة صناعية
0.46 km²
24.4433, 54.2241
UAE / الامارات العربية المتحدة

132
Artifical Island 2 / 2 جزيرة صناعية
0.08 km²
24.4069, 54.2969
UAE / الامارات العربية المتحدة

133
Arzanah / عرزانه
2.9 km²
24.7883, 52.5599
UAE / الامارات العربية المتحدة

134
Bahrani / بحراني
8.27 km²
24.3827, 54.2299
UAE / الامارات العربية المتحدة

135
Balghelam / بلغلام
3.49 km²
24.5677, 54.5530
UAE / الامارات العربية المتحدة

136
Beach Palace of Sheikh Mohammed Bin Rashed Al Maktoum / قصر شيخ محمد بن راشد المكتوم
0.004 km²
25.1052, 55.1588
UAE / الامارات العربية المتحدة

137
Blue Waters Island / جزيرة بلوواترز
0.31 km²
25.0794, 55.1213
UAE / الامارات العربية المتحدة

138
Bu Ka'l / بو كعل
2.58 km²
24.2369, 54.1061
UAE / الامارا ت العربية المتحدة

139
Burj Alarab / برج العرب
0.02 km²
25.1411, 55.1852
UAE / الامارات العربية المتحدة

140
Bu Tinah / بوطينة
0.09 km²
24.6283, 53.0524
UAE / الامارات العربية المتحدة

141
Buwairiyat / بويريات
0.17 km²
24.3688, 54.2808
UAE / الامارات العربية المتحدة

142
Container Terminal 4 / محطة الشحن 4
1.26 km²
25.0382, 55.0535
UAE / الامارات العربية المتحدة

143
Dabbiya Oil Field / الضبعية
0.002 km²
24.2744, 54.0552
UAE / الامارات العربية المتحدة

144
Dalma / دلما
9.65 km²
24.4813, 52.3094
UAE / الامارات العربية المتحدة

145
Dana / دانه
15.57 km²
24.5983, 54.5166
UAE / الامارات العربية المتحدة

146
Das / داس
3.4 km²
25.1508, 52.8747
UAE / الامارات العربية المتحدة

147
Deglat / دغلت
0.49 km²
24.1958, 52.9469
UAE / الامارات العربية المتحدة

148
Deira / ديره
19.38 km²
25.3177, 55.3061
UAE / الامارات العربية المتحدة

149
Deira Palm Parcel / نخلة الديره
91.89 km²
25.3594, 55.2310
UAE / الامارات العربية المتحدة

150
Dolphin Island / جزيرة الدلفين
0.09 km²
24.4977, 54.4194
UAE / الامارات العربية المتحدة

151
Dubai Marina / مارينا دبي
1.21 km²
25.0797, 55.1374
UAE / الامارات العربية المتحدة

152
Dubai Water Canal Peninsula / إمتداد قناة دبي
0.09 km²
25.2011, 55.2322
UAE / الامارات العربية المتحدة

153
Dubai Waterfront / شاطئ دبي
0.99 km²
24.9819, 54.9672
UAE / الامارات العربية المتحدة

154
Dubawi / دباوي
0.12 km²
25.0983, 55.1407
UAE / الامارات العربية المتحدة

155
Emirates Heritage Club / جزيرة نادي التراث الاماراتي
1.37 km²
24.4510, 54.2935
UAE / الامارات العربية المتحدة

156
Eco Island / جزيرة البيئية
0.08 km²
24.5932, 54.4719
UAE / الامارات العربية المتحدة

157
Eqraiwah / إقريوه
2.9 km²
24.1513, 54.0422
UAE / الامارات العربية المتحدة

158
Fahid / فاهد
2.46 km²
24.5108, 54.5452
UAE / الامارات العربية المتحدة

159
Falah Bin Zayed / فلاح بن زايد
0.15 km²
24.5605, 54.4972
UAE / الامارات العربية المتحدة

160
Fisht Ghamees / فشت غميس
0.003 km²
24.3691, 51.5843
UAE / الامارات العربية المتحدة

161
Fiyay / الفيي
3.96 km²
24.2986, 53.2005
UAE / الامارات العربية المتحدة

162
Flag Island / جزيرة العلم
0.18 km²
25.3447, 55.3788
UAE / الامارات العربية المتحدة

163
Furaydat / الفريدات الجنوبية
0.04 km²
24.2913, 51.7941
UAE / الامارات العربية المتحدة

164
Futaisi / فطيسي
19.88 km²
24.051000, 54.323066
UAE / الامارات العربية المتحدة

165
Gasha / غاشا
0.273 km²
24.4127, 52.6491
UAE / الامارات العربية المتحدة

166
Ghagah / غاغة
2.93 km²
24.4122, 51.5513
UAE / الامارات العربية المتحدة

167
Ghanada / غناده
4.26 km²
24.8197, 54.7533
UAE / الامارات العربية المتحدة

168
Ghlaa / غلا
1.59 km²
24.1511, 53.0169
UAE / الامارات العربية المتحدة

169
Hayl / حايل
0.21 km²
24.3880, 53.4208
UAE / الامارات العربية المتحدة

170
Hodariyat / حضاريات
23.16 km²
24.4077, 54.3921
UAE / الامارات العربية المتحدة

171
Humer / حمر
8.93 km²
24.1883, 52.8433
UAE / الامارات العربية المتحدة

172
Ish / عش
0.24 km²
24.3008, 52.8791
UAE / الامارات العربية المتحدة

173
Janana / جنانة
33.24 km²
24.2061, 53.4085
UAE / الامارات العربية المتحدة

174
Jubail / جبيل
6.6 km²
24.5222, 54.4874
UAE / الامارات العربية المتحدة

175
Julaia / الجليعه
0.05 km²
24.5486, 54.5463
UAE / الامارات العربية المتحدة

176
Jumana / جمانه
0.95 km²
25.2152, 55.2327
UAE / الامارات العربية المتحدة

177
Khan / خان
0.17 km²
25.3211, 55.3686
UAE / الامارات العربية المتحدة

178
Khasbat Alreem / خصبت الريم
2.42 km²
24.1291, 53.2708
UAE / الامارات العربية المتحدة

179
Khirdal / الخردال
0.45 km²
24.4363, 51.5447
UAE / الامارات العربية المتحدة

180
Khubairah / خبيرة
0.41 km²
24.1383, 54.0225
UAE / الامارات العربية المتحدة

181
La Mer / لا مير
0.001 km²
25.2302, 55.2552
UAE / الامارات العربية المتحدة

182
Labzum / لبزم
0.09 km²
24.4977, 54.4194
UAE / الامارات العربية المتحدة

183
Land Extension of Sheikh Mansour Bin Zayed Al Nahyan / إمتداد أرض شيخ منصور بن زايد النهيان
0.22 km²
24.3861, 54.4986
UAE / الامارات العربية المتحدة

184
Logo / لوغو
0.16 km²
25.1144, 55.15583
UAE / الامارات العربية المتحدة

185
Lulu / اللؤلؤ
4.44 km²
24.4999, 54.3450
UAE / الامارات العربية المتحدة

186
Makasib / مكاسب
0.1 km²
24.6636, 51.8217
UAE / الامارات العربية المتحدة

187
Mamzar / ممزر
1.52 km²
25.3174, 55.3368
UAE / الامارات العربية المتحدة

188
Marina / المارينا
1.45 km²
24.4744, 54.3180
UAE / الامارات العربية المتحدة

189
Marooh / مروح
25.89 km²
24.2933, 53.2899
UAE / الامارات العربية المتحدة

190
Mina Alarab / ميناء العرب
0.77 km²
25.7200, 55.8369
UAE / الامارات العربية المتحدة

191
Mubarraz / مبرز
6.18 km²
24.5833, 53.3300
UAE / الامارات العربية المتحدة

192
Muhmaylah / مهمليه
0.02 km²
24.1143, 51.8965
UAE / الامارات العربية المتحدة

Hawar / جزر حوار

The center of dispute between Qatar and Bahrain since 1936, this archipelago first surveyed in 1820, led to the first conflict between two Arab nations being resolved in the International Court of Justice. For years the sovereignty of the islands were debated between the two countries, each claiming their own proprietorship . In 2001, despite their proximity to Qatar, Hawar and its surrounding islands were awarded to Bahrain, with an equal amount of the nearby islands put under the control of Qatar.

Following the settlement of the issue, the islands have played an important role in the advancement of natural and wildlife preservation in Bahrain, in addition to being developed for beach resorts in strategic locations. The importance of the natural habitats on the islands led to Bahrain submitting an application, though unsuccessful, for the archipelago to gain status as a UNESCO World Heritage Site.

40.94 km^2
25.6492, 50.7575
Bahrain / البحرين

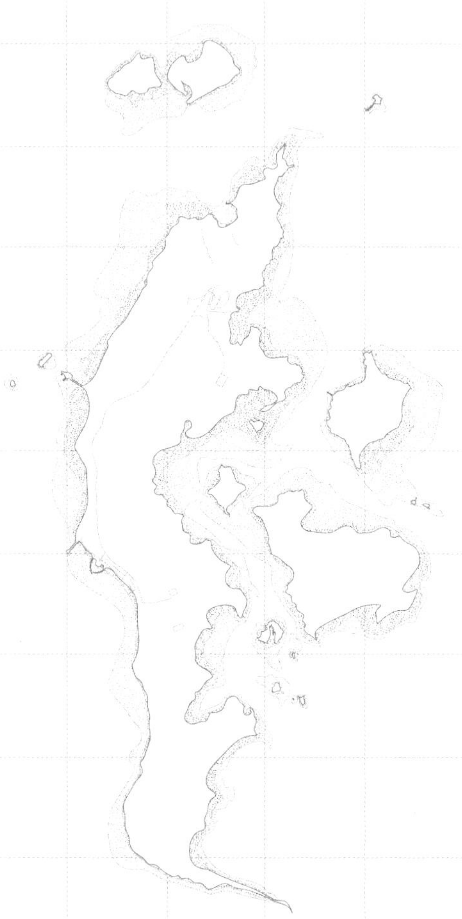

كان هذا الأرخبيل الذي تم استطلاعه للمرة الأولى في العام 1820 محور نزاع بين قطر والبحرين منذ 1936، وهو أول خلاف بين دولتين عربيتين تم حله في محكمة العدل الدولية. فعلى مر سنوات طويلة، شكّلت سيادة الجزر موضع جدل بين البلدين، حيث راح كل منهما يزعم حقّه في ملكيتها. وفي العام 2001، وعلى الرغم من قرب حوار والجزر المحيطة بها إلى قطر، إلاّ أنّه تم منحها إلى البحرين، بينما وُضع عدد مساوٍ من الجزر المجاورة تحت سيطرة قطر.

وبعد التوصل إلى هذه التسوية، أدت الجزر دوراً هاماً في النهوض بواقع الحفاظ على الحياة الطبيعية والبرية في البحرين كما تم إنشاء المنتجعات الشاطئية في مواقع استراتيجية فيها. أدت أهمية الموائل الطبيعية في هذه الجزر إلى تقديم البحرين طلباً لم ينجح في نهاية المطاف رمى إلى إدراج الجزيرة على قائمة مواقع التراث العالمي لليونسكو.

Qetaifan / قطيفان

Qetaifan (Lusail) Island is currently under construction right off of the coast of Lusail City. The newly designed project intends to be home to a primary World Cup stadium and subsequent venues. It is connected to land by multiple bridges and is envisioned to become the site of a new group of luxury suburbs.

However, this man-made island has sparked controversy amongst international human rights groups for the methods used in the construction of the new World Cup stadium and city. Numerous advocates have demanded that the World Cup move its 2022 tournament to a different location. The idea is to put pressure on the government to change its human rights practices. Despite this international pressure, the construction and sale of developments in both the city and on the island have continued, with a promise from the government to take better control of the labor system throughout the country.

4.4 km^2
25.4308, 51.5302
Qatar / قطر

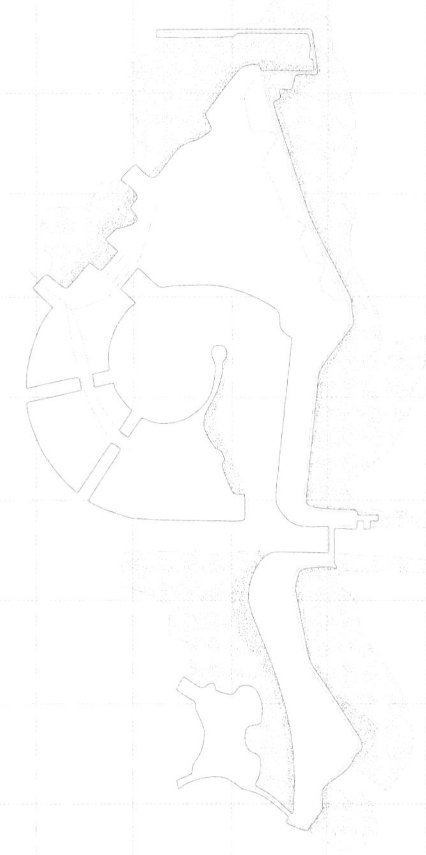

تعدّ جزيرة قطيفان (لوسيل) جزءًا من القرار المثير للجدل لاستضافة كأس العالم في العام 2020 في قطر ولبناء مدينة جديدة لهذا الغرض. تقع هذه الجزيرة قبالة ساحل مدينة لوسيل التي تعتبر مشروعاً حديثاً ليضمّ ملعبًا رئيسياً لكأس العالم وأماكن لاحقة. ترتبط الجزيرة بالبر الرئيسي من خلال جسور عدّة ومن المتوقّع أن تضمّ مجموعة جديدة من الأحياء الفخمة.

وبما أنّ الجزيرة تشكّل جزءاً من مشروع مدينة لوسيل، فقد أمست جزءاً من الجدل العالمي حول الطرق المتّبعة في بناء المنطقة. وحثّ مدافعون كثر عن حقوق الإنسان على تغيير الموقع على أمل الضغط على الحكومة لتعديل قوانين العمل. وعلى الرغم من التركيز العالمي المنصب على هذا الموقع، فقد تواصلت أعمال بناء المشاريع وبيعها، بينما وعدت الحكومة بممارسة رقابة أكبر على نظام العمل في البلاد جمعاء

193
201
209
217
225
233
241
249
194
202
210
218
226
234
242
250
195
203
211
219
227
235
243
251
196
204
212
220
228
236
244
252
197
205
213
221
229
237
245
253
198
206
214
222
230
238
246
254
199
207
215
223
231
239
247
255
200
208
216
224
232
240
248
256

193
Mushayrib / مشيرب
5.27 km^2
24.4697, 54.4633
UAE / الامارات العربية المتحدة

194
Mu'taratha / المعترضة
0.14 km^2
24.6861, 54.6194
UAE / الامارات العربية المتحدة

195
Nareel / ناريل
0.27 km^2
24.4530, 54.3227
UAE / الامارات العربية المتحدة

196
Nujoom Islands / نجوم
2.05 km^2
25.5047, 55.5235
UAE / الامارات العربية المتحدة

197
Nurai / نراي
0.43 km^2
24.6161, 54.4769
UAE / الامارات العربية المتحدة

198
Onshore Location Rig No. 31 / منص31
0.04 km^2
24.2430, 54.0150
UAE / الامارات العربية المتحدة

199
Palm Deira Parcel / نخلة الديرة
0.21 km^2
25.3233, 55.2836
UAE / الامارات العربية المتحدة

200
Palm Jebel Ali / نخلة جبل علي
14.54 km^2
25.0038, 54.9916
UAE / الامارات العربية المتحدة

201
Palm Jumeirah / نخلة جميرا
7.87 km^2
25.1191, 55.1316
UAE / الامارات العربية المتحدة

202
Pearl Jumeirah / لؤلؤة جميرا
0.45 km^2
25.2444, 55.2583
UAE / الامارات العربية المتحدة

203
Private Island of Sheikh Hamdan AlMaktoum / جزيرة شيخ حمدان المكتوم الخاصة
0.09 km^2
25.1980, 55.2261
UAE / الامارات العربية المتحدة

204
Private Island of Sheikh Mohammed AlMaktoum / جزيرة شيخ محمد المكتوم الخاصة
0.02 km^2
25.1100, 55.1586
UAE / الامارات العربية المتحدة

205
Qareen Alaish / قرين العيش
7.8 km^2
24.1400, 53.1697
UAE / الامارات العربية المتحدة

206
Qarnain / قرنين
1.35 km^2
24.9330, 52.8508
UAE / الامارات العربية المتحدة

207
Qassabi / قصابي
10.97 km^2
24.2101, 54.1013
UAE / الامارات العربية المتحدة

208
Qassar Bu Sa'ayed / قصار بو سعيد
0.17 km^2
24.3825, 54.3305
UAE / الامارات العربية المتحدة

209
Qassar Bu Sheyarrah / قصار بو شياره
0.1 km^2
24.3769, 54.3447
UAE / الامارات العربية المتحدة

210
Qassar Khunoon / قصّار خنون
0.008 km^2
24.3922, 54.3166
UAE / الامارات العربية المتحدة

211
Qisar Bu Sheera / قصار بو شيره
0.02 km^2
24.2074, 54.0139
UAE / الامارات العربية المتحدة

212
Ramhan / رمحان
1.52 km^2
24.5366, 54.5230
UAE / الامارات العربية المتحدة

213
Ras Alghurab / راس الغراب
6.45 km^2
24.6205, 54.5344
UAE / الامارات العربية المتحدة

214
Ras Ghamees / راس غميس
0.14 km^2
24.3830, 51.5758
UAE / الامارات العربية المتحدة

215
Reem / ريم
8.61 km^2
24.4925, 54.4080
UAE / الامارات العربية المتحدة

216
Residence of Alsayed Ahmad Almazrouei / منزل السيد احمد بن خلف المزروعي
0.06 km^2
24.0702, 53.7050
UAE / الامارات العربية المتحدة

217
Rufaiq / رفيق
16.92 km^2
24.1830, 54.0472
UAE / الامارات العربية المتحدة

218
Saadiyat / سعديات
28.88 km^2
24.5197, 54.4477
UAE / الامارات العربية المتحدة

219
Salaha / صلاحة
1.35 km^2
24.1936, 53.5377
UAE / الامارات العربية المتحدة

220
Sas Annakhal / ساس النخل
12.4 km^2
24.4433, 54.5080
UAE / الامارات العربية المتحدة

221
Sheikh Saeed Bin Hamdan AlNahyan Island / جزيرة شيخ سعيد بن حمدان النهيان
0.07 km^2
24.4202, 54.3036
UAE / الامارات العربية المتحدة

222
Shura'aya / شريعة
1.87 km^2
24.1099, 52.4394
UAE / الامارات العربية المتحدة

223
Shuweihat / شويحات
1.87 km^2
24.1099, 52.4394
UAE / الامارات العربية المتحدة

224
Sir Abu Nuayr / أبو صير نعير
12.63 km^2
25.2322, 54.2191
UAE / الامارات العربية المتحدة

225
Sir Bani Yas / سر بني ياس
91.15 km^2
24.3105, 52.6005
UAE / الامارات العربية المتحدة

226
Talee'a / طليعة
0.25 km^2
24.7255, 54.6063
UAE / الامارات العربية المتحدة

227
Um Alhatab / أم الحطب
0.38 km^2
24.2166, 51.8635
UAE / الامارات العربية المتحدة

228
Um Alkharkam / ام الخركم
0.25 km^2
24.3913, 52.7655
UAE / الامارات العربية المتحدة

229
Um Ame'em / ام عميم
0.17 km^2
24.2408, 53.3947
UAE / الامارات العربية المتحدة

230
Um Khourrah / ام خوره
0.03 km^2
24.3626, 52.7626
UAE / الامارات العربية المتحدة

231
Um Lifaina / ام لفينا
4.04 km^2
24.4863, 54.4516
UAE / الامارات العربية المتحدة

232
Um Qasar / ام قصار
0.18 km^2
24.3908, 52.7775
UAE / الامارات العربية المتحدة

233
VIP-1 Island / جزيرة كبار الشخصيات - 1
0.1 km^2
24.5805, 54.4772
UAE / الامارات العربية المتحدة

234
VIP-2 Island / جزيرة كبار الشخصيات - 2
0.01 km^2
24.5747, 54.4891
UAE / الامارات العربية المتحدة

235
World / العالم
9.62 km^2
25.2239, 55.1641
UAE / الامارات العربية المتحدة

236
Yabr / يابر
0.01 km^2
24.3183, 52.7194
UAE / الامارات العربية المتحدة

237
Yas / ياس
22.17 km^2
24.4847, 54.6027
UAE / الامارات العربية المتحدة

238
Yasat / ياسات
12.8 km^2
24.2025, 52.0058
UAE / الامارات العربية المتحدة

239
Zabara / زباره
0.02 km^2
24.6138, 54.6269
UAE / الامارات العربية المتحدة

240
Zabut Salamah / زبوت سلامه
0.01 km^2
24.1327, 52.4355
UAE / الامارات العربية المتحدة

241
Zagzoog / زقزوق
0.01 km^2
24.3913, 54.3944
UAE / الامارات العربية المتحدة

242
Zirku / زركو
8.79 km^2
24.8783, 53.0749
UAE / الامارات العربية المتحدة

243
Abu Sir / أبو سر
0.34 km^2
26.3802, 56.4163
Oman / عمان

244
Al Daymaniyat / الديمانيات
0.8 km^2
23.8551, 58.08794
Oman / عمان

245
Al Fahl / الفحل
0.01 km^2
23.6809, 58.5013
Oman / عمان

246
Al Hamra / الحمراء
0.03 km^2
26.2811, 56.4509
Oman / عمان

247
Alharat / الحرات
0.01 km^2
26.2124, 56.2924
Oman / عمان

248
Al Khayl / الخيل
1.46 km^2
26.3689, 56.4557
Oman / عمان

249
Al Makhruq / المخرق
0.001 km^2
26.3900, 56.3789
Oman / عمان

250
Al Shamm / الشم
0.22 km^2
26.2025, 56.3475
Oman / عمان

251
Bu Rashid / Tawakkul / بو راشد
0.16 km^2
26.4028, 56.4957
Oman / عمان

252
Fanaku / فنكو
0.02 km^2
26.4980, 56.5291
Oman / عمان

253
Habalayn / الحبلين
0.004 km^2
26.1622, 56.3563
Oman / عمان

254
Kachalu / كشلو
0.003 km^2
26.3951, 56.5311
Oman / عمان

255
Lima Rock / ليمة
0.04 km^2
25.9422, 56.4668
Oman / عمان

256
Maqaqah / مقاقة
0.02 km^2
26.1975, 56.3760
Oman / عمان

Das / داس

It was during 1962 that the Emirate of Abu Dhabi began to export crude oil to the world through the facilities set up on Das Island. The island plays a strategic role in the processing, storage, and exportation of oil and gas produced nearby, housing massive infrastructure not only for oil production, but shipping as well. Over 3,000 of the employees who work on the island also live there, though these employees are entirely male, as no women are allowed to live on the island.

Sheikh Shakhbout's court-appointed English poet, Roderic F. Owen, authored the beginnings of this infrastructure. Owen, who was stationed at Das Island as part of the RAF (the British Royal Air Force), pushed to rename the Persian Gulf as the "Arabian Gulf" in his book, The Golden Bubble.

3.4 km^2
25.1508, 52.8747
UAE / الامارات العربية المتحدة

بدأت إمارة أبوظبي خلال العام 1962 تصدّر حصتها من النفط الخام إلى سائر العالم من خلال المرافق التي أقيمت في جزيرة داس. تؤدي الجزيرة دوراً استراتيجياً في معالجة وتخزين وتصدير النفط والغاز المنتجين على مقربة منها، وهي تضم بنى تحتية هائلة ليس لإنتاج النفط فحسب، بل لشحنه أيضاً. ويقطن ثلاثة آلاف من الموظفين الذين يعملون على الجزيرة فيها أيضاً، علماً أنّ هؤلاء الموظفين كلّهم ذكور، إذ يُمنع على الإناث الإقامة في الجزيرة.

عيّنت محكمة الشيخ شخبوط الشاعر الإنجليزي، رودريك ف. أوين لتأريخ بدايات هذه البنى التحتية. فاجتهد أوين الذين كان يقيم في جزيرة داس ضمن سلاح الجو الملكي البريطاني لإعادة تسمية الخليج الفارسي بـ "الخليج العربي" في كتابه "الفقاعة الذهبية".

Telegraph / مقلب

From 1864 to 1869, Jazirat al Maqlab, or "Telegraph Island," was an active telegraph outpost, crucial for communication between India and Britain. Maqlab become infamous for the hardships endured by the officers assigned to the new station, giving way to the short lifespan of the island's role as an outpost. The harsh summer weather, coupled with the extreme isolation of the outpost, took a heavy toll on the British personnel.

It is from this that we owe the expression "going around the bend," as to reach the island, hidden between the rocky fjords off the Musandam coast, one would be forced to go around the bend of the Strait of Hormuz and continue onwards. For those given a post "around the bend," the fear of losing one's sanity was quite real. While visiting the island does not require such isolation today, the harsh conditions of the summer and difficult location within the fjords remain, leaving the island relatively untouched since its once important role in history.

0.01 km²
26.1959, 56.3431
Oman / عمان

من العام 1864 إلى 1869، شكلت جزيرة المقلب أو "جزيرة التلغراف" قاعدة إرسال برقيات نشطة ونقطة تواصل بالغة الأهمية بين الهند وبريطانيا. ساءت سمعة جزيرة المقلب تبعاً للمشاق التي عانى منها الضباط الذين تم تعيينهم في المحطة الجديدة، ما تسبب بقصر مدة الدور الذي أدته الجزيرة كقاعدة أمامية. كما وأنّ حرارة طقس الصيف وعزلة القاعدة الشديدة شكّلا عبئاً كبيراً على الجنود البريطانيين.

ومن هنا أتت العبارة الانجليزية "going around the bend" التي يُقصد بها "الإصابة بالجنون" أو "فقدان الصواب" والتي تعني حرفياً "الالتفاف حول المنحنى"، فللوصول إلى الجزيرة المخفية بين الأخوار الصخرية قبالة ساحل مسندم، على المرء أن يلتف حول منحنى مضيق هرمز والمتابعة قدماً. وكان هؤلاء الذين عُينوا في مناصب "حول المنحنى" يخشون فعلاً أن يفقدوا صوابهم [بسبب عزلة الموقع]. وفي حين أنّ الجزيرة لم تعد منعزلة بالمستوى عينه اليوم إلاّ أنّ ظروف الصيف القاسية وموقعها الصعب بين الأخوار الصخرية تبقيها بعيدة نسبياً عن أي نشاط بشري منذ أن أدت دورها الهام في الماضي.

257
258
259
260
261
262
263
264
265
266
267
268
269
270
271
272
273
274
275
276
277
278
279
280
281
282
283
284
285
286
287
288
289
290
291
292
293
294
295
296

257
Mukhaylif / مخيلف
0.001 km^2
26.3717, 56.4177
Oman / عمان

258
Musandam / مسندم
2.85 km^2
26.3695, 56.5272
Oman / عمان

259
Pearl / جزيرة الؤلؤ
0.003 km^2
25.9607, 56.4297
Oman / عمان

260
Quoin (Salamah) / السلامة
0.17 km^2
26.5034, 56.5115
Oman / عمان

261
Ras Marovi / راس موروفي
0.01 km^2
25.9847, 56.4347
Oman / عمان

262
Sibi / سيبي
0.12 km^2
26.2210, 56.3909
Oman / عمان

263
Telegraph / Maqlab / مقلب
0.01 km^2
26.1959, 56.3431
Oman / عمان

264
Um Al Fayarin / أم دارا
0.08 km^2
26.1788, 56.5462
Oman / عمان

265
Um Alghanam / أم الغنم
4.85 km^2
26.3518, 56.3515
Oman / عمان

266
Abasak / عباسك
4.08 km^2
28.9889, 50.8643
Iran / إيران

267
Bunneh / بونه
2.2 km^2
30.1428, 49.1738
Iran / إيران

268
Dara / دارا
1.09 km^2
30.1009, 49.1067
Iran / إيران

269
Farsi / جزيره فارسى
0.25 km^2
27.9932, 50.1724
Iran / إيران

270
Gorm / گرم
0.46 km^2
27.9127, 51.4469
Iran / إيران

271
Greater Farur / فارور بزرگ
30.93 km^2
26.2891, 54.5168
Iran / إيران

272
Hendorabi / هندرابى
24.73 km^2
26.6749, 53.6325
Iran / إيران

273
Hengam / هنگام
39.71 km^2
26.6407, 55.8810
Iran / إيران

274
Hormuz / هرمز
47.56 km^2
27.0688, 56.4649
Iran / إيران

275
Kharg / خارک
24.55 km^2
29.2500, 50.3107
Iran / إيران

276
Kharku / خاركو
3.08 km^2
29.3247, 50.3462
Iran / إيران

277
Kish / كيش
103.86 km^2
26.5326, 53.9698
Iran / إيران

278
Larak / لارک
54.41 km^2
26.8605, 56.3626
Iran / إيران

279
Lavan / لاوان
85.71 km^2
26.8137, 53.2521
Iran / إيران

280
Lesser Farur / فارور كوچک
1.88 km^2
26.2429, 55.1449
Iran / إيران

281
Mir Mohanna / مير مهنا
0.034 km^2
29.4770, 50.6096
Iran / إيران

282
Nakhiloo / نخيلو
0.21 km^2
27.8657, 51.4461
Iran / إيران

283
Nedel Gar / ندل جار
1.46 km^2
30.2383, 49.0443
Iran / إيران

284
Negin / نكين
0.56 km^2
28.9964, 50.8415
Iran / إيران

285
Omm-e-Sila / ام سيله
3.56 km^2
27.9974, 51.3287
Iran / إيران

286
Ommolkorm / أم الكرم
0.17 km^2
27.8228, 51.4713
Iran / إيران

287
Qabr-e Nakhoda / جبر ناخدا
3.9 km^2
30.3427, 48.9241
Iran / إيران

288
Qeshm / قشم
1816.09 km^2
26.8202, 55.9127
Iran / إيران

289
Shidvar / شيدوَر
1.13 km^2
26.7925, 53.4102
Iran / إيران

290
Shif / شيف
15.61 km^2
29.0442, 50.8791
Iran / إيران

291
Siri / سيري
17.98 km^2
25.9085, 54.5208
Iran / إيران

292
Tahamadun / تهمادون
18.55 km^2
27.8358, 51.5625
Iran / ايران

293
Alfaw / شبه جزيرة الفاو
1655.75 km^2
30.1449, 48.2133
Iraq / العراق

294
Abu Musa / ابوموسى
11.99 km^2
25.8766, 55.0372
Disputed Islands /
جزر متنازع عليها

295
Greater Tunb / طنب الكبرى / تنب بزرگ
10.69 km^2
26.2611, 55.3050
Disputed Islands / جزر متنازع عليها

296
Lesser Tunb / طنب الصغرى / تنب كوچک /
1.33 km^2
26.2396, 55.1468
Disputed Islands /
جزر متنازع عليها

Qeshm / قشم

An island even larger than the country of Bahrain, Qeshm, the largest island in the Gulf, is one of Iran's main free trade zones. The island became a free trade zone after Kish proved to be a success. Although, unlike its counterpart, Qeshm has retained a more traditional way of life. Inhabitants of the island have a distinct dress, wearing bright, colorful clothing that fits loosely and is sometimes paired with a colorful facemask, similar to that of the niqab.

While it was intended to become a major business destination, Qeshm has remained a relatively small market for large, international stores or products, with locals owning a majority of the businesses on the island. Rather, Qeshm has become well known for its traditional villages and rich landscape, such as the extraordinary cliffs found in the Valley of the Fallen Star.

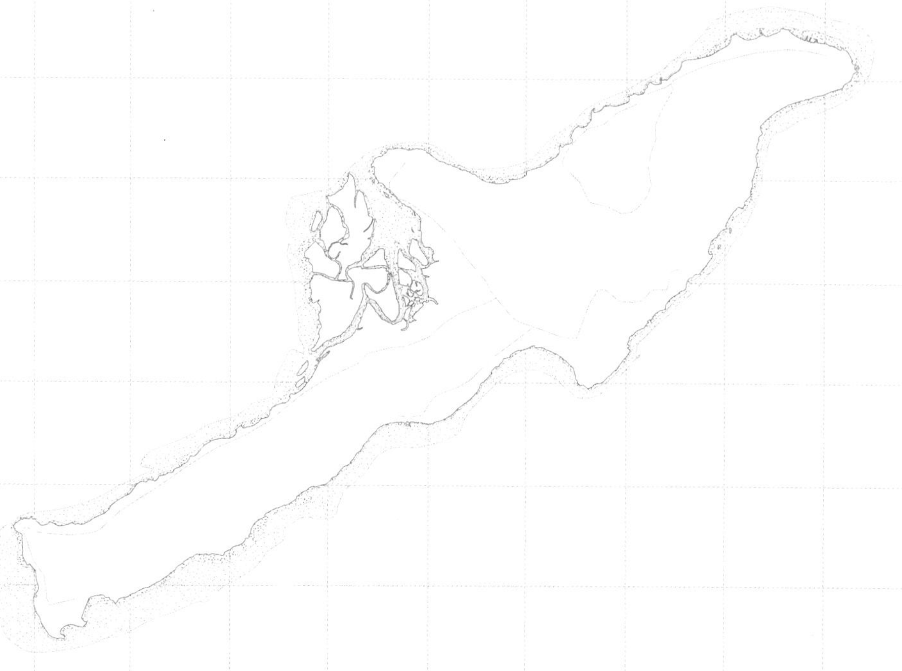

1816.09 km^2
26.8202, 55.9127
Iran / إيران

قشم جزيرة أكبر حتى من دولة البحرين، وهي الجزيرة الأكبر حجماً في الخليج وإحدى أبرز مناطق تجارة إيران الحرة. تم افتتاحها كمنطقة تجارة حرة بعد نجاح كيش، وفي حين سمحت الجزيرة بانتشار واسع للأعمال، إلاّ أنّها أبقت هي وسكانها، خلافاً لكيش، على نمط حياة أكثر تقليدية.
القصة المطولة

قشم جزيرة أكبر حتى من دولة البحرين، وهي الجزيرة الأكبر حجماً في الخليج وإحدى أبرز مناطق تجارة إيران الحرة. أصبحت الجزيرة منطقة تجارة حرة بعدما أثبتت كيش نجاحها. غير أنّ قشم، وخلافاً لنظيرتها، ابقت على نمط حياة تقليدي. حيث يعتمد سكانها لباساً متحفّظاً للغاية؛ فيرتدون ألبسة زاهية الألوان فضفاضة ويطابقونها أحياناً بوشاح ملوّن للوجه، شبيه بالنقاب.

وبينما كان يُقصد من قشم أن تصبح وجهة أعمال كُبرى، بقيت سوقاً صغيرةً نسبياً للمتاجر والمنتجات الكبرى الدولية، إذ إنّ السكان المحليين يمتلكون أغلبية المؤسسات التجارية على الجزيرة. وباتت قشم عوضاً عن ذلك معروفةً بقراها التقليدية ومناظرها الطبيعية الغنية، مثل المنحدرات الصخرية الرائعة في وادي النجوم.

Kuwait

001 / Auheh

02 / Boubyan
Boubyan was converted into a military facility in 1991 and has remained so since.

003 / Failaka
Failaka island was a part of the Dilmun civilization that existed in the region during the 3rd millennium BC and was later reincarnated as "Ikaros," a decision made by Alexander the Great during his travels through the region.

004 / Green Island
Part of the Kuwait Waterfront Project designed and completed by Sasaki Associates, Ghazi Sultan, & KEO in 1988, Green Island is Kuwait's first manmade island.

005 / Kubbar
The island is surrounded by coral reefs which are monitored by the Kuwait Diving Team and the international Coral Watch program. It is often frequented by locals visiting the island for a beach getaway or weekend vacation.

006 / Miskan
Miskan is home to a lighthouse installed in 1918 by the British.

007 / Qaruh
This island was the first piece of Kuwaiti soil liberated from Iraq during the Gulf War in 1991.

008 / Shuwaikh
Shuwaikh Island has become Kuwait's main commercial port.

009 / Umm al Maradim
This was the second parcel of land liberated from Iraq during the first Gulf War.

010 / Umm an Namil

011 / Warbah
This island marks the northern most point of Kuwait.

Saudi Arabia

012 / Abu Ali
Situated adjacent to Al Batinah, Abu Ali was severely affected by the release of oil into the Gulf during the 1991 Gulf War. It is home to a wide variety of bird species.

013 / Al Batinah
Batinah is located adjacent to Abu Ali and was greatly affected by the environmental warfare of the 1991 Gulf War that resulted in the release of large amounts of oil into the Gulf.

014 / Al Heeza

015 / Alhuwaylat

016 / Althumairi

017 / Al-'Arabiya
A former center of dispute between Saudi Arabia & Iran, this island was officially awarded to Saudi Arabia in agreement signed by the two countries in 1968.

018 / Coral
This is a manmade island off the coast of Dammam that has family oriented, outdoor activities and landscaping. It is accessible by bridge, though ferries run between the island and the mainland as well.

019 / Du'aynah

020 / Gurmah
Gurmah is home to a breed of rare drawf black mangroves, making it a particularly important site for environmental preservation during the 1991 Gulf War when many of the valves, at an oil terminal near Kuwait, were opened by Iraqi forces to release the oil into the Gulf.

021 / Hadhaba

022 / Halat Za'al

023 / Harqous
Harqous is an important asset in Saudi Arabia's focus on natural wildlife as it is home to a variety of sea bird and turtle species.

024 / Haylmiya

025 / Huwaysat
The sovereignty of Huwaysat was a source of contention between the UAE & Saudi Arabia until it was decided in 1993 with the signing of a treaty recognizing Saudia Arabia's ownership of the island.

026 / Jinna

027 / Judhaym
A large bird population exists on the island.

028 / Juraid
This teardrop shaped island off the coast of Jubail is a haven for hundreds of species of fish, turtles, and other marine creatures. It is a popular diving site and is known for its diverse marine life.

029 / Karan
Karan is the largest offshore coral cay island in Saudi Arabia.

030 / Khobar Water Tower Island
This is a manmade peninsula that holds the Al Khobar water tower.

031 / Maqta'a

032 / Muslamiya

033 / North Bayna

034 / Qannah
This island is scarcely inhabited, with a small fort and round tower erected towards the East of the island, and a very small village closer to the North.

035 / Qraiyn

036 / South Bayna

037 / Tarout / Dareen
The island was formerly part of the Dilmun civilization, is home to Tarout Castle which dates back to 1515, as well as the site of many archaeological finds such as the solid gold statue of the ancient goddess Ashtaroot and pottery believed to be dated around 4500 BC.

038 / Unaibar

039 / Zakhnuniya

Bahrain

040 / Abu Amira

041 / Ajirah Island
The island is a part of the Hawar archipelago that was awarded to Bahrain by the ICJ in 2001.

042 / Al Hajiyat
These three islands are part of the Hawar archipelago that was awarded to Bahrain by the ICJ in 2001.

043 / Aljadoom

044 / Al Wukūr
The island is a part of the Hawar archipelago that was awarded to Bahrain by the ICJ in 2001.

045 / Amwaj
This group of manmade, mixed-use islands are the largest in Bahrain and the first place to offer 100% freehold land ownership to expatriates living in the country.

046 / Bahrain
Bahrain island is the home to the country's capital and is the largest island in the archipelago that comprises the country of Bahrain. The island has been occupied for over 5,000 years and served as one of the central locations of the Dilmun civilization.

047 / Bū Sadād islands
These islands are part of the Hawar archipelago that was awarded to Bahrain by the ICJ in 2001.

048 / Dar
Dar island is home to a hotel resort and is frequented by visitors for its beaches and water activities.

049 / Dilmuniah
A development based on creating a space for a holistic, healthy lifestyle -- "the modern Garden of Eden."

050 / Durrat Al Bahrain
Jointly owned by the Kingdom of Bahrain's Government and Kuwait Finance House [KFH], this development will be a luxury mixed use project spanning 14 manmade islands.

051 / East Rubud
The island is a part of the Hawar archipelago that was awarded to Bahrain by the ICJ in 2001.

052 / Falkland
Known as the Falkland Island by local fisherman and the coast guard after it was refered to as such by local Birtish officials during the British protectorate period.

053 / Hawar
The center of dispute between Qatar and Bahrain since 1936, this archipelago, first surveyed in 1820, led to the first dispute between two Arab nations being resolved in the International Court of Justice.

054 / Jidda
The island served as Bahrain's main prison during its time as a British protectorate. Jidda drew international attention for the incarceration of the "Bahraini Three" on the island.

055 / Mashtan
From the islands comprising the Hawar archipelago, Mashtan is the closest to Bahrain Island. Though it was not a part of the ICJ settlement determining the status of the Hawar islands, Bahrain has included it in their World Heritage Site application for the islands.

056 / Muharraq
Muharraq was originally referred to as "Arados", the Greek name given to the island during the time of Alexander the Great. The island served as the the capital of the country until it was replaced by Manama in 1932.

057 / Mutarith

058 / Nabih Saleh
Nabih Saleh has freshwater springs that are used to irrigate date palm groves on the island.

059 / Noon

060 / North City
This island marks the beginning of Bahrain's implementation of affordable housing for needy citizens throughout the country, with an expected goal of approx. 2,000 units to be located on the island.

061 / North Sawad
The island is a part of the Hawar archipelago that was awarded to Bahrain by the ICJ in 2001.

062 / Nuranna
Nuranna is a mixed use land development project that would provide the majority of land for housing.

063 / Passport Island
Passport island is home to the border station between Saudi Arabia and Bahrain located along the King Fahad Causeway that connects the two countries. The causeway is the only land link that Bahrain has with any other country.

064 / Qassar Al Qulay'ah

065 / Qit'at Jaradah
Though not part of the Hawar islands, it was a part of the ICJ settlements in 2001. It caused setbacks as it was unclear whether or not it met the requirements to be considered an island.

066 / Reef
Reef is an artificial island created for luxury residential and commercial projects.

067 / Sheikh Ibrahim Shrine
Shrine to Sheikh Ibrahim Almathhaji who had led an army of 6000 soldiers against the forces of Abdullah bin Ziyad in Mosul (66 Hijri / 686 AD), Iraq in retaliation for the death of the grandson of the prophet Mohammed: Hussein.

068 / Sitra
Historically, Sitra Island was the site of a bloody conflict that occurred in 1782 between the Al Khalifa family (who were based in Zubrah (currently in Qatar)) and the Al Mathkoor family in which many of the residents of Sitra Island were killed. The battle would continue into naval warfare between the families that would lead to the defeat of the Al Mathkoors and the eventual installation of the Al Khalifa family as rulers of Bahrain.

069 / South Sawad
Part of the Hawar Islands, this island is home to more than 10% of the world's population of the threatened Socotra cormorant bird.

070 / Um Annassan
This island was the private property of King Hamad bin Isa Al Khalifa & was the site of his personal game reserve.

071 / Um Jileed

072 / Um Lama

073 / Um Sabban / Almuhammadiyah
This island was given as a gift to Max Thornburg, vice president of CALTEX oil company, to use for his private home and office during the 1930s.

074 / Umahzuzza

075 / Umm Jinni
The island is a part of the Hawar archipelago that was awarded to Bahrain by the ICJ in 2001.

076 / West Rubud
The island is a part of the Hawar archipelago that was awarded to Bahrain by the ICJ in 2001.

Qatar

077 / Aaliyah

078 / Abu Fleetah

079 / Abu Matar

080 / Al Ka'ud

081 / Banana
Man made luxury resort island off the coast of Qatar.

082 / Bashiriya

083 / Diynah
This island has the widest distribution of corals in Qatar.

084 / Halul
First frequented by pearling boats and fisherman seeking shelter in the early 1900s, it has come to be a loading terminal for crude production from nearby offshore oil fields, as well as one of the main bases for the Qatari Navy.

085 / Ishat
Three flat-topped islets make up this island bordered by cliffs.

086 / Jinan
This island was a part of the 60+ year dispute between Qatar & Bahrain over the Hawar & surrounding islands. It was awarded to Qatar with the conclusion of the case at the ICJ in 2001.

087 / Mikyar

088 / No Name 1
While it has no name or information, from aerial images one can see it is connected to land by bridge, inhabited, and has four complexes on it, with at least one mosque, and lush landscaping.

089 / No Name 2
While it has no name or information, from aerial images one can see it is connected to land by bridge and inhabited with a few small buildings.

090 / No Name 3
While it has no name or information, from aerial images one can see

الكويت

001 / عوهة

002 / بوبيان
تم تحويل جزيرة بوبيان إلى منشأة عسكرية عام 1991، وبقيت على هذا الحال منذ ذلك التاريخ.

003 / فيلكا
كانت جزيرة فيلكا جزءا من حضارة دلمون التي حكمت المنطقة خلال الألف الثالث قبل الميلاد، ثم أطلق عليها لاحقاً الإسكندر الأكبر خلال رحلاته في المنطقة اسم «إيكاروس».

004 / جزيرة الخضراء
وهي تعتبر جزء من مشروع الواجهة البحرية للكويت الذي قامت شركة ساساكي وشركاه غازي سلطان، ومكتب المهندس الكويتي في عام 1988 بتصميمه وإنجازه، وتعتبر الجزيرة الخضراء هي أول جزيرة صناعية في الكويت.

005 / كبّر
وتحيط الشعاب المرجانية بالجزيرة حيث يقوم فريق الغوص الكويتي والبرنامج الدولي لرصد حالة الشعب المرجانية بمتابعتها. وكثيرا ما يقوم السكان المحليين بزيارة الجزيرة للاستمتاع بالعطلات الشاطئية أو عطلة نهاية الأسبوع.

006 / مسكان
مسكان هي موقع المنارة التي قام البريطانيين بتركيبها عام 1918.

007 / قاروه
وقد كانت هذه الجزيرة هي أول قطعة من الأراضي الكويتية يتم تحريرها من قبضة الغزو العراقي خلال حرب الخليج عام 1991.

008 / الشويخ
أصبحت جزيرة الشويخ الميناء التجاري الرئيسي في الكويت.

009 / ام المرادم
حيث كانت ثاني قطعة من الأراضي الكويتية التي تم تحريرها من قبضة الغزو العراقي خلال حرب الخليج الأولى.

010 / أم النمل

011 / وربة
وتقع هذه الجزيرة إلى أقصى الشمال الكويتي.

السعودية

012 / أبو علي
جزيرة أبو علي المتاخمة للباطنة وقد تأثرت بشدة بعد تسرب النفط في مياه الخليج خلال حرب الخليج عام 1991. وهي تعتبر موطناً لمجموعة كبيرة من أنواع الطيور.

013 / الهيزة

014 / الباطنة
كما أن جزيرة الباطنة تتاخم جزيرة أبو علي وقد تأثرت بشكل كبير بسبب الحرب البيئية خلال حرب الخليج عام 1991 والتي أسفرت عن تسرب كميات ضخمة من النفط في مياه الخليج.

015 / الحويلات

016 / الثميري

017 / العربية
وهي تعتبر منطقة متنازع عليها سابقاً بين المملكة العربية السعودية وإيران، وقد تم إسناد ملكية هذه الجزيرة رسميا إلى المملكة العربية السعودية بناء على الاتفاقية الموقعة بين البلدين في عام 1968.

018 / المرجان
وهي جزيرة صناعية مطلة على سواحل الدمام وتعتبر وجهة عائلية، ومكاناً للأنشطة التي تمارس في الهواء الطلق وتمتاز بالمناظر الطبيعية. ويمكن الوصول إليها عن طريق جسر، وأيضاً بواسطة العبارات بين الجزيرة واليابسة.

019 / الضعينة

020 / القرمة
جزيرة القرمة هي موطن لسلالة من أشجار المنغروف السوداء النادرة، مما جعلها وجهة هامة لغرض الحفاظ على البيئة خلال حرب الخليج عام 1991 وذلك بعد قيام القوات العراقية بفتح صمامات النفط الكويتي لتسريب النفط في مياه الخليج.

021 / هذبة

022 / حالة زعل

023 / حرقوص
تعتبر جزيرة حرقوص من الجزر السعودية الهامة نظراً لطبيعتها البرية كما أنها موطناً لمجموعة متنوعة من سلالات الطيور البحرية والسلاحف.

024 / الهيلمية

025 / الحويصات
كانت تمثل جزيرة الحويصات مصدرا للخلاف بين المملكة العربية السعودية ودولة الإمارات العربية المتحدة إلى أن تم حسم الخلافات الحدودية وتوقيع معاهدة عام 1993 والتي أقرت بموجبها دولة الإمارات بسيادة السعودية على الجزيرة.

026 / جنا

027 / جنيم
يسكن الجزيرة عدد هائل من الطيور.

028 / الجريد
وتعتبر هذه الجزيرة التي تأخذ شكل الدمعة وتطل على سواحل الجبيل ملاذا لمئات الأنواع من الأسماك والسلاحف، والكائنات البحرية الأخرى. وهي مياه مفتوحة للغوص وتوفر الحياة البحرية بتنوع أشكالها.

029 / كران (قران)
يمثل الكاران أحد أكبر جزر الشعاب المرجانية البحرية المنخفضة في المملكة العربية السعودية.

030 / برج مياه الخبر
هي شبه جزيرة صناعية تضم برج مياه الخبر.

031 / المقطع

032 / مسلمية

033 / البينة الشمالية

034 / جَنة
ونادرا ما يقطن السكان هذه الجزيرة حيث تحتوي على حصن صغير وبرج دائري تم إنشائه شرق الجزيرة وبها قرية صغيرة بالقرب من الشمال.

035 / كرين (قرين)

036 / البينة الجنوبية

037 / تاروت
كانت الجزيرة سابقا جزءا من حضارة دلمون، هي موطن لقلعة تاروت والتي يعود تاريخها إلى عام 1515، وتمثل موقعاً للعديد من الاكتشافات الأثرية مثل تمثال الذهب الخالص للآلهة القديمة اشتورت والأواني الفخارية التي يعتقد أنها تعود إلى عام 4500 قبل الميلاد.

038 / عنيبر

039 / الزخنونية

البحرين

040 / أبو أميرة

041 / عجيرة
تعتبر هذه الجزيرة من جزر حوار التي أقرت محكمة العدل الدولية بسيادة دولة البحرين عليها في عام 2001.

042 / الحجيات
تعتبر هذه الجزر الثلاث جزء من أرخبيل جزر حوار التي أقرت محكمة العدل الدولية بسيادة دولة البحرين عليها في عام 2001.

043 / الجادوم

044 / اَلْوُكُور
تعتبر هذه الجزيرة من جزر حوار التي أقرت محكمه العدل الدولية بسيادة دولة البحرين عليها في عام 2001.

045 / أمواج
تعتبر هذه الجزر الصناعية، متعددة الاستخدامات أكبر الجزر في دولة البحرين، وتحتل الصدارة من بين الأماكن التي تمنح الوافدين الذين يعيشون في البلاد ملكية حرة بنسبة 100%.

046 / بحرين
جزيرة البحرين هي عاصمة البلاد وهي أكبر جزيرة في الأرخبيل الذي تتألف منه دولة البحرين. وقد سادت حضارة دلمون هذه الجزيرة لما يزيد عن 5000 عام وكانت تمثل أحد أهم المواقع في تلك الحضارات.

047 / بُو سَدَاد
تعتبر هذه الجزيرة من جزر حوار التي أقرت محكمة العدل الدولية بسيادة دولة البحرين عليها في عام 2001.

048 / دار
تعتبر جزيرة الدار موقعاً لمنتجع الفندق ويرتادها الزوار للاستمتاع بشواطئها والأنشطة المائية الموجودة بها.

049 / دلمونيا
"حديقة عدن الحديثة" حيث التطوير من منظور إنشاء مساحة لأسلوب حياة صحي وشامل.

050 / درة البحرين
ويمتلك هذه الحديقة الحكومة البحرينية وبيت التمويل الكويتي [بيتك] وفق ملكية مشتركة، وسوف يوفر التطوير العقاري فيها مشروعاً ذو استخدامات متعددة على 14 جزيرة صناعية.

051 / رَبَض اَلشَّرقيَّة
تعتبر هذه الجزيرة من جزر حوار التي أقرت محكمة العدل الدولية بسيادة دولة البحرين عليها في عام 2001.

052 / فلكلاند
هي جزيرة يعرفها الصيادين المحليين وخفر السواحل باسم جزيرة فوكلاند بعد أن قام مسؤولون بريطانيون محليون خلال فترة الحماية البريطانية بنقل ملكيتها إلينا.

053 / جزر حوار
يعتبر هذا الأرخبيل، الذي تم مسحه لأول مرة في عام 1820، محور النزاع بين قطر والبحرين منذ عام 1936 والذي يعتبر أول خلاف يتم تسويته بين دولتين عربيتين أمام محكمة العدل الدولية.

054 / جدة
كانت هذه الجزيرة بمثابة السجن الرئيسي في البحرين خلال فترة الحماية البريطانية. ومن جهتها لفتت حدة الاهتمام الدولي إلى حبس "ثلاثة بحرينيين" على الجزيرة.

055 / مُشتّان
تعد جزيرة مشتان هي أقرب جزيرة إلى البحرين من بين الجزر التي تكون ارخبيل حوار. ورغم أنها ضمن التسوية التي أبرمتها محكمة العدل الدولية التي حددت وضع جزر حوار، إلا أن البحرين قد ضمنتها في تطبيق قائمة التراث العالمي للجزر.

056 / المحرق
تشير كلمة المحرق في الأصل إلى اسم "ارادوس"، وهو الاسم اليوناني الذي حملته الجزيرة في عهد الإسكندر الأكبر. وقد كانت هذه الجزيرة هي عاصمة البلاد حتى تم استبدالها بالمنامة في عام 1932.

057 / المعترض

058 / النبيه صالح
تحتوى جزيرة نبيه صالح على ينابيع المياه العذبة التي تستخدم لري بساتين النخيل في الجزيرة.

059 / نون

060 /مدينة الشمالية
تمثل هذه الجزيرة نقطة انطلاق البحرين نحو تنفيذ مساكن بأسعار معقولة للمواطنين من ذوي الدخل المحدود في جميع أنحاء البلاد، وتستهدف إنشاء حوالي 2000 وحدة سكنية على الجزيرة.

061 / سُوَاد اَلشَّمَالِيَّة
تعتبر هذه الجزيرة من جزر حوار التي أقرت محكمة العدل الدولية بسيادة دولة البحرين عليها في عام 2001.

062 / نورانا
جزيرة نورانا عبارة عن مشروع تطوير عقاري متعدد الاستخدامات بحيث يوفر معظم الأراضي للسكن.

063 / جزيرة الحدود
جزيرة الحدود هي المنطقة الفاصلة بين حدود السعودية والبحرين والواقعة على طول جسر الملك فهد الذي يربط بين البلدين. ويعد الجسر هو الرابط البري الوحيد للبحرين بأي بلد آخر.

064 / قصار القليعة

065 / قطعة جرادة
رغم أنها ليست جزءا من جزر حوار، إلا أن تسويات محكمة العدل الدولية في عام 2001 قد شملتها. وقد كانت سببا في بعض التراجعات حيث لم يكن من الواضح ما إذا كانت قد استوفت متطلبات وضعية الجزيرة من عدمه.

066 / ريف
جزيرة الريف هي جزيرة صناعية تم إنشاؤها للمشاريع السكنية والتجارية الفاخرة.

067 / مقام الشيخ ابراهيم
جزيرة مقام الشيخ إبراهيم المذحجي وهو القائد الذي ترعم جيشا مكون من 6000 جندي ضد قوات عبد الله بن زياد في الموصل (66 ه / 686 م)، العراق انتقاما لمقتل الحسين حفيد النبي محمد.

068 / سترة
كانت جزيرة سترة مقر صراع دموي وقع في عام 1782 بين عائلة آل خليفة (التي كانت مقرها في الزبارة (حاليا في قطر)) وعائلة آل مذكور الذي قتل فيها العديد من سكان جزيرة سترة. واستمرت المعركة الى الحرب البحرية بين العائلتين هزمت عائلة المذكور مما ادى إلى تولي آل خليفة حكم البحرين.

069 / سُوَاد اَلْجَنُوبِيَّة
وتعتبر جزءً من جزر حوار، وهي موطناً لأكثر من 10٪ من طيور الغاق السقطرى المهدد بالانقراض.

070 / أم النعسان
وهذه الجزيرة عبارة عن ملكية خاصة لجلالة الملك حمد بن عيسى آل خليفة كما أنها محمية صيد خاصة لجلالته.

071 / أم جليد

072 / ام لما

073 / أم سبان/ المحمدية
منحت هذه الجزيرة كهدية لماكس ثورنبيرغ، نائب رئيس شركة كالتكس النفطية، لاستخدامها للسكن الخاص وكمكتب خلال الثلاثينات.

074 / أمحزوزة

075 / أم جني
تعتبر هذه الجزيرة من جزر حوار التي أقرت محكمة العدل الدولية بسيادة دولة البحرين عليها في عام 2001.

076 / ررَبَض اَلْغَرْبِيَّة
تعتبر هذه الجزيرة من جزر حوار التي أقرت محكمة العدل الدولية بسيادة دولة البحرين عليها في عام 2001.

قطر

077 / العالية
تعد جزيرة العالية صغيرة نسبيا لكنها معروفة بشواطئها.

078 / أبو فليتة

079 / أبو مطر

080 / الخعود

081 / موزة
جزيرة صناعية لمنتجع فخم مطلة على سواحل قطر.

082 / البشيرية

083 / ديينه
تتميز هذه الجزيرة بأنها تحتوي على مجموعة متنوعة من الشعاب المرجانية في دولة قطر.

084 / حالول
في أوائل القرن العشرون ترددت قوارب اللؤلؤ والصيادين على هذه الجزيرة بحثا عن مأوى، ولكن ما لبث أن صارت محطة تحميل لمنتجات النفط الخام الواردة من حقول النفط البحرية القريبة، كما أنها تعتبر واحدة من القواعد الرئيسية للقوات البحرية القطرية.

085 / الأسحاط
تتكون هذه الجزيرة من ثلاث جزر مسطحة تحدها المنحدرات.

086 / جنان
كانت هذه الجزيرة محل نزاع لفترة تتجاوز ستون عاماً بين قطر والبحرين على جزر حوار والجزر المحيطة بها. ثم أقرت محكمة العدل الدولية في عام 2001 بسيادة البحرين على الجزيرة وإغلاق القضية.

087 / المكيار

088 / جزيرة خاصة 1
رغم أنه لم يطلق على هذه الجزيرة اسماً ولم يتاح عنها معلومات، فإن المرء بإمكانه أن يرى من خلال الصور الجوية أنها متصلة باليابسة عن طريق جسر، وهي مأهولة، وبها أربعة مجمعات، ومسجداً واحداً، ومناظر طبيعية خصبة.

089 / جزيرة خاصة 2
رغم أنه لم يطلق على هذه الجزيرة اسماً ولم يتاح عنها معلومات، فإن المرء بإمكانه أن يرى من خلال الصور الجوية أنها متصلة باليابسة عن طريق جسر، وهي مأهولة وبها عدد قليل من المباني الصغيرة.

090 / جزيرة خاصة 3
رغم أنه لم يطلق على هذه الجزيرة اسماً ولم يتاح عنها معلومات، فإن المرء بإمكانه أن يرى من خلال الصور الجوية أنها متصلة باليابسة عن طريق جسر، وهي مأهولة ومقام عليها مجمع مباني ضخم وتتمتع بمناظرها الطبيعية.

091 / النخيل القديمة
كانت هذه الجزيرة الصغيرة التي تبعد 10 دقائق من الساحل بالقارب تضم مطاعم وأماكن الترفيه العائلي، إلا أنها الآن غير مأهولة بالسكان كما أن المباني قد تم هدمها.

092 /جزيرة النخيل

093 / اللؤلؤة
جزيرة لؤلؤة-قطر في مدنية الدوحة، بقطر، عبارة عن جزرية صناعية تمتد على مساحة تقارب أربعة ملايين متر مربع. وسوف تكون الموقع الأول في دولة قطر الذي يوفر التملك الحر للأجانب. ومنذ أوائل يناير عام 2015، يوجد بها 12،000 نسمة.

094 / الخور
تم احتلال جزيرة الخور خلال الحقب البربرية، الكيشينية، الساسانية، وقد أصبحت مصدرا هاماً للتحف الأثرية التي يعود تاريخها إلى الألف الثاني قبل الميلاد. وقد أطلق عليها اسم جزيرة الخور تيمنا بماضيها كموقع لعمليات صناعة صبغ الأرجوان التي قام بها الكيشيين.

it is connected to land by bridge, inhabited, and appears to have a very large complex of buildings on it, with well kept landscape.

091 / Old Palm Tree Island
This small island, 10 minutes from the coast by boat, was once the home to small, family entertainment venues and restaurants. It is now uninhabited and its former structures demolished.

092 / Palm

093 / Pearl
The Pearl-Qatar in Doha, Qatar, is an artificial island spanning nearly four million square metres. It is the first land in Qatar to be available for freehold ownership by foreign nationals. As of January 2015, there are 12,000 residents.

094 / Purple Island
Occupied throughout the Barbar, Kassite, & Sasanian Periods, Purple Island has become a great source of archaeological artifacts dating back to the second millennium BC. The name Purple Island comes from its past as the site of operation for the purple-dye industry controlled by the Kassites.

095 / Qetaifan Islands
Qetaifan Islands are currently under construction immediately off the coast of Lusail City, connected to land by multiple bridges, and is projected to become home to a new museum, convention center, & five-star hotel.

096 / Ra's Rakan
Jazīrat Ra's Rakan is a island and is located in Madīnat ash Shamāl, Qatar

097 / Safiliya
Safliya is a small, uninhabited island that is popular for day trips and swimming off the coast of Qatar.

098 / Shira'aw Island
Fringed by a coral reef, this island is a haven for seabirds and sea turtles.

099 / Um Alfar

United Arab Emirates

100 / Abbasiyah

101 / Abo Zayed

102 / Abu Alabyadh
Abu Alabyadh, one of the largest islands in the UAE, was previously a main base for pearl diving, later becoming a part of the Marawah Marine Protected Area in efforts to preserve the rich diversity of wildlife and habitats existing there.

103 / Abu Dhabi
Abu Dhabi is the name of the main island of Abu Dhabi city which is the largest city in Abu Dhabi emirate which in turn is the largest emirate of the UAE.

104 / Abulsayayif

105 / ADPC Khalifa Port
Located on a reclaimed land right off the coast of Taweelah, the ADPC Khalifa Port is the first semi-automated container port in the region.

106 / Akaab
This small island has been the source for a vast array of archaeological finds indicating that it was the site of a large Neolithic settlement dating back to 4700-3600 BC.

107 / Aldafin

108 / Alferdous

109 / Al Gantur

110 / Algelah

111 / Algurm Resort
Algurm is a luxury residential development off the coast of Abu Dhabi.

112 / Alhamra
This is a luxury residential development that, when completed, will be a part of AlHamra Village.

113 / Alhanyourah

114 / Alheel

115 / Aljaraf Fisheries
This island is home to the first shrimp producing farm in the UAE.

116 / Almahayim

117 / Almajaz Amphitheatre Island
Al Majaz island is the location of Al Majaz amphitheater, the first of 24 heritage projects announced in 2014.

118 / Almamzar Lagoon Island

119 / Almarjan
This manmade archipelago consists of, Breeze Island, Treasure Island, Dream Island, & View Island, together making Al Marjan. It has become a major tourist destination in the UAE since its opening in 2013.

120 / Almaryah
Formerly known as Sowwah Island, this island had its name changed in 2012, to that of Al Maryah, after a famous oasis in Liwa known for its deer. It is a mixed use development that is intended to become Abu Dhabi's new Central Business District.

121 / Almaya

122 / Al Noor Island

123 / Alqafi

124 / Alreem East

125 / Alsarayah
This island is a mixed use tourist development off the coast of Ras Al Khaimah.

126 / Alsayed Alhashimi

127 / Alsemaliyah
Samaliya is a protected marine and coastal sanctuary known for hosting a wide array of cultural heritage activities.

128 / Al Sinniyah
The largest island in Um Al Quwain, this island is known for its diverse wildlife species, specifically the Socotra Cormorant that has its third largest colony here.

129 / Althumairiya

130 / Arryam
Formerly known as Bu Kushaishah, the island is privately owned and known for both its gazelles and marine life. In recent years, discoveries of pottery dating back to the Ubaid civilization has been found on the island.

131 / Artifical Island 1

132 / Artificial Island 2

133 / Arzanah
This has been one of the locations of ZADCO, an oil production subsidiary of Abu Dhabi National Oil Company, since 1994.

134 / Bahrani
One of the more accessible large islands of Abu Dhabi, Bahraini is popular for day excursions and outdoor activities

135 / Balghelam
Balghelam has been the site of multiple archaeological finds including but not limited to early examples of hearths, graveyards, & wells.

136 / Beach Palace of His Highness
Sheikh Mohammed Bin Rashed Al Maktoum

137 / Blue Waters Island
This is a mixed use development that will be built on reclaimed land off the coast of Dubai. Once completed, it will be home to the Dubai Eye, the world's largest ferris wheel at 210m tall.

138 / Bu Ka'l

139 / Burj Alarab
The manmade island was constructed to be the location of the Burj Alarab hotel, the luxury hotel that has come to serve as one of the icons of Dubai.

140 / Bu Tinah
This UNESCO designated marine biosphere reserve was a finalist in the campaign for the New Seven Wonders of Nature. Known for its abundant wildlife and lush landscape, access is restricted in efforts to preserve the natural conditions on the island.

141 / Buwairiyat

142 / Container Terminal 4
This island is a part of the Jebel Ali Free Zone in Dubai.

143 / Dabbiya Oil Field
Dabbiya oil field is an artificial island located along the coast of Abu Dhabi belonging to Abu Dhabi Company for Onshore Petroleum Operations (ADCO). It was constructed to facilitate drilling wells in the area.

144 / Dalma
Dalma island consists of over 20 archaeological sites, some of which have been the source of items including a 7,000 year old limestone mortar and three mosques dating back to the beginning of the century.

145 / Dana

146 / Das
Das island is a strategic exporter of crude oil and liquified natural gas, having been one of the key islands involved in Abu Dhabi's oil business since 1954. It is the site of Abu Dhabi Gas Liquefaction Company's main operations and is home to more than 3,000 of their male employees.

147 / Deglat

148 / Deira
Originally intended to be a part of the Palm islands, construction on manmade Deira was put on hold until its reintroduction as an independent project. Developments on the island have begun, with a bridge linking Deira to other islands already underway.

149 / Deira Palm Parcel

150 / Dolphin Island
This is an artificial island located near Al-Reem island.

151 / Dubai Marina
Planned by HOK Canada in collaboration with Emaar Properties, the Dubai Marina is an artificial canal community on the coast of the city. It is claimed to be the world's largest manmade marina upon its completion.

152 / Dubai Water Canal Peninsula
This project is currently under construction and when completed will provide the city of Dubai with a three-kilometer long canal that runs from the sea through Business Bay to Jumeriah.

153 / Dubai Waterfront

154 / Dubawi
Part of the Palm Jumeirah development, this island is proposed to be a sustainable luxury resort.

155 / Emirates Heritage Club

156 / Eco Island
This island is a part of the plan for Saadiyat Islands to incorporate eco-tourism.

157 / Eqraiwah
This island has been the site of bird studies during the 1990s.

158 / Fahid
It is part of the Sheikh Khalifa Highway adjacent to Yas Island.

159 / Falah Bin Zayed

160 / Fisht Ghamees

161 / Fiyay

162 / Flag Island
Originally named Al Jazeera, the park opened in 1979 and covered the island across from Sharjah Central Market.. At its reopening ,the island had the world's 7th tallest flagpole, giving way to its new name.

163 / Furaydat

164 / Futaisi
The island was previously home to an ecotourism resort and a wildlife sanctuary.

165 / Gasha
This island is a part of Abu Dhabi's uninhabited Discovery Islands, a protected area known for its dolphin feeding grounds, turtles, and abundance of other wildlife.

166 / Ghagah

167 / Ghanada

168 / Ghlaa

169 / Hayl

170 / Hodariyat
Abu Dhabi's largest bridge ever, 6 lane Hodariyat Bridge, has just been completed, connecting Hodariyat island to Abu Dhabi's western coastline. The island is part of the Abu Dhabi Urban Planning Council's 2030 plan to create more Emirati housing.

171 / Humer

172 / Ish

173 / Janana
Jananah is one of the main islands in the UAE that dugong frequent on a regular basis.

174 / Jubail
This island is essentially uninhabited minus the stretch of land to the west of the island that the Sheikh Khalifa Highway spans & a few small buildings along the coast.

175 / Julaia

176 / Jumana
Jumana is a manmade island off the coast of Dubai that will be home to a luxury mixed use development.

177 / Khan

178 / Khasbat Alreem

179 / Khirdal

180 / Khubairah

181 / La Mer
This manmade island, when completed, will be the site of a new mixed use luxury development.

182 / Labzum

183 / Land Extension of the Compound of Sheikh Mansour Bin Zayed Al Nahyan

184 / Logo
Logo island is a private island in the manmade Palm Island archipelago that is home to a royal villa, multiple guest villas, and a private beach.

185 / Lulu
Lulu island is a manmade island off the coast of Abu Dhabi created for large scale development, but was closed shortly after its opening in 2007. Many beachgoers still visit the island, though it is only accessible by private boat and not officially a public destination.

186 / Makasib
Though the island belongs to the UAE, Saudi Arabia has been granted permission to construct as they please.

187 / Mamzar

188 / Marina

189 / Marooh
Marooh island is the location of a UNESCO Biosphere Reserve, as well the site of numerous archaeological finds dating back to the 16th century. Multiple natural habitats for local wild and marine life, including the world's second largest population of dugong, call this island home.

095 / قطيفان
جزر قطيفان حاليا قيد الإنشاء وهي مواجهة لسواحل مدينة لوسيل، وتتصل باليابسة عن طريق عدة جسور، ومن المتوقع أن تصبح متحفاً جديداً، ومركزاً للمؤتمرات، وفندق خمس نجوم.

096 / رأس ركن
جزيرة رأس ركن تقع في مدينة الشمال في دولة قطر

097 / السافلية
تعتبر جزيرة السافلية الصغيرة غير المأهولة وجهة للرحلات اليومية والسباحة مطلة على سواحل قطر.

098 / جزيرة شراعوه
توفر هذه الجزيرة ملاذا للطيور والسلاحف البحرية ويحيط بها الشعاب المرجانية.

099 / أم الفار

الامارات العربية المتحدة

100 / لفـبـسية

101 / ابو زايد

102 / ابو الابيض
تعد جزيرة أبو الأبيض واحدة من أكبر الجزر في دولة الإمارات العربية المتحدة؛ حيث كانت بمثابة القاعدة الرئيسية للغوص بحثا عن اللؤلؤ في السابق، ومن أجل المحافظة على تنوع الحياة البرية الغنية والمواطن الموجودة بها أصبحت مؤخراً جزءاً من محمية مراوح البحرية.

103 / ابو ظبي
جزيرة أبو ظبي هي الجزيرة الرئيسية في مدينة أبو ظبي؛ حيث تمثل أكبر مدينة في إمارة أبوظبي والتي بدورها تعد أكبر إمارة في دولة الإمارات العربية المتحدة.

104 / ابو السيايف

105 / ميناء خليفة
تقع الجزيرة على الأراضي المستصلحة المطلة على سواحل الطويلة ويعتبر ميناء خليفة في أبوظبي هو أول ميناء حاويات شبه آلي في المنطقة.

106 / الأكعاب
لطالما كانت هذه الجزيرة الصغيرة مصدراً لمجموعة واسعة من المكتشفات الأثرية التي تشير إلى أنها كانت موقعاً كبير للحقبة الحجرية الكبيرة التي يعود تاريخها إلى -4700 3600 قبل الميلاد.

107 / الدفن

108 / الفردوس

109 / قنطور

110 / الفلا

111 / القرم
جزيرة القرم هي مشروع سكني ناشر سطلة على ساحل أبو ظبي.

112 / الحمرا
تعتبر هذه الجزيرة مشروع سكني فاخر، والذي سيكون جزءا من قرية الحمراء عند اكتماله.

113 / الحنيوره

114 / الحيل

115 / الجرف
تضم هذه الجزيرة أول مزرعة إنتاج روبيان في دولة الإمارات العربية المتحدة.

116 / المهايم

117 / المجاز
جزيرة المجاز هي الموقع الخاص بمسرح المجاز، وهو المشروع الأول ضمن 24 مشروع تراثياً أطلق عام 2014.

118 / الممزر

119 / المرجان
تتكون جزيرة المرجان من أرخبيل صناعي يضم جزيرة نسيم، جزيرة الكنز، جزيرة الحلم، وجزيرة المنظر الطبيعي. وقد أصبحت المرجان وجهة سياحية رئيسية في دولة الإمارات العربية المتحدة منذ افتتاحها عام 2013.

120 / المريح
كانت تعرف هذه الجزيرة قديما باسم الصوة، وقد تغير اسمها عام 2012، ليصبح جزيرة المريح، وهي تقع بعد واحة ليوا المعروفة بتواجد الغزلان فيها. وهي مشروع متعدد الاستخدامات يهدف إلى أن تصبح مدينة أبوظبي محطة الأعمال المركزية الجديدة.

121 / المايا

122 / النور

123 / القافي

124 / الريم الشرقية

125 / السرايا
هذه الجزيرة هي عبارة عن مشروع سياحي متعدد الاستخدامات مطلة على سواحل رأس الخيمة.

126 / السيد الهاشمي

127 / السماليه
تمثل جزيرة السماليه محمية بحرية وساحلية شهيرة لاستضافة مجموعة واسعة من الأنشطة التراث الثقافي.

128 / السنيه
جزيرة السنية هي أكبر جزيرة في أم القيوين، وهي معروفة بتنوع الحياة البرية، وتحديدا طائر سقطري الغاق التي تمتلك ثالث أكبر موطن له.

129 / الثميرية

130 / اريام
جزيرة الأريام كانت تعرف سابقا باسم بو بوكشيشة، وهي ملكية خاصة وهي مشهورة بالغزلان والحياة البحرية. وخلال السنوات الأخيرة تم اكتشاف أواني فخارية تعود إلى حضارة العبيد.

131 / جزيرة صناعية 1

132 / جزيرة صناعية 2

133 / عرزانه
كانت جزيرة عرزانه احد مواقع شركة زادكو، شركة إنتاج نفط تابعة لشركة أبو ظبي الوطنية للنفط منذ عام 1994.

135 / بحراني
تمثل جزيرة بحراني احد أكبر الجزر انفتاحاً في أبو ظبي فهي مفتوحة للجمهور لقضاء الرحلات اليومية والأنشطة المفتوحة

135 / بلغلام
كانت جزيرة بلغلام موقعاً لاكتشافات أثرية متعددة بما في ذلك على سبيل المثال لا الحصر الأنماط القديمة للمداخن والمقابر، والآبار.

136 / قصر شيخ محمد بن راشد المكتوم

137 / جزيرة بلووترس
جزيرة بلووترس عبارة عن مشروع متعدد الاستخدامات سوف يتم بناؤه على المساحات المقابلة لساحل دبي. وبمجرد اكتماله سوف تكون عين دبي أحد أبرز معالم المشروع، والتي تشكل العجلة الترفيهية الأكبر من نوعها في العالم، والتي سيصل ارتفاعها إلى 210 أمتار

138 / بو كعل

139 / برج العرب
تم إنشاء جزيرة برج العرب الصناعية لتكون موقعاً لفندق فاخر يحمل اسمها، وهو الفندق الذي اصبح أحد معالم دبي الرئيسية.

140 / بوطينة
تحتل جزيرة بوطينة أكبر محمية بحرية في أبوظبي معتمدة من اليونسكو ضمن الشبكة العالمية لمحميات المحيط الحيوية المركز الأخير في حملة عجائب الطبيعة السبع الجديدة. وتعرف الجزيرة بتنوع الحياة البرية والمناظر الطبيعية الخلابة، كما أن إمكانية الوصول إليها محدود في ضوء جهود المحافظة على الظروف الطبيعية في الجزيرة.

141 / بويريات

142 / محطة الشحن 4
تقع جزيرة محطة الشحن 4 ضمن المنطقة الحرة بجبل علي في دبي.

143 / الضبعية
حقل الضبعية النفطي عبارة عن جزيرة صناعية تقع بطول ساحل أبو ظبي الذي تعود ملكيته إلى شركة أبوظبي للعمليات البترولية البرية المحدودة (أدكو). وقد تم إنشاء هذه الجزيرة لتسهيل حفر الآبار في المنطقة.

144 / دلما
تضم جزيرة دلما أكثر من 20 مواقعاً أثرياً كان مصدر بعضها من الحجر الجيري القديم الذي يبلغ عمره 7000 عام وبها ثلاثة مساجد يعود تاريخها إلى بداية القرن.

145 / دانه

146 / داس
تمثل جزيرة داس مصدراً استراتيجياً للنفط الخام والغاز الطبيعي المسال، وقد كانت واحدة من الجزر الرئيسية في القطاع النفطي في أبوظبي منذ عام 1954. ويقع بها موقع العمليات الرئيسية لشركة أبوظبي لتسييل الغاز ويقطن بها أكثر من 3000 من عامل من الذكور.

147 / دغلت

148 / ديره
تعتبر جزيرة ديرة في الأساس جزء من جزر النخيل، وقد تم تعليق إنشاء جزيرة ديرة الصناعية لإعادة مباشرة المشروع كمشروع مستقل. وقد بدأ إجراء التطورات على الجزيرة مع تشييد جسر يربط بين جزيرة ديرة مع الجزر الأخرى وهو تحت الإنشاء.

149 / نخلة الديره

150 / جزيرة الدلفين
جزيرة الدلفين عبارة عن جزيرة صناعية تقع بالقرب جزيرة الريم.

151 / مارينا دبي
قامت شركة أتش أو كي كندا بتصميمه بالتعاون مع شركة إعمار العقارية، ودبي مارينا هو قناة صناعية على ساحل المدينة. ويقال أنها ستكون أكبر مارينا صناعية في العالم بعد إنجازها.

152 / إمتداد قناة دبي
مشروع امتداد قناة دبي قيد الإنشاء حاليا وعند إنجازه سوف يوفر لمدينة دبي قناة بطول ثلاثة كيلومترات تمتد من البحر وتجري عبر خليج الأعمال إلى جميرا وسيتم تنفيذ مشاريع تطوير عقاري متعددة الاستخدامات على جانبي القناة.

153 / شاطئ دبي

154 / دباوي
جزيرة دباوي تمثل جزءً من مشروع نخلة جميرا، ومن المتوقع أن تكون منتجع فاخر مستدام.

155 / جزيرة نادي التراث الاماراتي

156 / جزيرة البيئية
الجزيرة البيئة جزء من خطة جزر السعديات لتوفير السياحة البيئية.

157 / إقريوه
رغم أن الكثير لم يسمع بجزيرة إقريوه، إلا أنها كانت موقع الدراسات الطيور خلال التسعينيات

158 / فاهد
جزيرة فاهد تمثل جزءً من طريق الشيخ خليفة السريع المجاور لجزيرة ياس.

159 / فلاح بن زايد

160 / فشت غميس

161 / الفيي

162 / جزيرة العلم
يعود اسم جزيرة العلم في الأصل إلى اسم الجزيرة؛ حيث تم افتتاح الحديقة عام 1979 وكانت تغطي الجزيرة عبر سوق الشارقة المركزي ومنذ ذلك الحين تم إعادة تسميتها لتصبح حديقة المنتزه وإعادة تسمية الجزيرة لتصبح جزيرة العلم. وعند إعادة افتتاح الجزيرة، كان بها سابع أطول سارية علم على مستوى العالم يرفرف باسمها الجديد.

163 / الفريدات الجنوبية

164 / فطيسي
كانت جزيرة فطيسي في السابق محمية للحياة البرية ومنتجعا للسياحة البيئية.

165 / غاشا
جزيرة غاشا من جزء من جزر ديسكفري أبو ظبي غير الآهلة بالسكان، وهي منطقة محمية معروفة بغذاء الدلافين، والسلاحف، وبها الكثير من الحيوانات البرية الأخرى.

166 / غاغة

167 / غناده

168 / غلا

169 / حايل

170 / حضاريات
يربط أكبر جسور أبو ظبي، الذي يضم 6 حارات سير، وقد الذي تم إنجازه مؤخراً، وربط جزيرة حضاريات بالساحل الغربي لإمارة أبوظبي. وتمثل الجزيرة جزءٌ من خطة مجلس أبوظبي للتخطيط العمراني لعام 2030 التي تستهدف إنشاء المزيد الوحدات السكنية للمواطنين الإماراتيين.

171 / حمر

172 / عش

173 / جنانة
جزيرة جنانة هي واحدة من الجزر الرئيسية في الإمارات العربية المتحدة التي تتردد عليها أبقار البحر بانتظام.

174 / جبيل
جزيرة الجبيل غير آهلة بالسكان باستثناء الشريط الممتد إلى غرب الجزيرة الذي يغطيه طريق الشيخ خليفة السريع وعدد محدود من المباني الصغيرة على طول الساحل.

175 / الجليعه

176 / جمانه
جزيرة جمانة جزيرة صناعية مطلة على سواحل دبي، والتي سوف يقام عليها مشروع متعدد الاستخدامات.

177 / خان

178 / خصبت الريم

179 / الخردال

180 / خبيرة

181 / لا مير
سوف تكون جزيرة لا مير الصناعية، بعد اكتمالها، موقعاً لمشروع عقاري فاخر متعدد الاستخدامات.

182 / لبزم

183 / إمتداد أرض شيخ منصور بن زايد النهيان

184 / لوغو
جزيرة لوغو هي جزيرة خاصة ضمن أرخبيل جزر النخيل الصناعي؛ حيث سيكون بها فيلا ملكية وفيلات متعددة لاستقبال الضيوف، وشاطئ خاص.

185 / اللؤلؤ
جزيرة اللؤلؤ عبارة عن جزيرة صناعية مطلة على سواحل أبو ظبي تم إنشائها كمشروع تطوير عقاري ضخم، ولكن تم إغلاقها بعد فترة قصيرة من افتتاح المشروع في عام 2007. ولا يزال العديد من مرتادي الشواطئ يقومون بزيارة الجزيرة؛ حيث يمكن الوصول إليها فقط عن طريق القوارب الخاصة وهي ليست وجهة عامة رسمياً.

186 / مكاسب
رغم أن ملكية جزيرة مكاسب تعود إلى دولة الإمارات العربية المتحدة، إلا أنها منحت المملكة العربية السعودية تصريح بالإنشاء حسب رغبتها.

187 / ممزر

188 / المارينا

189 / مروح
صنفت اليونسكو جزيرة مروح ضمن الشبكة العالمية لمحميات المحيط الحيوية، كما أنها موقع للعديد من الاكتشافات الأثرية التي يعود تاريخها إلى القرن السادس عشر. وهي موطن طبيعي للحياة البرية المحلية والحياة البحرية، بما في ذلك بقر البحر التي تتخذ الجزيرة موطنا لها وتعد ثاني أكبر بقعة تتركز فيها.

190 / ميناء العرب
سوف تكون هذه الجزيرة، بمجرد إنجازها، مشروع تطوير عقاري فاخر متعدد الاستخدامات.

191 / مبرز

192 / مهمليه

193 / مشيرب

194 / المعترضة

195 / ناريل
سوف تكون جزيرة الناريل بمثابة منطقة جديدة مصممة بشكل متكامل وحصرياً للمواطنين وهي تطل على الخليج.

196 / نجوم
تتكون جزر النجوم من مجموعة من الجزر الطبيعية التي تطل على ساحل الشارقة وهي منطقة لإقامة عدة أحياء متكاملة في المدينة. وقد تم تعليق هذا المشروع ولهذا تبقى الجزر غير مأهولة.

197 / نراي
جزيرة النوراي هو منتجع فاخر من المنتجعات الخاصة التي تم إنشائه بطول الواجهة البحرية لكي يوفر للعملاء إمكانية الحصول على مساحات كبيرة من الأرض لبناء فلل خاصة وفلل سكنية.

198 / منصة 31

199 / نخلة الديرة

200 / نخلة جبل علي
تعتبر أرخبيل نخلة جبل علي متطابقة تقريبا في الشكل والنموذج مع نخلة الجميرا لكنها تختلف عنها من حيث كونها خالية تماما منذ إنشائها. تم تعليق مشروع التطوير العقاري الفاخر والمتعدد الاستخدامات في عام 2008 دون اتخاذ قرار بشأن مستقبلها.

201 / نخلة جميرا
جزيرة نخلة الجميرا هي أكبر جزيرة صناعية في العالم، وتضم أكثر من 4000 فيلا وعدة مطاعم، ومجموعة كبيرة من الفنادق الفاخرة، بما في ذلك منتجع أتلانتيس والحديقة المائية. كما أنها تحوي أول نظام سكة حديدية منفرد في الشرق الأوسط.

202 / لؤلؤة جميرا
بمجر أن تكتمل جزيرة لؤلوة الجميرة من المتوقع أن تصبح واحدة من أفضل معالم دبي بواجهة بحرية ومشاريع متعددة الاستخدامات.

203 / جزيرة شيخ حمدان بن محمد بن راشد المكتوم الخاصة

190 / Mina Alarab
This island, once completed, will be the site of a mixed use luxury development.

191 / Mubarraz

192 / Muhmaylah

193 / Mushayrib

194 / Mu'taratha

195 / Nareel
This island will be home to a new, master-planned neighborhood for Emiratis on the water.

196 / Nujoom Islands
The cluster of natural islands off the coast of Sharjah that make up Nujoom Islands were the location of a new master plan for multiple neighborhoods in the city.The project has been put on hold and the island remains uninhabited.

197 / Nurai
Nurai is a private luxury resort community that was developed to give customers access to large plots of land for private, residential villas along the waterfront.

198 / Onshore Location Rig no. 31

199 / Palm Deira Parcel

200 / Palm Jebel Ali
Almost identical in shape and form to Palm Jumeriah, the Palm Jebel Ali archipelago remains different in that it has sat completely empty since its creation. The luxury mixed use development project was put on hold in 2008 with its future remaining uncertain.

201 / Palm Jumeirah
Palm Jumeriah is the world's largest manmade island archipelago and has become home to over 4,000 villas, multiple restaurants, and a wide array of luxury hotels, including the Atlantis hotel and waterpark. It is also the location of the Middle East's first monorail system.

202 / Pearl Jumeirah
Yet to be2completed, Pearl Jumeirah is projected to become one of Dubai's most elite, beachfront mixed use developments.

203 / Private Island of Sheikh Hamdan Bin Mohammed Bin Rashid AlMaktoum

204 / Private Island of His Highness Sheikh Mohammed Bin Rashed Al Maktoum

205 / Qareen Alaish
The island has been discovered to be a frquent stop for over 67 species of migratory birds through the region.

206 / Qarnain

207 / Qassabi

208 / Qassar Bu Sa'ayed

209 / Qassar Bu Sheyarrah

210 / Qassar Khunoon

211 / Qisar Bu Sheera

212 / Ramhan

213 / Ras Alghurab

214 / Ras Ghamees

215 / Reem

216 / Residence of Alsayed Ahmad Bin Khalaf Almazrouei

217 / Rufaiq

218 / Saadiyat
Saadiyat Island has quickly become one of Abu Dhabi's biggest attractions, drawing people from all over the world to its various amenities. Its Cultural District is the site of the Louvre Abu Dhabi, Guggenheim Abu Dhabi, and Zayed National Museum.

219 / Salaha

220 / Sas Annakhal

221 / Sheikh Saeed Bin Hamdan AlNahyan island

222 / Shura'aya

223 / Shuweihat

224 / Sir Abu Nuayr
This island has been deemed a SSSI, site of special scientific interest, due to its immense geological importance.

225 / Sir Bani Yas

226 / Talee'a

227 / Um Alhatab

228 / Um Alkharkam
Um Al Kharkum is a small island near Sir Bani Yas that is most often visited for fishing.

229 / Um Ame'em

230 / Um Khourrah

231 / Um Lifaina
Um Lifaina is an uninhabited island adjacent to Bal Rumaid island. It has been the site of speculative master plans for a large mixed use project, though it has yet to be developed.

232 / Um Qasar

233 / VIP-1 Island

234 / VIP-2 Island

235 / World
The World islands are a manmade archipelago designed to be in the shape of a world map. A wide scale, mixed use development was intended to be distributed across the islands; however, only a handful of the islands have been developed.

236 / Yabr

237 / Yas
This manmade island is home to many of Abu Dhabi's leading attractions, such as the the Formula One race, Ferrari World, and Yas Waterwold.

238 / Yasat

239 / Zabara

240 / Zabut Salamah

241 / Zagzoog

242 / Zirku
This island is home to one of ZADCO, Zakum Development Company's, most important sites for the processing and storage of oil from the area.

Oman

243 / Abu Sir
A cliffy island marked by a high peaked hill in the Musandam area.

244 / Al Daymaniyat
Al Daymaniyat islands are a protected nature reserve that is popular for diving off the coast.

245 / Al Fahl
Al Fahal is a protected nature reserve located close to the coast of Oman.

246 / Al Hamra
Home to the Za'ab tribe, this island off the coast of Ras Al-Khaimah was once a thriving pearling and fishing village until the 1930s. With the downfall of the pearling industry the village was subsequently abandoned and left uninhabited for decades to follow.

247 / Alharat

248 / Al Khayl

249 / Al Makhruq

250 / Al Shamm
Exists in Khawr Al Shamm, the longest fjord in Musandam.

251 / Bu Rashid / Tawakkul
The island is a popular dive site in the Musandam area.

252 / Fanaku

253 / Habalayn

254 / Kachalu
Kachalu is a island in the region of Musandam near Daw Sunni and is a diving site.

255 / Lima Rock
A pinnacle limestone island with steep vertical drops to more than 60 meters deep. It's famous for its caves, crevices, overhangs and healthy coral formations. Species found are yellow-fin, barracuda, wrasses, zebra sharks and jacks.

256 / Maqaqah
Fishing island located in Musandam.

257 / Mukhaylif
Located in Musandam peninsula near Kumzar and is not populated.

258 / Musandam
The island belongs to Oman despite its separation from the rest of the country by the UAE. Its strategic location allows for Oman to retain some control over the Strait of Hormuz that it shares with Iran.

259 / Pearl

260 / Quoin (Salamah)
The traditional "way point" used by ships to define the entrance or exit from the Persian Gulf.

261 / Ras Marovi
Ras Marovi is an active dive site in the Musandam area.

262 / Sibi

263 / Telegraph / Maqlab
In the 19th century, it was the location of a British repeater station used to boost telegraphic messages along the Persian Gulf submarine cable, which was part of the London to Karachi telegraphic cable.

264 / Um Al Fayarin
A popular place for local birds during nesting season, this small island is located in the Musandam area.

265 / Um Alghanam
Located in Musandam, Oman. Its name is derived from the past practice of leaving goats on the island to graze when pastures on the mainland were exhausted in time of drought.

Iran

266 / Abasak
This island is the location of the Sadra Island Offshore (Shipbuilding) Yard, where Sadra, or the Iran Marine Industrial Company, undertakes a great deal of their work in shipbuilding/repair, offshore oil activities, and civil infrastructure projects.

267 / Bunneh

268 / Dara

269 / Farsi

270 / Gorm
The island is known for its dense vegetation and is a pitstop for migratory birds.

271 / Greater Farur

272 / Hendorabi

273 / Hengam
Hengam is a small island located adjacent to Qeshm, popular for the vast array of wildlife and natural ecosystems in place.

274 / Hormuz
Said to be visited by the famous explorer Marco Polo, Hormuz became a center of trade between India & China by 1200 until its capture by the Portuguese in 1514. The island was later leased by Oman and is home to a fort built by the Portuguese.

275 / Kharg
Kharg belonged to the Dutch during the 15th century until it was captured by inhabitants of a nearby Persian port in 1766. Since then, it has become a crude oil terminal and loading facility.

276 / Kharku
Almost no information - Sandy beach with very little vegetation

277 / Kish
Kish island, formerly known as the Shah's playground, has been one of Iran's main free trade zones since 1968. It proved to be a large success in boosting tourism and revenue for the country.

278 / Larak
Larak island has a very diverse coral reef system located around it, comprising one of the most complex in the Gulf region.

279 / Lavan
Lavan is one of the main terminals for exporting crude oil from Iran.

280 / Lesser Farur

281 / Mir Mohanna
Named after Mir Mohanna who would launch pirate raids from Kharku against Dutch trading ships that were stationed in Kharg.

282 / Nakhiloo

283 / Nedel Gar

284 / Negin

285 / Omm-e-Sila

286 / Ommolkorm

287 / Qabr-e Nakhoda

288 / Qeshm
Qeshm is one of Iran's biggest free trade zones, strategically located only 60 kilometers from Bahrain & 180 from UAE Port Rashid.

289 / Shidvar
Shidvar island is a wildlife refuge.

290 / Shif
Shif island is home to a small, rural population.

291 / Siri
This island was home to an oil platform destroyed by the United States Naval Force during 1988 towards the end of the Iran-Iraq war.

292 / Tahamadun

Iraq

293 / Alfaw
Iraq's only access to the Gulf, the Alfaw peninsula is located along the convergence of the Tigris and Euphrates rivers. Plans are being laid out by the Iraqi government to construct a massive port infrastructure complete with artificial islands in order to meet its maritime logistical needs.

Disputed Islands

294 / Abu Musa
This island has been the source of tension between Iran and UAE for many years, as both claim ownership of the land. Both countries signed a Memorandum of Understanding in regards to the island after Bahrain's independence in 1968, though each one continues to dispute the standing of the other's claims.

295 / Greater Tunb
Follows same conflict as Abu Musa

296 / Lesser Tunb
Follows same conflict as Abu Musa

204 / جزيرة شيخ محمد بن راشد المكتوم الخاصة

205 / قرين العيش
اكتشفت جزيرة قرين العيش بعد أن أصبحت محطة لتوقف أكثر من 67 نوعا من الطيور المهاجرة عبر المنطقة بشكل متكرر.

206 / قرنين

207 / قصابي

208 / قصار بو سعيد

209 / قصار بو شياره

210 / قصّار خنون

211 / قصار بو شيره

212 / رمحان

213 / راس الغراب

214 / راس غميس

215 / ريم
أصبحت جزيرة الريم على مدار السنوات السبع الماضية أحد أكثر المناطق السكنية شعبية في أبوظبي. ومن المتوقع أن يضيف تنويع خدماتها في المستقبل القريب مزيد من الموارد التجارية للجزيرة.

216 / منزل السيد احمد بن خلف المزروعي

217 / رفيق

218 / سعديات
أصبحت جزيرة السعديات أحد أكبر مناطق أبو ظبي جذباً، حيث إن مرافقها المختلفة أصبحت مصدر استقطاب للزوار من جميع أنحاء العالم. وتضم المنطقة الثقافية بالجزيرة متحف اللوفر أبو ظبي، جوجنهايم أبوظبي، ومتحف زايد الوطني.

219 / صلاحة

220 / ساس النخل

221 / جزيرة شيخ سعيد بن حمدان النهيان

222 / شريعة

223 / شويحات

224 / أبو صير نعير
تعتبر جزيرة أبو صير نعير موقعاً ذا أهمية علمية خاصة، نظرا لأهميته الجيولوجية الهائلة.

225 / سر بني ياس

226 / طليعة

227 / أم الحطب

228 / ام الخركم
جزيرة أم الخركم هي جزيرة صغيرة تقع على مقربة من جزيرة صير بني ياس وهي موقع لصيد الأسماك.

229 / ام عميم

230 / ام خوره

231 / ام لفينا
تعد جزيرة أم لفينا غير آهلة بالسكان وهي مجاورة لجزيرة بال روميد. وقد كانت الجزيرة وجهة لخطط رئيسية لمشروع عقاري كبير متعدد الاستخدامات، رغم أنه لم يتم تطويرها حتى الآن.

232 / ام قصار

233 / جزيرة كبار الشخصيات 1

234 / جزيرة كبار الشخصيات 2

235 / العالم
جزر العالم هي عبارة عن أرخبيل صناعي يصور خريطة العالم. وكان المشروع الكبير والمتعدد الاستخدامات يستهدف الانتشار في جميع الجزر ومع ذلك، لم يتم تطوير إلا مجموعة صغيرة من الجزر.

236 / يابر

237 / ياس
تخدم جزيرة ياس الصناعية الكثير من مناطق الجذب السياحي في أبوظبي، مثل حلبة سباق الفورمولا ون، عالم فيراري، وعالم الماء في ياس. ومنذ بداية الجزيرة في عام 2006 كان لها وتيرة سريعة استهدفت العديد من البرامج.

238 / ياسات

239 / زباره

240 / زبوت سلامه

241 / زقزوق

242 / زركو
تعتبر جزيرة زركوه مركزا لمعالجة وتخزين النفط الخام في المنطقة في أحد أهم مواقع تطوير شركة زادكو. وبالإضافة إلى ذلك، يقطن الجزيرة أكثر من 1000 شخص.

عمان

243 / أبو سر
تتميز جزيرة أبو سر بوجود تلة عالية في منطقة مسندم.

244 / الديمانيات
جزر الديمانيات هي محمية طبيعية ووجهة شعبية للغطس على الساحل.

245 / الفحل
جزيرة الفحل محمية طبيعية تقع على مقربة من سواحل سلطنة عمان.

246 / الحمراء
كانت جزيرة الحمراء موطنا لقبيلة ذئب، وهي تقع قبالة ساحل رأس الخيمة وقد كانت وجهة غنية لصيد اللؤلؤ وقرية الصيد حتى الثلاثينيات. وفي ظل تراجع صناعة اللؤلؤ هجر السكان القرية في وقت لاحق، وبقيت غير مأهولة على مدى عقود متعاقبة.

247 / الحرات

248 / الخيل

249 / المخرق

250 / الشم
تضم جزيرة خور الشم أطول مضيق بحري في مسندم.

251 / بو راشد
جزيرة بوراشد تمثل وجهة شعبية للغطس في منطقة مسندم.

252 / فنكو

253 / الجبلين

254 / كشلو
تقع جزيرة كلشو في منطقة مسندم بالقرب داو السنة وهو موقع للغطس.

255 / ليمة
جزيرة ليما بها منحدرات عمودية حادة يصل عمقها أكثر من 60 متر. وتشتهر بالكهوف، والشقوق، والهياكل المتدلية والتكوينات المرجانية الناضجة؛ ويوجد بها أنواع مختلفة من القباب، الباراكودا، والكيدم، وأسماك قرش الحمار الوحشي وسمك سليمان.

256 / مقاقة
جزيرة توفر موقعاً جيداً للصيد في مسندم.

257 / مخيلف
تقع جزيرة مخليف في شبه جزيرة مسندم بالقرب من جزيرة كومزر وهي غير آهلة بالسكان.

258 / مسندم
تعود ملكية الجزيرة إلى عمان رغم أن دولة الإمارات العربية المتحدة تفصلها عن بقية أجزاء البلاد. وبفضل الموقع الاستراتيجي للجزيرة فبإمكان عمان الاحتفاظ بالسيطرة على مضيق هرمز الذي تشاركها إيران فيه.

259 / جزيرة الؤلؤ

260 / السلامة
جزيرة السلامة "نقطة الطريق" التقليدية التي تستخدمها السفن لتحديد مدخل أو مخرج الخليج الفارسي.

261 / راس موروفي
تعد جزيرة رأس ماروفي موقع نشط للغطس في منطقة مسندم.

262 / سيبي

263 / مقلب
في القرن التاسع عشر، اتخذت بريطانيا جزيرة مقلب موقعا لمحطة الإرسال من أجل تعزيز الرسائل البرقية التلغرافية البحرية عبر الخليج الفارسي؛ حيث كانت جزءاً من الكابل البرقي الذي يصل لندن بكراتشي.

264 / أم الفيارين
تعد جزيرة أم الفيارين مكان ملائماً وشعبياً للطيور المحلية خلال موسم التزاوج، وتقع الجزيرة الصغيرة في منطقة مسندم.

265 / أم الغنم
تقع جزيرة أم الغنم في جزيرة مسندم، في عمان. واسمها مشتق من العادة القديمة لترك الماعز في الجزيرة للرعي إذا ما نضبت المراعي البرية وقت الجفاف.

إيران

266 / عباسك
تعد جزيرة عباسك موقع ساحة (بناء السفن) بجزيرة صدر البحري ، حيث تجري صدرا، أو الشركة الصناعية البحرية الإيرانية، قدرا كبيرا من العمل في بناء / إصلاح السفن، والأنشطة النفطية البحرية، ومشاريع البنية التحتية المدنية.

267 / بونه

268 / دارا

269 / جزيره فارسى
جزيرة فارسي عبارة عن جزيرة صغيرة مطلة على سواحل إيران وهي مقر القاعدة البحرية المحلية، كما انها كانت محل النزاع خلال الأسابيع الأخيرة؛ حيث دخل عشرة من بحارة البحرية الأمريكية في المياه المحيطة بالجزيرة ومن ثم اعتقلتهم قوات الحرس الثوري الإيراني واحتجزتهم مما أدى إلى أجراء مفاوضات سريعة بين البلدين.

270 / گرم
تشتهر جزيرة كرم بنباتاتها الكثيفة وهي محطة للطيور المهاجرة.

271 / فارور بزرگ

272 / هندرابى

273 / هنگام
بحسب جزيره هنجام الصغيرة المتاخمة لجزيرة قشم شعبية واسعة للحياة البرية والنظم البيئية الطبيعية الموجودة.

274 / هرمز
"يقال أن المستكشف الشهير ماركو بولو زار جزيرة هرمز، وقد أصبحت مركزا للتجارة بين الهند والصين بحلول عام 1200 حتى استولى عليها البرتغاليين في عام 1514. وقد استأجرت عمان الجزيرة في وقت لاحق وهي موطنا لقلعة بناها البرتغاليون.

275 / خارك
كانت جزيرة تسيطر عليها هولندا خلال القرن الخامس عشر إلى أن استولى عليها سكان ميناء الفارسي القريب منها في 1766. ومنذ ذلك الحين، أصبحت محطة للنفط الخام ومنشأة للتحميل.

276 / خاركو
لا يكاد يكون هناك معلومات متاحة عن جزيرة خاركو سوى أن شاطئها رملي وبها كمية قليلة جدا من النباتات

277 / كيش
كانت جزيرة كيش، المعروفة سابقا باسم ملعب الشاه، واحدة من مناطق التجارة الحرة الرئيسية في ايران منذ عام 1968. وقد أثبتت نجاحاً كبيراً في تعزيز السياحة وعائدات البلاد.

278 / لارك
تتمتع جزيرة لارك بتنوع كبير من الشعاب المرجانية المحيطة بها، وهي تضم واحدة من أعقد المناطق في مياه الخليج.

279 / لاوان
تعد جزيرة لاوان أحد المحطات الرئيسية لتصدير النفط الخام من إيران.

280 / فارور كوچک

281 / مير مهنا
تم تسمية جزر مير مهنا بهذا الاسم تيمنا بمن قاد غارات القراصنة ضد السفن التجارية الهولندية التي كانت تتمركز في الخرج.

282 / نخيلو

283 / ندل جار

284 / نكين

285 / ام سيله

286 / أم الكرم

287 / جبر ناخدا
جزير جبر ناخدا هو موقع قبر لقبطان سفينة غير معروف، ومن هنا تم تسميتها بهذا الاسم والذي يترجم إلى "قبر الكابتن".

288 / قشم
تعد جزيرة قشم واحدة من أكبر مناطق التجارة الحرة الإيرانية، وتحتل موقعا استراتيجيا يبعد 60 كيلو مترا فقط عن البحرين و 180 كيلو مترا من ميناء راشد في دولة الإمارات العربية المتحدة.

289 / شيدوَر
جزيرة سيدور عبارة عن محمية للحياة البرية.

290 / شيف
يقطن جزيرة شيف عدد صغير من السكان الريفيين.

291 / سيري
جزيرة سيري كان بها منصة النفط التي دمرتها قوات البحرية الأمريكية خلال عام 1988 قبل نهاية الحرب بين إيران والعراق.

292 / تهمادون

العراق

293 / شبه جزيرة الفاو
شبه جزيرة الفاو تعتبر هي الجزء الوحيد من العراق الذي يطل على الخليج وتغطي بطول تلاقي نهري دجلة والفرات. وتقوم الحكومة العراقية بوضع خطط لإنشاء ميناء ضخم مع جزر صناعية من أجل تلبية احتياجاتها اللوجستية البحرية.

جزر متنازع عليها

294 / ابوموسى
كانت جزيرة أبو موسى مصدرا للتوتر بين إيران ودولة الإمارات العربية المتحدة لسنوات عديدة، إذ تدعي كلتا الدولتين ملكيتها. وقد وقع البلدان مذكرة تفاهم بشأن الجزيرة بعد استقلال البحرين في عام 1968، ورغم ذلك لا تزال كل دولة تشكك في مطالبات الطرف الآخر بها.

295 / طنب الكبرى / تنب بزرگ
من ضمن الجزر المتنازع عليها بين إيران والإمارات العربية المتحدة.

296 / طنب الصغرى / تنب كوچک
من ضمن الجزر المتنازع عليها بين إيران والإمارات العربية المتحدة.

Projections

Architectural Re-Imaginings of the Gulf

01
AGi Architects

02
Behemoth Press with
Matteo Mannini Architects /
بيهيموث برس و ماتيو مانيني

03
Design Earth /
ديزاين إيرث

04
ESAS Architects

05
Fortuné Penniman with
Studio Bound /
فورتونيه بينيمان مع استوديو باوند

06
PAD10

07
X-Architects

التصورات

تخيلات معمارية للخليج

Waste Farming: Recovering the Ecosystem of the Gulf

AGi Architects

Introduction

It is commonly believed that industrialization initiated the process of environmental degradation that has led to the ecological crisis the world faces today. But that is not true. Environmental degradation started as soon as human populations commenced to congregate in larger groups and form communities.[1] Although the link between such environmental destruction and human activities had been ignored previously, current research is unveiling surprising precedents. For example, the Ancient Greeks practiced excessive deforestation and farming, causing soil to erode and eventually diminish their land's ability to sustain plant life.[2] While the Mayans overexploited their farmlands to the point where it eventually became a contributing factor to the demise of their civilization.[3] When looking at the history of humanity's relationship with nature, what emerges is a consistent pattern of abuse and shortsighted exploitation.

Humankind interacts with nature in an alienated way, often absent the understanding that man is part of nature and not separated from it.[4] However, it is equally part of human nature to identify threats, formulate solutions, and organize efforts to solve problems. In fact, humans have been aware of their precarious relationship with nature for thousands of years. To take the issue of waste as an example, the Greeks established waste-management laws back in approximately 500 BC. Similarly, the practice of waste incineration, which is common today, appeared in Palestine in the early years of the first millennium.[5] These basic and self-interested efforts evolved with the passing centuries, becoming more sophisticated in their methods and more global in scale. The United Nations led Paris Agreement—signed in December 2015—is the most recent attempt to mitigate humanity's affect on the planetary ecosystem. With the ambitious goal of reversing the process of climate change, the Paris Agreement attempts to lead humanity's relationship with nature towards a sustainable state of equilibrium.[6] In this grand restructuring of human activities, there is no field or profession that is not both "responsible for" and "vulnerable to" change. It comes as no surprise that the built environment and its construction is at the forefront of shaping this new direction. Just as the field of design has helped erect the artificial environments that have deteriorated the natural world, its practitioners must now play a role in inventing new urbanities to help correct the age-old path of human civilization.

The Gulf

This research project addresses the problems of waste, pollution, and other anthropogenic stressors across the coastal regions of the Persian/Arabian Gulf. It stresses the need for an urgent shift in the paradigm that brings human activities to a state of equilibrium with local ecosystems.

Before exploring the physical nature of the Gulf, it's important to note the importance of the communities therein, which are an inseparable part of its history, culture, and economy. For a large part of those communities, the Gulf was their main source of food and income. Even more, the very word "Khaleeji," which literally translates to "people of the Gulf," refers to the populations of the Gulf Cooperation Council (GCC). Today, although the local cultures and economic strengths for the Gulf communities seem to have changed drastically, the Gulf maintains strategic importance.

The Gulf is a semi-enclosed body of water covering an area of approximately 240,000 km^2. The Tigris, Euphrates, and Karun are the main rivers feeding into the Gulf while it's only connection to the larger ocean system is its eastern opening to the Gulf of Oman, through the Strait of Hormuz. The countries bordering the Gulf are as follows: Bahrain, Iran, Iraq, Kuwait, Oman, Qatar, Saudi Arabia, and the United Arab Emirates. "Due to the high-latitude geographical position, the relative shallowness [averaging a depth of 35 m] and the high evaporation rates, the Arabian Gulf is characterized by extreme environmental conditions."[7] Examples of these extremes include a large fluctuation of temperature between summer and winter (15–36°C), and a high salinity that can exceed 43 PSU (Practical Salinity Unit). Although these conditions force the marine organisms of the Gulf to live "close to the limits of their environmental tolerance," the Gulf remains a habitat that fosters many biologically diverse ecosystems with both ecological and commercial value. Most importantly, these habitats include seagrass beds, coral reefs, mangrove swamps, and mudflats. To further illustrate the importance of these environments—the seagrass beds provide feeding grounds for several endangered species and act as nurseries for others while improving water quality by filtering out pollutants. The other habitats provide equal contributions to the vitality of the Gulf ecosystems, and therefore need to be protected.[8]

However, because this region has been characterized recently with high rates of urbanization, generous standards

مزارع النفايات: انعاش النظام البيئي في الخليج

AGi Architects

مقدمة

يسري بين الناس اعتقاد شائع بأن التقدم الصناعي هو السبب في التدهور البيئي الذي أدى إلى الأزمة البيئية التي يواجهها العالم اليوم، ولكن هذا الاعتقاد ليس صحيحًا. فقد بدأ التدهور البيئي منذ أن تشكلت المجتمعات وبدأ الناس بالتجمع والعيش معًا في مجموعات بشرية كبيرة. وهذا ما أكده العلماء الذين بدأوا اليوم بالكشف عن أن حقيقة التدمير البيئي الذي نراه اليوم له سوابق تعود إلى أزمنة قديمة جدا. فمثلاً، تسبب الإغريق القدماء بإزالة الأشجار والزراعة بشكل مفرط مما أدى إلى تعرية التربة وعدم قدرة الأرض على المحافظة على حياة المزروعات.بينما أرهق شعب المايا التربة بالزراعة، إلى درجة أنه أصبح عاملاً من عوامل انهيار هذه الحضارة. فعندما ننظر إلى تاريخ علاقة البشرية مع الطبيعة، سنتوصل إلى نمط ثابت ومنتظم من الإساءة والاستغلال ضيق الأفق. ويتبين لنا أن البشرية كانت و ما زالت تنظم علاقتها مع الطبيعة و كأنها منفصلة عنها ، دون أن يفهم الإنسان أنه جزء من الطبيعة.

ولكن ولكن من ناحية أخرى، يشكل التعرف على المخاطر والتهديدات وتوفير حلول لها وتنظيم الجهود لحل المشكلات جزءًا من الطبيعة البشرية أيضًا. والحق أن الإنسان كان على علم بعلاقته المضطربة مع الطبيعة منذ آلاف السنوات، وعندما نأخذ مسألة النفايات مثالاً نجد أن الإغريق قد طبقوا قوانين لإدارة النفايات منذ عام 500 قبل الميلاد تقريبًا. كما ظهرت آلية إحراق النفايات للتخلص منها بالألفية الأولى في فلسطين وما زالت شائعة حتى يومنا هذا.وتطورت هذه الجهود البسيطة على مر القرون، لتصبح وسائل أكثر تعقيدًا ذات نطاق عالمي أوسع. فتوجت باتفاق باريس في الأمم المتحدة الذي تم توقيعه في شهر ديسمبر من عام 2015، و الذي يسعى إلى عكس آثار التغير المناخي من خلال إدارة العلاقة ما بين البشرية والطبيعة بطريقة مستدامة ومتوازنة.

وفي إطار هذا الجهد الرامي إلى إعادة تنظيم الأنشطة البشرية، لا نكاد نجد مجالاً مهنيًا ليس "مسؤولاً" و"قابلاً" للتغيير في الوقت نفسه، ويبرز من بين هذه المجالات تلك المتعلقة بتصميم البيئة المبنية وطريقة تشييدها. فكما ساعدت هذه المجالات ببناء البيئات الاصطناعية التي تسببت بتدهور عالم الطبيعة، فإن لها دور ومسؤولية ابتكار مخططات حضرية كمساهمة منها في تصحيح مسار الحضارة الإنسانية.

الخليج

يتناول هذا المشروع البحثي مشكلات النفايات والتلوث وغيرها من الأنشطة البشرية في الخليج العربي والبيئات الساحلية المحيطة به. ويركز على الحاجة الملحة للتغيير التي تحقق التوازن ما بين الأنشطة الإنسانية والأنظمة البيئية المحلية.

ويجب علينا قبل التعرف على طبيعة الخليج المادية، الإشارة إلى أن الخليج كان وما يزال ذو أهمية كبيرة للمجتمعات التي تعيش حوله حتى أصبح جزءًا لا يتجزأ من تاريخها وقيمها الثقافية واقتصادها. وبالنسبة لجزء كبير من هذه المجتمعات، كان الخليج مصدرًا للرزق والطعام، لدرجة أنها تنسب إليه بالمجتمعات "الخليجية". واليوم بالرغم بالرغم أن الثقافات المحلية والقوة الاقتصادية قد تغيرت بالنسبة للمجتمعات الخليجية، إلا أن الخليج ما يزال محافظًا على أهميته الاستراتيجية.

الخليج هو مسطح مائي محاط باليابسة من ثلاث جهات وتبلغ مساحته 240,000 كم مربع. تصب فيه الأنهار الرئيسية كدجلة والفرات وكارون، ولا يتصل مع مياه المحيط المفتوحة سوى عند طرفه الشرقي على خليج عُمان عبر مضيق هرمز. وتطل عليه دول البحرين، وإيران، والعراق، والكويت، وعُمان، وقطر، والمملكة العربية السعودية والإمارات العربية المتحدة. "بسبب موقعه الجغرافي المرتفع وضحالة مياهه [يبلغ متوسط عمقها 35 متر] ونسبة التبخر الكبيرة، يتميز الخليج العربي بظروف بيئية متطرفة". ومن أبرز الأمثلة على هذه الظروف المتطرفة هي تفاوت درجات الحرارة الكبيرة ما بين فصلي الصيف والشتاء (36-15 درجة مئوية)، وارتفاع الملوحة التي قد تتجاوز 43 وحدة (psu). وعلى الرغم من أن هذه الظروف تجبر الكائنات البحرية في الخليج بالاقتراب من "أقصى مستويات تحملها البيئي"، يبقى الخليج موئلاً للكثير من الأنظمة البيئية المتنوعة ذات القيمة البيئية والتجارية. وتتضمن هذه الموائل الأعشاب البحرية و الشعاب المرجانية و مستنقعات القرم والمسطحات الطينية. وخير مثال على أهمية هذه الموائل هي الأعشاب البحرية التي تشكل غذاءً للكثير من الفصائل المهددة بالانقراض، وتساهم في تحسين نوعية المياه، وتمتص الملوثات من المياه، وتعمل كأرضية حاضنة لبعض الكائنات الصغيرة. أما الموائل الأخرى، فلها مساهمات هامة كثيرة للحفاظ على الأنظمة البيئية في الخليج، ومن هذا المنطلق يجب الاستمرار بحمايتها.

ونظرًا لأن المنطقة قد شهدت مؤخرًا معدلات مرتفعة من التمدن ورفاهية العيش وازدهار الصناعات الثقيلة، أصبح الخليج والأنظمة البيئية المحيطة به تحت ضغوطات كبيرة بسبب الأنشطة البشرية. وتتوازى هذه الضغوطات مع استنزاف الموارد الطبيعية بشكل استهلاكي مفرط. أما التهديدات البيئية التي تواجه الخليج تأتي بسبب الإنتاج الكبير للنفايات وإدارتها، إضافة إلى الأثر السلبي لتحلية مياه البحر وسنتباتها وممارسات إنتاج الطاقة من الوقود الأحفوري.

1. النفايات

تُعرف النفايات بحسب الوكالة الأوروبية للبيئة بأنها "جميع المواد التي لا يستخدمها الناس ويريدون التخلص منها أو تخلصوا منها". وتصنف النفايات في العادة حسب طبيعتها ومصدرها، فتنقسم النفايات الصلبة إلى: نفايات البلدية و النفايات الصناعية و النفايات الخطيرة و النفايات الناتجة عن عمليات البناء والهدم والتجيم والسيارات المهملة، والإطارات التالفة، والنفايات الزراعية.

تصنف دول الخليج من بين أكثر الدول المنتجة للنفايات في العالم. وعلى الرغم من ذلك، فإنها تفتقر إلى المبادرات المتقدمة تقنيًا عبر نظام أو بنية تحتية شاملة للتخلص من النفايات. وفي الوقت الحالي، تشمل الوسائل المستخدمة للتخلص من النفايات طمر

of living, and heavy industries, the Gulf and its surrounding ecosystems are under great pressure from the resulting anthropogenic stressors.[9] These stressors are paralleled with an exhaustion of the region's environmental resources and a one-way consumerist attitude towards the environment. The main ecological threats currently facing the Gulf come from excessive waste and its management, the negative impact of water desalination and its byproducts, and the reliance on fossil fuel for power production.[10]

1. Waste
According to the European Environment Agency, "Waste includes all items that people no longer have any use for, which they either intend to get rid of or have already discarded.[11] Waste is usually categorized according to its physical nature and source. It divides solid waste into municipal, industrial, hazardous, construction and demolition, mining, end-of-life vehicles and tires, and agricultural waste.[12]

The Gulf countries have been ranked among the highest per capita producers of waste in the world.[13] But despite that, technically advanced initiatives are yet to be supported by a comprehensive system or infrastructure.[14] The existing methods currently utilized are mainly landfilling and basic incineration. Oman alone holds 350 formal and informal landfills, similar to several countries of the Gulf.[15] But simply burying waste does not solve the problem since landfills release methane into the air and hazardous chemicals (called leachate) into the ground. These are critical issues in terms of air purity, climate-change, and groundwater safety, which present severe implications on the health of the human population. One example of this is the abnormally high rates of congenital defects among newborn babies in Kuwait in the few years after the 1991 Gulf War. Kuwait's oil fields were burnt causing an environmental catastrophe.[16]

Initiatives that can counteract environmental degradation include recycling centers, composting, and waste-to-energy plants, all of which take advantage of excess and repurpose it for other functions.[17] It is important to realize that although these processes do have some negative impacts on the environment, they represent a major improvement to current methods, and if implemented widely, will become a major step towards solving the problem of waste.

2. Water Discharges
The second major anthropogenic stressor is the effluents discharged from the desalination plants that dot the coast of the Gulf. Their influents constitute about 48% of the wastewater discharged into the Gulf.[18] This is comparable to the entire fluvial runoff into the Gulf. Water production in the Gulf exceeds 45% of the total world capacity, and has been, together with gas and oil extraction, the base for the rapid regional industrial and urban growth of the last century.[19] The desalination plants are critical to the area because not only is water in the Middle East and North Africa (MENA) region the scarcest in the world; the GCC counties are also among the highest per capita consumers of water in the world. This has created a widening gap between the demand and supply of water, causing countries such as Saudi Arabia, United Arab Emirates, and Oman to extensively pump groundwater, risking the future sustainability of this resource (Frost & Sullivan, 2015).[20] The problem with simply closing the demand-supply gap with desalination plants is the effect this is having on the Gulf water. As the desalination plants around the Gulf extract fresh water from seawater, they also pump the remaining hyper saline water discharge (called brine) back into the Gulf. This process contributes to the water's increased salinity, rising temperature, and contamination with harmful chemicals. Studies have shown that this has already caused a reduction in biodiversity in some areas of the Gulf.[21]

Another type of waste discharge that is negatively impacting the Gulf is wastewater. This can be any combination of domestic effluence (including blackwater and greywater), commercial wastewater, industrial and urban contamination, and agricultural and aqua-cultural runoff.[22] Since water consumption is very high in the Gulf, the amounts of produced wastewater in the region are equally high and continually rising. In Kuwait, there has been a 20% increase in the amount of raw sewage headed to treatment between the years 2009 and 2014.[23] When it comes to the level of treatment capabilities, it's important to draw a distinction between the GCC on one side, and Iran on the other. Although the GCC has much higher wastewater treatment capabilities, due to large infrastructure investments, it still contributes significantly to the level of water pollution in the Gulf. For example, due to Kuwait's release of inadequately treated wastewater in the Kuwait Bay, studies have recorded some fish kill events and a rise in pollutant and bacterial concentrations in the area's waters.[24] On the other hand, the situation in Iran is even worse, where less than 40% of the population, "have complete and efficient wastewater

مزارع النفايات:
انعاش النظام البيئي
في الخليج

النفايات وحرقها. ففي عُمان وحدها يوجد ما يقارب 350 مكب للنفايات ما بين رسمي وغير رسمي وهذا ينطبق على الكثير من دول الخليج، ولكن دفن النفايات ليس هو الحل للمشكلة، فالمكبات تطلق غاز الميثان إلى الهواء، بالإضافة إلى المواد الكيميائية الضارة (تسمى بليتشات) إلى الأرض، مما يشكل خطرًا على نقاء الهواء و بالتغير المناخي وسلامة المياه الجوفية التي لديها تأثير كبير على صحة الإنسان. وأفضل مثال على هذا؛ ازدياد عدد حالات العيوب الخلقية في الكويت بعد سنوات قليلة من حرب الخليج عام 1991، عندما احترقت حقول النفط الكويتية متسببة بكارثة بيئية كبيرة.

ويمكن أن تتضمن المبادرات للقضاء على التدهور البيئي تأسيس مصانع إعادة التدوير ومصانع تحويل النفايات إلى طاقة وهي جميعًا تستغل النفايات وتعيد استخدامها لأغراض أخرى ، وعلينا أن ندرك أن هذه الإجراءات لديها آثار سلبية على البيئة، ولكنها مع ذلك تمثل تطورًا مقارنة بالطرق الحالية، وستكون خطوة كبيرة نحو حل مشكلة النفايات في حال تنفيذها.

2. مياه الصرف

إن عامل الضغط الإنساني الآخر هو المخلفات التي تطلقها عملية تحلية المياه من المصانع المنتشرة حوالي ساحل الخليج، حيث تتكون هذه المخلفات مما نسبته 48% من المياه العادمة التي تكبُّ في الخليج وهذا يعادل كمية المياه التي تصبها الأنهار في الخليج، حيث يتجاوز إنتاج المياه في الخليج القدرة العالمية الكلية بنسبة 45%، وهو إلى جانب استخراج النفط والغاز أساس النمو الصناعي والحضري في المنطقة خلال القرن الأخير. إن مصانع تحلية المياه مهمة جدًا في هذه المنطقة ليس فقط لأن منطقة الشرق الأوسط وشمال إفريقيا هي الأكثر شحًا بالمياه في العالم- والخليج من ضمنها- ولكن لأن دول مجلس التعاون الخليجي هي من أكثر الدول استهلاكًا للمياه للشخص الواحد في العالم. وقد أدى ذلك إلى إحداث فجوة كبيرة ما بين الطلب على المياه و توفرها مما دفع دول مثل السعودية و الإمارات العربية المتحدة وعُمان إلى ضخ المياه الجوفية بطريقة مكثفة مما أدى بدوره إلى تعريض استدامة هذا المورد للخطر في المستقبل. وتكمن المشكلة في سد الفجوة ما بين العرض والطلب من خلال مصانع تحلية المياه في تأثيرها على مياه الخليج. فعندما تستنزف مصانع التحلية المياه العذبة من البحر، فإنها تضخ المياه كثيرة الملوحة الناتجة إلى الخليج مرة أخرى، مما يؤدي إلى زيادة ملوحة المياه وارتفاع درجة الحرارة وتلويثه بمواد كيميائية ضارة. وقد أثبتت الدراسات أن تحلية المياه تسببت بانخفاض التنوع الحيوي في بعض مناطق الخليج.

والنوع الآخر من المخلفات التي تؤثر على مياه الخليج هي المياه العادمة التي تتكون من المخلفات المنزلية (المياه الرمادية والمياه السوداء) ومياه الصرف من المؤسسات التجارية والعوادم الصناعية والحضرية بالإضافة إلى المخلفات الزراعية والمائية.ونظرًا إلى أن استهلاك المياه مرتفع جدًا في الخليج فإن كميات المياه العادمة في المنطقة مرتفعة جدًا وبازدياد مستمر. في الكويت هناك زيادة بنسبة 20% في كمية مياه الصرف التي تتم معالجتها ما بين عامي 2009 و 2014.

وعندما يتعلق الأمر بقدرات معالجة المياه، علينا أن نفرق ما بين دول مجلس التعاون الخليجي من جهة وإيران من جهة أخرى، فعلى الرغم من أن دول مجلس التعاون الخليجي تمتلك نسبًا أكثر من قدرات معالجة المياه بسبب استثمارات البنية التحتية، إلا أنها تساهم في ارتفاع تلوث المياه في الخليج. على سبيل المثال، تطلق الكويت المياه المكررة بشكل غير مناسب في منطقة جون الكويت، لتثبت الدراسات نفوق بعض الأسماك وارتفاع الملوثات والتركيزات البكتيرية في مياه الجون.

ومن جهة أخرى، فإن الوضع في إيران أكثر سوءًا، حيث أن نسبة السكان الذين يحصلون على "مصانع تحلية المياه الفعالة" تبلغ أقل من 40%. وهذا يؤدي إلى إطلاق المياه العادة إلى البيئة دون معالجتها بالشكل الصحيح، وفي حال لم تتسرب مباشرة إلى مياه الخليج فإن الأنهار كثيرا ما ستحمل المواد الملوثة إلى داخلها، هذا ما يحصل في العراق أيضًا. من المؤكد أن المياه العادمة من جميع الدول المطلة على الخليج تصب في مياهه، مما يسبب تفاقم مشكلة التلوث.

وللأسف ما زلنا نفتقر إلى دراسات شاملة حول تأثير مصانع تحلية المياه ومخلفات المياه العادمة على الأنظمة البيئية في المنطقة، وما تزال السلطات المحلية مترددة في استبدال النمو الاقتصادي قصير المدى بخطة إدارة مائية طويلة المدى تتعامل مع تحديات المياه المتفاقمة.

3. الطاقة

من أجل تزويد دول الخليج بالطاقة بما فيها عمليات تحلية المياه وتوليد الكهرباء المذكورة أعلاه، يتم إحراق كميات كبيرة من الوقود الأحفوري في مصانع التوليد بدول الخليج. ولهذا آثار كبيرة ومتعددة على المنطقة منها: استنزاف المخزون غير المتجدد من الوقود الأحفوري و زيادة تلوث الهواء وإطلاق كميات كبيرة من الغازات الدفيئة إلى الغلاف الجوي. وفي الواقع، هناك ست دول خليجية مصنفة ضمن أعلى 14 دولة في انبعاث ثاني أكسيد الكربون للشخص الواحد.

والمشكلة أن الدول المحيطة بالخليج تعتمد بشكل كبير على توليد الكهرباء من خلال الهيدروكربونات.على سبيل المثال فبالرغم من أن إيران هي الأقل اعتمادا على الوقود الأحفوري في إنتاج الطاقة الا أنها اعتمدت عليه بنسبة 85.6% في عام 2012. وهذه النسبة ترتفع في دول مجلس التعاون الخليجي، حيث تعتمد جميعها على الوقود الأحفوري بما يزيد عن 98.5% من إنتاجها للطاقة.28 والمثير للاهتمام هنا هو أن فرص استخدام الطاقة المتجددة في الخليج جيدة، فطاقة الشمس والرياح تتوفران بكثرة بينما هناك فرصة جيدة للاستفادة من طاقة الحرارة الأرضية و غازات الكتلة الحيوية. و في الواقع ان بعض الدول مثل الإمارات والسعودية قد بدأت باتخاذ خطوة إلى الأمام نحو استخدام الطاقة المتجددة.

ولا شك أن التحديات المذكورة أعلاه هي تحديات هائلة، ولكن بالمقابل إننا نمتلك الفرص والمعرفة التي نحتاجها لإحداث نقلة

Waste Farming: Recovering the Ecosystem of the Gulf

مزارع النفايات:
انعاش النظام البيئي
في الخليج

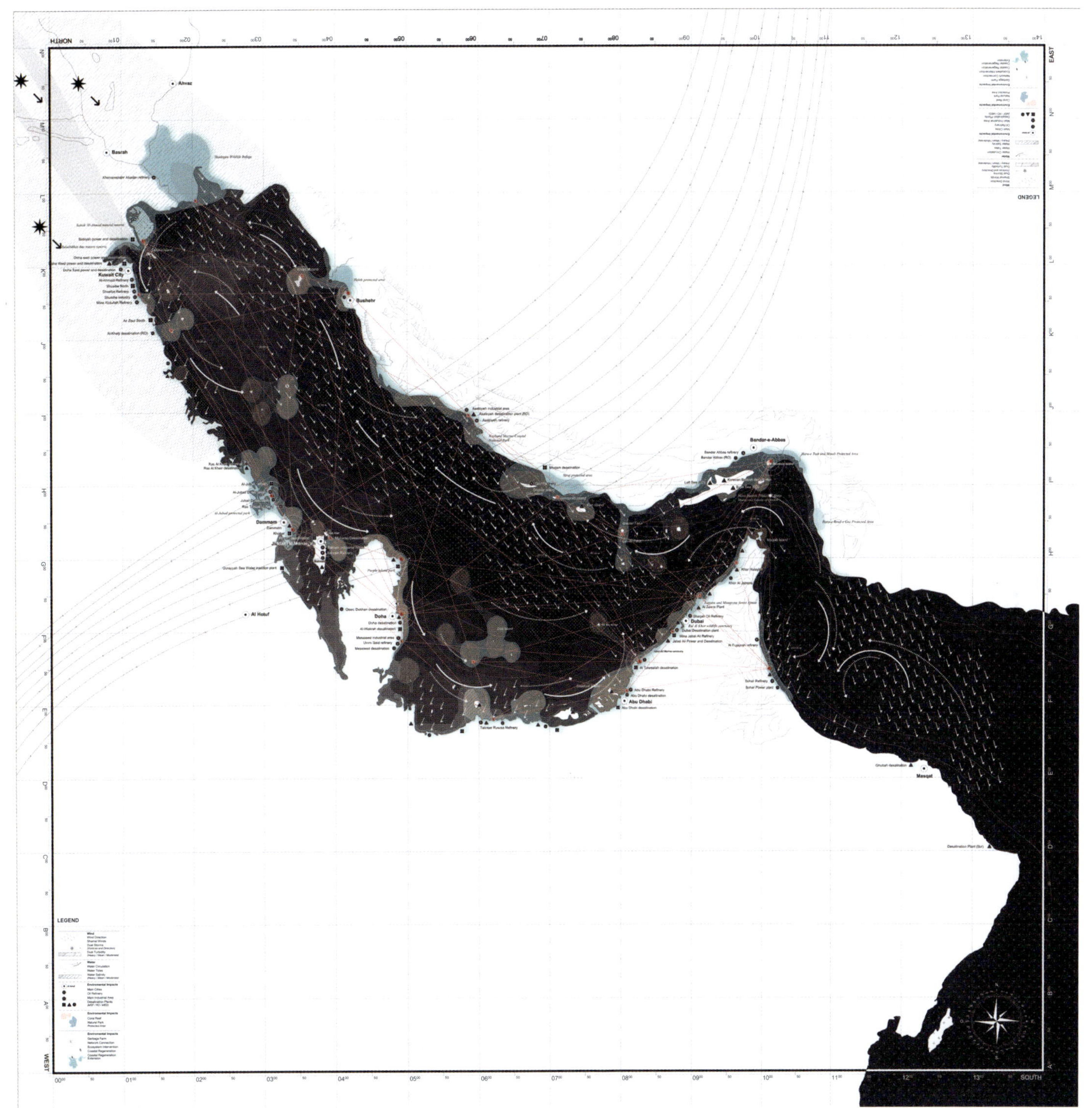

Waste Farming: Recovering the Ecosystem of the Gulf

treatment plants."[25] This leads to the remaining wastewater being released in the environment without adequate treatment; and even if the location of this release isn't directly in the Gulf waters, rivers often carry the inland pollutants into the Gulf. A similar phenomenon happens in Iraq. What is certain is that wastewater from all the countries overlooking the Gulf is finding its way into the water, causing the pollution problem to increase.[26]

But unfortunately, we are still lacking a holistic investigation of the impact of desalination plants and wastewater discharges on the regional ecosystems; and local states are very reluctant to compromise short-term economic growth with an active water management plan that responds to the evolving water challenges.

3. Energy
In order to power regional countries, including the large-scale power and desalination operations mentioned above, immense amounts of fossil fuels are burnt in power plants all around the Gulf. This has several harmful effects on the region: the depletion of the finite reserves of fossil fuels, the increase in air pollution, and the release of large amounts of greenhouse gases into the atmosphere. In fact, six of the Gulf countries are ranked in the top 14 worldwide in terms of per capita production of CO^2.[27]

The problem is that the Gulf countries are highly dependent on this hydrocarbon-based industry. Iran, for example, is the country least dependent on fossil fuels for its energy production yet still relies on fossil fuels for 85.6% of its energy in 2012. This percentage is greatly higher for the GCC, where all the countries combined depend on fossil fuels for more than 98.5% of their energy.[28] What is interesting is that the Gulf's prospects for renewable energy production are good. Solar and wind energy are abundant, while the potential of geothermal and biomass gases are also available. Some countries such as the United Arab Emirates and Saudi Arabia have actually already started taking steps towards more renewable sources of energy.[29]

The challenges mentioned above are certainly formidable. But the opportunities and knowledge needed for a shift towards a more sustainable and ecologically sound urbanism do exist. What is missing is a radical yet workable plan on a regional scale, and the political willingness to implement that plan.

The Project
In the face of a complex and multifaceted problem such as ecosystem degradation in the Gulf region, any solution hoping to achieve success has to be equally complex. This is why the design proposal based on the research listed above engages the problem of the ecosystem at different locations and scales, and with a wide spectrum of tools. Based on the ideas that underpin an "Ecosystem Approach" (EsA) and the protocols of an Integrated Coastal Zone Management (ICZM), the target is to recover natural spaces through principles of sustainable development. It acknowledges that social, economic, and environmental issues are mutually supportive, requiring a symbiotic relationship. They need to be considered essential elements of the ecosystem at present and in the future."[30]

This strategy includes developing a long-term plan that is based on scientific knowledge, and that encompasses the complexity and interconnectedness of nature. This led the design project to start with rigorous research into the exact environmental problems of the Gulf and the globally available solutions to combat environmental degradation. The Ecosystem Approach also mandates that any plan be inherently adjustable in order to adapt to changing environmental and human circumstances. The proposal features exactly this idea, where the infrastructures are thought to be ever changing and evolving, never finalized projects, with a level of dynamism similar to that featured in the natural environment to emulate what they are trying to protect. There are three interconnected types of interventions that constitute the design proposal.

The first part of the design proposal is a network of self-sustaining waste "farms" spread around the Gulf, including the islands and the coast. These farms, being catalysts eco-regenerators of the environment, are conceived as state-of-the-art mega structures that act as a framework to hold an ever changing and evolving group of specialized spaces. These spaces are capable of holding a wide range of functions, spanning from the technical and environmental to the social and educational. Working together, these spaces receive, store, recycle, and export waste collected from the region; these spaces also include functions that allow them to produce electricity from wind and solar power as well as produce useful crops and clean water. These farms, located in places such as *Boubyan Island* (Kuwait), *Al Jubayl* (Saudi Arabia), and *Ras Laffan* (Qatar) will adjust to their local

مزارع النفايات:
انعاش النظام البيئي
في الخليج

نوعية نحو تطور حضري أكثر استدامة ورفقًا بالبيئة، لكن ما نفتقده هو خطة جذرية على المستوى الإقليمي والإرادة السياسية لتنفيذ هذه الخطة.

المشروع
عند مواجهة مشكلة معقدة ومتعددة الجوانب كالتدهور البيئي في منطقة الخليج، يجب أن يكون الحل الناجح متعدد الجوانب و على نفس المستوى من التعقيد . ولهذا السبب تتضمن الخطة المقترحة نتائج الأبحاث المذكورة أعلاه، طرحًا لمشكلة النظام البيئي بمواقع ونطاقات مختلفة ومدى واسع من الأدوات والوسائل. وبناءً على هذه الأفكار المتضمنة في "منهجية النظام البيئي (EsA) وبروتوكولات الإدارة المتكاملة للمناطق الساحلية (ICZM) التي تهدف إلى استرجاع المساحات الطبيعية من خلال مبادئ التطوير المستدام. هذه المنهجية تدرك أن المسائل الاجتماعية والاقتصادية والبيئية متداخلة مع بعضها وتتطلب علاقة متوازنة لذا يجب النظر إليها كعناصر هامة في الأنظمة البيئية الحالية والمستقبلية".

تتضمن هذه الاستراتيجية تطوير خطة طويلة المدى مبنية على أسس علمية وتشمل التعقيد والتداخل الذي يميز الطبيعة. وقد أدى هذا إلى بدء تصميم المشروع من البحث المكثف حول المشكلات البيئية في الخليج والحلول العالمية المتوفرة للقضاء على التدهور البيئي. كما تتطلب منهجية النظام البيئي أن تكون الخطة قابلة للتعديل حتى تتأقلم مع الظروف البيئية والبشرية. تعرض الخطة المقترحة هذه الفكرة بدقة، حيث تنظر إلى البنى التحتية على أنها دائمة التطور والتغير وتحتفظ بمستوى معين من الديناميكية التي تتمتع بها الطبيعة. هناك أنواع مترابطة من التدخلات تتضمنها الخطة المقترحة، كما هو موضح في الأسفل:

الجزء الأول من النظام المقترح في الخطة هو شبكة من "مزارع" النفايات المستدامة التي تنتشر حول الخليج سواء على الجزر أو على الساحل. وهذه المزارع ستكون هي الحافز للتجديد البيئي وبنية تحتية متطورة تعمل كهيكل مفرغ يوفر المكان المناسب لمساحات متخصصة دائمة التغير والتطور، حيث تكون هذه المساحات قادرة على تأدية مدى واسع من الوظائف سواء أكانت تقنية وبيئية أم اجتماعية وتعليمية. ومن خلال عملها المشترك، تستقبل هذه المساحات النفايات المجموعة من الخليج ككل وتخزنها وتعيد تدويرها وتصدرها، كما تؤدي وظائف تسمح لها بإنتاج الكهرباء من طاقة الرياح والشمس بالإضافة إلى إنتاج المحاصيل المفيدة والمياه النظيفة. توجد هذه المزارع في مواقع كجزيرة بوبيان (الكويت) و جزيرة الجبيل (السعودية)و جزيرة رأس لفان (قطر)، ومن المؤكد أنها ستتأقلم مع البيئة المحلية حتى تتمكن من التخصص بإعادة تدوير أنواع النفايات المتوفرة بالقرب منها، بينما توفر المنتجات التي تحتاجها المنطقة. هذا بالإضافة إلى أن هذه المزارع تتصل بشبكة تسمح بتسجيل البيانات البيئية الدقيقة وتقييم أثر الضغوط المختلفة وحساب الإجراءات الممكنة لاسترجاع أحياء المنطقة. ومن خلال مشاركة هذه المعلومات مع بعضها بعضًا، ستتمكن المزارع من توقع المضاعفات البيئية حتى تتمكم من التصرف بالوقت المناسب. وأخيرًا تهدف المزارع إلى تأسيس ما يسميه ديكسون ديسبوميير "نظير حضري وظيفي للنظام البيئي الطبيعي".

أما الجزء الثاني من الخطة المقترحة؛ هو حاجز مرن ممتد على طول ساحل الخليج وساحل جزر الخليج. ستظهر هذه الحواجز بوضوح إلى جانب المراكز الحضرية الساحلية بينما تقل عند المناطق الساحلية غير المتحضرة، كما ستتغير طبيعتها ونظامها حسب نوع المنطقة الحضرية التي تجاورها سواء أكانت سكنية أو صناعية أو زراعية ليصبح لكل منها نسخة مختلفة من الحواجز. والغرض من هذه البنية التحتية أن تكون كوسيط ما بين العالم الطبيعي الممثل بمياه الخليج والعالم الصناعي الممثل بالحضرية البشرية. أما الدور الأهم الذي تلعبه هذه الحواجز هو تنقية الآثار السلبية للحضرية البشرية ومنعها من الوصول إلى المياه أو تصريفها بعد معالجتها بالشكل المطلوب. وتتضمن بعض هذه الحواجز المناطق الخضراء كالشعاب المرجانية ومزارع القرم والأراضي الرطبة الاصطناعية، أو أسلوب أكثر اعتمادا على التكنولوجية مثل توليد الطاقة المستدامة وتنقية المياه. ولتزويد هذا المشروع الضخم بالمواد اللازمة، سيتم استغلال المواد المعاد تدويرها في المزارع المذكورة أعلاه مما يضمن أن جميع أجزاء الخطة تعمل كحلول موحدة بدلاً من أن تكون تدخلات متفرقة.

أما الجزء الأخير من الخطة المقترحة، فيهدف إلى تخصيص جميع أجزاء جزر الخليج التي لم تشهد تطورات حضرية إلى محميات بيئية. وهذا سيساعد الجزر على تجديد الأنظمة البيئية التي تدمرت بسبب تلوث الأرض والمياه وإساءة استخدام الإنسان لها. ومقابل التقدم التكنولوجي فائق التعقيد للجزأين الأول والثاني من الخطة المقترحة (خاصة المزرعة)، يمثل هذا الجزء منهجية غير تداخلية. وهذا يعود إلى الاعتقاد أن البيئة الطبيعية لها القدرة على إعادة التجديد الذاتي إن أعطيت لها الفرصة والظروف المواتية.

Waste Farming: Recovering the Ecosystem of the Gulf

environments as they specialize in recycling types of waste abundant within close proximity. Moreover, they will also generate products needed locally. These farms are connected under a network system, which allows the recording of accurate environmental data to evaluate the impact of different stressors and calculate possible procedures for the recovery of biota. By sharing this information with each other, the FARMS will be able to anticipate environmental complications, and act in a timely manner. Ultimately, the FARMS aim at creating what the microbiologist Dickson Despommier calls a "functional urban equivalent of a natural ecosystem."[31]

The second part of the design proposal is a flexibly programmed "Levee" that unfolds along the coast of the Gulf and the islands. These levees will reach their most intense manifestations next to coastal urban centers, while being less noticeable or even absent in coastal strips that are undeveloped. Also, the nature and program of these levees will change according to the type of urbanism that they neighbor; residential, industrial, or agricultural coastal developments will each generate different versions. The idea of this infrastructure is to become a mediator between the natural world, represented by the Gulf water, and the artificial world, represented by human urbanism. The most important role that this levee will play is as filter to the negative effects of human urbanity, so that they are either blocked from reaching the water, or allowed to reach the water after being adequately treated. Some manifestations of the levee might feature green areas such as coral reefs, mangrove plantations, and constructed wetlands. The more technological approach features sustainable energy generation and water filtration. To supply this mega project with the needed materials, the recycled products produced by the farms will be exploited; this ensures that all parts of the design proposal act as a single interdependent entity, rather than scattered interventions.

مزارع النفايات:
انعاش النظام البيئي
في الخليج

الخلاصة

كما هو مذكور أعلاه، لا يمكن اعتبار هذا المشروع بشقيه البحثي والتصميمي منتجًا نهائيًا، إذ ما زال يحتاج إلى إجراء المزيد من البحث حول المشكلات البيئية في المنطقة وتصميم الحلول القابلة للتطبيق باستمرار. والفكرة هي الوصول لموقع يصبح فيه الفهم الكامل للبيئة جزءًا لا يتجزأ من قرارات البنى التحتية الحضرية التي ستقام حول الخليج. كما أنه من المهم تقديم الأزمة البيئية على أنها قضية تخص جميع الدول المحيطة بالخليج وأنها جميعًا تتحمل مسؤولية التعامل معها بالتنسيق مع بعضها بعضًا.

والأمر المثير للدهشة هو وجود المنظمات المحلية التي من المفترض أن تؤدي مهمة الحماية البيئية للخليج. ومثال عليها هي المنظمة الإقليمية لحماية البيئة البحرية (ROPME) لكن لا توجد الإرادة السياسية لتطبيق القرارات اللازمة. وهنا يمكن لهذا المشروع أن يلعب دورًا آخرو هو كموزع للمعلومات و محفز للتغيير الاجتماعي والسياسي. فجميع أجزاء المشروع سواء كانت هيكليات مبنية بشكل منتظم أو أفعال متفرقة للحماية، تفيد بأن الطريق الذي نمشي به الآن غير مستدام وهي الخطوة الأولى نحو التغيير. أما الهدف فهو ليس إعادة توطين بعض الكائنات و الفصائل أو إزالة التلوث من المياه، وإنما إعادة هيكلة طريقة عيشنا والمراكز الحضرية لإقامة علاقة متناغمة مع الطبيعة حيث نتمكن من الازدهار جنبًا إلى جنب.

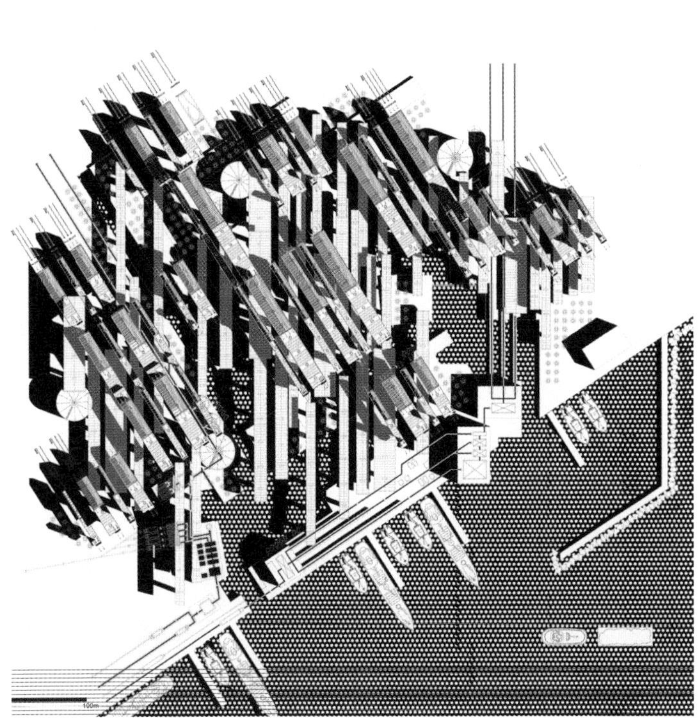

Hormuz Island, Iran

"We came to New Hormuz, which is an island whose city is called Jarawn. It is a fine large city, with magnificent bazaars, as it is the port of India and Sind."
—Ibn Battuta, 1300 AD

"Most of it is salt marshes and hills of salt, namely the darabi salt; from this they manufacture ornamental vessels and pedestals on which they place lamps. Their food is fish and dried dates exported to them from al-Basra and Oman. They say in their tongue 'khurma va mahi luti padishdni', which means 'dates and fish are a royal dish."
—Ibn Battuta, 1300 AD

A proposed farming system in Hormuz Island is developed to create a coral reef network to connect the mainland coasts to the island. It is conceived in order to preserve Hormuz's natural heritage as a protected area. The proposed infrastructure will focus on breeding coral reefs, and will become an educational/information center for the region.

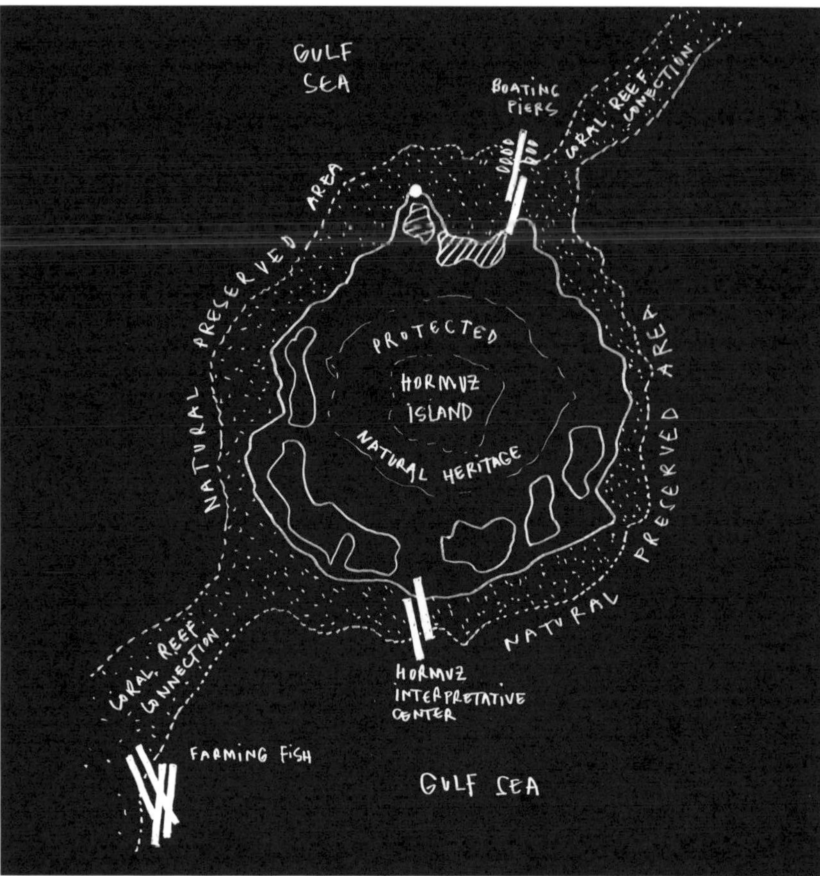

جزيرة هرمز، إيران

"وصلنا إلى هرمز الجديدة، وهي جزيرة عاصمتها تدعى "جاروان" مدينة جميلة وكبيرة تحتوي على بازارات رائعة وهي ممر إلى الهند والسند"
ابن بطوطة، 1300 بعد الميلاد

"إن معظمه من السبخات الملحية وتلال الملح، ملح "دارابي" بشكل رئيسي؛ التي يصنعون منها المراكب والركائز التي يضعون الخراف عليها. أما طعامهم فهو السمك والتمر المجفف المستورد من البصرة وعُمان. ويقولون بلغتهم "كورما فا ماهي لوتي باديشدني" والتي تعني "التمر والسمك طبق ملكي".
ابن بطوطة، 1300 بعد الميلاد

يمكن تطوير النظام الزراعي المقترح لجزيرة هرمز من خلال إنشاء شبكة من الشعاب المرجانية تصل بالسواحل الرئيسية إلى الجزيرة، ويهدف هذا إلى المحافظة على إرث هرمز الطبيعي كمنطقة محمية. ستركز البنية التحتية المقترحة على تكثير الشعاب المرجانية وستصبح مركز للتعليم و المعلومات للمنطقة.

Al Jubail, Saudi Arabia

Al Jubail is a city located on the Persian Gulf coast in Saudi Arabia's Eastern Province. It has the world's largest IWPP (Independent Water and Power Project), a desalination facility that produces about 2,743.6 mw of electricity and 800,000 m^3 of water daily. Yet, despite the industrial nature of the area, Jubail Marine Wildlife Sanctuary is situated in the north part of the city.

The proposal aims to create a mangroves park in the bay, between the industrial area and the Gulf. This park will act as a screen that filters the brine before it reaches the water. The goal of the park is to control the effect of the brine on the Gulf ecosystem and act as an ecological catalyst that will help rejuvenate the coastline.

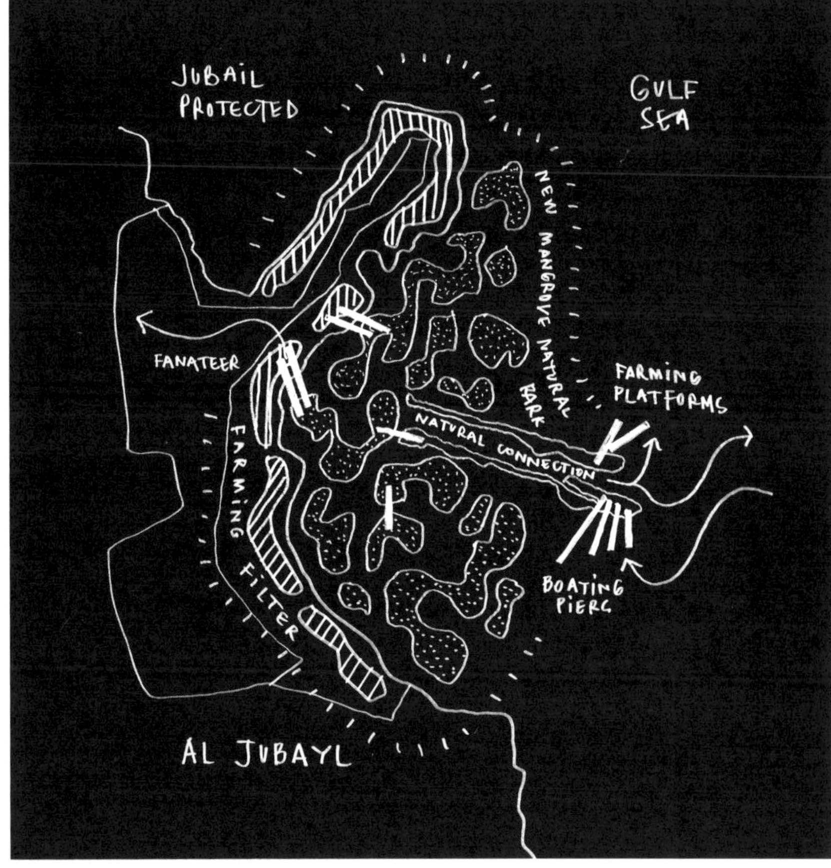

الجبيل، السعودية

الجبيل هي مدينة في المنطقة الشرقية على سواحل الخليج الفارسي في السعودية. تحتوي المدينة على أكبر مشروع مستقل لتوليد المياه والكهرباء، وهو منشأة لتحلية المياه تنتج 2,743.6 ميغاواط من الكهرباء و800,000 متر مكعب من الماء يوميًا. ورغم الطبيعة الصناعية للمنطقة، توجد فيها "محمية الجبيل البحرية" الواقعة في البوابة الشمالية للمدينة.

يهدف المقترح إلى تأسيس منتزه لأشجار القرم في الساحل ما بين المنطقة الصناعية والخليج. وهذا المنتزه سيكون بمثابة سطح ينقي الماء المالح الذي يتسرب إلى مياه الخليج. وهدف المنتزه هو الحماية من تأثير الماء المالح على النظام البيئي في الخليج وأن يكون دافعًا بيئيًا يساعد على تجديد الساحل.

Rass Laffan, Qatar

Ras Laffan Industrial City is located 80 km (50 mi) north of Doha, Qatar. It is Qatar's main site for the production of liquefied natural gas and gas-to-liquid. With an enclosed water area of approximately 4,500 ha, Ras Laffan Port is the largest artificial harbor in the world, containing the largest Liquefied Natural Gas (LNG) export facility on the planet.

As an eco–LEVEE, the proposal is composed of a set of piers, which will generate the "New Mangrove Park" close to the harbor. The main intention is to create a natural path connecting the desert and the mangrove park, so that the natural ecosystems are linked.

رأس لفان، قطر

تعتبر مدينة رأس لفان مركزًا صناعيًا وتقع 80 كم إلى شمال الدوحة، قطر. إنها الموقع الرئيسي لإنتاج الغاز المسال في قطر، حيث تبلغ مساحة المياه المغلقة فيها 4,500 هكتار فيما يعتبر أكبر ميناء اصطناعي في العالم يحتوي على أكبر منشأة لتصدير الغاز المسال في العالم.

بالنسبة للحاجز البيئي، تتكون الخطة المقترحة من مجموعة من الركائز التي تنتج "منتزه القرم الجديد" قرب الميناء. وغاية هذا تشكيل طريق طبيعي يربط ما بين الصحراء ومنتزه القرم حتى تتصل هذه الأنظمة البيئية مع بعضها.

Boubyan Island, Kuwait
The waste FARM is conceived as a framework to hold ever-changing specialized spaces for different kinds of waste. These spaces work together in order to receive, store, recycle, and export waste collected from the Gulf region as a whole.

The Boubyan Island FARM specializes in treating organic waste, taken from MSW (Municipal Solid Waste), and concrete rescued from C&D (construction and demolition) waste. The incoming waste will first be separated, so that the organic waste and concrete are treated locally, while the rest will be sent to other specialized FARMS in the Gulf. The organic waste will be processed to produce compost to be used for growing crops, helping to decrease the region's dependence on food imports. Simultaneously, it will be used to produce biogas energy, in order to allow the whole process of the FARM to be self-sufficient. The rescued concrete from C&D waste will be correctly shredded and separated into different sizes of sand and aggregate, so that new concrete can be produced for constructing the proposed platforms, filter piers and LEVEES, artificial reefs, and entirely new FARMS.

All the products generated in the Boubyan FARM will not only be used in the area within a close proximity of it, but will be exported to help regenerate the ecosystem of the Gulf, alongside products produced by other FARMS.

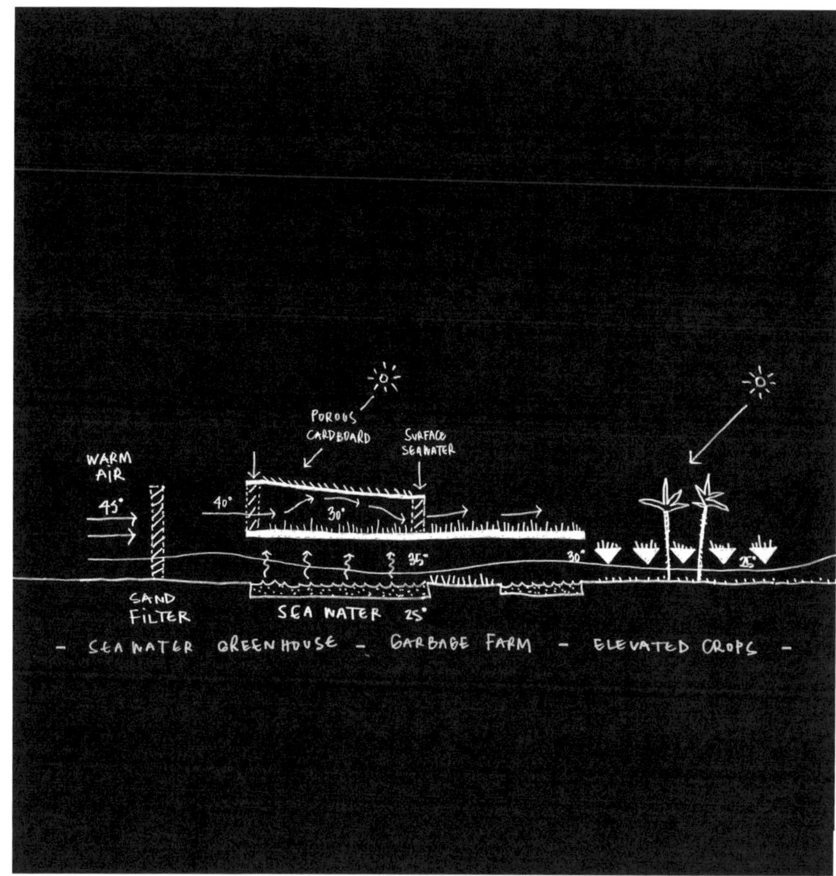

جزيرة بوبيان، الكويت
تعتبر مزرعة النفايات هيكل مفرغ يوفر المكان المناسب لمساحات متخصصة دائمة التغير والتطور، حيث تعمل هذه المساحات معًا على استقبال النفايات المجموعة من الخليج ككل وتخزينها وإعادة تدويرها وتصديرها.

تتخصص مزرعة جزيرة بوبيان بمعالجة النفايات العضوية المأخوذة من نفايات البلدية والإسمنت المهمل من عملية البناء والهدم. يتم فصل النفايات القادمة أولاً لمعالجة النفايات العضوية والإسمنت محليًا، بينما يتم إرسال البقية إلى المزارع المتخصصة الأخرى في الخليج. تجري معالجة النفايات العضوية لإنتاج السماد الذي يستخدم في الزراعة مما يساعد على تقليل اعتماد المنطقة على استيراد الطعام. وفي الوقت نفسه تستخدم لإنتاج الطاقة من الغاز البيولوجي حتى تصبح المزرعة مكتفية ذاتيًا. أما الإسمنت المتبقي من البناء والهدم فيخضع لعملية التفتيت والفصل لأحجام مختلفة من الرمال والرواسب وإنتاج إسمنت جديد لبناء المنصات المقترحة، ركائز التنقية والحواجز، الشعاب الاصطناعية والمزارع الجديدة.

لن تُستخدم جميع منتجات مزرعة بوبيان في المناطق القريبة منها فقط، ولكنها ستُصدر للمساعدة على تجديد النظام البيئي في الخليج إلى جانب منتجات المزارع الأخرى.

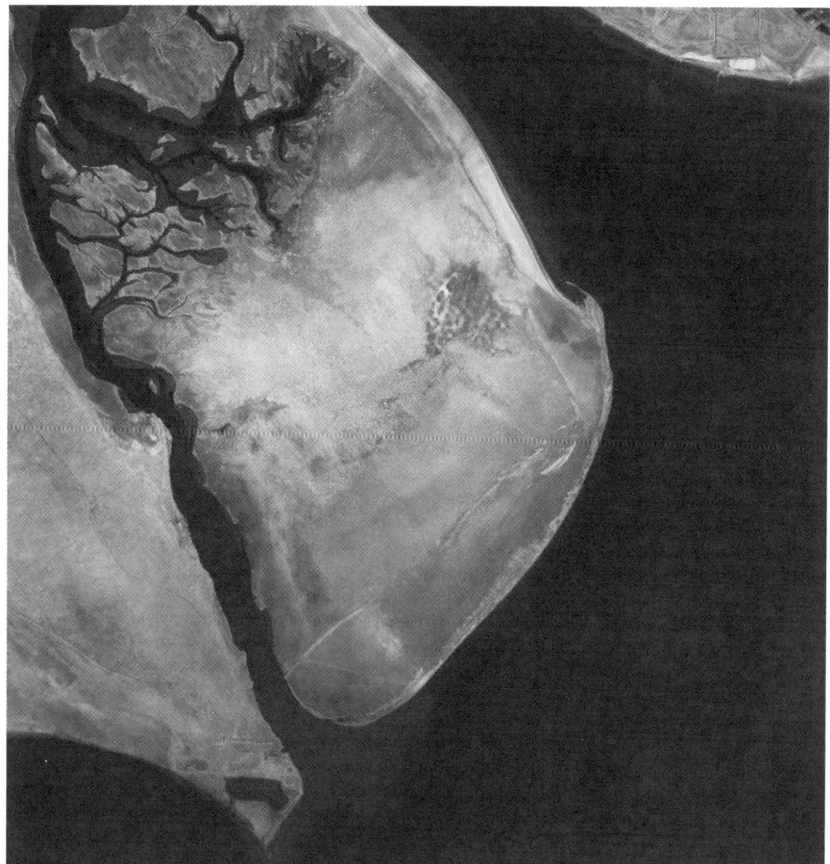

Waste Farming: Recovering the Ecosystem of the Gulf

The final part of the design proposal aims to designate all parts of the Gulf islands that have not been developed as ecological reserves. This will help these islands regenerate their natural ecosystems that have been damaged by land and water pollution and abuse. As opposed to the highly complex and technological approach of the first and second parts of the proposal (especially the farm), this part features a more "hands-off" approach. This stems from the belief that the natural environment has the ability to naturally regenerate, if only given enough time and the right conditions.

Conclusion

This project, in both its research and design components, is not to be seen as a finished product. Further research into the region's ecological problems and design solutions has to be continually conducted. The idea is to reach a position where a thorough understanding of the environment leads to an inclusive plan that becomes part of all urban and infrastructural decisions made around the Gulf. It is also important to present the current environmental crisis as something that all the Gulf countries have a responsibility to tackle in coordination with each other.

The Gulf vs World

Population
(percentage, *million people*)

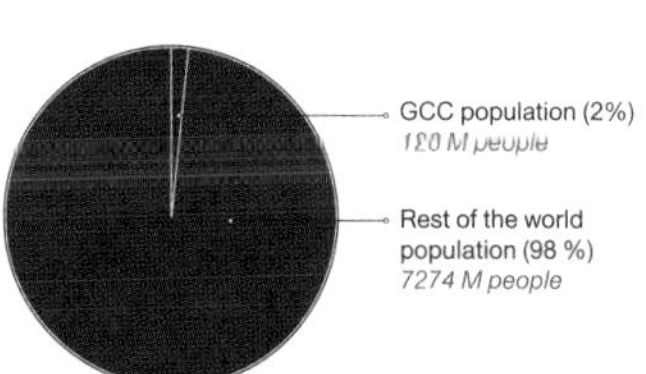

Fig. 1: GCC Population

MSW generation
(percentage, *million Tons/year*)

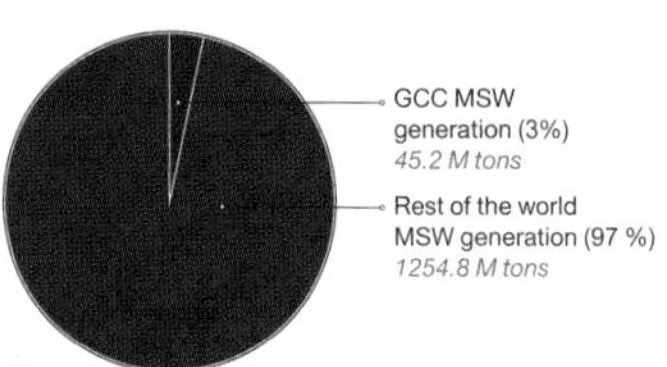

Fig. 2: MSW Generation

Desalination

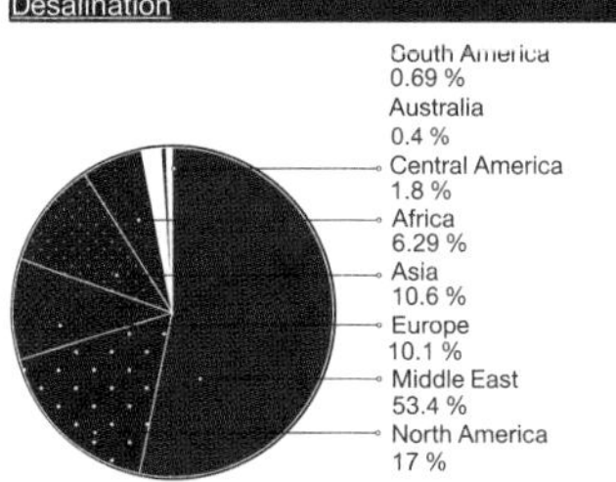

Fig. 3: Desalination

Selected Countries

Selected countries population
(percentage, *million people*)

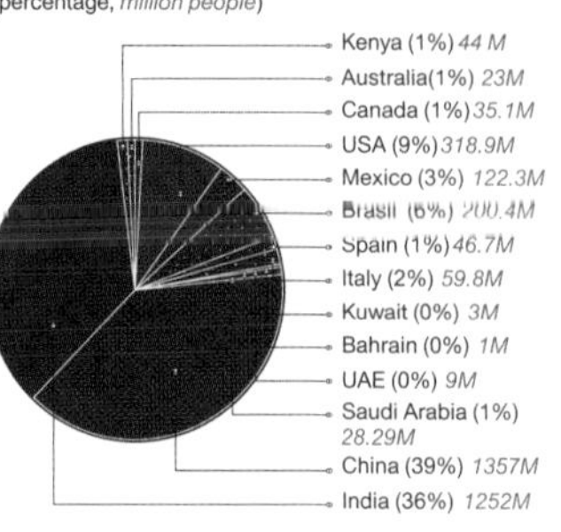

Fig. 4: Selected countries population

Selected countries MSW generation
(percentage, *million Tons/year*)

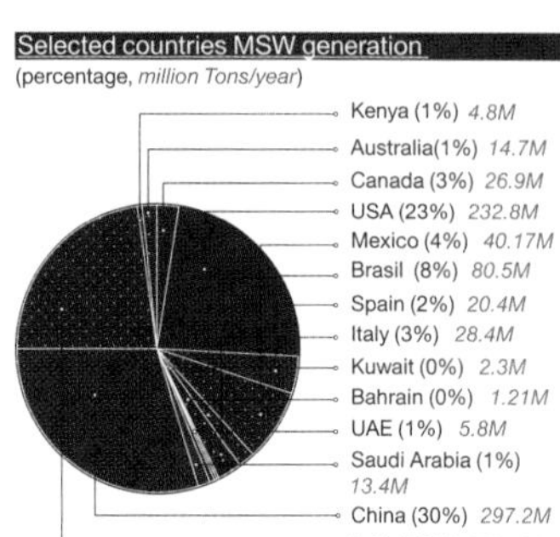

Fig. 5: Selected countries MSW generation

Selected countries MSW generation per capita
(percentage, *kg/day per capita*)

Australia (9%) 1.75 kg
Kenya (1%) 0.3 kg
India (3%) 0.5 kg
China (3%) 0.6 kg
Canada (11%) 2.1 kg
USA (10%) 2 kg
Mexico (5%) 0.9 kg
Brasil (6%) 1.1 kg
Spain (6%) 1.2 kg
Italy (7%) 1.3 kg
Kuwait (10%) 1.9 kg
Bahrain (13%) 2.5 kg
UAE (9%) 1.7 kg
Saudi Arabia (7%) 1.3 kg

Fig. 6: Selected countries MSW generation per capita

Waste composition

Persian Gulf waste composition

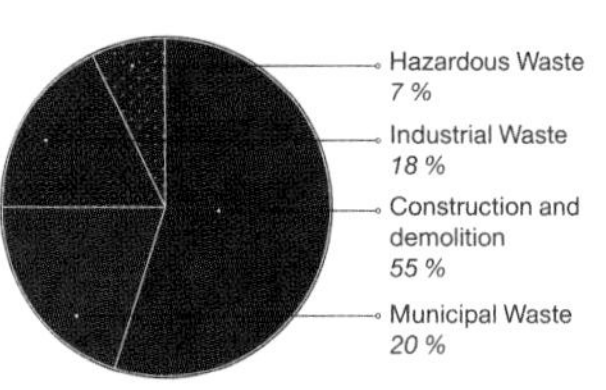

Fig. 7: Persian Gulf waste composition

Europe waste composition

Hazardous Waste
1 %
Construction and demolition
55 %
Mining
29 %
Municipal waste
14 %
Industrial Waste
31 %

Fig. 8: Europe waste composition

Persian MSW composition

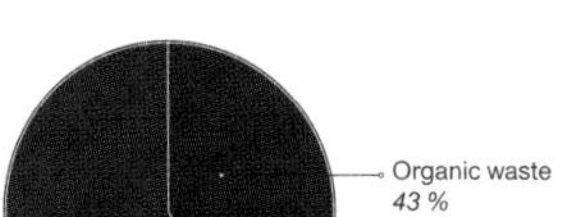

Fig. 9: Persian MSW composition

Europe MSW composition

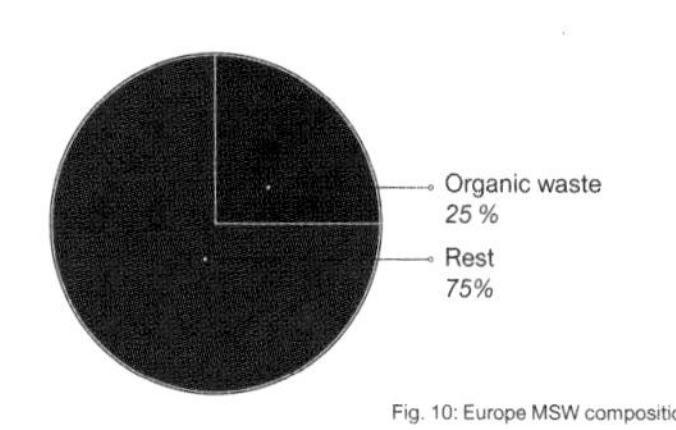

Fig. 10: Europe MSW composition

The Gulf countries are ranked among the highest producers of solid waste in the world.
Kuwait, for example, was ranked as the highest per capita producer of solid waste in the world according to a World Bank 2012 report.

Is significant for the Gulf countries that fresh water is scarce and per capita consumption is very high.
Kuwait has recorded the highest per capita consumption of water in the world (Palmer, 2011), while Saudi Arabia is has been recorded as the third highest (Abboud, 2010).

مزارع النفايات: انعاش النظام البيئي في الخليج

Population and GDP proportion in the Gulf

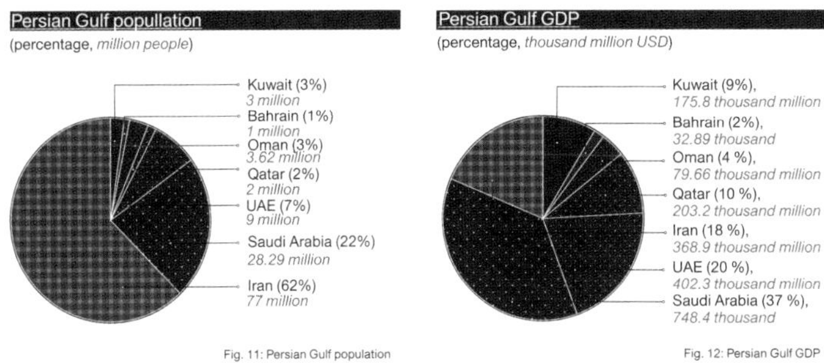

Fig. 11: Persian Gulf population

Fig. 12: Persian Gulf GDP

MSW generation and desalination proportion in the Gulf

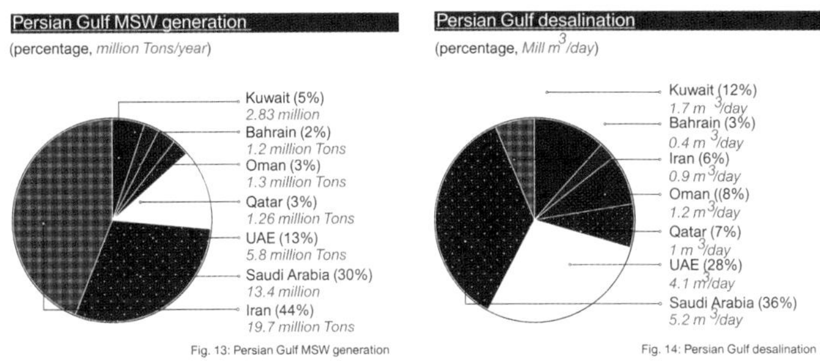

Fig. 13: Persian Gulf MSW generation

Fig. 14: Persian Gulf desalination

MSW, desalination and GDP per capita in The Gulf

Desalination and waste per person, per country

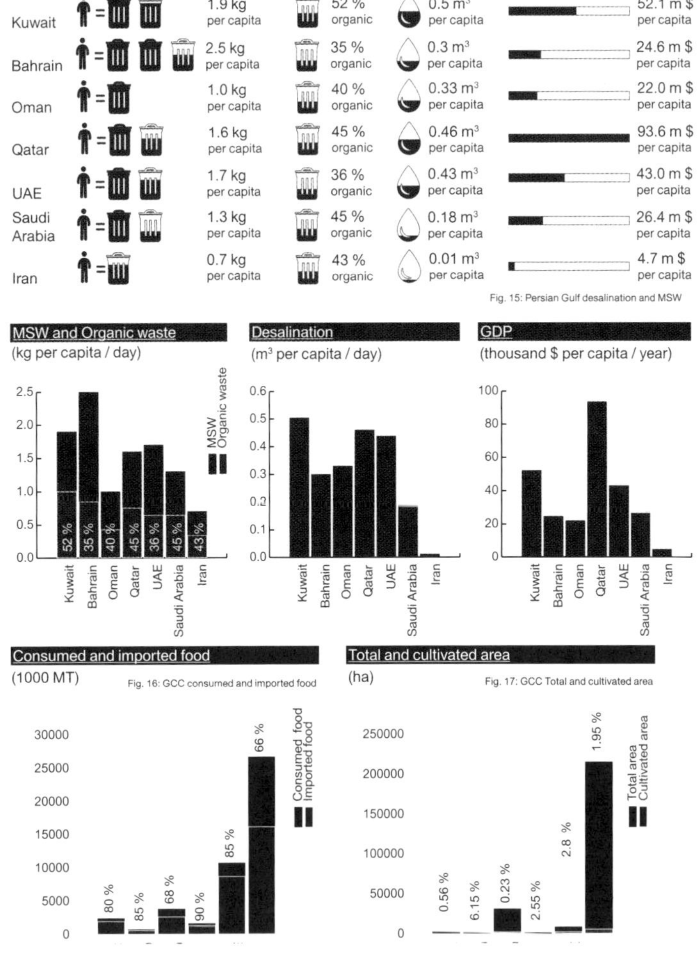

What is surprising is that regional organizations that are tasked with the environmental protection of the Gulf do exist. One example is the Regional Organization for the Protection of the Marine Environment (ROPME), but there is clearly very little political will to implement the needed protocols. This is where the project can play another role as disseminator of information and catalyst for social and political change. All parts of the project, whether they feature actively constructed structures or passive acts of preservation, are meant to represent an understanding that our current path is unsustainable. The goal is not to simply repopulate an area with a certain species, or to remove a contaminant from the water. Rather, the goal is to restructure our urban centers and way of life to form a harmonious relationship with nature, where both can thrive.

AGi Architects is an international design firm providing comprehensive services in Architecture, Planning, Urban Design, Interior Design, Design Research and Consulting. A wide integration of skills allows the creation of places that provide lasting value for clients through distinctive and imaginative solutions. AGi architects was established in 2006 by Joaquin Perez-Goicoechea and Nasser B. Abulhasan. AGi architects has introduced exceptional design, management and technical approaches to its projects in Europe and the Middle East from its offices in the cities of Madrid and Kuwait City.

Team
Nasser B. Abulhasan, Joaquin Pérez-Goicoechea, Justo Ruiz Granados, Aisha Alsager, Daniel Muñoz Medranda, Ali Alyousifi, Shahad Alkhatrash, Lucía Azurmendi, Marta Lozano, Samer Mohammed, Cristina Ruiz Nolasco, Pablo Sánchez de Vega Gutiérrez.

[1] P. T. Williams, *Waste Treatment and Disposal*, 2nd Edition, Chichester, West Sussex, UK (John Wiley & Sons Ltd., 2005).
[2] C. N. Runnels, "Environmental Degradation in Ancient Greece," *Scientific American* (March 1, 1995), pp. 96-99.
[3] B. Roberts, P. Atkins, and I. Simmons, "Environmental Degradation and the Collapse of Civilizations," *People, Land, and Time: An Historical Introduction to the Relations Between Landscape, Culture, and Environment*, (London: Routledge 1998).
[4] N. Y. Khan, "Integrated Management of Pollution Stress in the Gulf," In A.H. Abuzinada, H.J. Barth, F. Krupp, B. Böer, & T. Z. Al Abdessalaam (Eds.), *Protecting the Gulf´s Marine Exosystems from Pollution* (Basel: Birkhauser 2008), 57-92.
[5] Williams, *Waste Treatment and Disposal* (2005).
[6] United Nations, *United Nation*. (Framework Convention on Climate Change 2015) https://unfccc.int/resource/docs/2015/cop21/eng/l09r01.pdf
[7] H. A. Naser, Marine Ecosystem Diversity in the Arabian Gulf: Threats and Conservation. In O. Grillo (Ed.), *Biodiversity—The Dynamic Balance of the Planet* (InTech 2014), 297-328.
[8] Ibid.
[9] European Union, *Being Wise with Waste: The EU's Approach to Waste Management*. (Luxembourg: Publications Office of the European Union 2010).
[10] D. Hoornweg, and P. Bhada-Tata, *What a Waste: A Global Review of Solid Waste Management*. (World Bank, Urban Development and Local Government Unit 2012).
[11] EIONET, *European Topic Centre on Sustainable Consumption and Production*, (2013, October 29). Accessed March 2, 2016, from European Environment Agency: http://scp.eionet.europa.eu/themes/waste
[12] Ibid
[13] D. Hoornweg, P. Bhada-Tata, *What a Waste: A Global Review of Solid Waste Management* (2012).
[14] B. Al-Yousfi, *Sound Environmental Management of Solid Waste—The Landfill Bioreactor*, (West Asia: United Nations Environment Programme, 2004).
[15] S. Zafar *Waste Management Scenario in Oman*. (June 12, 2014) BioEnergy Consult: http://www.bioenergyconsult.com
[16] Kuwait News Agency, "Scientific Report About Kuwait Environment After the Gulf War," *Kuwait News Agency*, (January 23, 2000), Accessed April 2016, http://www.kuna.net.kw/ArticlePrintPage.aspx?id=1054940&language=en
[17] B. Al-Yousfi, *Sound Environmental Management of Solid Waste—The Landfill Bioreactor* (2004).
[18] N. Al-Majed, H. Mohammadi, and A. Al-Ghadban, "Regional Report of The State of The Marine Environment," ROPME, Kuwait: Regional Organization for the Protection of the Marine Environment, (2000).
[19] S. Lattermann, T. Höpner, Impacts of Seawater Desalination Plans on the Marine Environment of the Gulf. *In Protecting the Gulf´s Marine Ecosystems from Pollution* (Basel: Birkhauser 2008), 191-205.
[20] Frost and Sullivan, *360 Degree Perspective on the GCC Water and Wastewater Treatment Market*, (2015).
[21] H. A. Naser, Marine Ecosystem Diversity in the Arabian Gulf, (2014).
[22] UN-Water, *Wastewater Management—A UN-Water Analytical Brief*, (UN-Water 2015).
[23] Central Statistical Bureau, *Annual Statistical Bulletin of Environment*, (Kuwait City 2014).
[24] A. Al Saraawi, F., Al Qahtani, F. Bu Alyan, F. Al Qallaf, and A. Al Saleh, *Special Report on Some Outlets Overlooking Kuwait Bay*, (Kuwait City, 2015).
[25] Tajrishy, M. *Wastewater Treatment and Reuse in Iran: Situation Analysis*, (Tehran).
[26] P., Sale, D. Feary, J. Burt, A. Bauman, G. Cavalcante, K. Drouillard, et al., The Growing Need for Sustainable Ecological Management of Marine Communities of the Persian Gulf. *(Ambio, 2010)*, 4-17.
[27] IRENA. (2016). *Renewable Energy Market Analysis: The GCC Region*. Abu Dhabi: IRENA.
[28] Central Intelligence Agency, "Middle East," (March, 2016) *The World Factbook*: https://www.cia.gov/library/publications/the-world-factbook/wfbExt/region_mde.html
[29] M. Rodka, *Climate Change*, (March, 2012), UNEP: http://www.unep.org/climatechange/Climat-eChangeConferences/COP18/News/Gulfcountriestakingonthechallengeofrenewab.aspx
[30] N. Y. Khan, "Role of the Environment Impact Assessment in Integrated Coastal Zone Management," In B. Haq, S. Haq, G. Kullenberg, and H. Stels (Eds.), *Coastal Zone Management Imperative for Maritime Developing Nations*, Dodrecht, The Netherlands: Springer Netherlands, 99-110.
[31] D. Despommier, *The Vertical Farm Feeding the World in the 21st Century*. New York, USA: Picador, (2010).

مزارع النفايات:
انعاش النظام البيئي
في الخليج

شركة **AGi Architects** هي شركة تصميم عالمية تقدم خدمات شاملة في مجال العمارة و التخطيط و التصميم الحضري و التصميم الداخلي و البحوث الخاصة بالتصميم والاستشارات. يسمح المدى الواسع من المهارات المتوفرة بتقديم قيمة مستمرة للعملاء من خلال الحلول المختلفة والمبتكرة. تأسست AGi architects عام 2006 على يد خواكين بيريز- غوكوتشيا وناصر أبوالحسن، وقد قدمت تصاميم استثنائية ومناهج إدارية وتقنية في مشاريعها في أوروبا والشرق الأوسط من خلال مكتبيها في مدينتي مدريد والكويت.

الفريق

ناصر أبوالحسن، خواكين بيريز- غوكوتشيا، خوستو رويث غرانادوس، عائشة الصقر، دانيل مونيو ميدراندا
علي اليوسفي، شهد الخترش، لوسيا أزورمندي، مورتا لوزانو، سامر محمد، كريستينا رويث نولاسكو،
بابلو سانشيز دي فيغا غيتريز

Archaeology of Inhabited Ruins / Cerberus: The Three-Headed Monster

Behemoth Press & Matteo Mannini Architects

Manifesto

We often use the words pirate and privateer interchangeably while in fact each has a particular meaning. Legally, there is a difference between a pirate and a privateer: unlike a pirate, the privateer holds a commission from a government, a "letter of marque." This letter entitled a privateer to fly a country's flag. Pirates, on the other hand, navigate without a legal authorization; hence their ubiquitous, black flag.

During the Golden Age of piracy, the distinction between pirates and privateers was blurred in practice. Privateers often exceeded the limits of their licenses, or they navigated using forged letters of marque, or they used forged licenses from non-existing governments. Likewise, when captured, pirates were often pardoned and left to sometimes retire to their homeland, to enjoy the wealth and the prestige they accumulated.

The alliance between rising nation states and pirates was central to the accumulation of Europe's wealth. It came through plunder and violence. However, starting in the beginning of the nineteenth century, a war against piracy was declared. Pirates had served their purpose and there was no longer a strategic rationale to look the other way. Imperialistic forces declared them "enemies of all mankind." Their existence was deemed outside of the pacified world order and their defeat was sanctioned by international law.

Like the golden age of piracy, the current high-risk and high-yield neoliberalism has ushered in a new type of pirate. However, unlike the seafarers of older days, today's pirate sails on fast, connective communications systems, venture capital, and inexpensive labor. In many ways, these pirates are tech geeks, driven by politics or profits to plunder at will. And to continue this analogy, today's freelancer is empowered with a contract from a client, typically a multinational corporation, the way a privateer's letter enabled them to sail the seas with near impunity. And like the pirate and privateer, both the vigilante IT professional and the freelancer deploy their own expertise, money, and means towards the fulfillment of someone else's desires. Both act at their own private risk. Their actions are not always illegal, but all too often precarious. Like privateers who turned to pirates in search of a higher reward for their risks, or simply looking for freedom from a sovereign that broke its promise, freelancers sometimes resort to their own black flag, becoming saboteurs, cyber-criminals, or enemies of all states.

Archaeology of Inhabited Ruins

The beginning of the Sixth Volume of the *One Thousand and One Nights* is dedicated to the Voyages of Sinbad the Seaman. A pirate on sea, a merchant in the harbors, and a respected wealthy courtier and benefactor in his fatherland, Sinbad is the prototype of the pre-modern privateer. His looting and predatory practices are in fact the way through which not only his own wealth and powers are accrued, but also the means through which the power of the nation and the prestige of its Caliph are consolidated.

Within the tale of Sinbad, the caricatures of the merchant and the pirate are almost indistinguishable. Historical figures such as the Iranian Mir Muhanna (circa 1769) and the Arab Rahmah ibn Jabir al-Jalahimah (1760-1826) were among the most famous buccaneers who threatened the military strength of the Dutch and English Empires and the interests of the East India Company. Their enterprises are still vivid in the popular imagination of Iranians and Qataris, and they are popular heroes within their respective national narratives.

However, when in 1820 the "General Treaty for the Cessation of Plunder and Piracy by Land and Sea" was signed, pirates were not simply deemed criminals, but as "enemies of all mankind." The treaty established the space of the Gulf as a perpetually neutral and smooth area for the traffic of commodities. This served British interests as the document did not ban tribal wars among Arab communities.

However, for a short period of time, hostilities against the British East India Company continued after the ratification of the treaty. The famous Pirate Coast, stretching from Bahrain till Ras-al-Khaimah, was no longer a safe haven for the newly minted public enemies. Instead, British chronicles reported local rumors on the existence of pirate sanctuaries in the islands of the Gulf, one of them hosting a fortification built by the company of Rahmah ibn Jabir al-Jalahimah. With the death of the famous Qatari pirate, and the development of steam-powered freight boats, piracy in the Persian Gulf disappeared, and the existence of the Rahmah's secret fort survived for two centuries only as a popular legend.

Today, attracted by the Iranian government's liberal policy of copyright infringement and cybercrime, an extraterritorial army of contemporary pirates again inhabits some of the Islands of the Gulf. In the past, the lack of economic relations

علم آثار الأنقاض المأهولة / سيربيروس؛ وحش بثلاثة رؤوس

بيهيموث برس و
ماتيو مانيني

بيان

لا يفرق الكثيرون بين مصطلحي pirate (التي تعني «قرصان») و privateer (التي تعني «قرصان مرخص) باللغة الإنجليزية، وغالبًا ما يخلطون بين استخدامهما رغم أن كلاهما يملك معنىً مختلفًا عن الآخر. فمن الناحية القانونية، يحمل القرصان المرخص صفةً قانونيةً كشخص مرخص من الحكومة بـ «تفويض خطي» يخول له بموجبه رفع علم الدولة التي يأتي منها على سفينته. وفي المقابل، يبحر القراصنة من دون إذن قانوني ولا يرفعون سوى علمًا أسود على سفنهم.

خلال العصر الذهبي للقرصنة، اختلط في الناحية العملية الفرق بين القرصان والقرصان المرخص الذي يعتبر واضحًا وراقيًا من الناحية النظرية، وأصبح التمييز بينهما مبهمًا على أرض الواقع نظرًا لتجاوز القراصنة المرخصين حدود الصلاحيات الممنوحة لهم بموجب تراخيصهم والإبحار باستخدام تفويضات كتابية مزوّرة من حكومات لا وجود لها. وبالمقابل، كان القراصنة يحصلون على عفو في أغلب الأحيان عند إلقاء القبض عليهم، ويتمكنون في بعض الأحيان من العودة إلى بلادهم والتنعّم بالثروات التي جمعوها.

وكان التحالف بين الدول القومية الناشئة والقراصنة أمرًا محوريًا في بناء أوروبا لثرواتها من خلال النهب والعنف. ولكن مع إطلالة القرن التاسع عشر، أعلنت الحرب على منظومة القرصنة المنتشرة المتنقلة وغير التابعة لأي حكومة. فبعد أن قضت القوى الامبريالية حاجتها من التحالف الاستراتيجي مع القراصنة، أعلنت القراصنة خارجين عن القانون ووصفتهم بأنّهم «أعداءٌ للبشرية جمعاء»، خارجين عن نظام العالم المسالم الذي يدعو إليه القانون الدولي.

وفي ظل سياق انهيار الدول القومية، وتنامي الاتصالات العالمية وتبلور نموذج رأسمالي عالي المخاطر وعالي المردود قائم على المشاريع المغامرة، واكتشاف طرق جديدة في النهب، وإنشاء التجمعات الطفيلية والاستخراجية، هل نعيش اليوم فصلاً جديدًا من فصول التحالفات ما بين القراصنة والأمم والشركات؟

يمكننا أن نرى إلى حدٍ ما وجهًا للشبه بين القراصنة المرخصين وبين الأشخاص العاملين لحسابهم الخاص في عصرنا هذا. فالشخص المستقل في العمل لحسابه الخاص يعتبر بمثابة مؤسسة مؤلفة من شخص واحد أو بمعنى آخر رجل أعمال مستقل. وتتلازم الحياة الشخصية للشخص العامل لحسابه الخاص مع حياته المهنية بحيث تصبح قوة عمل خالصة موضوعة تحت خدمة العميل.

وكما هو الحال مع القراصنة المرخصين الذين كانت خدماتهم تستند إلى عقد مع جهة تتمتع بسيادة، فكذلك هي حياة الشخص العامل لحسابه الخاص تستند إلى عقد مع عميل. فكلاهما يبذل كل ما لديه من خبرة ومال وطرق في سبيل تلبية رغبات طرف آخر. وكلاهما أيضًا يتصرف على مسؤوليته. وبذلك فأعمالهما ليست بغير مشروعة، وإنّما محفوفة بالمخاطر.

وتمامًا كما كان القرصان المرخص يعود إلى أحضان القرصنة في حال أخلّت الجهة ذات السيادة بوعودها أو سعيًا منه لمكافآت أعلى مقابل المخاطر التي يتعرض لها أو لمجرد البحث عن الحرية، كذلك يبدأ من يعمل لحسابه الخاص أحيانًا برفع العلم الأسود عندما يصبح مخرّب أو مجرم عبر الانترنت أو عدوًا لكافة الأمم.

علم آثار الأنقاض المأهولة

خصصت بداية الجزء السادس من حكايات ألف ليلة وليلة لرحلات السندباد البحري الذي كان قرصانًا في البحار وتاجرًا في الموانئ ورجلاً ثريًا ومحترمًا من رجال الحاشية وفاعل خير في أرض أبائه. فكان السندباد خير مثال عن القرصان المرخص في فترة ما قبل الحداثة. إذ كانت سرقاته وممارساته العدوانية هي السبيل الذي لم يؤمن له وحده فقط جمع الثروات والسلطة، بل كان السبيل أيضًا الذي وطدت أمته من خلاله سلطتها وهيبة خلافتها.

وإن كنا لا نستطيع التمييز بين شخصيتي التاجر والقرصان اللذين مثلهما السندباد، كذلك برزت شخصيات مثل مير مهنى الإيراني (الذي توفي في 1769) ورحمة ابن جابر الجلهمي العربي (1826-1760) من بين أشهر شخصيات محترفي السرقة المغامرين الذين شكلوا خطرًا على القوة العسكرية للإمبراطوريتين الهولندية والإنجليزية ومصالح شركة الهند الشرقية ولا تزال مغامراتهما حية في المخيلة الشعبية للإيرانيين والقطريين وهما بطلان شهيران كل في حكايته في وطنه.

وفي عام 1820 عندما وقعت «المعاهدة العامة لوقف النهب والقرصنة عن طريق البر والبحر»، اعتبر القراصنة بناءً على أحكامهم «أعداء للبشرية جمعاء» وليس مجرمين فقط. كما حددت المعاهدة منطقة الخليج كمساحةٍ محايدة وسلسة على الدوام لحركة مرور السلع – البريطانية منها بشكل خاص، حيث أنّ الوثيقة لم تمنع الحروب القبلية بين المجتمعات العربية.

ولكن لفترة قصيرة من الوقت، استمرت الأعمال العدائية ضد شركة الهند الشرقية البريطانية حتى بعد إقرار المعاهدة. وبذلك ما عاد ساحل القراصنة الشهير الذي يمتد من البحرين وحتى رأس الخيمة– وهو الآن مسالمًا– ملاذًا آمنًا للمغامرات غير المشروعة لأعداء الشعب الجدد.

وبدلاً من ذلك، راحت والصحف المجلات الإخبارية البريطانية تنقل إشاعات محلية حول وجود مخابئ للقراصنة في جزر الخليج، وأن أحد هذه المخابئ هي عبارة عن حصن بنته جماعة رحمة بن جابر الجلهمي. ومع وفاة هذا القرصان القطري الشهير واختراع سفن للشحن تعمل على الطاقة البخارية، اختفت مشكلة القرصنة في الخليج الفارسي/ العربي، ودام وجود حصن رحمة السري طوال قرنين إنّما كأسطورة شعبية لا غير.

واليوم، عادت بعض جزر الخليج الفارسي/ العربي مقرًا لوابل من القراصنة المعاصرين خارج إقليم الدولة، الذين استقطبتهم سياسة الحكومة الإيرانية المتحررة بشأن انتهاك حقوق المؤلف والجرائم

Archaeology of Inhabited Ruins / Cerberus: The Three-Headed Monster

علم آثار الأنقاض المأهولة / سيربيروس؛ وحش بثلاثة رؤوس

between the United States and Iran did not isolate Iran from US cultural products and software. On the contrary, the lack of official copyright relations between the two countries enabled the circulation of American intellectual productions despite the censorship of the Iranian government. Hollywood movies, academic textbooks, and software can be freely copied, translated, reprinted, and purchased for a fraction of their original retail value.

With the end of the embargo, Iran was forced to sign bilateral conventions for the enforcement of intellectual property rights on the Iranian territory. However, in order to prevent the rising discontent from a young and untamed population of students affected by a sudden rise in academic costs, the Iranian government decreed the creation of several copyright-free zones. One of these, the island of Greater Farur in the Gulf, became an attractive destination for many international hackers, who could find a vibrant community, a powerful data infrastructure (the Large Data Tunnel intercepts the island), and a tolerant national government hoping to recruit the best international expertise for communications, espionage, and intelligence.

It was the Italian firm Matteo Mannini Architects who, already involved in other archaeological inquiries on the island of Hormuz, advanced the hypothesis that Greater Farur had the potential to be the island upon which Al-Jalahimah found his pirate sanctuary in the final years of his life. The Iranian Institute of Heritage and Tourism commissioned Mannini to lead an Iranian-Italian team of architects, historians, and archeologists from the Universities of Tehran and Florence. The five-year excavation confirmed Mannini's hypothesis, bringing to the light a complex of exceptional and monumental historic value.

Some of the structures were already partly excavated and inhabited by the cyber-refugees. However, further excavations allowed the finding of an underground structure that was probably used to safely store looted material that was ready to be shipped and exchanged. They discovered artifacts that were built before Al-Jalahimah took control of them, and they were already in a state of ruin when his company settled on the island.

The complex includes various additions that were constructed in different periods. The oldest remains are those of a simple hypostyle hall, originally used as a mosque due to its

الإلكترونية. ففي الماضي، لم يتسبب غياب العلاقات الاقتصادية بين الولايات المتحدة وإيران بعزل إيران عن المنتجات الثقافية والبرمجيات الأمريكية. بل على العكس، أدى غياب العلاقات الرسمية بين البلدين بشأن حقوق المؤلف في الواقع إلى تحرير تداول المؤلفات الفكرية الأمريكية رغم الرقابة التي تفرضها الحكومة الإيرانية. وأسفر ذلك عن إمكانية نسخ الأفلام الأمريكية والكتب الأكاديمية والبرمجيات أو ترجمتها أو إعادة طبعها أو شراؤها مقابل جزء بسيط من قيمتها الأصلية.

ومع انتهاء الحصار، اضطرت إيران إلى توقيع اتفاقيات ثنائية لفرض حقوق الملكية الفكرية على الأراضي الإيرانية. ولكن منعًا للسخط المتزايد من قبل شريحة الطلاب الشباب المتضررين من الارتفاع المفاجئ في تكاليف الدراسة، أصدرت الحكومة الإيرانية مرسومًا حول إنشاء عدة مناطق لا تطبق فيها قوانين حقوق الملكية الفكرية. وقد أصبحت جزيرة فارور الكبرى في الخليج الفارسي واحدة منها، وبذلك تحولت إلى وجهة تستقطب الكثير من متسللي الانترنت الدوليين الذين وجدوا فيها مجتمعًا نابضًا بالحياة وبنية تحتية قوية للبيانات (حيث يمرّ نفق البيانات الضخمة في الجزيرة) وحكومة وطنية متسامحة تأمل توظيف أفضل الخبرات الدولية في مجال التجسس على الاتصالات والاستخبارات.

وكان أن قامت شركة ماتيو مانيني للهندسة المعمارية الإيطالية، والتي كانت أصلاً تعمل على تحقيقات أثرية أخرى في جزيرة هرمز، بتطوير فرضية أن تكون جزيرة فارور الكبرى هي التي بنى فيها الجلهمي مخبأ قراصنته في السنوات الأخيرة من حياته، حيث فوض المعهد الإيراني للتراث والسياحة شركة ماتيو مانيني لتترأس فريقًا يضم مهندسين ومؤرخين وعلماء آثار إيرانيين وإيطاليين من جامعتي طهران وفلورنسا. وبعد خمسة أعوام، أكّدت أعمال التنقيب فرضية مانيني مسلّطة الضوء على مجمّع أثري هائل.

وكانت هذه الهياكل الأثرية قد اكتشفت وسكنت من قبل بعض اللاجئين الالكترونيين الذي عاشوا على الجزيرة، ولكن أعمال التنقيب الإضافية سمحت بالكشف عن بنية معقّدة تحت الأرض كانت تُستخدم على الأرجح لتخزين المواد التي تم نهبها في مواقع آمنة، كي يتم شحنها بعد ذلك وبيعها. وقد وُجد أنّ التحف الفنية الأثرية التي تم العثور عليها كانت قد صُنعت قبل أن يستولي الجلهمي عليها وكانت أصلاً أنقاضًا عندما استقرت جماعته على الجزيرة.

ويتضمن المجمع إضافات عدّة تمّ بناؤها في فترات مختلفة. وتعود أقدم البقايا إلى قاعة بسيطة تتوسطها أعمدة كبرى، استخدمت في الأصل كمسجد نظرًا لاتجاهها إلى مكة المكرمة. أما الدرج الحاد العائد لمرصد سابق كان قد بني في العهد السلجوقي، فأصبح بعد بناء ممر مائي (قناة) نقطة وصول إلى آب أنبار هائل (صهريج الماء) يعود إلى العهد الصفوي.

ولم يضف أي بناء جديد للمجمع في الفترة التي تلت عشرينيات القرن التاسع عشر سوى الحصن الذي شُيد في الجهة الجنوبية منه.

Archaeology of Inhabited Ruins

علم آثار الأنقاض المأهولة

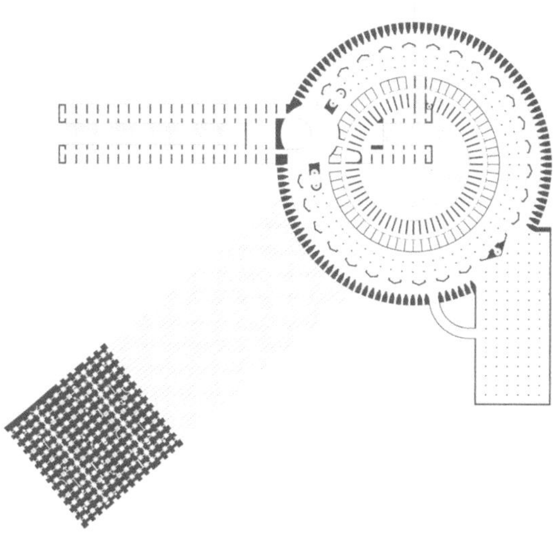

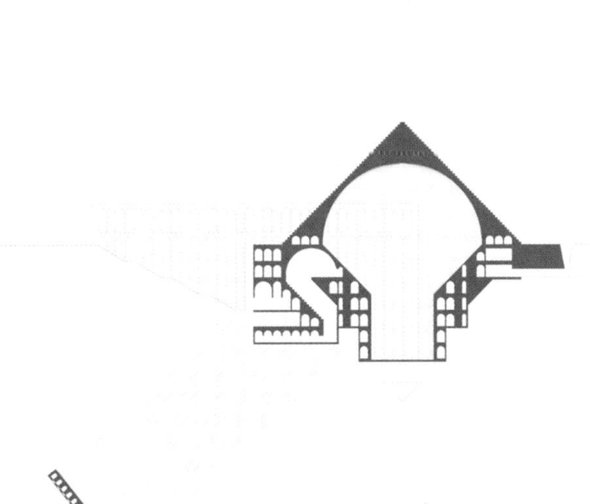

orientation towards Mecca. After the construction, the steep staircase of a former observatory built in the Seljuk period became a waterway (*qanat*). It was the access point for a monumental *ab anbar* (water cistern) from the Safavid period.

The only addition to the complex, made post-1820, is a fortification on the south side of the site. The fortification is made by a partly underground grid of 3 x 3 m rooms, connected by passageways and lit from the above. Rahmah ibn-Jabir's successors and his followers used these spaces as temporary dwellings and safe deposits for food provisions and looted materials.

The fresh temperatures of the interior of the cistern were probably used as a marketplace and public space to trade loot and gamble and drink *araq*. The mosque was probably used for prayer and meetings. The top of the cistern's cone—today covered with vegetation and almost indistinguishable from the natural topography—was used as a look out and a lighthouse. The more permanent population living on the island—artisans, shepherds, prostitutes, and shopkeepers—used the inhabitable rooms flanking the staircase as dwellings and workshops.

So far, none of the material has been found on the islands. The squatter population has denied any findings. However, their accounts appear fragmentary and inconsistent, and further inquiries are expected.

Despite the generally peaceful attitude of the population of cyber-refugees, some of them have reportedly been involved in acts of sabotage against Alefba's headquarters in the neighboring island of Greater Tunb, as well as illegally helping some of Alefba's entrepreneurs flee from their corporate environment.

Cerberus, The Three-Headed Monster

The Gulf islands of Greater Tunb, Lesser Tunb, and Abu Musa have been objects of a territorial dispute between the UAE and Iran since the end of the British protectorate in 1971. When the British troops left the islands Iran occupied them, claiming that they were part of the Persian Empire until their British occupation in the 1920s. Conversely, the Emirates claim that the islands were previously under the control of the Qawasim of Sharjah.

Since the 1990s, several attempts at a resolution have failed. However, both Arab and Iranian parties had difficulties providing proof of their sovereignty. Each nation's claims are based on anecdotal evidence. Historian Richard Schofield argued that the political and territorial control over such territories was "marked by fluidity and impermanence." Populations usually moved and exchanged freely between the two sides of the Gulf.

The islands offer a particular strategic military advantage. During the Iran-Iraq war, Iraqi tankers were bombed from Abu Musa. Territorial control over the islands is crucial for the control of oil flow in the Gulf, which amounts to 40% of the global oil production.

These remote islands are not only crucial for the control of oil traffic, but also for the circulation of information. The space enclosed by the archipelago composed by the islands of Greater and Lesser Farur, Greater and Lesser Tunb, as well as Siri and Abu Musa. Four international submarine cables (Falcon, AAE-1, GBICS/MENA, Tata/TGN-Gulf) traverse these islands, connecting the Mediterranean to South and East Asia. In 2008, three cable disruptions occurred in this area between January 23 and February 4, affecting 70% of communication in Egypt, 60% in India, and 20% in Iran. The cables are key in the communications connectivity for Iran, and the Iranian Oil Bourse in the Kish Island bases is reliant on these connections. The hypothesis of a voluntary cable sabotage has not yet been confirmed. However, a control over this archipelago is key to the stability of communication in the region.

Forced by the international community to negotiate its occupation over the island, in 2017 the Iranian government responded with the surprising move of establishing Greater Tunb as a free-trade zone, calling international corporations to establish their premises in the area, already populated by an untamed yet vibrant community of coders. The result was the foundation of Alefba, a joint Iranian-Californian initiative to promote the development of IT industries in the Persian Gulf. Alefba is not a corporation, but an expansible, plug-in, corporate incubator, facilitating the encounter between independent entrepreneurs and venture capitalists, through an efficient and real-time logistical, operational, and technological infrastructure. The Head Quarters in Alefba is composed of a 300 x 1400 m plinth, which constitutes the corporate habitat and the "Cerberus," a triangularly planned core directional unit.

علم آثار الأنقاض المأهولة / سيربيروس؛ وحش بثلاثة رؤوس

وتألف هذا الحصن من شبكة من الغرف يقع جزء منها تحت الأرض، وتبلغ مساحة كل منها 3x3 أمتارو تتصل الواحدة بالأخرى بممرات مضاءة من الأعلى. استخدمت هذه المساحات من قبل خلفاء رحمة بن جابر وأتباعه كمساكن مؤقتة ومخابئ آمنة للمؤن الغذائية والمواد المنهوبة.

وأما درجات الحرارة المنعشة داخل الصهريج، فاستُخدمت على الأرجح كسوق وساحة عامة للتجارة بالمواد المسروقة والمقامرة وشرب العرق، فيما تم استخدام المسجد على الأرجح للصلاة وعقد اللقاءات. أما قمة مخروط الصهريج المغطاة اليوم بالأعشاب ولا يمكن تمييزها تقريبًا عن التضاريس الطبيعية، فكانت تستخدم كنقطة مراقبة ومنارة. وكانت الغرف الصالحة للسكن الموازية للدرج تستخدم كمساكن وورش عمل من قبل السكان الدائمين للجزيرة من حرفيين ورعاة وبائعات هوى وأصحاب محلات تجارية.

وحتى الآن، لم يتم العثور على أي من المواد على الجزر. وقد نفى السكان المستحلون لها العثور على أي مواد مع أن أقوالهم تبدو متجزئة وغير متناسقة، ويُتوقع بالتالي إجراء المزيد من التحقيقات في هذا الشأن.

وعلى الرغم من الجو السلمي العام الذي يسود السكان اللاجئين الإلكترونيين، قيل أنّ بعضهم قد شارك في أعمال تخريب ضد مقرّ «ألف با» في جزيرة طنب الكبرى المجاورة، كما ساعدوا بعض رواد أعمال «ألف با» بصورة غير قانونية للفرار من بيئتهم المؤسسية.

سيربيروس؛ وحش بثلاثة رؤوس

شكلت جزر طنب الكبرى وطنب الصغرى وأبو موسى في الخليج موضع نزاع حدودي بين الإمارات العربية المتحدة وإيران منذ نهاية الحماية البريطانية في العام 1971. فعندما غادرت القوات البريطانية الجزر احتلت إيران هذه الجزر مدعيةً أنّها كانت جزء من الامبراطورية الفارسية حتى احتلالها من قبل بريطانيا في عشرينيات القرن الماضي. وفي المقابل، تدعي الإمارات أن الجزر كانت في السابق خاضعة لسيطرة قبيلة القواسم التي تحكم الشارقة.

منذ تسعينيات القرن الماضي، فشلت عدة محاولات لحل النزاع على الجزر، ولم يستطع كلا الطرفين توفير إثباتات تدعم أن الجزر المتنازع عليها كانت خاضعة لسيادته قبل الاحتلال البريطاني في عشرينيات القرن التاسع عشر، فكلتا الدولتين تستند في مزاعمها على أدلة مروية. وقد ذكر المؤرخ ريتشارد شوفلد أنّ السيطرة السياسية والإقليمية على هذه الأراضي كانت «متسمة بالانسياب وعدم الثبات»، إذ كان السكان يتنقلون في العادة ويتبادلون التجارة بشكل حرّ بين طرفي الخليج.

توفر الجزر بموقعها ميزة عسكرية استراتيجية خاصة، ففي الحرب الإيرانية-العراقية، تم قصف الدبابات العراقية من جزيرة أبو موسى. ومن ناحية أخرى، تشكل السيطرة عليها أمرًا مهمًا جدًا نظرًا لانعكاساته على السيطرة على تدفقات النفط في الخليج والتي تبلغ 40% من إنتاج النفط العالمي.

وعلى ما يبدو أنّ أهميّة هذه الجزر النائية لا تنصبّ فقط في السيطرة على حركة نقل النفط، وإنّما أيضًا على انتقال المعلومات، إذ تمرّ في المساحة المحيطة بالأرخبيل المؤلّف من جزر فارور الكبرى وفارور الصغرى وطنب الكبرى وطنب الصغرى وسيري وأبو موسى أربعة كابلات بحرية دولية تصل البحر الأبيض المتوسّط بجنوب وشرق آسيا (وهي Falcon, AAE-1, GBICS/MENA, Tata/TGN-Gulf). وفي العام 2008، تعطّلت ثلاثة كابلات في هذه المنطقة بين 23 يناير و4 فبراير، الأمر الذي أثّر على الاتصالات في مصر بنسبة 70%، وفي الهند بنسبة 60%، وفي إيران بنسبة 20%. وتعدّ هذه الكابلات أساسيّة في توفير الاتصال بإيران وتعتمد بورصة النفط الإيرانية في جزيرة كيش في عمليّاتها عليها. ورغم عدم التأكيد على فرضية التخريب المتعمّد لهذه الكابلات، فإن السيطرة على هذا الأرخبيل هي مفتاح استقرار الاتصالات في المنطقة.

استجابت الحكومة في العام 2017 لضغوطات المجتمع الدولي الرامية إلى إقناع إيران بالتفاوض بشأن احتلال الجزيرة، فاتخذت خطوة مفاجئة تمثلت في جعل جزيرة طنب الكبرى منطقة تجارية حرة ودعت الشركات الدولية لإنشاء مراكز عمل لها في المنطقة المأهولة أصلاً من مجتمع مبرمجين جامح إنما نابض بالحياة.

وكان أن تأسست «ألف با» وهي مبادرة مشتركة بين إيران وولاية كاليفورنيا ترمي إلى تعزيز تطوير قطاعات تقنية المعلومات في الخليج الفارسي.

«ألف با» ليست شركةً، بل حاضنة أعمال قابلة للتوسع تسهّل التقاء رواد الأعمال المستقلين وأصحاب رؤوس المال المغامر من خلال تقديمها بنية تحتية لوجستية وعملية وتقنية فعالة في الوقت الفعلي.

يتألف مقر «ألف با» من منصة مربعة تمتد على مساحة 300 x 1400 متر وتشكّل مركز أعمال الشركة، ويضم «سيربروس» وهي وحدة توجيهيه مصممة على شكل مثلث.

تتألف المنصة المربعة من سلسلة من الغرف التي يمكن أن يتضاعف حجمها مرتين وفقًا للمسافة التي تفصلها عن المحيط الخارجي للشركة. وتقدم هذه الغرف مساحة للعمل والإقامة تتميز بسلاستها قابليتها للتوسع، وتلبي كافة احتياجات الحياة المهنية الناجحة من خدمات النسخ الأساسية إلى أعلى احتياجات التنظيم والعرض في بيئة عمل مكتبية.

في الجهة الشرقية من المنصة المربعة، إلى جانب الميناء، تقع «باردي»، وهي الحديقة «التكنولوجية» التي تعرض روائع الشركة، حيث يتم اختبار أحدث التقنيات الحياتية وحيث ينخرط رواد الأعمال في مطالعة الأعمال المكتوبة في أوقات الأزمات المالية. أما الجزء الغربي من المنصة المربعة، فيضم الحمامات التقليدية التي تتألف

Archaeology of Inhabited Ruins / Cerberus: The Three-Headed Monster

The plinth is composed of a series of rooms, the size of which doubles according to their distance to the outer perimeter. The rooms provide a scalable and seamless working and living space, providing all the needs of a successful working life from basic reproduction to the highest organizational and representational needs of an office ecosystem.

On the east side of the plinth, next to the harbor, is the Pardis Technology Park, where cutting-edge technologies are experimented and the entrepreneurs engage in solace during times of financial crisis. In front of the main structure, a large garden compliments the corporate grounds. *Hammams* (bath houses), are located in the western part of the plinth, and provide a leisure, learning, and meeting environment, which includes a spa, a gym, horse stables, and a traditional *Zurkhaneh* (an Iranian sports club, the name of which means, "house of strength"). On the upper level, the directional unit's south corner is occupied by the five-star Hotel, Henri IV, which includes rooms for temporary visitors, such as foreign investors and heads-of-state, including their delegations of intelligence agents and bureaucrats.

The directional core of the complex, the "Supreme Soviet," or the office of the CEO, occupies the north corner. Since Alfeba is not based on wage labor, its operations are in no need for a Human Resources department. Downsizing, recruiting, and the training of its workforce is all left to the metastable of competition, cooperation, and interbreeding that takes place spontaneously on the ground floor of this corporate ecosystem.

The east corner is occupied by the logistics center, devoted to the supply and dispatch of material goods, prototypes, and confidential documents. The core of the directional unit is composed of a large assembly hall, which hosts the yearly assembly of Alefba's shareholders, as well as staging the keynote speeches during the launch of new services and products.

The island is connected to the "Large Data Tunnel," a circular tunnel connecting the islands of Greater and Lesser Farur, Siri, Abu Musa, and Lesser Tunb. This tunnel offers the most secure, real-time, scalable, and green technologies for any present or future need of web services and databases from Alefba's corporations.

علم آثار الأنقاض المأهولة / سيربيروس؛ وحش بثلاثة رؤوس

من مكان للترفيه والتعليم والالتقاء يتضمن منتجعًا صحيًا وصالة رياضية واسطبلات الخيل وزرخانة تقليدية. في الطابق الأعلى، يحتل الزاوية الشمالية من الوحدة التوجيهية فندق هنري الرابع (خمسة نجوم) الذي يتضمن غرفًا للزوار المؤقتين، مثل المستثمرين الأجانب ورؤساء الدول، بما في ذلك وفودهم المؤلفة من عملاء استخبارات وإداريين.

ويحتل الزاوية الشمالية المحور التوجيهي للمجمع بأكمله والذي يُدعى «السوفيات الأعلى» أو مكتب الرئيس التنفيذي. وبما أنّ «ألف با» لا تستند إلى العمل المأجور، فلا تحتاج عملياتها إلى إدارة للموارد البشرية، وبالتالي تستند عمليات توظيف العاملين وتدريبهم إلى التوازن مؤقت الاستقرار بين المنافسة والتعاون ومزج السلالات والذي يجري بشكل عفوي في البيئة الحاضنة للشركات في الطابق الأرضي.

وتحتضن الزاوية الشرقية مركز الشؤون اللوجستية المخصص لتوريد وإرسال السلع المادية والنماذج الأولية والوثائق السرية. أما محور الوحدة التوجيهية، فيتألف من قاعة اجتماعات كبيرة تستضيف الاجتماع السنوي لمساهمي «ألف با» كما تستضيف الخطابات الرئيسية في خلال إطلاق الخدمات والمنتجات الجديدة.

وتتصل الجزيرة «بنفق البيانات الضخمة»، وهو نفق دائري يصل جزر فارور الصغرى وفارور الكبرى وسيري وأبو موسى وطنب الصغرى ببعضها البعض ويوفر التقنيات الحديثة الأكثر أمانًا وقابلية للتوسع وملاءمة للبيئة في الوقت الحقيقي لأي حاجة حالية أو مستقبلية لخدمات الويب وقواعد البيانات من شركات «ألف با».

يتمتع رواد الأعمال والعاملون لحسابهم الخاص في «ألف با» بمزايا متنوعة وبنمط حياة وعمل حافل بالمغامرات. لا يتعين الحصول على أي تأشيرة دخول للانتقال إلى جزيرة طنب الكبرى. وأي إدانة جنائية بتهمة انتهاك حقوق المؤلف أو الاحتيال أو سرقة المعلومات أو الحرب الإلكترونية تلغى تلقائيًا عند وصول الفرد إلى الجزيرة ويتم منح الأفراد حق اللجوء من قبل وزارة الشؤون الخارجية الإيرانية.

وافقت السلطات الإيرانية على أن يطبّق في جزيرة طنب الكبرى فقط قرار اختياري على فرض قواعد اللباس والأخلاق. وتُشجّع الأقليات العرقية والجنسية على الانتقال إلى الجزيرة ضمن المساعي الرامية إلى إنشاء بيئة عمل منفتحة وآمنة ومتنوعة.

وعلى الرغم من الجو المتحرر والوعود بنمط حياة مزدهر للشركات، تفيد التقارير بأنّ بعض رواد الأعمال تملصوا سرًا من نظام الأمن الشعري على الجزيرة، وفروا باتجاه جزيرة فارور الكبرى المجاورة حيث انضموا إلى قوم اللاجئين الإلكترونيين وأنشطتهم المجاورة.

صغّرت السلطات الإيرانية حجم الظاهرة في تصريحاتها العلنية غير أنّ المسألة تخضع للمراقبة من أجل تجنب حوادث دبلوماسية وتدهور مسار علاقات الأعمال الجديد الواعد بين إيران والولايات المتحدة.

Cerberus: The Three-Headed Monster

سيربيروس؛ وحش بثلاثة رؤوس

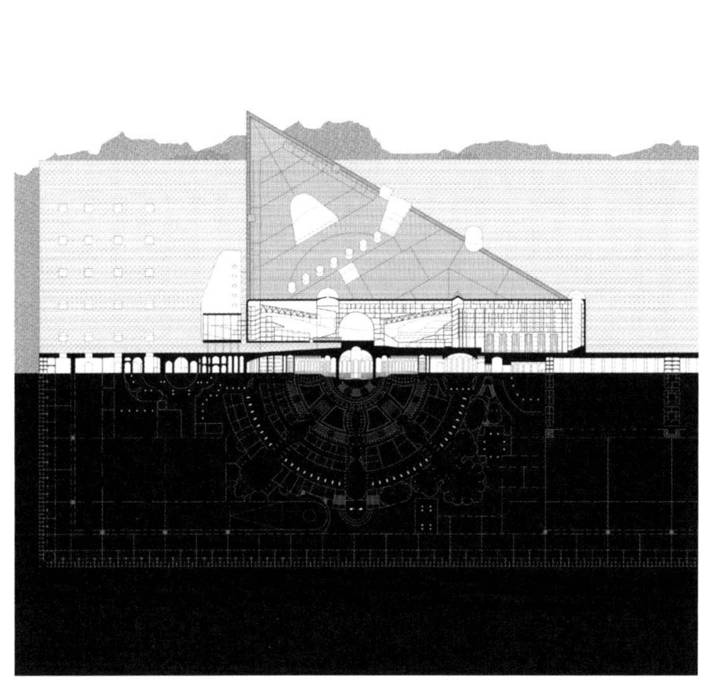

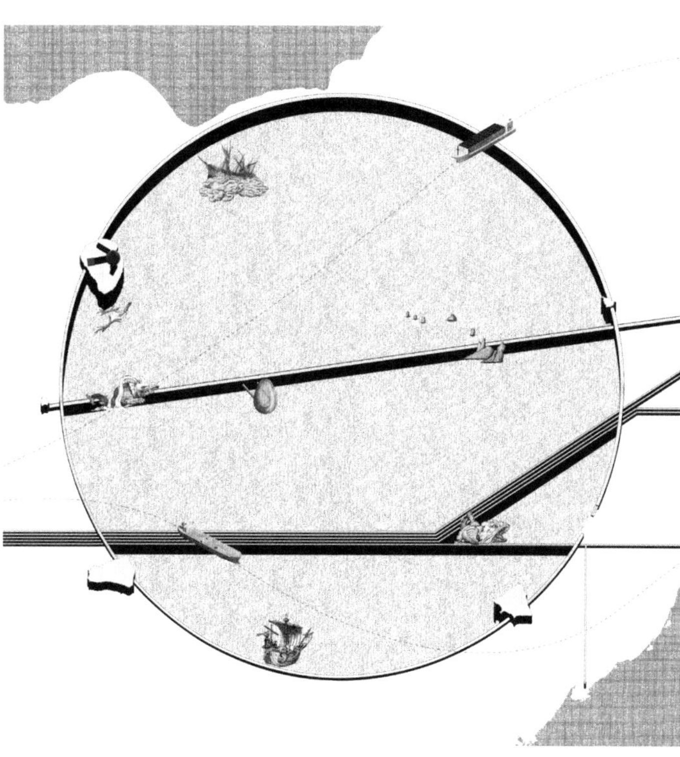

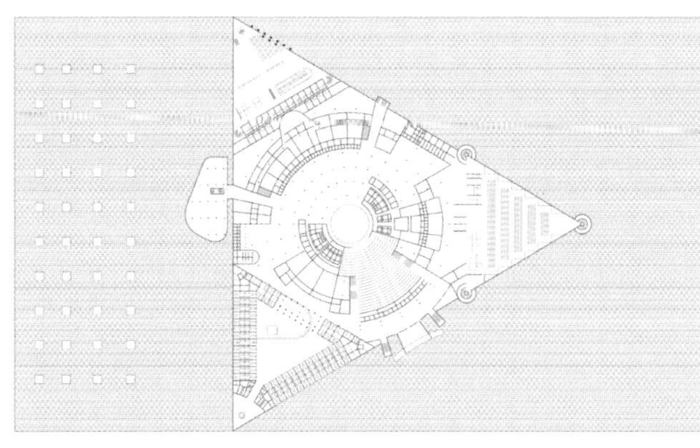

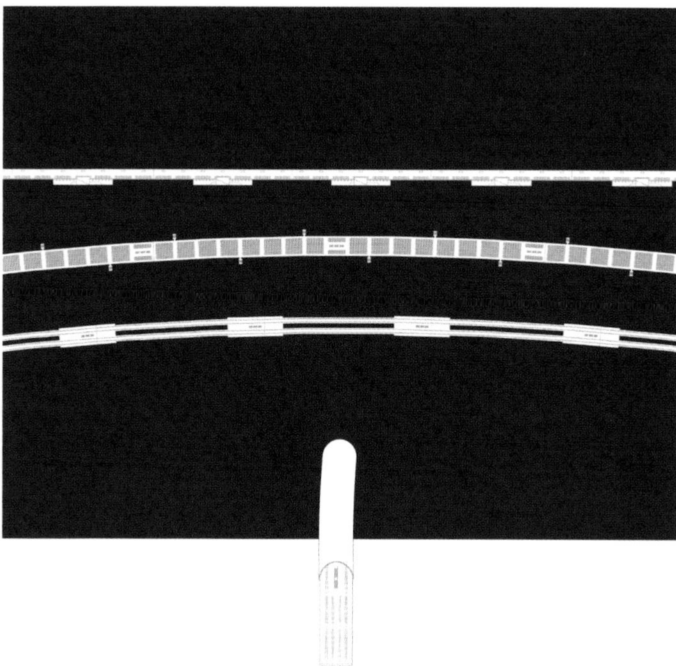

Archaeology of Inhabited Ruins / Cerberus: The Three-Headed Monster

Alefba's freelancers and entrepreneurs enjoy various privileges and an advantageous living and working scheme. No visa is required to move to Greater Tunb. Any criminal conviction for copyright infringement, fraud, information theft, or cyber warfare is to be automatically canceled on arrival to the island. Moreover, the Iranian Ministry of Foreign Affairs grants asylum to any internationally prosecuted individuals.

Iranian authorities accepted to apply exclusively for the territory of Greater Tunb are given a moratorium on the imposition of dress code and morality. Racial and sexual minorities are encouraged to apply in the effort to create an open, safe, and diverse working environment.

However, despite the liberal atmosphere and the promises of a thriving, corporate lifestyle, some entrepreneurs are reported to have secretly eluded the island's capillary security system, fleeing towards the neighboring island of Greater Farur to join its refugee cyber-army and partake in their borderline activities.

Iranian authorities minimized the phenomenon in their public declarations. However, the issue is being monitored in order to avoid diplomatic incidents and the deterioration of the promising new course of business relations between Iran and the United States.

Behemoth Press is a Rotterdam-based think tank, design agency, and publishing company devoted to the exploration of the link between architecture, political power, and production. Behemoth Press redefines what it means to do architecture today, pushing the old and new tools of the architectural project—drawings, books, fanzines, exhibitions, studios, and happenings—to explore unexpected territories. Its projects appeared at the 2014 Venice Biennale, the 2015 The Supreme Achievement (Rome), as well as the 2016 Oslo Architecture Triennale. Amir Djalali, Hamed Khosravi, and Francesco Marullo compose Behemoth Press.

Matteo Mannini (Florence, 1959) is an architect and educator. He received his MA at the IUAV in Venice in 1987. Since then, he has worked as an architect in Florence and the Netherlands, and taught history courses and design studios at the University of Florence, the Architectural Association in London, and the Lebanese American University in Beirut. His work, crossing the boundaries between history, design, and preservation, has examined the Middle East as testing ground for a serial production of anomalous architectural projects at urban and territorial scales. His firm, Matteo Mannini Architects, is currently based in Rotterdam and Florence.

Team
Amir Djalili, Hamed Khosravi, Francesco Marullo, Matteo Mannini

علم آثار الأنقاض المأهولة / سيربيروس؛ وحش بثلاثة رؤوس

بيهيموث برس مركز بحوث ووكالة تصميم وشركة نشر قائمة في روتردام مكرسة لاستكشاف الروابط بين الهندسة المعمارية والسلطة السياسية والإنتاج. تعيد بيهيموث برس تعريف معنى العمل في المجال المعماري اليوم، دافعةً إلى استخدام أدوات المشاريع المعمارية القديمة والجديدة على حد سواء – من رسومات وكتب ومجلات هواة ومعارض واستوديوهات ومجريات – لاستكشاف مساحات جديدة ليست في الحسبان. ظهرت مشاريعها في معرض بينالي البندقية 2014 وفعالية "الإنجازات العليا" 2015 (روما) وترينالي أوسلو للعمارة 2016. وتتألف بيهيموث برس من أمير جلالي وحامد خسروي وفرانشيسكو مارولو.

ماتيو مانيني (فلورنسا، 1959) مهندس معماري ومعلّم. حصل على شهادة الماجستير من المعهد الجامعي للهندسة المعمارية في البندقية في 1987. ومنذ ذلك الحين، عمل مهندسًا معماريًا في فلورنسيا وهولندا وأعطى صفوف تاريخ وتصميم في جامعة فلورنسا والجمعية المعمارية في لندن والجامعة اللبنانية الأميركية في بيروت. وأخذ في عمله المازج ما بين التاريخ والتصميم والحفاظ على التراث من الشرق أوسط حقلاً لتجاربه في إنتاج سلسلة من المشاريع العمرانية غير السوية على المستويين الحضري والإقليمي. ويقع مقر شركته ماتيو مانيني للهندسة المعمارية في كلا روتردام وفلورنسا.

الفريق

أمير جليلي, حامد خسروي, فرانشيسكو مارولو, ماتيو مانين

Design Earth

"After Oil" proposes three speculative tales that explore the geography of the Gulf and its islands in the decades after oil. These stories are also a reflection on the present condition—they stage and extrapolate critical issues of today's oil landscape to make the public aware of the energy systems on which modern life is dependent, focusing on the long-term consequences of the current fossil fuel industry.

Das Crude, Drill Baby Drill
Lying 160 km off the Abu Dhabi coast, Das Island has developed, since the first expeditions in the region in 1953, into a major oil and gas facility where Abu Dhabi processes, stores, and exports crude pumped at offshore fields. Such exports are a mainstay to the economy and a main driver of urbanization. The cities of the emirates—Dubai and Abu Dhabi—and many of the country's iconic buildings were built from the extraction of underground resources and the transferal of its value to urban centers. Yet, the relations between the wealth of the surface and the underground poverty are never presented symmetrically.

If "After Oil" suggests a race to pump out the last drops of oil in the ground and the connotation is to dig deeper and build higher, then "Das Crude" imagines the island within a subsurface field of depleted oil reservoirs. The site of Das Island offers a way to reconfigure the aesthetic assumptions upon which the totality of high-energy urbanism rests. First, the project recovers the excavated volumes of soil and stone—the insides of the earth that spilled out—to build an artificial mountain on the island. The project then makes visible the displacement in terms of value in oil urbanism by indexing highly symbolic landmarks of the UAE's urban history in relation to the geological depths of extraction. The porous and fractured rock formations house some of the Gulf's most iconic architectural structures. This geographic perspective on energy opens up and materializes the compressed space between the resource-underground and the city.

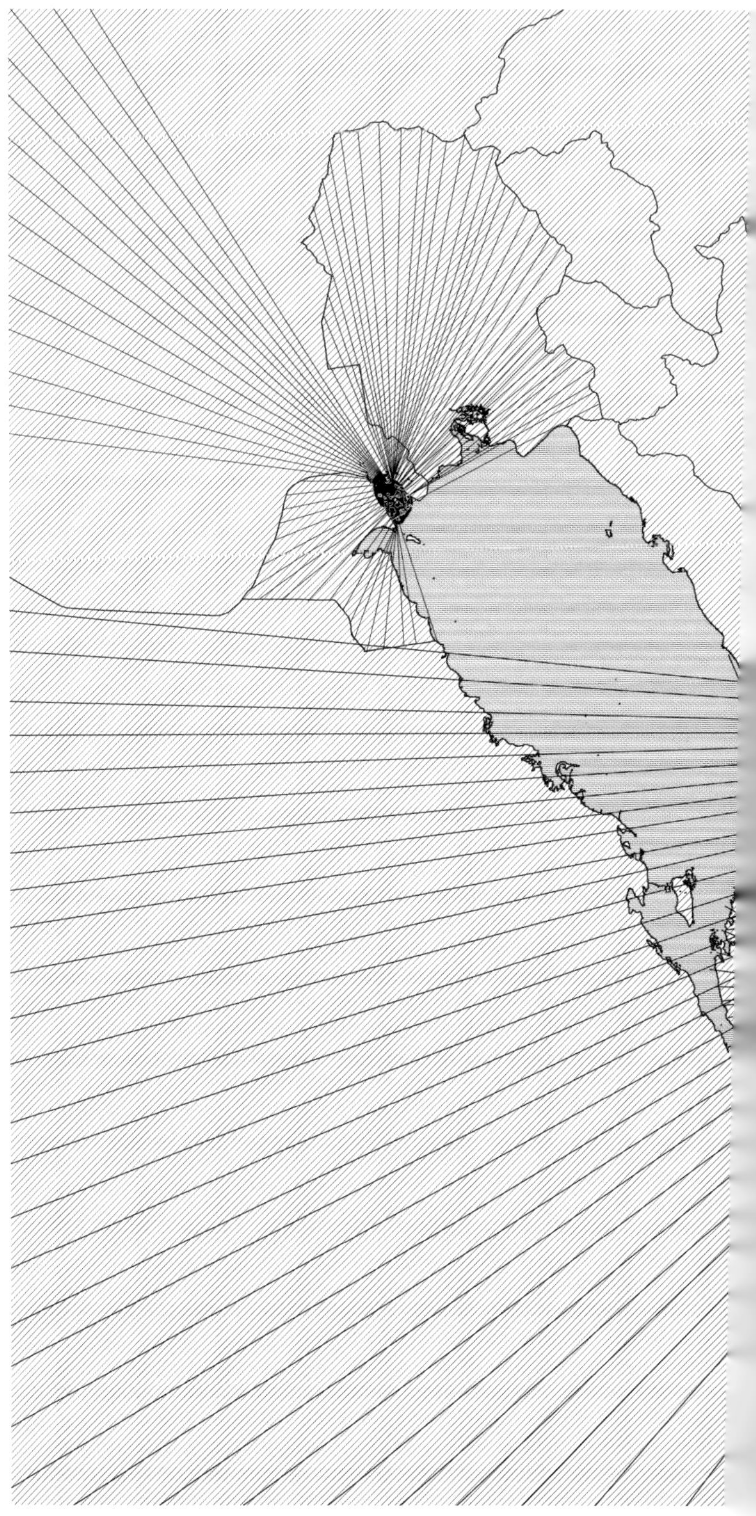

الخليج ما بعد النفط

ديزاين إيرث

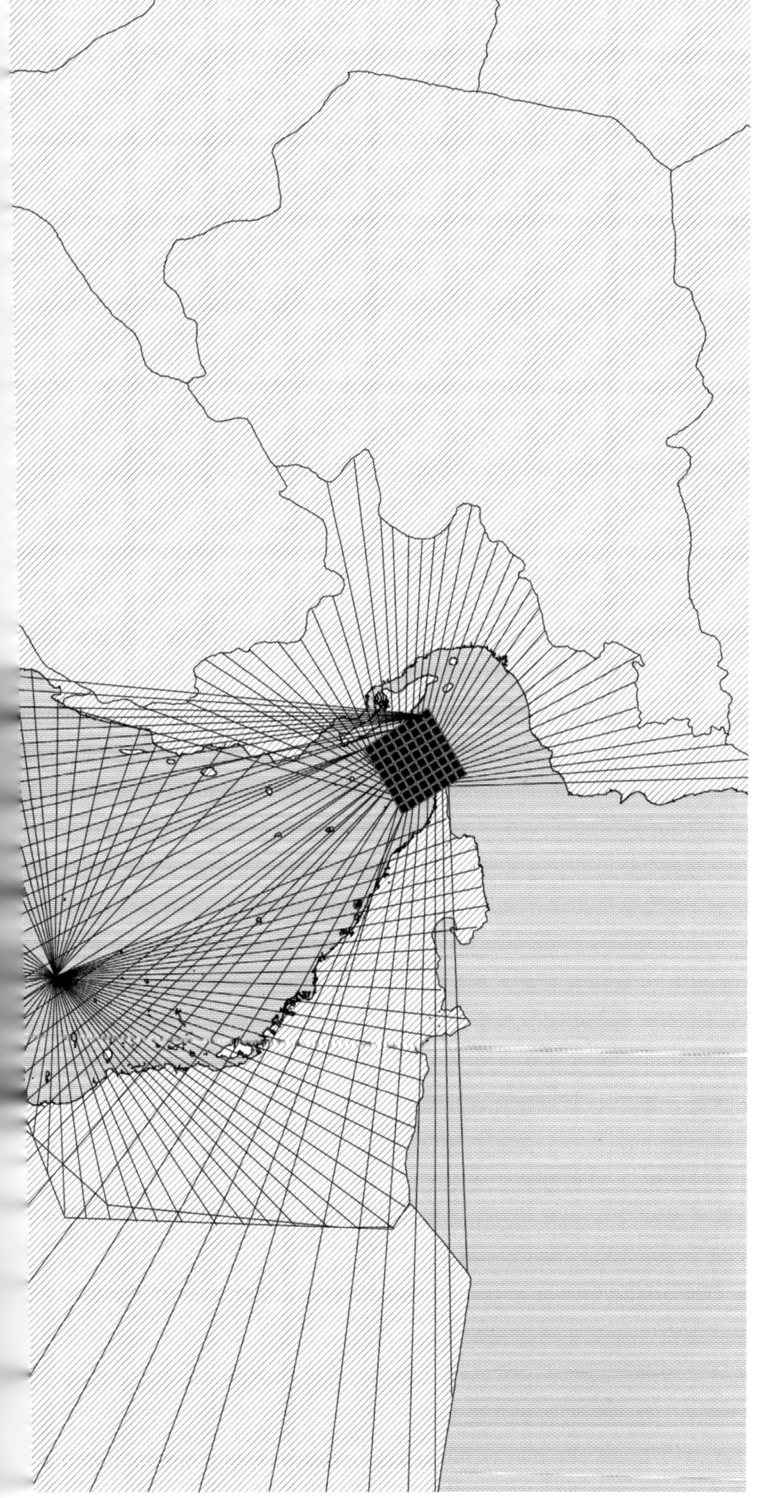

يطرح مقترح "الخليج ما بعد النفط" ثلاث روايات مختلفة تتأمل وتدرس الخصائص الجغرافية للخليج العربي وجزره في العقود التالية لعصر النفط، وتقدم صورة عن الواقع الحالي في الخليج العربي من خلال استقراء وعرض القضايا الملحة التي تسود المشهد الحالي في مجال النفط اليوم، وذلك من أجل تعزيز وعي الناس حول أنظمة الطاقة التي نعتمد عليها في حياتنا العصرية، مع التركيز على الآثار طويلة الأمد المترتبة عن الوضع الحالي لقطاع النفط.

رواية خام داس، عمليات حفر كبيرة

جزيرة داس هي جزيرة تقع على بعد 160 كم من ساحل إمارة أبوظبي، وكانت من أولى المناطق التي اكتشف فيها النفط في المنطقة في عام 1953، فتحولت عندئذٍ إلى قاعدة هامة لتصنيع ومعالجة وتخزين النفط والغاز اللذين تستخرجهما إمارة أبوظبي من الحقول البحرية الموجودة حولها. وتشكل هذه الصادرات النفطية عصب الاقتصاد الإماراتي والمحرك الرئيسي للتمدن في الإمارات العربية، لا سيما أن الإيرادات النفطية ساهمت في رسم ملامح التحضر التي تشهدها المدن الإماراتية اليوم، فكل هذه المباني الشاهقة والمعالم الشهيرة التي تحتضنها مدن دبي وأبوظبي لم تكن لتشيد إلا بفضل استخراج الموارد الباطنية وتحويل عائداتها إلى مراكز حضرية، ولكن العلاقة بين الثروة الظاهرة على سطح الأرض والنضوب الكامن في باطن تحت الأرض لم يقدم بشكل متناسق لغاية الآن.

فإذا طرح مقترح "الخليج ما بعد النفط" في روايته تصورًا بوجود سباق لضخ آخر قطرة من قطرات النفط من داخل الأرض وفق مفهوم يدعو إلى استخراج النفط من داخل الأرض وتوظيف إيراداته في إنشاء نهضة عمرانية على سطحها، فذلك يعني أن رواية "خام داس" تتخيل جزيرة داس كحقل باطني مكون من خزانات مستنزفة.

يوفر موقع استخراج النفط في جزيرة داس وسيلة لإعادة تشكيل الافتراضات الجمالية التي يقع عليها التمدن القائم على إيرادات الطاقة. إذ يستعيد المشروع أولاً كمية التراب والصخر المحفورة من باطن الأرض والملقاة على سطحها، لبناء جبل اصطناعي على الجزيرة. ثم يظهر المشروع للعيان هذا التغيير في معالم الأرض من حيث قيمتها لمشاريع التمدن القائمة على إيرادات النفط عبر الإشارة إلى معالم ذات قيمة رمزية كبيرة في تاريخ الإمارات الحضري وفق علاقتها بالعمق الجيولوجي للاستخراج.

Das Crude, Drill Baby Drill

الخليج ما بعد النفط

رواية خام داس،
عمليات حفر كبيرة

Strait of Hormuz: The Grand Chessboard

الخليج ما بعد النفط

رواية مضيق هرمز:
لوحة شطرنج كبيرة

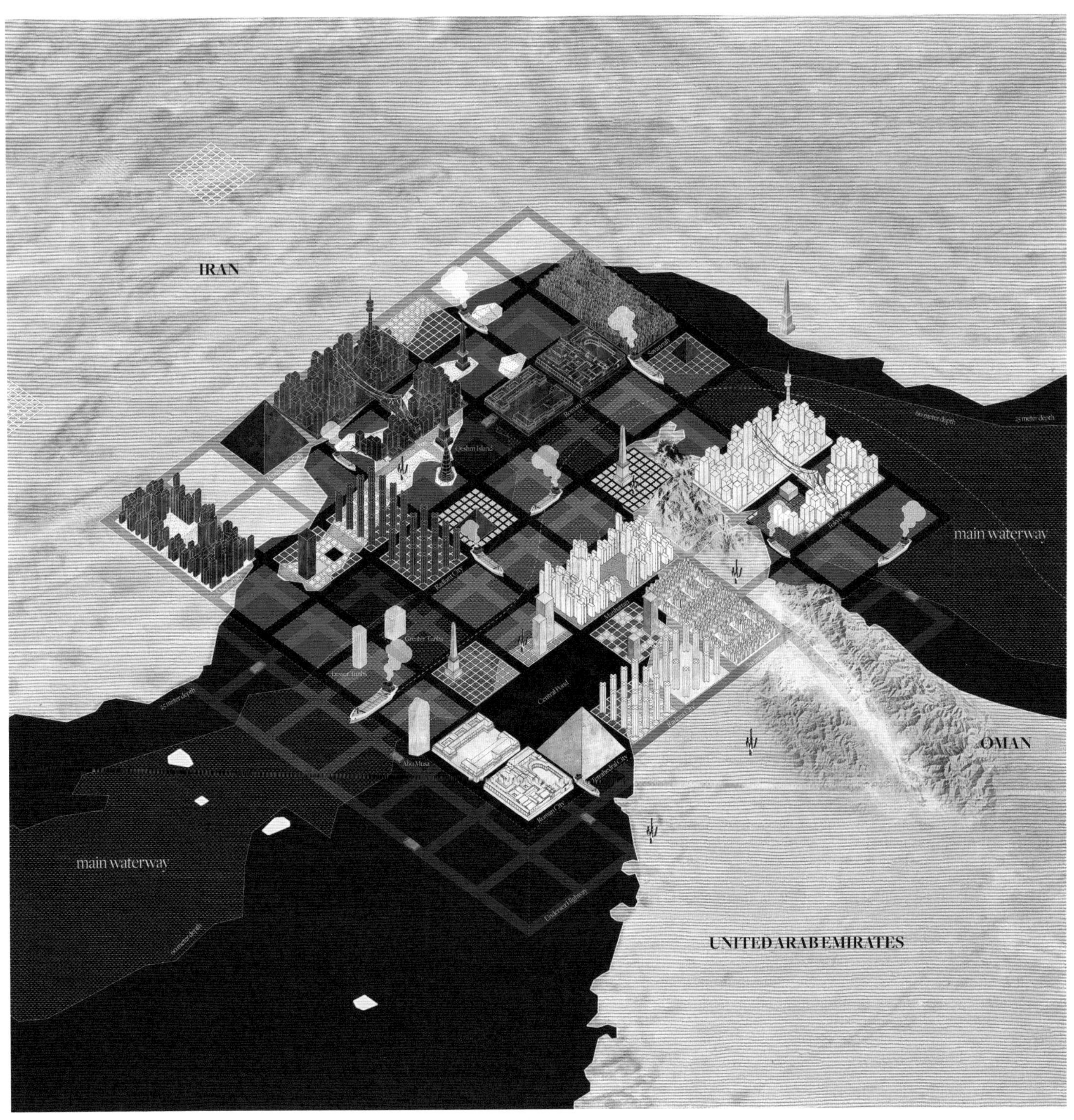

Boubyan Islands: There Was Once An Island

الخليج ما بعد النفط

رواية جزيرة بوبيان:
جزيرة من الماضي

After Oil

Through this materialization, the political significance of the missing spaces of oil can be assessed. The suggestion is that the history of oil has been an ongoing effort to cope with abundance rather than to procure for shortage.

Strait of Hormuz: The Grand Chessboard
Located between Oman and Iran, the Strait of Hormuz is the world's most important oil-transit chokepoint, with thirty-five percent of globally traded oil moving by tanker through this 34-mile-wide passage. The strait has never actually been shut down, yet the political and territorial disputes between the Persian Gulf countries, including a long-running dispute between the UAE and Iran over the three islands of Abu Musa, Greater Tunb Island, and Lesser Tunb Island have constituted a constant means for anxiety over possible obstruction.

In "After Oil," the geopolitical strait is repurposed into a real estate game board, a territorial Monopoly of some sort, played between the two traditional opponents and financed with oil futures. The geographical feature is designed into a grand chessboard of speculative urbanism. The chessboard absorbs the three islands amongst the other pieces of projected urban projects. Each chess piece represents an iconic project from the history of speculative urbanism.

Boubyan Islands: There Once Was An Island
Along with the oil fires and oil lakes in the desert, the end of the Gulf War in 1991 was accompanied with what is considered as the world's largest oil spill, an event of cosmic dimensions that drastically affected Kuwait's costal areas, maritime environment, and ground-water resources. Beyond the spectacular and apocalyptic intensity of such a catastrophic event, other forms of historical violence are more difficult to trace. Notably, the business-as-usual oil industry, with its increasing rates of carbon emissions, puts the world on a trajectory of anthropogenic climate change, which leads to rising sea levels. "After Oil" shifts emphasis away from the exceptional moment of the oil catastrophe and its persistent negative imagery—think of photographs of dead birds on the beach after an oil spill—to explore forms of slower violence in the oil system.

Given its flat and low land, the Boubyan Island is a vulnerable landscape to sea level rise. The island's shoreline constantly moves inland as the size and shape of the island changes. The muddy sand mounds or "nabkha" on Boubyan are the highest elevations on the island and have been stabilized with vertical poles. Their grounds are consolidated into an archipelago of sixteen islands. Aside from the bridge and a scaled down version of the seaport, the planned projects to develop the island into a major tourist resort are currently suspended. The island continues to be uninhabited by humans, bearing the brunt of anthropogenic climate change. Nevertheless, the grounds and waters restage a sublime Garden of Eden that is the home of sea turtles, Arabian oryx, and other diverse forms of wildlife that are acclimated to the temperatures and increased acidity of the Gulf. The project gives figurative shapes to such formless threats, foregrounding processes of delayed disappearance, thereby making visible and comprehensible the gradual modes of environmental violence.

DESIGN EARTH is a collaborative practice led by El Hadi Jazairy and Rania Ghosn. The practice focuses on "geographies," meaning "earth-writing" taken from the Greek *geo* (earth) and *graphia* (writing). By engaging the geographies of technological systems, DESIGN EARTH opens up a range of aesthetic and political concerns for architecture and urbanism. The exercise of making geographies involves the coupled undertakings of writing about, projecting, or representing the earth as well as writing on, marking, forming, or presenting again a world.

DESIGN EARTH's work has been recognized with several awards, including the 2016 Architectural League of New York Young Architects Award and the 2015 Jacques Rougerie Foundation First Prize. Ghosn and Jazairy hold doctor of design degrees from Harvard Graduate School of Design, where they were founding editors of the journal New Geographies. They are authors of the recently published *Geographies of Trash* (Actar, 2015), for which they received the 2014 ACSA Faculty Design Award.

DESIGN EARTH is based in Ann Arbor, MI and Cambridge, MA.

Team
El Hadi Jazairy, Rania Gosn, Rawan Alsaffar, Jia Weng, Hsin-Han Lee, Sihao Xiong, Kartiki Sharma,Namjoo Kim

الخليج ما بعد النفط

وتشمل الأشكال الصخرية المسامية والمتصدّعة بعض أشهر الهياكل العمرانية في الخليج، فيتوسع المنظور الجغرافي للطاقة ليجسد المساحة الضيقة بين الموارد الباطنية وبين المدينة، وعندئذٍ يمكن لهذا التجسيد تقييم الأهمية السياسية للمساحات الناضبة من النفط، بإيحاء أن تاريخ النفط لطالما كان عبارة عن جهود متواصلة للتكيّف مع وفرة النفط بدلاً من الاستعداد لمواجهة تداعيات نقصه.

رواية مضيق هرمز: لوحة شطرنج كبيرة

مضيق هرمز هو من أهم الممرات المائية لنقل النفط في العالم ويقع عند مدخل الخليج العربي بين سلطنة عُمان وإيران بعرض يبلغ 34 ميلاً. تعبره يوميًا الناقلات النفطية بحمولات تشكل 35% من النفط في العالم. ورغم أنه لم يتوقف فعليًا لغاية اليوم عن استقبال السفن، إلا أن الخلافات السياسية والنزاعات على الأراضي بين دول الخليج العربي وإيران تلوح دائمًا في الأفق مثيرةً القلق حول احتمالية تعرضه للإغلاق، لا سيما الخلاف الطويل بين الإمارات العربية المتحدة وإيران حول جزر أبو موسى وطنب الكبرى وطنب الصغرى.

يعيد مقترح "الخليج ما بعد النفط" تشكيل السمات الجيوسياسية للمضيق في لعبة لوحية عقارية، أشبه بلعبة المونوبلي، يكون اللاعبان فيها هما الخصمان التقليديان وتكون الأموال فيها هي إيرادات النفط في المستقبل. وقد تم تصميم هذه الميزة الجغرافية على شكل لوحة شطرنج كبيرة للتمدّن التأملي، فتضمّ اللوحة الجزر الثلاث وغيرها من المشاريع الحضرية المتوقعة، علمًا أن كل بيدق يمثل مشروعًا شهيرًا من تاريخ التمدّن التأملي.

رواية جزيرة بوبيان: جزيرة من الماضي

شهدت حرب الخليج الثانية آثارًا وخيمة عند انتهائها في العام 1991، ولم تكن مشاهد الدخان المتصاعد من حقول النفط المحروقة وتشكل بحيرات نفطية نتيجة تدمير آبار النفط في الصحراء أضرار كافية، بل نجم عنها أيضًا ما يعرف بأكبر حادث انسكاب نفطي في العالم. وكان لهذه الحادثة المفجعة أبعاد عالمية هائلة أثرت بشكل كبير على المناطق الساحلية في الكويت وعلى بيئتها البحرية ومواردها المائية الباطنية، ولكن في الحقيقة يصعب تعقب الأشكال الأخرى للعنف التاريخي فيما عدا الوقع المروع والمدمر لمثل هذه الكارثة. ومن ناحية أخرى، فإن استمرار سير العمل المعتاد في صناعة النفط، وما يرافقه من ارتفاع مستمر في معدلات انبعاثات الكربون، يضع العالم على مسار يؤدي إلى تغير المناخ، والذي يسفر بدوره عن ارتفاع منسوب البحار.

تسهم رواية مقترح "الخليج ما بعد النفط" بتحويل التركيز من لحظة الكارثة النفطية وما يرتبط بها من صورة سلبية، كصور الطيور النافقة على الشاطئ بعد التسرب النفطي، إلى اكتشاف أشكالٍ من العنف الذي يأتي متأخرًا وببطء في النظام النفطي.

تتعرض جزيرة بوبيان لخطر ارتفاع منسوب البحار بسبب أرضها المسطحة ومنخفضة الارتفاع، وخير دليل على ذلك تغير شكل وحجم الجزيرة وانحسار خطها الساحلي نحو الداخل باستمرار. وتُعتبر التلال الرملية، أو النبخة، الواقعة في جزيرة بوبيان هي أعلى تضاريسها، وقد تم تثبيتها بأعمدة عمودية.

تعتبر هذه الجزيرة جزءًا من أرخبيل يتكون من 16 جزيرة، وهي جزيرة غير مأهولة بالسكان نظرًا للتغيرات المناخية الناتجة عن النشاطات البشرية. وانطلاقًا من ذلك، فقد توقفت جميع مشاريع تطوير الجزيرة الرامية إلى تحويلها إلى وجهة سياحية مهمة، فيما عدا مشروع بناء جسر ونسخة مبسّطة عن مشروع تطوير مرفأ بحري. لكن على الرغم من ذلك، تعد أراضيها ومياهها جنات عدن بالنسبة للكائنات الحية الأخرى التي تعيش فيها، فهي تشكل موطنًا للسلاحف البحرية والمها العربية وغيرها من أنواع الحيوانات البرية التي تأقلمت مع درجات الحرارة في الخليج العربي وارتفاع نسبة الحموضة فيه.

يعطي المشروع أشكالاً مجازية للتهديدات عديمة الشكل فيستبق عمليات اختفائها المؤجل ليسلط الضوء على أساليب العنف البيئي التدريجية ويشرحها.

ديزاين إيرث هو نشاط تعاوني بقيادة هادي الجزائري ورانيا غصن يركز على "الجغرافيات" بمعنى "كتابات الأرض" استنادًا إلى أصل الكلمة اليوناني (*geo* أي أرض و *graphia* أي كتابة). وهو يقوم بطرح عدد من المخاوف السياسية والجمالية في مجالي هندسة العمارة والتمدّن عبر النظر في جغرافيات الأنظمة التكنولوجية. يشمل تمرين صنع الجغرافيات جهودًا مجتمعة تتمثل بالكتابة عن الأرض وتوقع مستقبلها وتمثيلها بالإضافة إلى الكتابة عن عالمٍ وصنعه وتشكيله وتمثيله.

حصد مشروع ديزاين إيرث عدة جوائز تقديرًا لعمله، بما في ذلك جائزة المهندسين الناشئين لرابطة هندسة العمارة في نيويورك للعام 2016 والجائزة الأولى لمؤسسة جاك روجري للعام 2015. حاز كلا الجزائري وغصن على شهادة دكتوراه في التصميم من كلية الدراسات العليا للتصميم في جامعة هارفارد، حيث عملا كمحررين مؤسسين لمجلة New Geographies (الجغرافيات الجديدة). وهما مؤلفا الكتاب الصادر مؤخرًا بعنوان *Geographies of Trash* (جغرافيات النفايات) (Actar، 2015) وقد حصلا على جائزة تصميم الكلية من جمعية كليات الهندسة المعمارية للعام 2014 لهذا العمل.

الفريق

الهادي جزائري, رانيا غصن, روان الصفار, جيا وانغ, هسين هان لي, سيهاو سيونغ, كارتيكي شارما, نامجو كيم

Territories of Common Endeavour: A Nature Reserve on The Petrol Island of Halul

ESAS Architects

"Ours is a long story, Abu Othman."
"Long. How much longer?"
"Trust in God. Man. All is well with the world."
"God only knows." He laughed sadly.
"Hope for the best. No one can read the future."
— Abdul Rahman Munif, *Cities of Salt*

What happens when the oil runs out? Though prevailing sentiment dictates that the end of the Age of Oil is upon us, its denouement is hardly evident. For citizens of the Gulf Arab countries, the comfort and economic prosperity derived from their national oil reserves have increasingly given way to a collective anxiety surrounding the resource's imminent depletion and waning relevance on a warming planet. In a region whose modern identity was largely forged under the auspices of oil production, the impending decline of the petroleum economy has positioned the Gulf at the precipice not only of a fiscal crisis, but an existential abyss. If oil was the key factor in the determination of territorial boarders and national identity in much of the Gulf region, many worry that a second era of territorial contention based paradoxically on the lack of natural resources rather than abundance lies in wait.

But what if this dreaded era was utilized to develop new and sustainable means of prosperity based on cooperative synergy. Is it possible to imagine the Gulf as a model of collaboration in the search for its own sustainable future and thereby collective identity? Furthermore, is it possible to conceive of a role for the petroleum industry itself in this hypothetical transformation?

Our intervention on Halul Island begins to explore these questions by proposing a hypothetical role for petroleum infrastructure in the development of a transnational post-industrial economy. To this end, we have imagined the island in a future tense, being transformed from a storage and loading zone for oil collected from the surrounding offshore fields into a regional nature conservatory, wildlife refuge, and biological research centre.

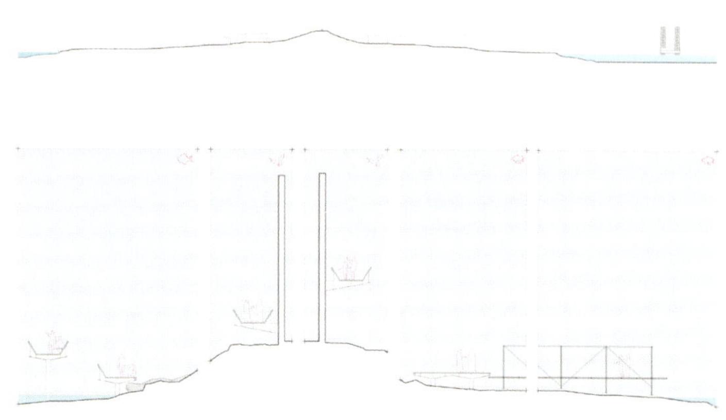

ESAS Architects

أقاليم مشتركة الأهداف؛ محمية طبيعية على جزيرة حالول النفطية

"سالفتنا طويلة يا أبو عثمان؟"
"طويلة... و قصيرة."
"وكل الله يا رجال... الدنيا صارت بخير."
"ما يندرى."
وضحك بحزن وأضاف:
"تفاءلوا بالخير...لكن لا أحد يعلم بالغيب."
— عبد الرحمن المنيف، مدن الملح

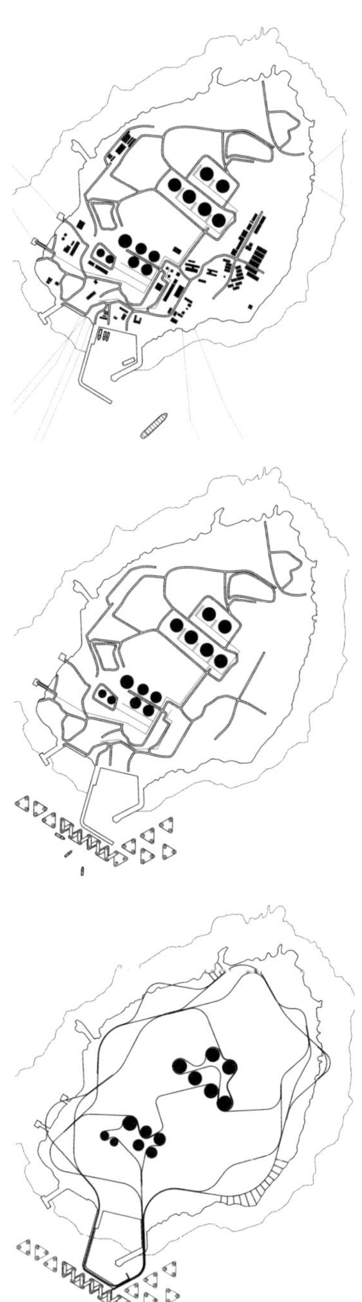

ماذا سيحدث عندما ينفد النفط؟ رغم أن المشاعر السائدة تؤكد أن عصر النفط يوشك على الانتهاء، لم يتضح بعد الشكل الذي سيتخذه الموقف. نَعِمَ المواطنون في دول الخليج العربية بالراحة والازدهار الاقتصادي المستمدين من احتياطياتهم النفطية الوطنية، مما زاد من حدة قلقهم الجماعي بشأن النفاد الوشيك لمواردهم وتراجع أهمية المنطقة على كوكب يعاني من الاحتباس الحراري. وفي منطقة تحددت هويتها الحديثة بشكل كبير بفعل إنتاجها من النفط، أدى التراجع الوشيك لاقتصاد النفط إلى معاناة الخليج من أزمة مالية، وكذلك وضع المنطقة على حافة هاوية وجودية. وإذا كان النفط هو العامل الرئيسي في تحديد الحدود الإقليمية والهوية الوطنية في معظم أنحاء منطقة الخليج، فإن الكثيرين يشعرون بالقلق من اقتراب حقبة ثانية من التنافس الإقليمي والتي تقوم على شح الموارد الطبيعية وليس على وفرتها، في تعارض صارخ مع الماضي.

لكن ماذا لو تم استغلال هذا العصر المخيف لتطوير وسائل جديدة ومستدامة للازدهار الاقتصادي بناءً على التآزر التعاوني. هل يمكن أن نتصور الخليج نموذجًا للتعاون في البحث عن مستقبله المستدام ومن ثم هويته الجماعية؟ علاوة على ذلك، هل يمكن أن نتصور دورًا لقطاع النفط نفسه في هذا التحوُّل الافتراضي؟

تبدأ تدخلنا في جزيرة حالول في محاولة للإجابة على هذه الأسئلة عن طريق اقتراح دور افتراضي للبنية التحتية النفطية في تطوير اقتصاد عابر للحدود يتجاوز الصناعات الثقيلة. وعلى ذلك، فقد تخيلنا أن الجزيرة في حراك مستقبلي، حيث تتحول من منطقة تخزين وتحميل للنفط المستخرج من الحقول البحرية المحيطة إلى محمية طبيعية إقليمية، ومحمية للحياة البرية، ومركز للبحوث البيولوجية.

في المرحلة الأولى من هذا التحول، سيتم جمع منصات النفط البحرية من مختلف حقول النفط في الخليج، ومن ثم سيتم وضعها على طول الحافة الجنوبية للجزيرة حول موقع الميناء الحالي. كما سيتم تعديل البنية التحتية الصناعية للجزيرة بما يناسب

Territories of Common Endeavour: A Nature Reserve on The Petrol Island of Halul

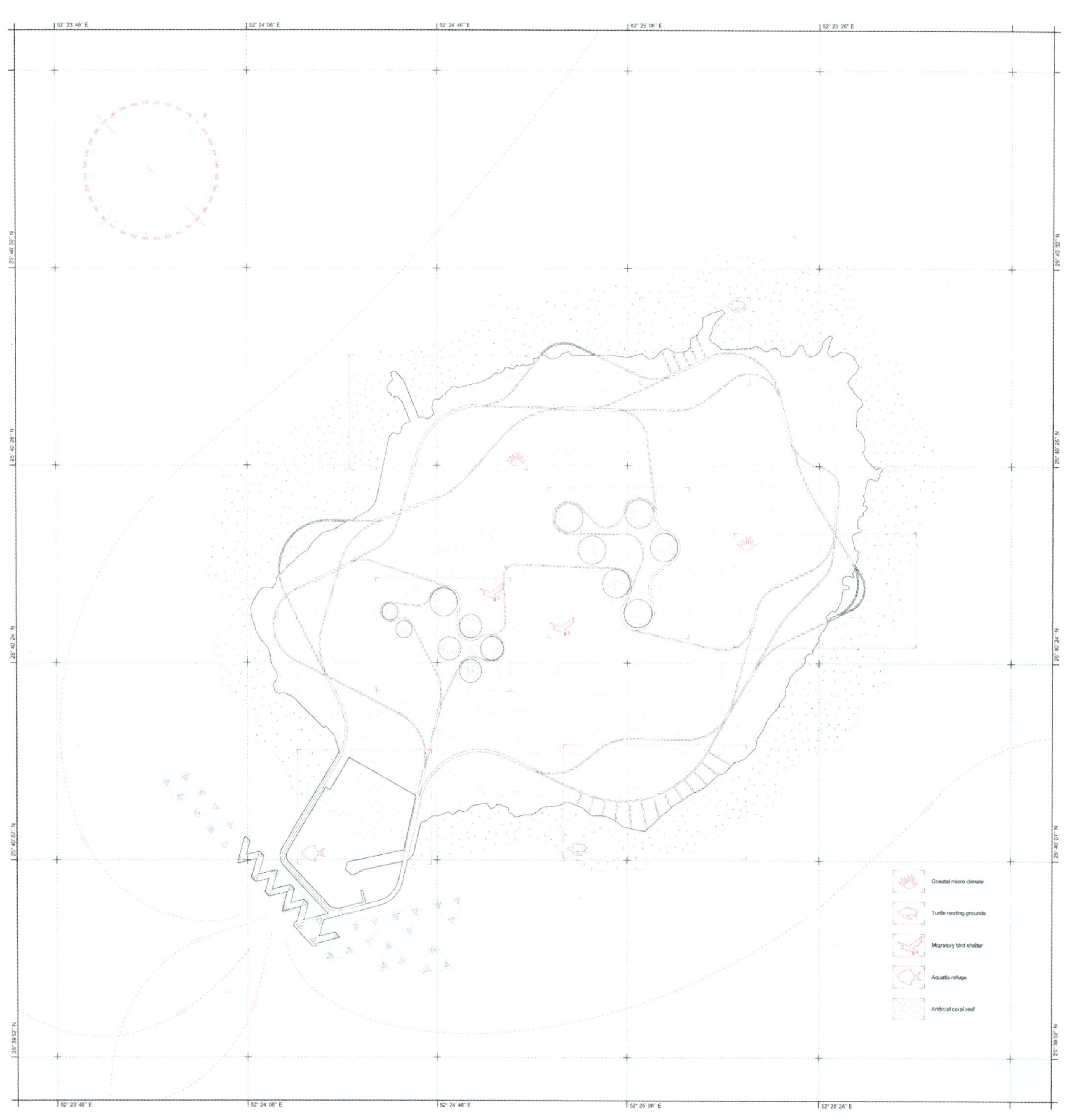

أقاليم مشتركة الأهداف؛ محمية طبيعية على جزيرة حالول النفطية

Territories of Common Endeavour: A Nature Reserve on The Petrol Island of Halul

أقاليم مشتركة الأهداف؛ محمية طبيعية على جزيرة حالول النفطية

In the initial phase of this transformation, offshore oil rigs will be gathered from various oil fields in the Gulf and placed along the southern tip of the island, around the site of the existing port. The island's industrial infrastructure will be modified in-situ to augment habitat for the transitory wildlife, however in cases where this is not possible, the rigs will initially serve as salvaging platforms where the decommissioned storage and processing facilities can be moved from the island, disassembled, cleaned, and sorted for further use.

Once the superfluous construction has been evacuated from Halul, an elevated system of pedestrian walkways will be carefully placed within the island to guide people through various points of biological interest. Migrating bird estuaries, sea turtle nesting grounds and coastal micro-climates will all be accessible from the elevated walkways with a minimum disturbance to the island's ecosystem. Salvaged materials from island's industrial catalogue will also be used to create an artificial reef in the area where the underwater topography had previously been dredged to construct the port facilities. Semi-isolated within the armature of the existing wave breakers, the new reef will serve as an aquatic refuge where sea life can be cultivated and studied. As a final intervention, the archipelago of offshore oil rigs will be re purposed into a multinational biological research and Eco-tourism facility whose mission will be focused not only on Halul Island, but the greater wellbeing of the Gulf. In this way, the Halul nature reserve seeks to engender new modes of collaboration as potential solutions to the collective problems posed by the end of the oil age.

طبيعتها لتعزيز الموائل المناسبة للحياة البرية العابرة، ولكن في الحالات التي يتعذر فيها ذلك، ستعمل منصات استخراج النفط في البداية كمنصات إنقاذ، بينما يمكن نقل مرافق التخزين والتجهيز التي توقفت عن العمل من الجزيرة، ومن ثم تفكيكها وتنظيفها وفرزها بهدف استغلالها في استخدامات أخرى.

بمجرد أن يتم التخلص من الإنشاءات غير اللازمة من جزيرة حالول، سيتم بعناية ترسيم شبكة من ممرات المشاة المرتفعة داخل الجزيرة لتوجيه الناس إلى مختلف الأماكن ذات الأهمية البيولوجية. وسيصبح الوصول إلى مصبات الأنهار الحافلة بالطيور المهاجرة وموائل السلاحف البحرية والمناطق المناخية الساحلية الصغيرة متاحًا للجميع عبر ممرات المشاة المرتفعة مع الالتزام في الوقت نفسه بعدم الإخلال بالنظام الإيكولوجي للجزيرة قدر الإمكان. كما ستُستخدم المواد التي تم إنقاذها من الكتالوج الصناعي للجزيرة لإنشاء شعاب مرجانية اصطناعية في المنطقة التي تم فيها تجريف التضاريس المغمورة تحت الماء بغرض إنشاء مرافق الميناء. وستكون الشعاب المرجانية الجديدة شبه المعزولة داخل هياكل كواسر الأمواج الحالية بمثابة محمية مائية يمكن فيها استزراع الحياة البحرية ودراستها. وعلى سبيل التدخل الأخير، سيتم إعادة توظيف مجموعة منصات النفط البحرية في منشأة متعددة الجنسيات للبحوث البيولوجية والسياحة البيئية، بحيث لن تتركز مهمتها على جزيرة حالول فحسب، وإنما تهتم أيضًا برفاهة منطقة الخليج في العموم. وبهذه الطريقة، ستسعى محمية جزيرة حالول الطبيعية إلى إيجاد أنماط جديدة من التعاون لتقديم حلول ممكنة للمشاكل الجماعية القادمة مع نهاية عصر النفط.

ESAS is an award winning design firm founded in 2006 with offices in both Kuwait City and Berlin. Lead by principals Hamad Sultan and Achille Rossini, the firm's work ranges in scale from intricate residential projects to large-scale master planning and urban design, with an emphasis on architecture.

Hamad Sultan holds a Bachelor of Fine Arts and a Bachelor of Architecture degree from the Rhode Island school of Design as well as a Masters of Architecture in Urban Design (MAUD) from the Harvard Graduate School of Design.

Achille Rossini holds a Bachelor of Fine Arts and a Bachelor of Architecture degree from the Rhode Island School of Design.

Team
Hamad Sultan, Achille Rossini, Beatriz Perez, Alexander Honca, Maria Jose Garces

ESAS هو مكتب هندسة حائز على جوائز عدة تم تأسيسه في العام 2006 وله فروع في كويت وبرلين ويقوده حمد سلطان وأخيل روسيني. تتنوع أعمال المكتب من حيث الحجم من المشاريع السكنية المعقدة إلى التخطيط على نطاق واسع والتصميم المدني مع التركيز على جانب الهندسة المعمارية.

حاز حمد سلطان على شهادة بكالوريوس في الفنون وعلى بكالوريوس في الهندسة المعمارية من كلية رود أيلاند للتصميم، كما حاز على شهادة ماجستير هندسة في التصميم المدني من كلية الدراسات العليا للتصميم في جامعة هارفارد.

حاز أخيل روسيني على شهادة بكالوريوس في الفنون وعلى بكالوريوس في الهندسة المعمارية من كلية رود أيلاند للتصميم.

الفريق
حمد سلطان, أخيل روسيني, بياتريس بيريز, أليكساندر هونكا, ماريا خوسيه غارسيس

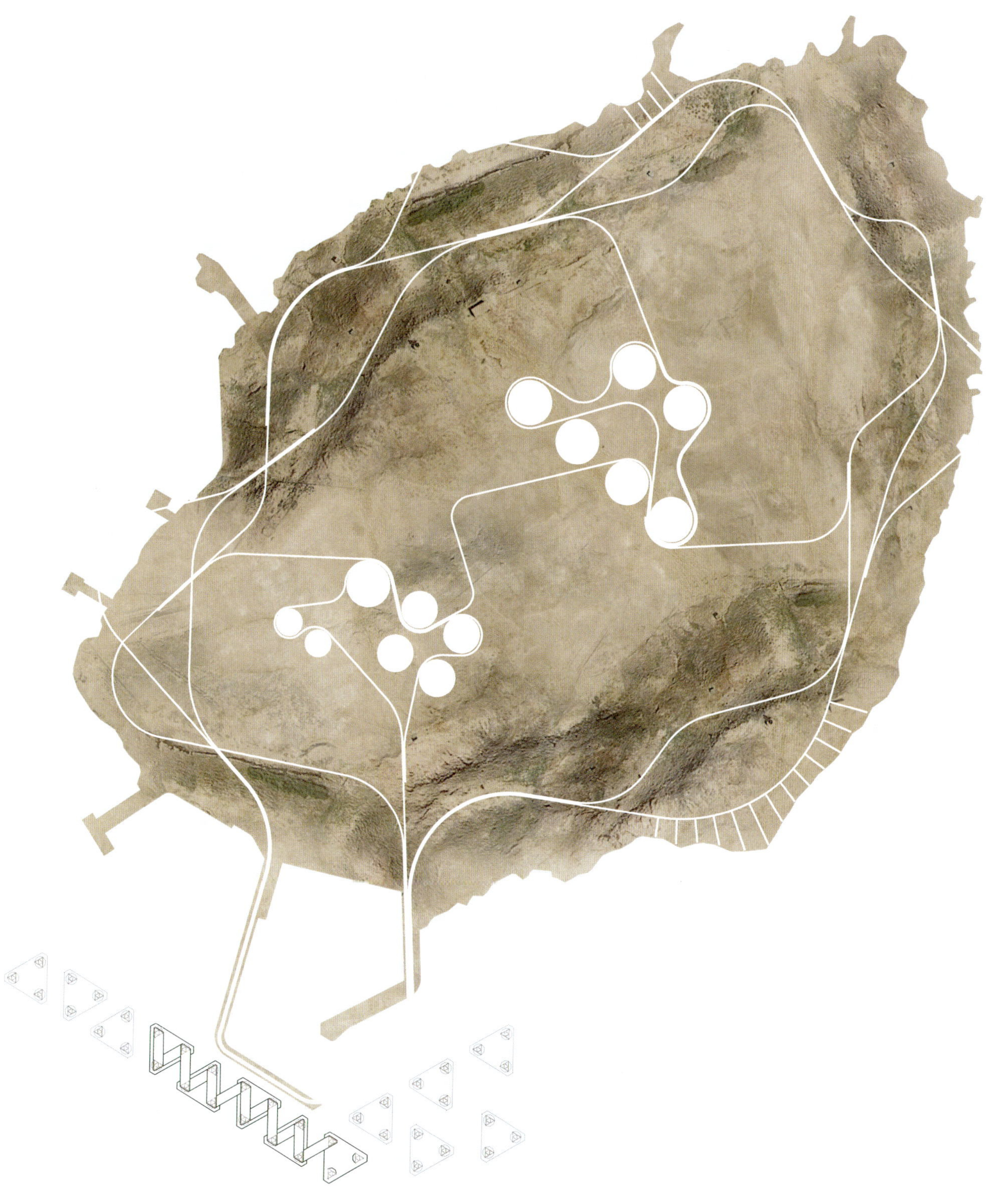

A Line-Between: Infrastructures of Economic Compromise in the Gulf

Fortuné Penniman with Studio Bound

1. Context

Al Arabiya and Farsi Islands, located in the Arabian (or Persian) Gulf, are a seminal case study of the ideological confrontation that has long existed between Iran and Saudi Arabia. Ownership and confrontation is embedded in their names, affirming identity and national pride. They are the product of a 1965 agreement in which sovereignty of the previously uninhabited islands was established. The contentious issue of overlapping continental-shelf boundaries was resolved in a 1968 agreement whereby oil concessions would be split evenly. An agreement established to "best-fit" the overlap that gives rights to oil reserves on either side of the line.

Irony does not escape the context of these islands. While Iran insists that it be called the Persian Gulf, and has banned publications that title it otherwise, Saudi Arabia claims it to be the Arabian Gulf. The United States recognizes it as the Persian Gulf (as history would suggest), but the Navy appropriately uses Arabian Gulf as a gesture of respect and solidarity to its GCC allies. An alternative manifestation of the escalating tensions between the two nations can be seen in the proxy wars being fought in Syria and Yemen. All of this said, Al Arabiya (the Arabian—Saudi—island) and Al Farsi (the Persian—Iran—island), are both undeniably distinct in their etymology and nationalism.

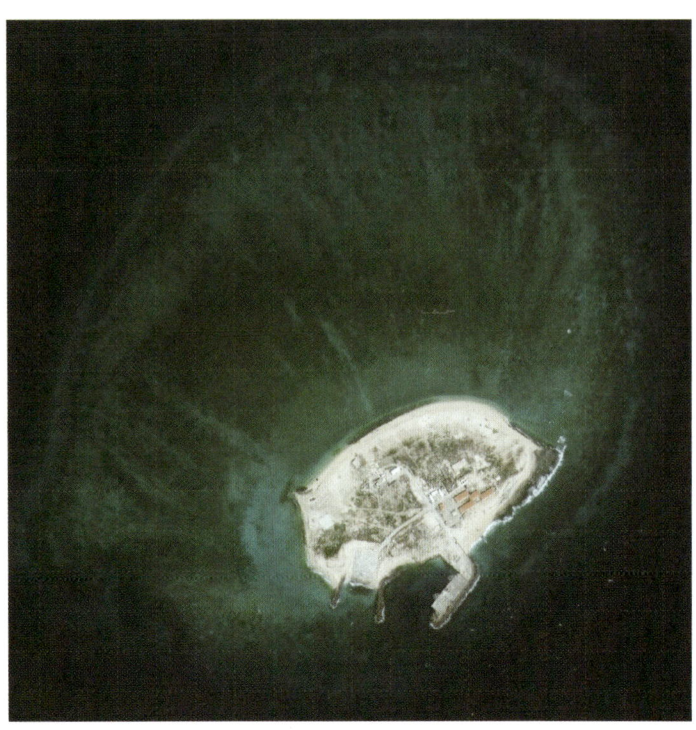

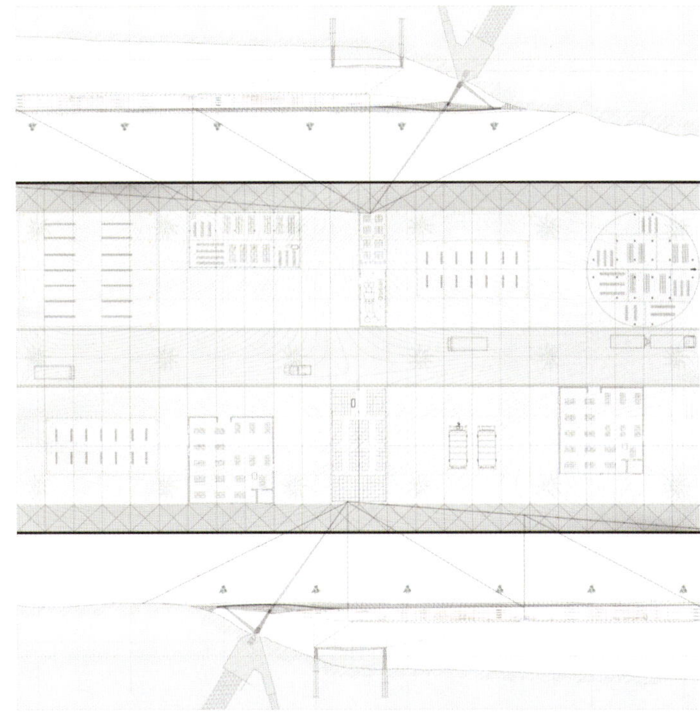

الخط الفاصل البنى التحتية للتسوية الاقتصادية في الخليج العربي

فورتونيه بينيمان مع
استوديو باوند

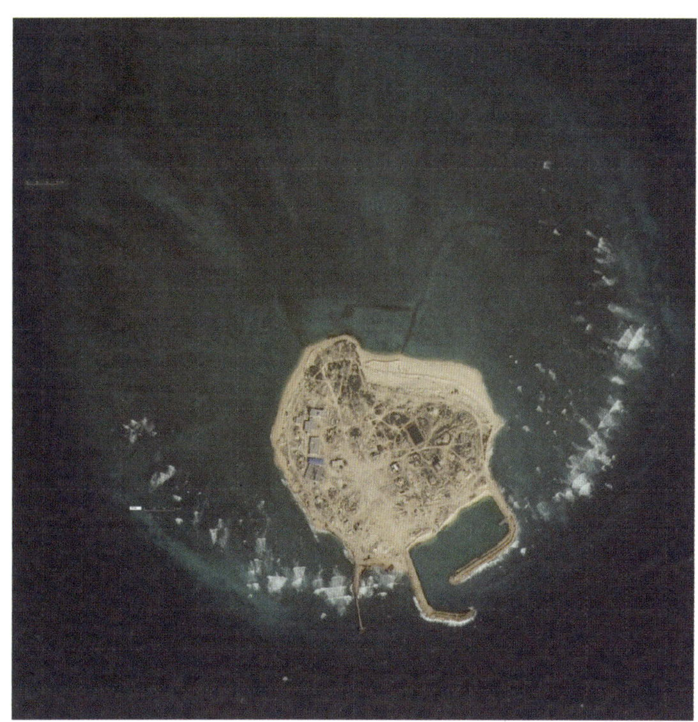

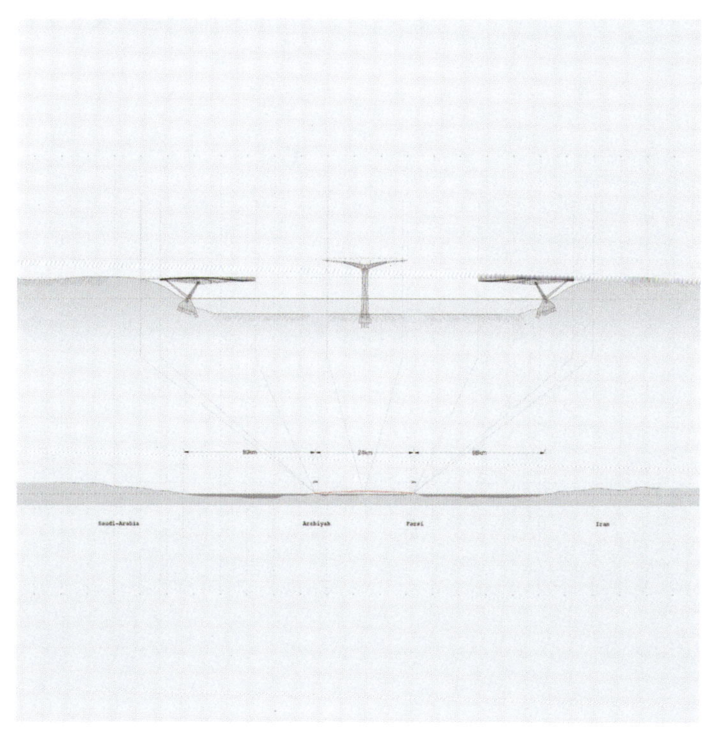

أولاً: المحتوى والسياق

تجسد جزيرتا العربية وفارسي الواقعتان في الخليج العربي (الفارسي) حالة هامة لدراسة المواجهة الأيدولوجية القائمة منذ الأزل بين إيران والمملكة العربية السعودية، وليس اسمهما سوى دليلاً واضحًا يعكس ملكيتهما ويسلط الضوء على التنازع عليهما، ويؤكد هويتهما والفخر الوطني الذي تحملاه.
هاتان الجزيرتان هما نتاج اتفاقية أبرمت في عام ١٩٦٥ حددت بموجبها السيادة والسلطة عليهما من قبل الدولتين. أما القضية الجدلية حول حدود الجرف القاري المتداخلة فيما بينهما، فقد تمّ حلها بالاتفاقية التي عقدت عام ١٩٦٨، وبموجبها قُسمت آبار النفط بالتساوي بين الدولتين.

لا تفارق السخرية قدر هاتين الجزيرتين، فبينما تصر إيران على تسمية الخليج الفارسي وتحظر جميع المنشورات المعنونة بغير ذلك، أسمته المملكة العربية السعودية بالخليج العربي. وتطلق عليه الولايات المتحدة الأمريكية اسم الخليج الفارسي (كما هو مشار إليه تاريخيًا)، إلا أن البحرية الأمريكية تستخدم مصطلح الخليج العربي كنوع من الاحترام والتعاضد مع حلفائهم من دول مجلس التعاون الخليجي. ومن جهة أخرى، فإن الاسم يشير إلى السلطة والقوة في مثال بديل عن تصاعد التوتر بين الدولتين الباحثتين عن السلطة والنفوذ على المناطق من خلال تأجيج الحروب الطائفية في سوريا واليمن التي تعكس المنازعات بين هاتين الدولتين المختلفتين فكريًا ومتشابهتين في السعي نحو فرض القوة والنفوذ على المنطق.
ولكن الشيء الأكيد الذي لا يمكن إنكاره هو أن كلتا الجزيرتين؛ العربية (الجزيرة العربية السعودية) وجزيرة الفارسي (الجزيرة الإيرانية)، مختلفتان وبعيدتان عن بعضهما من حيث الوطنية والاشتقاق.

A Line-Between: Infrastructures of Economic Compromise in the Gulf

2. Typology

A Line Between is a territory, a zone, and as Keller Easterling describes, "an infrastructure as a medium of polity."

This proposal presents a language of infrastructure underlining the laws and disputes occurring between Saudi Arabia and Iran. The "zone," which has since evolved from being a gated enclave of manufacturing and specialist activity into an urban phenomenon that has come to define the genesis of many Gulf cities that have emerged such as Dubai (a cluster of zones) rendering urbanism as a service industry. The "zone" has rendered itself as cities, merging industrial and service industries with knowledge economies, evolving the typology to no longer be restricted to a specific form.

This project finds itself as an alternative evolution (or a further manipulation) of the "zone," responding to the contextual conditions that exist in the Arabian / Persian Gulf. It is an architectural response, where the territory of the continental shelf becomes the zone itself, and like other zones, it exists in a legal and spatial void. It is an alternative, sovereign arrangement that reinforces the drawn borders while also blurring the legal and social underwritings within the the context of its offered opportunities. It is both a utopia and a dystopia.

Like the "zone" the line is a political pawn, trading state bureaucracy for more complex layers and networks of governance, market manipulation, and regulation. The proposal accepts both states and represents a hyper-militarized frontier where goods can pass, but people cannot.

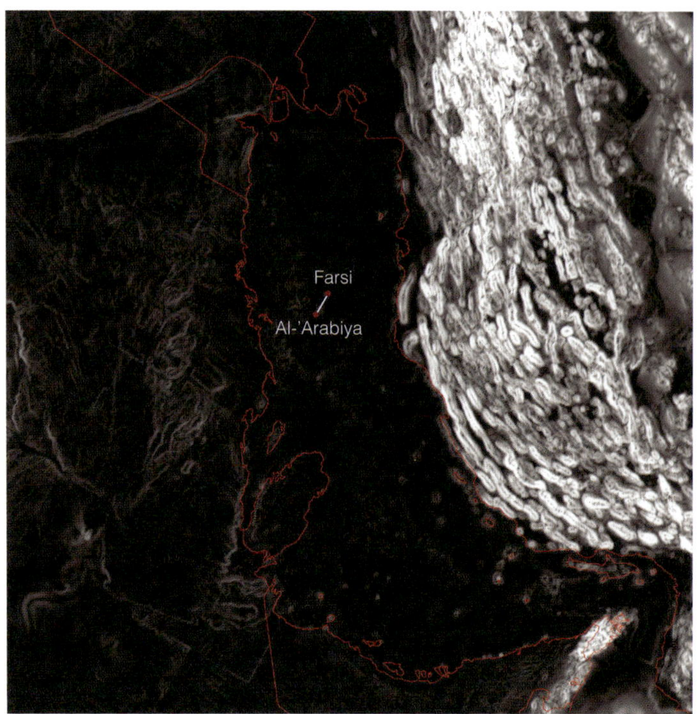

الخط الفاصل
البنى التحتية للتسوية الاقتصادية في الخليج العربي

ثانيًا: التصنيف النموذجي

«الخط الفاصل» هو عبارة عن منطقة، وسلطة وبنية تحتية باعتبارها وسط حكومي/سياسي». كيلر إيسترلينج.

يطرح المقترح بنية تحتية مشتركة لهذه القضية، مع التركيز على القوانين والنزاعات بين السعودية وإيران. وقد تطورت المنطقة من كونها منطقة مبوبة ومحاصرة خاصة بالعمليات التصنيعية والنشاطات المتخصصة، لتصبح ظاهرة حضرية معرّفة لنشأة العديد من مدن الخليج التي تشهد تطورًا ملموسًا؛ كمدينة دبي (وهي عبارة عن مجموعة من المناطق)، حيث تحولت هذه المدينة الحضرية إلى قطاع للخدمات. هذه «المنطقة» حولت نفسها إلى مدن تجمع ما بين السمة الصناعية وقطاع الخدمات الصناعية والاقتصادات والمعارف، وتطورت من ناحية تصنيفها النموذجي، ولم تعد منطقة محددة.

ومن هنا يصبح «الخط الفاصل» تطورًا بديلاً (تلاعبًا إضافيًا) للمنطقة، وذلك استجابة للظروف السياقية الحالية التي يعاني منها الخليج العربي/الفارسي، وهو يعد بمثابة استجابة معمارية جعلت من حدود الجرف القاري المنطقة بحد ذاتها، وكغيرها من المناطق الأخرى، فهي تمتلك مساحة كونية وقانونية. ومن جهة أخرى، فهذا «الخط الفاصل» هو ترتيب سيادي بديل يعزز من الحدود المرسومة، وفي ذات الوقت يغطي على التعهدات القانونية والاجتماعية المتواجدة في الفرص التي يقدمها سياق القضية. فهذه المنطقة تجمع ما بين الواقعية والمثالية.

وكما هو الحال مع «المنطقة»، تعد الحدود رهنًا سياسيًا، فهي من شأنها استبدال البيروقراطية الحكومية بمجموعة من الطبقات المعقدة وشبكات الحوكمة وال[illegible] السوقي والقوانين.

ويوافق العرض على وجود كلتا الجزيرتين، ويمثل منطقة حدودية مكتظة بالقوى العسكرية، حيث يمكن تمرير البضائع من خلالهما، بينما لا يمكن للأفراد العبور.

A Line-Between: Infrastructures of Economic Compromise in the Gulf

3. Design Proposal

The notion of the Gulf as a hyper-militarized zone (a space of political and ideological Arab-Iranian confrontation) is nothing new. Arabiya and Farsi are known for their role in geopolitical conflicts. For instance, Farsi is the site where ten US sailors were recently taken into Iranian custody after their vessels supposedly drifted into Iran's territorial waters. But the significance of the Arabiya and Farsi lies not in this confrontation, but in a 1968 agreement, the Iran-Saudi Arabia: Agreement Concerning Sovereignty Over Al-'Arabiyah And Farsi Islands And Delimitation Of Boundary Line Separating Submarine Areas Between The Kingdom Of Saudi Arabia And Iran.[1] Under the guise of confrontation lies an economic (and political) compromise that only exists when there are mutual profits.

With both countries hosting the largest populations and land-areas in the Gulf, the potential for trade is not something that can or will be ignored. Although economic interests become increasingly aligned, social and ideological beliefs grow further opposed. The Line in Between is a space where this paradox is made apparent. On one level it's a piece of social infrastructure where ideological separation is spatially manifested; on the other level it's an economic infrastructure where political enemies become economic allies.

An inhabited infrastructure of ideological confrontation and economic cooperation, the proposal seeks to inhabit the thickness of the line between the islands. The line becomes the space in between; a 24 km, two-tiered structure that bridges the gap between the two islands.

The top of the deck is a pedestrian promenade. It forms a continuation of the each islands' ground surface and operates under the same conditions; either side of the promenade is the sovereignty of its mother-state. A void apex at its midpoint, the promenade's ground is broken, cutting the continuity of the surface. You can see the other side, but you cannot communicate with it.

The upper deck is segregated and the lower deck is continuous. Industrial facilities inhabit the structural depth of the bridge. No void breaks into this lower deck. Goods and trade continue to pass between and through this line. The inhabited deck is the space of economic cooperation and compromise. Materials from the host-country are loaded

الخط الفاصل البنى التحتية للتسوية الاقتصادية في الخليج العربي

ثالثًا: المقترح

إن وجود منطقة مكتظة بالقوى العسكرية في منطقة الخليج (مساحة من النزاع السياسي والأيديولوجي ما بين العرب والإيرانيين) هو ليس بالأمر الجديد، إذ اشتهرت جزيرة العربية وجزيرة الفارسي في حوادث النزاعات الجغرافية، كالحادثة التي حصلت في جزيرة فارسي، حيث تمّ احتجاز ١٠ بحارة أمريكيين من قبل الإيرانيين بسبب دخول قواربهم إلى المياه الإيرانية عن طريق الخطأ.

لا تكمن أهمية الجزيرة العربية وجزيرة فارسي في النزاعات عليها، وإنما في الاتفاقية التي أبرمت بسببهما في عام ١٩٦٨، فخلف النزاعات تقع تسويات اقتصادية (أو سياسية) لا يمكن أن تتم إلا إذا كانت مربحة ومفيدة لكلا الطرفين.

ولأن كلتا الدولتين تضمان أكبر عدد من السكان على الأرض في منطقة الخليج، فإن إمكانية إجراء عمليات تجارية بينهما ليس بأمر يمكن تجاهله. وبينما أصبحت الاهتمامات الاقتصادية بين الطرفين أكثر تشابهًا، فإن المعتقدات الاجتماعية والإيدولوجية زادت في الاختلاف والتناقض.

ومن هنا، فإن الخط الفاصل هو عبارة عن مساحة لتعزز هذا التناقض والغموض.فمن جهة، هي عبارة عن بنية تحتية يظهر فيها بشكل واضح الانفصال الإيدولوجي بين الطرفين، ومن جهة أخرى، هي بنية تحتية اقتصادية تحول فيها الأعداء السياسيون إلى أطراف متحالفة اقتصاديًا.

وبما أن المنطقة أصبحت بنية تحتية للنزاعات الإيدولوجية وفي ذات الوقت تظهر أشكالاً للتعاون الاقتصادي بين الطرفين، فإن العرض يسعى في هذا السياق إلى جعل المنطقة الحدودية بين الجزيرتين مأهولة. وهنا تصبح الحدود بمثابة مساحة بينهما تمتد على مسافة ٢٤ كيلومترًا لتصل الفجوة ما بين الجزيرتين.
الجهة العلوية من الجسر تكون مخصصة لتنزه المشاة، وهي تشكل استمرارية للسطح الأرضي للجزيرتين، وتعمل ضمن نفس شروطهما، وتكون تحت سيادة الدولة التي تقع ضمنها. وهنالك زاوية فارغة في منتصف الممشى تكون الأرض فيها مقسومة وقاطعة لاستمرارية السطح، ومن تلك المنطقة يمكنك رؤية الجهة الأخرى من الجسر ولكن لا يمكن التواصل معه.

تكون الجهة العلوية للجسر مقسمة، بينما تكون الجهة السفلية مستمرة ومتواصلة.وفي عمق هذا الجسر، تتواجد مرافق صناعية، ولا يوجد مساحات فارغة وفاصلة في الجهة السفلية للجسر، حيث تتم مبادلة البضائع بين الطرفين عبر الحدود.

ويعد هذا الجسر المأهول مساحة للتعاون/التسوية الاقتصادية، حيث يتم تحميل البضائع من الدولة المستضيفة على الجسر وعبر بوابة الجزيرة التابعة لها. وتخدم هذه البضائع المرافق الإنتاجية/ التجميعية المتواجدة على طول الحدود، لتعبر إلى بوابة الدول الثانية في الجهة الأخرى ليتم تصديرها إليها. وتبقى الجزيرتان «العربية» و«الفارسي»

A Line-Between: Infrastructures of Economic Compromise in the Gulf

الخط الفاصل البنى التحتية للتسوية الاقتصادية في الخليج العربي

onto the deck from their respective island portal. The materials service as the production and assembly facilities along the line, passing along until they are unloaded for export to the receiving-country. The islands remain "Arab" and "Farsi." Only the interface of the line is shared.

Any kind of social or political compromise between Saudi and Iran is unimaginable. Even the most sacred of pilgrimages becomes a political game. Yet economic compromise is perfectly acceptable. If an agreement proves mutually beneficial, then both parties consent. This line is not a "free" zone; it's a zone of compromise.

منفصلتين بكيانين مستقلين، إلا أن سطح حدودها مشتركة.

من الواضح أن تنفيذ تسوية اجتماعية أو سياسية ما بين السعودية وإيران هو أمر مستحيل، حتى مواسم الحج الأكثر قداسة أصبحت لعبة سياسية. ومن جهة أخرى، فإن التسوية الاقتصادية هو أمر مقبول تمامًا، فإذا كانت نتائج الاتفاقية مثمرة لكلا الطرفين، تتم الموافقة عليها. وبالتالي، فإن الحدود هنا ليست «منطقة حرة» وإنما منطقة تسوية.

Fortuné Penniman is an architect based in Dubai. He graduated with honors from the AA School of Architecture in London and is currently working on research and design projects in the Gulf region.

Studio Bound, founded in 2015 by AA School of Architecture alumni Hessa Al Bader, Basmah Kaki, and Hussam Dakkak, is a multidisciplinary design studio based between London, Jeddah, and Kuwait. Operating as both a design and research lab, Studio Bound has recently completed commissions with the Abu Dhabi Tourism and Cultural Authority, the Sharjah Art Foundation, and is currently working on projects in Saudi Arabia and Kuwait.

Team
Fortune Penniman, Hessa Al Bader, Basmah Kaki, Hussam Dakkak

[1] Iran-Saudi Arabia: Agreement Concerning Sovereignty Over Al-'Arabiyah And Farsi Islands And Delimitation Of Boundary Line Separating Submarine Areas Between The Kingdom Of Saudi Arabia And Iran," 1969, International Legal Materials 8 (3), *American Society of International Law*: 493. http://www.jstor.org/stable/20690497

فورتشنيه بينيمان, معماري مقيم في دبي، تخرج بمرتبة الشرف من الجمعية المعمارية في لندن، ويعمل حاليًا ضمن مشاريع تصميمية وبحثية في منطقة الخليج العربي.

استوديو باوند, استوديو تصميم متعدد التخصصات تأسس عام 2015 على يد كل من حصة البدر وبسمة كعكي وحسام الدقاق، من خريجي الجمعية المعمارية، ويمتلك مكاتب له في كل من لندن وجدة والكويت. ويقدم الاستوديو خدماته في مجال التصميم والأبحاث، وقد عمل مؤخرًا مع كل من هيئة أبوظبي للسياحة والثقافة ومؤسسة الشارقة للفنون، ويمتلك مشاريع قيد التنفيذ في كل من السعودية والكويت.

الفريق
حصة البدر, بسمة كعكي, حسام الدقاق, فورتونية بينيمان

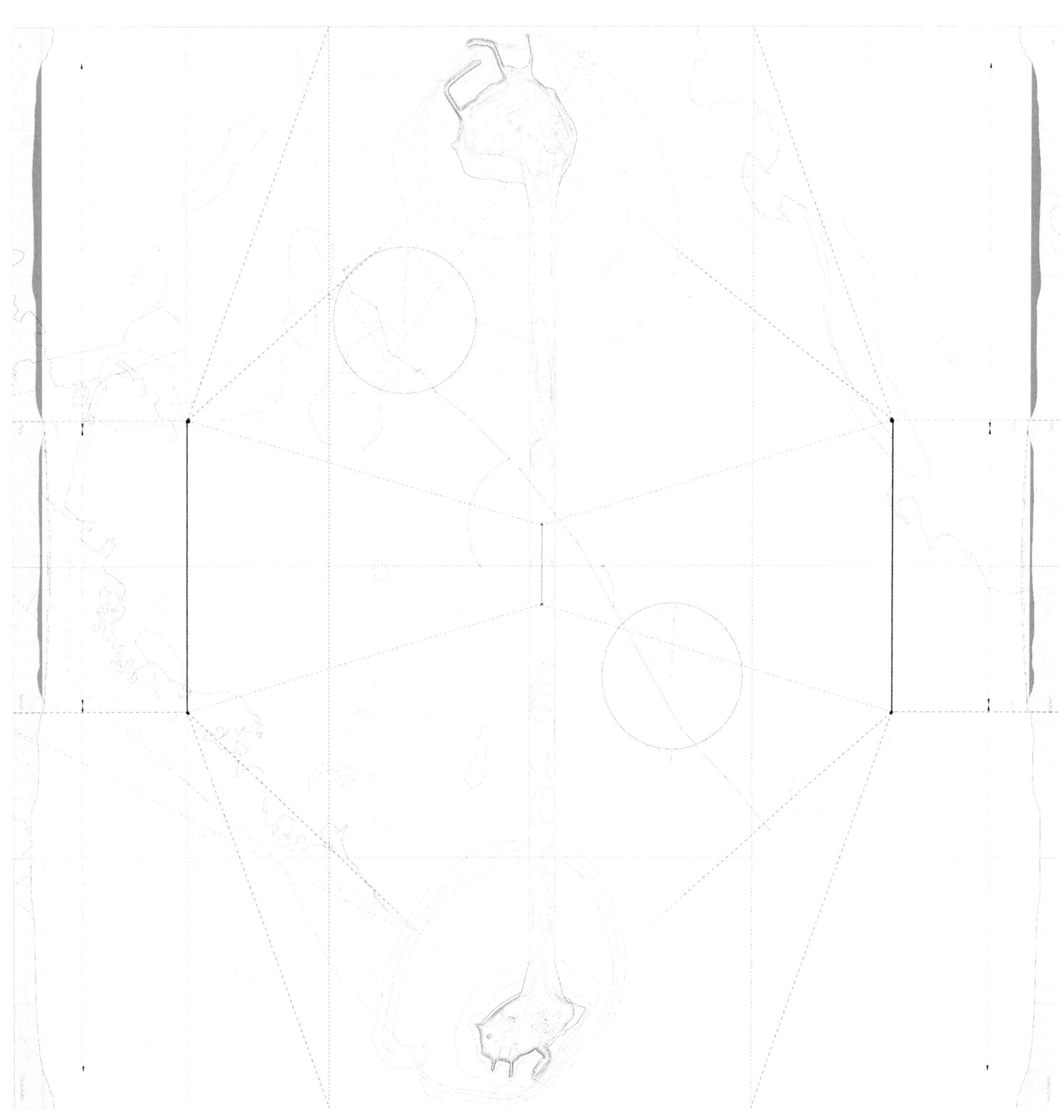

Between North and South: Otherness

PAD10

The project, "Between North and South: Otherness," is shared between two islands and spans the extremities of the Gulf. Imprinted planimetrically on the grounds of Failaka, akin to its archeological ruins, and carved in sections from the fjords around Maqlab, the project suspends its program from site specificity, claiming temporal "sitelessness." It operates across anomalies in pursuit of dismantling preset notions while unmasking "otherness."

Programmatically, the project hosts a library and a museum to give two different readings of the region with simultaneity and juxtaposition; part permanent and part temporal; part site specific and part siteless. The project becomes a counter-site to the mainland; "a floating piece of space, a place without a place, that exists by itself, that is closed in on itself and at the same time given over to the infinity of the sea . . .the greatest reserve of the imagination."[1]

The library's main objective is to catalogue the customs and traditions of the people of the region, trespassing delineations of 'nation states.' The colonially drawn borders erase many geographic, cultural, ethnic, and linguistic classifications, leading to suppressions of expressions that undermine the divisive narratives promoted for means of control. The library surfaces repressed desires, allowing all taxonomies to be vocalized in one open catalogue that is underground and another closed one, archived remotely in the fjords.

The museum, curated and formed by a trip that never was, traverses the extremities of the Gulf, between the islands of Failaka and Maqlab, spanning a history of more than 6000 years. Failaka, being on the inland lookout at the tip of the Tigris and Euphrates, has a history of human settlement that dates back to Mesopotamia, 5000 BC. Maqlab, being at the other tip of the bend, is where the British Empire had a telegraphic repeater station until the mid-nineteenth century, connecting the empire from the Gulf to India. En route, the museum

بين الشمال والجنوب: مفارقة

PAD10

مشروع ، مشترك بين جزيرتين تقعان على طرفي الخليج . بامتداده هو على شاكلة سطح جزيرة فيلكا بآثارها التاريخية وبمقطعه فعمقة بإرتفاع المضائق التي تحيط بجزيرة مقلب .يتجاوز البرنامج جغرافية الموقع إلى رحلة عبر جغرافيات نسجها التاريخ، تكشف بطياتها قراءات الآخر لاختلافات لطالما القت بظلالها على تشابه التقاليد والحضارات .

يضم المشروع من حيث البرامج مكتبة ومتحفًا لتقديم قراءتين مختلفتين عن أوجه التشابه والإختلاف في المنطقة بشكل متزامن ومتجاور، بجزء دائم وجزء مؤقت، بجزء خاص بالموقع وجزء لا يتعلق به، فيصبح المشروع موقعًا معاكسًا لمحيطه؛ "قطعة عائمة من المساحة، مكان بدون مكان، يكمن من تلقاء نفسه ، منغلق على الذات وفي الوقت عينه منفتح على بحر اللامتناهي... أعظم مخزون للخيال". الهدف الرئيسي للمكتبة هو فهرسة العادات والتقاليد لشعوب المنطقة خارج أطر الأممية. فالحدود التي رسمها الإستعمار تتجاهل تداخلات ثقافية وحضارية، مما يؤدي إلى بتر وكبت تعدديات ترزح تحت عبء قوة قراءة الآخر. حرية الروايات البديلة، والتداخلات المتناقضة مع القراءة السائدة، والرغبات المكبوتة تطفو إلى السطح بوقائع مغايرة مؤرشفة بأسفل فيلكا وعبر ذبذبات الأثير في مضائق المقلب الاخر.

أما المتحف تمت برمجته بتداخل جغرافيات مستقاة من رحلة من نسج الخيال عبر تاريخ يمتد 6000 سنة و مسار بين طرفي منطقة الخليج، ما بين جزيرتي فيلكا ومقلب . فعلى طرف من الخليج، تقف جزيرة فيلكا على الأراضي المشرفة على نهري دجلة والفرات، حيث امتدت حضارة بلاد ما بين النهرين فيها في العام 5000 قبل الميلاد. أما جزيرة مقلب، فهي تقع على الطرف الآخر من الخليج، حيث امتلكت الامبراطورية البريطانية محطة تلغراف حتى منتصف القرن التاسع عشر، لتربط امبراطوريتها من الخليج وحتى الهند. المتحف يتمحور حول رحلة من نسج الخيال في جغرافية الخليج بإحداثيات دقيقة تربط محاورها آثار الجزر المتشرذمة ببرنامج زمني مترابط يمتد من متحف حضارات ركنت آثارها في أصقاع الجزر إلى قراءات في ما بعد الإستعمار.

ويحاكي المشروع بحجمه حجم الباخرة التي عرفت في البدء بإسم "سي وايز جاينت" واعتبرت هذه الباخرة أطول باخرة تمّ بناؤها على الإطلاق، وكانت مرتبطة طوال عملها بمنطقة الخليج . بلغ الطول الكلي للباخرة 458,45 متراً، بينما بلغ ارتفاعها عن سطح الماء 24,611 متراً. بسبب حجمها، لم تتمكن هذه

Between North and South: Otherness

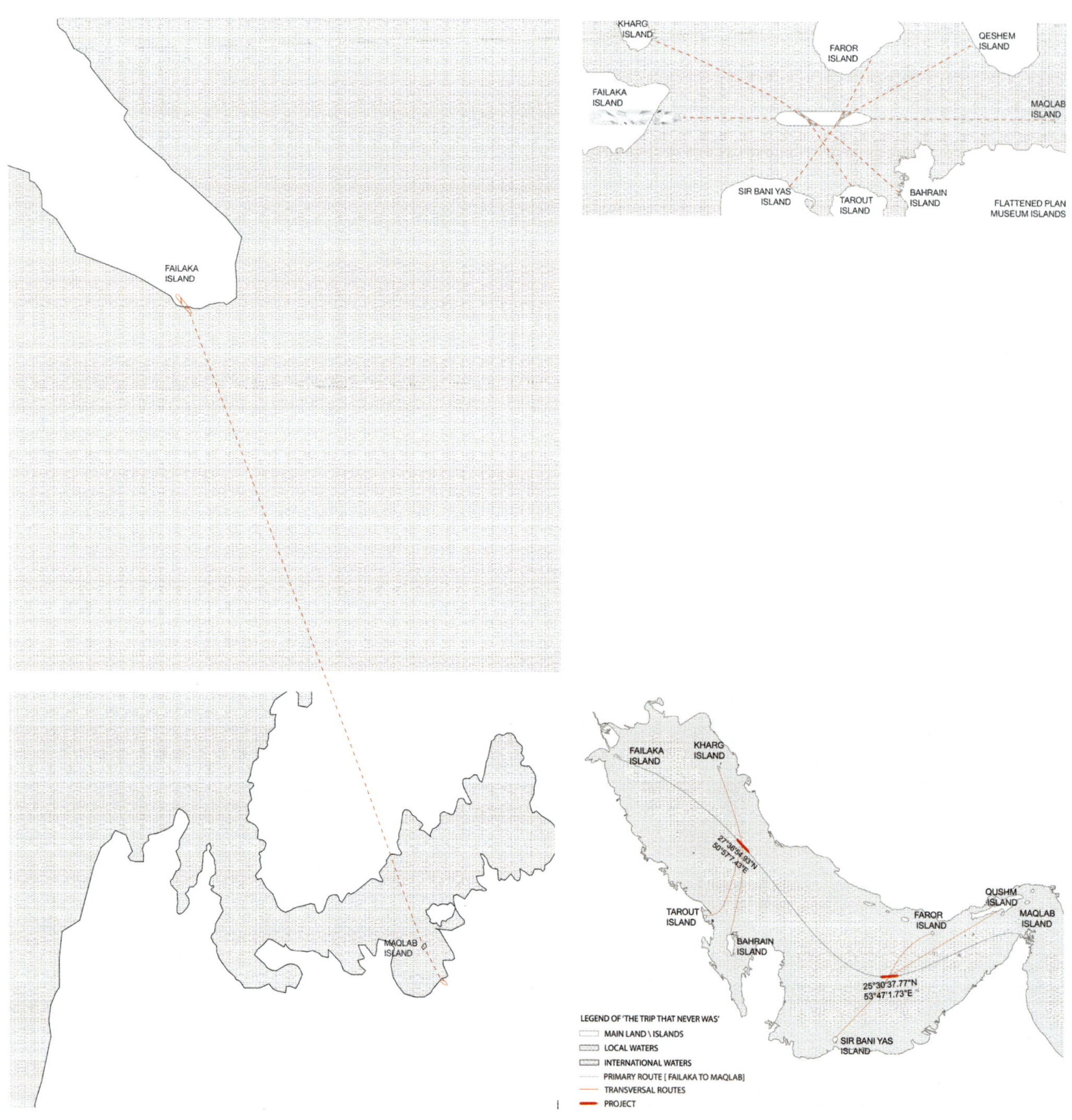

بين الشمال والجنوب: مفارقة

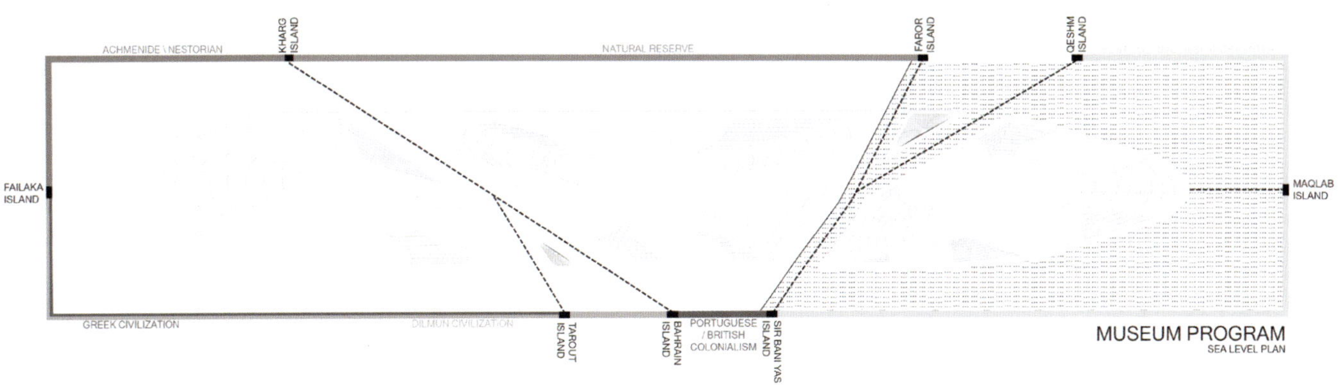

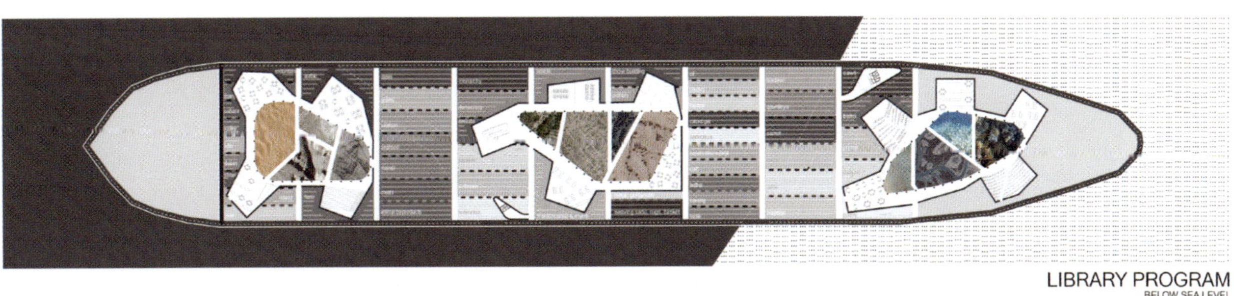

Between North and South: Otherness

is crisscrossed laterally at two points, extending its internal program to external localized archaeologies, rendering it site specific at times. The museum of civilizations spans from ancient archeological findings to post-colonial readings.

The project emulates the supertanker, *Seawise Giant*, (also known as *Mont* and other names throughout its lifespan). The ship was so large that it was incapable of navigating the English Channel, the Suez Canal, or the Panama Canal and therefore spent its entire existence in the Gulf region. It was salvaged and restored to service after being sunk during the Iran-Iraq War, and would later be used off the coast of Qatar as a floating, production, storage, and offloading unit (FPSO) at the Al Shaheen Oil Field.

Two islands, namely Failaka and Maqlab - at the northern and southern tips of the Gulf – served at different instances as outposts for control and ultimately as conduits for propagating divisive politics among indigenous people. With a span of more than 5000 years, documented through fragments of archaeologies, archived and narrated in museum format, the Project goes on a fictitious trip to serve as a lens to look back at these civilizations and offer different readings that may mend the "gulf" in between East and West.

PAD10 is a Kuwait City and Beirut (PAD7) based multidisciplinary design practice with architects, designers, and editors working simultaneously to shape visual and spatial environments. Since being founded in 2009, PAD10 has actively engaged its surroundings to advance architecture's role in the evolution of the life of a city. Most recently, PAD10 conducted a workshop, in collaboration with NCCAL (National Council for Culture Arts and Letters), Docomomo International, and Docomomo Kuwait on Kuwait Modern Heritage. Its founder, Naji Moujaes, is a recipient of the Young Architects Forum and Emerging Voices Awards by The Architectural League of New York, and "Architect of Healing," the Presidential Citation Award by the American Institute of Architects (AIA) for The World Trade Center Memorial Museum design in New York City.

Team
Naji Moujaes, Habib Bitar, Alaa Sheet

[1] Michel Foucault and Jay Miscowiec, "Of Other Spaces: Utopias and Heterotopias," *Diacritics*, (Johns Hopkins University Press, Spring 1986), 22-27.

بين الشمال والجنوب: مفارقة

الباخرة من المرور عبر القناة الإنجليزية أو قناة السويس أو قناة بنما. وقد دمرت هذه الباخرة وأغرقت خلال الحرب الإيرانية العراقية التي اندلعت 1980، وذلك إثر هجوم من سلاح الجو العراقي في14 مايو 1988 بينما هي راسية في جزيرة لاراك حاملة نفطًا خامًا إيرانيًا. وقد تمّ رمي الباخرة بقنابل باراشوتية لتندلع النيران فيها وتفقد السيطرة وتغرق في المياه الضحلة على ساحل جزيرة لاراك في إيران، وأعلن بعد ذلك عن تدميرها بالكامل.

تمّ بعدها إنقاذها وترميمها لتباشر العمل مرة أخرى. وكان آخر استخدام لها كوحدة تخزين عائمة ووحدة تنزيل بضائع (سفينة تجارية) مربوطة على الساحل القطري في حقل شاهين النفطي. وبعد فترة وجيزة من انتهاء الحرب الإيرانية العراقية، قامت شركة بشراء حطام الباخرة وعملت على ترميمها بعد أن تمّ انتشالها من الخليج الفارسي. وقد عاودت السفينة العمل في شهر أكتوبر من عام 1991 تحت عدة تسميات حتى عام 2009 فكانت آخر رحلة قامت بها هذه الباخرة في شهر ديسمبر إلى كسارات سفن هندية . تمّ الاحتفاظ بمرساة الباخرة التي تبلغ من الوزن 36 طنًا، ليتم عرضها في المتحف البحري في هونج كونج.

وقد خدمت جزيرتا فيلكا ومقلب - في أقسى شمال وجنوب الخليج- كالبؤر الاستيطانية للتحكم و كقنوات لنشر السياسات الانقسامية بين السكان المحليين.ومن خلال أرشفة تاريخ ممتد على مدى 5000 سنة، وموثق من خلال أجزاء من الآثار في شكل متحف، المشروع يذهب في رحلة تصورية لتكون بمثابة عدسة لننظر إلى هذه الحضارات وتقديم قراءات مختلفة التي قد تعدل «المفارقة» بين الشرق والغرب.

PAD10 هي شركة تصميم متعددة التخصصات تمتلك مقرين لها في كل من الكويت وبيروت (PAD7)، وتضم مهندسين معماريين ومصممين ومحررين، يعملون معًا لتشكيل ملامح البيئات المرئية والمكانية. ومنذ تأسيسها في عام 2009، انخرطت PAD10 بشكل فعال مع البيئة المحيطة بها بهدف تعزيز الإمكانات المعمارية الكامنة وتفعيل دورها المبتكر في تطوير حياة المدينة. وقد قامت الشركة مؤخرًا بعقد ورشة عمل بالتعاون مع كل من المجلس الوطني للثقافة والفنون والآداب وشركة دوكومومو الدولية وشركة دوكومومو الكويت، حول الإرث المعاصر في الكويت. وقد حاز مؤسس PAD10 ناجي مجاعص على جائزة منتدى المعماريين الشباب (YOUNG ARCHITECTS FORUM) وجائزة الأصوات الناشئة (EMERGING VOICES) المقدمة من قبل الفريق المعماري في نيويورك، بالإضافة إلى حصوله على جائزة ARCHITECT OF HEALING' PRESIDENTIAL CITATION المقدمة من قبل الجمعية الأمريكية للمعماريين، وذلك تكريمًا لجهوده في تصميم المتحف التذكاري لمركز التجارة العالمي في مدينة نيويورك.

الفريق
ناجي مجاعص, حبيب بيطار, علاء شيت

Ecological Vision as a Drive of Unity: Building an Effective Scheme for the Pan-Gulf Environment

X-Architects

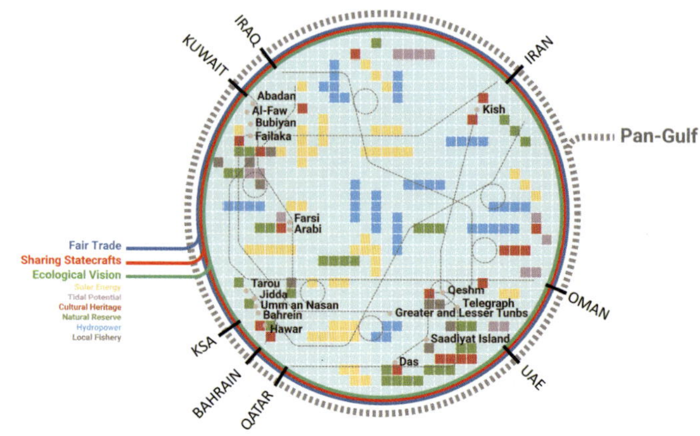

In Search of Unity
Flipping through the history of the human race, it is evident that nations and societies are in a constant search for forming unities to support each other and to work toward a common goal. Networks of people, authorities, and governments promote harmony and maintain the balance in developing political, cultural, economic, and environmental activities to form such unions.

The Factory Gulf
In its current state, The Gulf is perceived as patterns of infrastructural activities that are mainly derived by oil and gas economic development. Although pipelines, large highways, desalination plants, air lines, ships, railways, national borders, cities, and artificial islands are functioning to modernize the Gulf metropolis , they are generating fragile ecological systems within that are turning the Gulf into a region that resembles a factory. Unfortunately, the fragile ecological status of the gulf is not a mere perception but rather a real ecological crisis that is resulting in consequences on the overall environmental stability of the region. The emphasis on the economic development of the Gulf's resources is dominating over all other aspects, which is leaving The Gulf in a state of imminent ecological threat due to the exploitation of its natural environment. A Pan-Gulf unity would not only strengthen the economy and the geopolitical relationships; it would also create a stable ecological system.

From a Factory Gulf to the Eden Gulf:

The Eden Gulf
Several archaeologists located the Garden of Eden along the Arabian Peninsula in a defined area between the current Kuwait and Qatar roughly seven to eight years ago.

There is no scientific doubt that the Gulf itself was formed by the change of the sea level at the end of the last period of glaciation. However, during the last few years, archaeological

X-Architects

رؤية بيئية لتحفيز جهود الوحدة: بناء مخطط فعّال لبيئة منطقة الخليج

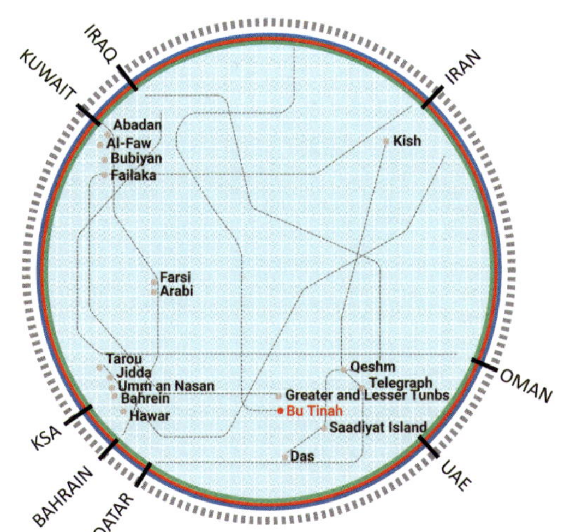

سعيًا إلى تحقيق الوحدة

إذا نظرنا في تاريخ الإنسان، فسيتضح لنا جليًّا أن الدول والمجتمعات دائمًا ما تسعى إلى تكوين الاتحادات لمساندة بعضها البعض والعمل نحو تحقيق هدف مشترك. ويعمل على تكوين تلك الاتحادات شبكاتٌ من الأشخاص، والهيئات، والحكومات التي تسعى إلى تعزيز الوئام فيما بينها وتحقيق التوازن عند تنفيذ الأنشطة السياسية، والثقافية، والاقتصادية، والبيئية.

مصنع الخليج

يُنظر إلى الخليج في الوقت الراهن على أنه سلسلة من أنشطة البنية التحتية المدفوعة في الأساس بالتنمية الاقتصادية لقطاعي النفط والغاز. ورغم أن خطوط الأنابيب، والطرق السريعة الكبرى، ومحطات تحلية المياه، وشركات الطيران، والسفن، والسكك الحديدية، والحدود الوطنية، والمدن والجزر الصناعية، كلّها تضيف بُعدًا حداثيًّا على العواصم الخليجية، فإنها في الوقت نفسه تُسفر عن وجود نظام بيئي هشّ يُظهر منطقة الخليج وكأنها مصنعٌ كبير. وللأسف، فإن الوضع البيئي الهشّ لمنطقة الخليج ليس مجرد تصوّر، بل هو أزمة بيئية حقيقية تؤثر تبعاتها على الاستقرار البيئي للمنطقة بالكامل. ويهيمن التركيز على التنمية الاقتصادية لموارد منطقة الخليج على كافة الجوانب الأخرى، وهو ما يعرّض منطقة الخليج لتهديد بيئي وشيك نتيجة استغلال البيئة الطبيعية. وهكذا، فإن اتحاد دول الخليج لن يقتصر على تعزيز العلاقات الاقتصادية والجغرافية السياسية فحسب، بل سيساهم أيضًا في بناء نظام بيئي مستقر.

من مصنع الخليج إلى جنة الخليج:

جنة الخليج

حدّد الكثيرون من علماء الآثار موقع "جنة عدن" قبل 7 أو 8 آلاف سنة تقريبًا على امتداد شبه الجزيرة العربية، وتحديدًا في منطقة تقع بين الكويت وقطر.

وهناك أدلّة علمية قاطعة تُثبت أنّ منطقة الخليج قد تكوّنت إثر تغير منسوب البحار في نهاية آخر عصر جليدي شهدته الأرض، غير أن بعض الدراسات الأثرية التي أجريت في السنوات القليلة الأخيرة على مواقع ما قبل التاريخ بالقرب من منطقة الخليج قد كشفت وجود أثر بشري، وهو ما يدعُم هذه النظرية بأساس راسخ ومعلومات قيّمة.

رؤية القومية الخليجية

توفّر الأنماط الفريدة من الثقافات والنظام الطبيعي الثري فرصة سانحة للبحث عن سردية مبتكرة بديلة

Ecological Vision as a Drive of Unity: Building an Effective Scheme for the Pan-Gulf Environment

The Factory Gulf
Clockwise from Top Left
Highways and Main Roads,
Oil and Gas Pipelines,
Desalination Plants / Highest Salinity,
Airplane Pollution.

مصنع الخليج
في اتجاه عقارب الساعة من أعلى اليسار
طريق سريع وطرق رئيسية
أنابيب النفط والغاز
محطات تحلية المياه / أعلى درجات الملوحة
التلوّث الناتج عن الطائرات

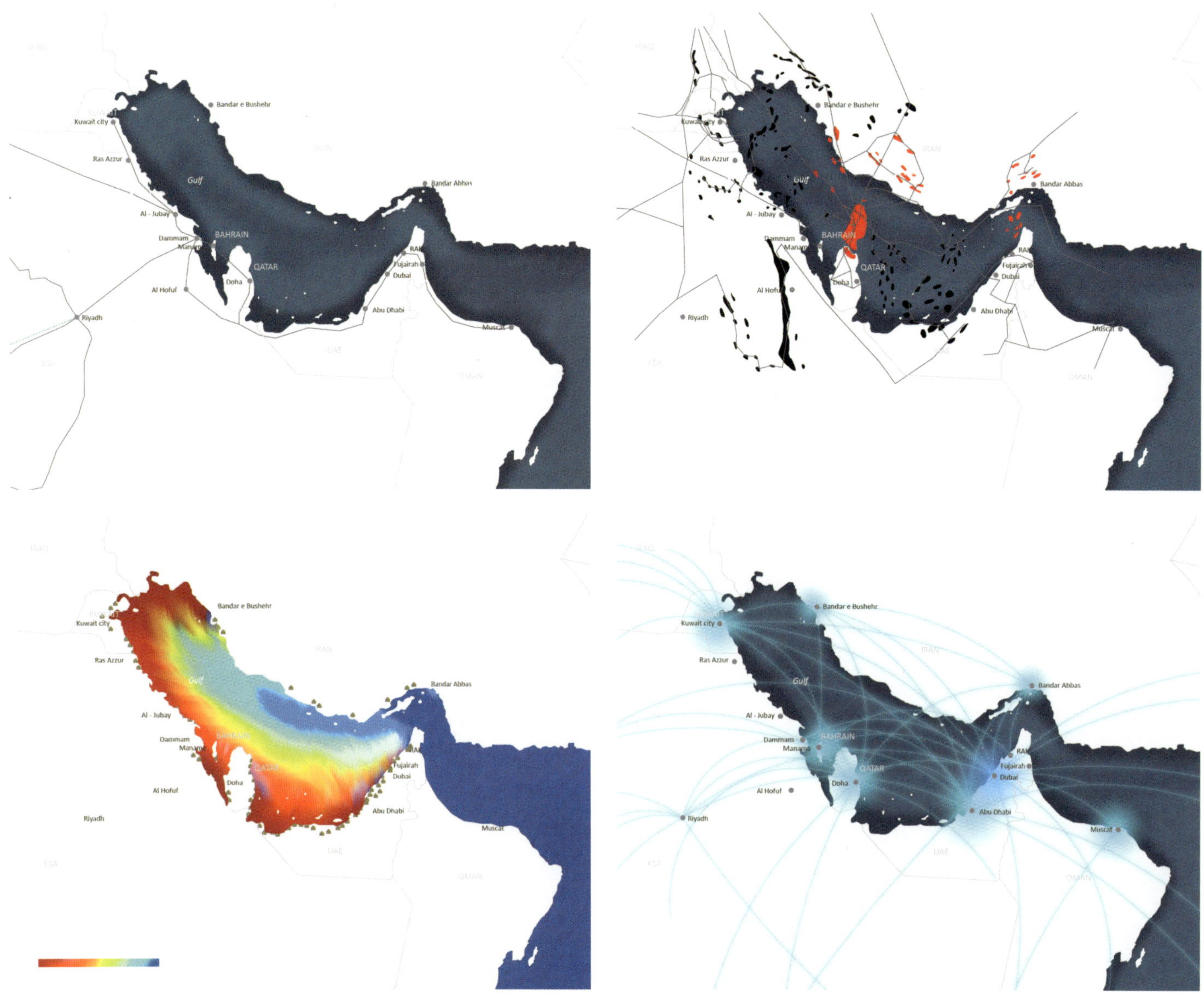

رؤية بيئية لتحفيز جهود الوحدة: بناء مخطط فعّال لبيئة منطقة الخليج

The Eden Gulf
Clockwise from Top Left
The Islands as an Opportuniy to Reimagine the Gulf,
Setting of the Infra-Cambrian of the Arabian Gulf,
Facies Mosaics Products of Shallow-water
Sediment Accumulation.
Water Depth

جنة الخليج
في اتجاه عقارب الساعة من أعلى اليسار
الجزر فرصة سانحة لإعادة تصوّر منطقة الخليج
موقع حقبة ما تحت الكامبري في الخليج العربي
تراكم ترسبات المياه الضحلة
عمق المياه

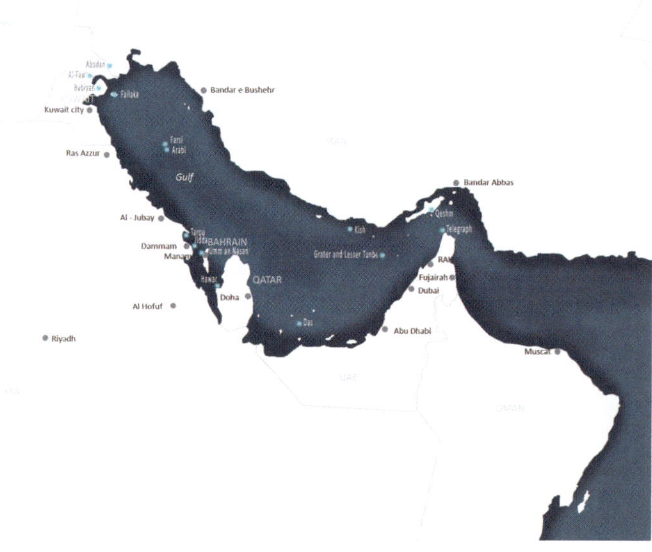

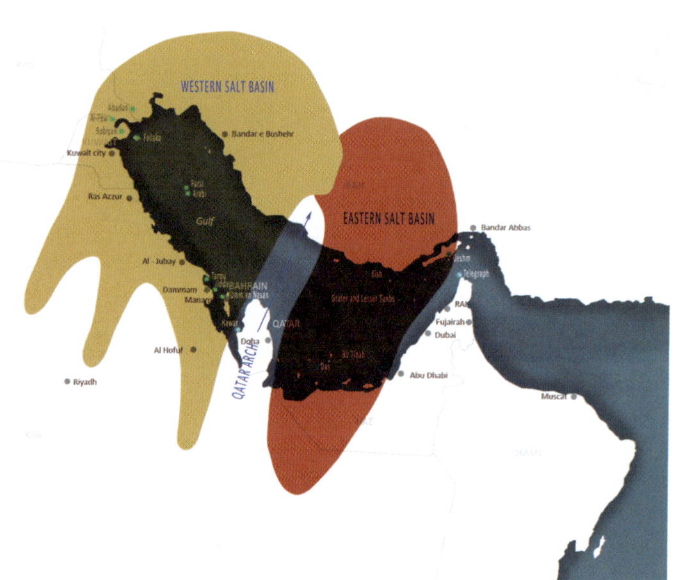

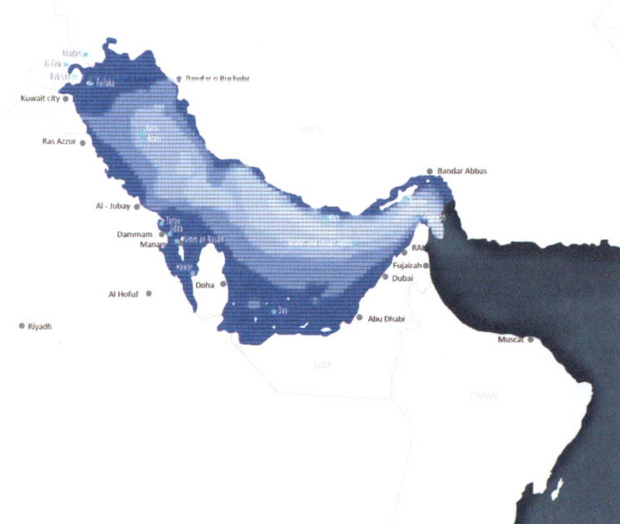

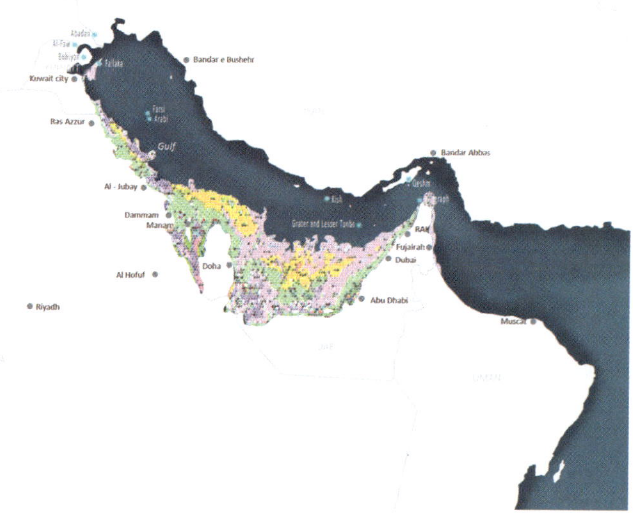

Ecological Vision as a Drive of Unity: Building an Effective Scheme for the Pan-Gulf Environment

studies of prehistoric sites around the Gulf have uncovered human evidence, which gives the theory a solid base and intriguing insights.

Pan-Gulf Vision

The unique patterns of cultures and the rich natural system offer an opportunity to find an alternative, creative narrative to establish a new vision for the Gulf. The new approach should seek a new definition of the territory using the sea, the islands, the marine animals, the oasis and the wind as a catalyst to stop the pollution and to initiate the enhancement of the Gulf's status.

Beacon In The Gulf
Bu Tinah, Abu Dhabi, UAE

This precious natural resource is part of the largest protected area in the Gulf.

There are healthy coral reef habitats with as many as 16 species of coral recorded in the area.

This distinctive natural habitat with its shallow waters, seagrass beds, and tall mangroves, set amidst extensive coral reefs, hosts rare and globally endangered marine life.

The Eco-Building Machine: How it Works

The Eco-Building Machine is designed as an active platform to foster cultural and ecological intervention, to create stable environmental systems, and to balance the negative effect of the infrastructure. Moreover, it raises awareness on the environmental risks of current practices, to enhance the regional capacity for a designed coastal system, and to build a structure for this vitally shared marine system. An excellent opportunity exists for one or more of the bordering countries to initiate a bold and effective, long-term, international collaboration in the environmental management of the Gulf. The Machine can support its own activities through its journey across the Gulf, it depends solely on natural resources to generate energy that can be used and stored. Harvesting wind,

رؤية بيئية لتحفيز جهود الوحدة: بناء مخطط فعّال لبيئة منطقة الخليج

يمكن من خلالها وضع رؤية جديدة لمنطقة الخليج. وسوف تسعى تلك الرؤية الجديدة إلى وضع تعريف جديد لمفهوم الأرض عبر استخدام البحر، والجزر، والحيوانات البحرية، والواحات، والرياح كأدوات محفّزة للقضاء على التلوث وبدء الجهود التي من شأنها تحسين الوضع الراهن لمنطقة الخليج.

نارة الخليج
جزيرة بُوطينة، أبوظبي، الإمارات العربية المتحدة

يُعتبر هذا المورد الطبيعي النفيس جزءًا من أكبر المحميّات في منطقة الخليج.

وتزخر الجزيرة بموائل الشعاب المرجانية المزدهرة التي تضم 16 نوعًا مختلفًا من المرجان.

وهذا الموئل الطبيعي الفريد من نوعه بما فيه من مياه ضحلة، ومروج الأعشاب البحرية، وأشجار القرم الباسقة، وامتداده وسط المساحات الشاسعة من الشعاب المرجانية، يحتضن عددًا من الأنواع البحرية النادرة والمهددة بالانقراض عالميًّا.

أداة البناء البيئي: كيف تعمل؟

تم تصميم أداة البناء البيئي لتكون منصة فاعلة لدعم التدخلات الثقافية والبيئية، بُغية إنشاء نظم بيئية مستقرة ومعادلة الأثر السلبي لنظام البنى التحتية. بالإضافة إلى ذلك، تساعد الأداة في رفع درجة الوعي بالمخاطر البيئية الناجمة عن الممارسات الحالية، من أجل تعزيز قدرة المنطقة على استيعاب نظام ساحلي مصمم خصيصًا، وبناء هيكل لهذا النظام البحري الحيوي المشترك. وهناك فرصة سانحة يمكن من خلالها لدولة واحدة أو أكثر من الدول المجاورة أن تبدأ شراكة دولية طويلة المدى وفعالة في مجال الإدارة البيئية لمنطقة الخليج.

ويمكن لأداة البناء البيئي دعم أنشطتها أثناء جولتها في منطقة الخليج، كما أنها تعتمد فقط على الموارد الطبيعية لتوليد الطاقة التي يمكنها استخدامها وتخزينها. ويُعد تجميع طاقة الرياح، ومعالجة المياه، ومراكز أشجار القرم، والألواح الشمسية، والمجالس الثقافية مجرد أمثلة للأنشطة العديدة التي يتم تنفيذها ضمن هذه المنصة المستقلة. كما يُعد هذا النموذج التجريبي ابتكارًا أيديولوجيًّا يمثل روح منطقة الخليج متحدة نحو تحقيق مهمة واحدة.

HARVESTING THE WIND

GROWING FUEL

ELECTRICITY FROM THE SUN

SOIL PRESERVATION

The Eco-Building Machine is design to collect clean, renewable energy in the Gulf Territory and promote an alternative approach to stop pollution and to initiate the enhancement of the Gulf's status.

UNITED STATES OF ARABIA

KUWAIT

IRAQ

UAE

OMAN

CARBON CAPTURE

HARVESTING THE WIND

KEYPLAN

QIBLA

NORTH

Fishing Lab.

Interventions to enhance environmental studies and promoting an alternative approach to the Gulf identity.

Mangrove and biological Lab.

organism and mangrove studies.

Promoting environmental debate to establish a new vision for the Gulf.

Preserving seawater.

Ornithology Centers.

The Eco- Machine will create a kind of storage for electricity generation to support its journey across the Gulf.

Bu Tinah

The technologies necessary to build an effective scheme for the Pan-Gulf Environment are all fully developed and available now.

BioEthics Majlis

UNITED ARAB EMIRATES

Ecological Vision as a Drive of Unity: Building an Effective Scheme for the Pan-Gulf Environment

water treatment, mangrove centers, solar panels, and cultural Majlis are just a fraction of the activities taking place on this independent machine. This prototype is an ideological creation representing the Gulf's soul, united mission.

The Bu Tinah Island is a national treasure of the UAE, which makes it the perfect recipient for the Eco-Building Machine. It feeds from its green world, sun, cultural identity, water, and wind and gives back to the whole Gulf.

The vision distinctively targets addressing the unity by establishing an alternative approach to map the Gulf's territory and to build an effective scheme for the Pan-Gulf environment.

رؤية بيئية لتحفيز جهود الوحدة: بناء مخطط فعّال لبيئة منطقة الخليج

تمثل جزيرة بوطينة ثروة قومية لدولة لإمارات العربية المتحدة، مما يجعلها الوجهة المثالية لتشغيل أداة البناء البيئي التي ستسفيد من مساحاتها الخضراء، وشمسها، وهويتها الثقافية، ومياهها، ورياحها، ثم تُفيد بدورها منطقة الخليج بأكمله.

تستهدف هذه الرؤية مفهوم الوحدة بشكل خاص، عبر توفير مقاربة بديلة لتخطيط أراضي منطقة الخليج وبناء مخطط فعّال لحماية البيئة في منطقة الخليج ككل.

X-Architects is a critical architectural studio founded in 2003 by principal architects Ahmed Al-Ali and Farid Esmaeil. Both principals are strong proponents of Arab culture and its translation into contemporary design. X- Architects believes in design as a process. The firm's research is dedicated to creating a built environment that is adaptive and contextual, with architecture used as a language that speaks of place. The office approaches design with a critical sensibility that recognizes the inherent complexity in modern-day construction and harnesses this complexity to produce projects that are culturally robust, place sensitive, and environmentally friendly.

Team
Ahmed Al-Ali, Farid Esmaeil, Luca Vigliero, Nicolò Spadoni, Giacomo Mongelli

إكس أركيتيكت هو مكتب هندسة معمارية أسّسه المهندسان المعماريان أحمد العلي وفريد إسماعيل عام 2003. ويُعتبر العلي وإسماعيل من أشد أنصار الثقافة العربية وترجمتها إلى تصميمات معاصرة. ينظر مكتب إكس أركيتيكت إلى التصميم باعتباره عملية، حيث تركز أبحاثه على بناء بيئة تكيفية مقترنة بسياق محدد تستخدم العمارة لغةً للتعبير. ويتناول المكتب عملية التصميم بحساسية فائقة تراعي التعقيد المتأصل في أساليب البناء المعاصرة، وتستفيد من هذا التعقيد في تصميم مشروعات راسخة ثقافيًّا، ومراعية للموقع، وصديقة للبيئة المحيطة.

الفريق
أحمد العلي، فريد إسماعيل، لوكا فيغلييرو، نيكولو سبادوني، جاكومو مونغيلي

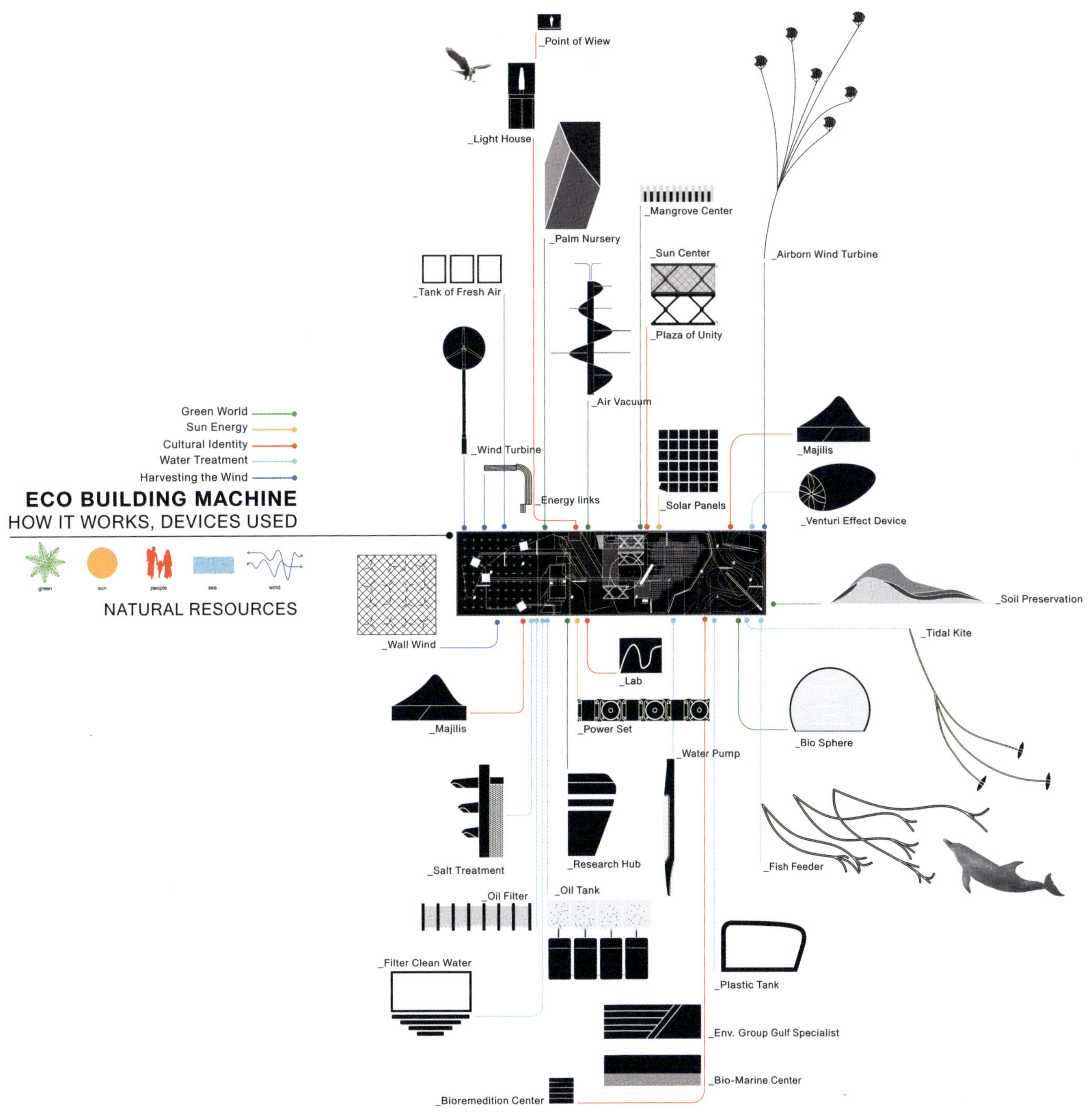

_Point of Wiew
_Light House
_Palm Nursery
_Mangrove Center
_Sun Center
_Airborn Wind Turbine
_Tank of Fresh Air
_Plaza of Unity
_Air Vacuum
Green World
Sun Energy
Cultural Identity
Water Treatment
Harvesting the Wind
_Wind Turbine
_Majilis
_Energy links
_Solar Panels
_Venturi Effect Device
ECO BUILDING MACHINE
HOW IT WORKS, DEVICES USED
green
sun
people
sea
wind
NATURAL RESOURCES
_Soil Preservation
_Wall Wind
_Tidal Kite
_Lab
_Majilis
_Power Set
_Bio Sphere
_Water Pump
_Salt Treatment
_Research Hub
_Fish Feeder
_Oil Filter
_Oil Tank
_Filter Clean Water
_Plastic Tank
_Env. Group Gulf Specialist
_Bio-Marine Center
_Bioremedition Center

Reflections

Reflections is a new inclusion to the second edition of the "Between East & West: A Gulf" (BEWAG) book, marking the passing of one year since the opening of the Kuwait pavilion.

Two authors, Asseel Al-Ragam and Yasser Elsheshtawy, were invited to provide their reflections on the Kuwait pavilion and the 2016 Venice biennale. This was in part a desire to look at the pavilion in the larger context in which BEWAG existed: the contributors were asked to be critical and remark on the pavilion's place at Venice. Reflections acts as an epilogue or alternative prologue to the project, reflecting upon BEWAG and its place in a history of Gulf pavilions. By including this section, the book becomes less an artifact describing one particular installation or project but instead belongs to a public who could not make it to Venice. This section is ultimately for posterity - marking a moment in time when the Gulf needed to have a new conversation occur concerning its political and economic territorial goals and attempted to do so through its islands.

تأملات

"تأملات" هي إضافة جديدة إلى الطبعة الثانية من كتاب "الخليج ومحيطه" ، بمناسبة مرور عام على افتتاح جناح الكويت.

وُجهت الدعوة إلى اثنين من المؤلفين، هما: أسيل الرقم وياسر الششتاوي، لتقديم أفكارهما وتأملاتهما حول جناح الكويت وبينالي البندقية 2016. وكانت هذه الدعوة في جزء منها نابعة من رغبة في تقييم الجناح في السياق الأرحب الذي يتناوله كتاب "الخليج ومحيطه" ؛ وقد طُلب من المشاركين تقييم الجناح بعين الناقد والتعبير عن ملاحظاتهما بشأن مكان الجناح في البندقية. وتمثل فقرة "تأملات" خاتمة أو مقدمة بديلة للمشروع، حيث إنها تقدم أفكارًا حول كتاب "الخليج ومحيطه" ومكانته في تاريخ أجنحة الخليج. ومن خلال إضافة هذا القسم، يتحول الكتاب من وسيلة لوصف منشأة أو مشروع معين إلى كتاب يخاطب الجمهور الذي لم يتمكن من زيارة الجناح في البندقية. وهذا القسم مخصص في الأساس للأجيال القادمة - بمناسبة لحظة تاريخية احتاج فيها الخليج لإجراء حوار جديد بشأن أهدافه السياسية والاقتصادية الإقليمية وحاول القيام بذلك عبر جزره المختلفة.

A Commentary on the Future of the Kuwaiti Pavilion at the Venice Architectural Biennale

Asseel Al-Ragam

Alejandro Aravena's theme for the 15th Venice Architectural Biennale, "Reporting from the Front," was a welcomed turn from the self-indulgent musings of Rem Koolhaas's 2014 "Fundamentals." Kieran Long best described it as a cynical manifesto of a man so deeply implicated in the phenomena he [Koolhaas] records, that it is no longer possible to tell the difference between what he advocates and what he criticizes."[1] While there were many interesting contributions to the 2014 Biennale, including ones from the Gulf region, Aravena's theme moves away from architecture stripped down to its bare essentials—stairs and toilets—and beyond theoretical abstractions accessed by a "hermetic architectural club."[2] Instead, Aravena invited architects and curators to engage with the environmental, social, and political dimensions of the built environment, arguing that the Biennale needed to "address issues much larger than architecture."[3] This engagement with what Aravena called "the logic of the architectural project"[4] harkens back to a modernist debate that believed and hoped for change and a better future.

Responding to this theme, Hamed Bukhamseen and Ali Karimi, the curators of the 2016 Kuwaiti Pavilion titled, "Between East and West: a Gulf," focused on bridging the divide that currently exists between the small, but geographically strategic, Gulf emirates. Moving beyond the defined borders of Kuwait, the design team attempted to address regional conflicts and border disputes by envisioning a "master plan" that socially, or perhaps, symbolically stitches together the three-hundred-plus islands that pepper the Gulf. The call for proposals sent out to a select few described the objectives that guided the overarching theme of the pavilion. Karimi and Bukhamseen wrote:

> The pavilion looks at the history of the islands of the Gulf and reimagines them as the sites for a new Gulf masterplan, which aims towards political and economic unity for the region. The aim of the pavilion is to tell the history of the Gulf as a national and identity building project, centered on the alternative territory of islands.[5]

Architectural and urban proposals, by invited designers and scholars, were placed directly on a stainless steel floor. They addressed a variety of issues, including solutions for waste and pollution, shared late eighteenth century economic goals between aspiring political elites and Gulf pirates and reflections on the contentious concept of "otherness" as it relates to the islands' geopolitical locations.[6] An accompanying catalog clears up any obscurities that envelope these projects. As it always has done in the past, the catalog plays an important role in decoding cryptic aims and goals.[7]

This is not the first Kuwaiti contribution to the Venice Architectural Biennale; it does, however, mark a return to a critical engagement with the built environment by its curators. Successfully addressed in 2012 and inadvertently concealed behind a veil of kitsch in 2014, the 2016 team gives us hope that there is indeed a long and fruitful future for "critical architecture." The Kuwaiti Pavilion debuted in 2012 with a strong concept titled Kethra, meaning abundance and plentitude in Arabic.[8] The curators Zahra Ali Baba and Deema Al-Ghunaim and their team of designers reproduced the architectural "ruins" of the Kuwaiti modern "project." A rich collection of drawings, attached to the floor, mapped the confluence of international architects and designers in the small emirate. Speakers hanging from the ceiling rafters echoed sound recordings of present-day social gatherings, capturing the heterogeneity of Kuwait's societal fabric. This juxtaposition of a recent past and a more contemporary present highlights the intersection between

تعليق على مشاركة الكويت في معرض بينالي البندقية للعمارة

الموضوع الذي اختاره المعماري ألخادرو آراڤينا لمعرض بينالي البندقية للعمارة الخامس عشر بعنوان "تقارير من الجبهة" في 2016 تحولاً محمودًا عن الهوس النفسي للمعماري الآخر رم كوولهاس في معرض 2014 والذي حمل عنوان "الأساسيات". ولعل أفضل وصف لذلك هو ما قاله الناقد الصحفي البريطاني كيرن لونغ عن كونه تصريحًا ساخرًا لرجل منغمس بشدة في الظواهر التي يرصدها المعماري كوولهاس، بحيث لم يعد من الممكن معرفة الفرق بين ما يدافع عنه وما ينتقده."[1] وفي هذا الوقت الذي شهد فيه معرض عام 2014 العديد من المساهمات المثيرة للاهتمام والتي كان من بينها بعض المساهمات الخليجية، إلا أن الموضوع الذي اختاره آراڤينا يبتعد عن العمارة المجردة التي طبقها كوولهاس والتي تتناول أساسياتها بناء السلالم ودورات المياه. كما ان آراڤينا يتجاوز النظريات المجردة التي وصل إليها "قلة من النادي المعماري".[2] وكما ان آراڤينا اتخذ أسلوبا آخر بدعوته للمهندسين المعماريين والقائمين على الأجنحة إلى التفاعل مع الأبعاد البيئية والاجتماعية والسياسية مؤكدًا على ضرورة تعامل معرض العمارة "مع قضايا أكبر بكثير من العمارة".[3] ويعود هذا التفاعل مع ما أطلق عليه آراڤينا "منطق المشروع المعماري"[4] إلى حوار تم تداوله في العشرينيات الذي ربط بين العمارة والتغيير لمستقبل أفضل.

وفيما يخص هذا الموضوع، ركز المعماريين حامد بوخمسين وعلي كريمي القائمان على الجناح الكويتي لعام 2016 والذي حمل عنوان "الخليج ومحيطه" على سد الفجوة القائمة حاليًا بين الإمارات الخليجية ذات الاستراتيجية الجغرافية الهامة. وقد حاول فريق التصميم التعامل مع النزاعات الإقليمية والخلافات متجاوزين حدود الكويت، ومتصورين "خطة رئيسية" تجمع الجزر التي يزيد عددها عن الثلاثمئة والتي تفترش مياه الخليج معًا بشكل اجتماعي، ولربما رمزي. وقد وصفت الدعوة التي جرى إرسالها إلى مجموعة مختصة الأهداف التي اعتمدت عليها الفكرة الشاملة للجناح الكويتي. وقد كتب كريمي وبوخمسين:

> ينظر الجناح إلى تاريخ جزر الخليج ويعيد تصورها كمواقع لخطة تنمية خليجية جديدة تهدف إلى تحقيق الوحدة السياسية والاقتصادية في المنطقة. ويتجلى هدف الجناح في التعريف بتاريخ الخليج بوصفه مشروعًا وطنيًا لبناء الهوية يركز على الجزر كأراض بديلة.[5]

لذا جرى التعامل مع المقترحات المعمارية والعمرانية التي عمل عليها المصممون والباحثون المدعوون وعلى وجه السرعة. وقد ناقشت هذه المقترحات مجموعة من القضايا منها ما يعنى لإيجاد حلول لمشاكل النفايات والتلوث، كما استعرضت الأهداف الاقتصادية لأواخر القرن الثامن عشر بين النخب السياسية وقراصنة الخليج وتأملات في المفهوم "الآخر" من حيث صلته بمواقع الجزر الجيوسياسية.[6] وقد تم إرفاق دليل مع هذه المشاريع عمل على إزالة أي غموض او التباس. ويلعب هذا الدليل أيضا، كما دأب في السابق، دورًا مهمًا في توضيح الأهداف والغايات الخفية.[7]

أسيل الرقم

لم تكن هذه هي المشاركة الكويتية الأولى في معرض بينالي البندقية للعمارة، إلا أنها تشكل عودة إلى التعاطي النقدي مع البيئة المبنية من قبل القائمين على الجناح. وبعد التعامل الناجح معه في عام 2012 واختفائه بعد ذلك عن غير قصد عام 2014، يعطينا فريق عام 2016 أملاً بوجود مستقبل طويل ومثمر بالفعل "للنقد المعماري". وقد بدأ الجناح الكويتي لأول مرة عام 2012 بفكرة سباقة تحت عنوان "كثرة"،[8] وعملت فيه المعماريات السيدة زهراء علي بابا والسيدة ديمة الغنيم وفريقهما من المصممين على إعادة إنتاج "الآثار" المعمارية "للمشروع" الكويتي الحديث. وقد وصفت مجموعة من الرسومات المعروضة التقاء المعماريين والمصممين العالميين في هذه الإمارة الصغيرة. كما كررت مكبرات الصوت المتدلية من العوارض السقفية تسجيلات صوتية لتجمعات اجتماعية معاصرة مصورة تبين النسيج المجتمعي الكويتي. ويبرز هذا التقارب بين الماضي القريب والحاضر المعاصر التداخل بين الممارسات الرسمية وغير الرسمية التي ظهرت بوضوح في الحياة اليومية للمشهد المعماري. وفي 2014، استجاب الجناح الكويتي لفكرة استيعاب الحداثة من 1914 إلى 2014، والتي اختارها المعماري كوولهاس للدول المشاركة في معرض بينالي 2014، بوضع رسومات ونماذج عديدة من متحف الكويت الوطني على الجدران الخاص لجناح الكويت في أرسنال البندقية. الا إن إعادة إنتاج العناصر المختلفة لمتحف الكويت الوطني واختياره كرمز أساسي للحداثة الكويتية تشير الي مفاهيم خاطئة، والتي يتجلى أهمها في عدم ملاحظة عجز هذا المشروع الذي يعود إلى منتصف القرن العشرين عن تحقيق هدفه الفكري بأن يكون رمزًا لحداثة الدولة الكويتية.[9] وهي دلالة غالبًا ما تحققها المتاحف خلال فترات التحول والتطور الحديث - كمتحف Louvre والمتحف البريطاني على سبيل المثال وما قاما به فيما يخص رفع القيمة الثقافية لبلديهما.

formal and informal practices that are made apparent in the everyday life of the built landscape. In 2014, the Kuwaiti Pavilion responded to the theme Absorbing Modernity 1914-2014, set by Koolhaas for the participating countries. Large-scale drawings and models of the Kuwait National Museum (KNM) adorned the walls and interior space of the weathered room in the Arsenale. However, the reproduction of various elements of the KNM as well as its positioning by the design team as exemplar of Kuwaiti modernity points to underlying misconceptions. Most noteworthy is the failure to recognize that this mid-twentieth century project fell short of realizing its ideological objective as a legitimating symbol of state modernity.[9] This is a designation that is often achieved by museums during periods of modern development and transformation—think of the Louvre and the British Museum, for examples, and what they have done in terms of raising the cultural value of their respective countries.

Overall, these recent contributions to the Venice Architectural Biennale mark Kuwait's return to the global stage of culture after a general decline following the 1991 Gulf War. State priorities shifted from development towards reconstruction and restoration of war damaged buildings. In the ensuing years after the invasion, social polarization and stratification of Kuwaiti society, institutionalized housing types, and the politicization of the built environment intensified. A postwar reconstruction agenda concealed these unbalanced objectives. Hidden behind the rational logic of the "master plan," these uneven policies reverberate beyond the Kuwaiti borders. The "operative" nature of the master plan has been and continues to be a tool for top-down planning in the Gulf region. It often supports border expansion illusions that are tied to regional politics and encourages urban stratification along ethnic and class lines. While the sociopolitical underpinnings of the master plan are made apparent here, as a planning instrument, it is equally destructive. As far back as the 1960s, an advisory planning committee within the Kuwait Municipality, recognized that "the master plan had failed as a design tool,"[10] deciding instead to promote strategic interventions. A consortium of international and local architects and planners collaborated to address the urban voids caused by large-scale demolition in the traditional urban fabric; while proposals focused on stitching the gaps between the old and the new. More recently, Zahra Ali Baba, who is now the commissioner of the Kuwaiti Pavilion at the National Council for Culture Arts and Letters (NCCAL) in Kuwait, stressed the need to maintain the historical link between architectural projects and a sense of place that is being erased by the concept of the master plan.[11] Despite these appeals towards inclusive and targeted development, Kuwait and other Gulf countries continue to operate on this grand scale. Presently, Kuwait is outlining its 2040 scheme. Thus, the "piecemeal master plan," in the words of Karimi, selected as the organizing tool that ties the Gulf islands together, raises similar concerns as ones mentioned in the past. These include the hegemonic nature of top-down planning, its questionable organizing capacity, the sociopolitical ideologies embedded within its framework, and the demolition that ensues during implementation. Instead of engaging the contemporary debate on urban design as "advocacy" that uses "critical feedback loops" to inform planning processes,[12] the Kuwaiti Pavilion team is immersed in a vocabulary that is grounded in the "operational" practices of the institutionalizing state. This dimension of the master plan could be addressed more critically.

Nevertheless, the strength of the 2016 pavilion is in the designers' decision to push against the insularity that is foundational to the Biennale's setup. The cultural value of national pavilions located in the Gardini in contrast to those in the Arsenale reassert geographical hierarchies, reminding us that the "other" is still

تعليق على مشاركة الكويت في معرض بينالي البندقية للعمارة

ومما لا شك فيه، إن هذه المساهمات الأخيرة في معرض بينالي البندقية للعمارة توضح عودة الكويت إلى الساحة العالمية للثقافة بعد تراجع عام منذ أعقاب حرب الخليج الثانية، حيث تحولت أولويات دولة الكويت حينها من التنمية الى إعادة الإعمار وترميم المباني المتضررة جراء الحرب. وفي السنوات التي أعقبت الغزو، زادت حدة الاستقطاب الاجتماعي والتقسيم الطبقي للمجتمع الكويتي. وقد أخفى جدول أعمال إعادة الإعمار بعد الحرب هذه الأهداف الغير متوازنة. وتتخفي هذه الاجندات وراء "خطط تنمية" وتتردد أصداء هذه السياسات ما وراء الحدود الكويتية. ولطالما كان الطابع "التنفيذي" لخطط التنمية أداة للتخطيط المنبثق من السياسة العليا في منطقة الخليج. وغالبًا ما يدعم ذلك أوهام توسيع الحدود المرتبطة بالسياسات الإقليمية ويشجع على تقسيم المناطق الحضرية على أسس عرقية وطبقية. ولئِن كانت الأسس الاجتماعية والسياسية للخطط التنمية تظهر واضحة هنا، بوصفها أداة للتخطيط الأيديولوجي، إلا أنها مدمِّرة بنفس القدر. فعندما نعود بالزمن إلى الستينات، نجد أن اللجنة الاستشارية للتخطيط داخل بلدية الكويت اعترفت حينها بأن "خطط التنمية فشلت كأداة تصميم"،[10] وقررت بدلاً من ذلك تعزيز التدخلات الاستراتيجية. وقد تعاونت مجموعة من المهندسين المعماريين والمخططين الدوليين والمحليين لمعالجة هذه الثغرات العمرانية الناجمة عن أعمال تقويض واسعة النطاق في النسيج الحضري التقليدي؛ بينما ركزت المقترحات على سد الفجوات بين القديم والجديد. وفي الآونة الأخيرة، أكدت المعمارية زهراء علي بابا، التي تشغل حاليًا منصب المفوضة بتمثيل الجناح الكويتي في المجلس الوطني للثقافة والفنون والآداب في الكويت، على ضرورة الحفاظ على الترابط التاريخي بين المشاريع المعمارية والشعور بالمكان الذي يجري محوه في خطط التنمية.[11] وعلى الرغم من هذه المناشدات من أجل تحقيق التنمية الشاملة والمستهدفة، تواصل الكويت وباقي دول الخليج العمل على هذا النطاق الواسع. وفي الوقت الحاضر، ترسم الكويت خطتها لعام 2040. ومن ثمّ، فإن اختيار "خطة التنمية المجزأة"، على حد قول المعماري علي كريمي، كأداة تنظيمية تربط جزر الخليج مع بعضها يثير مخاوف مشابهة لتلك التي ذُكرت في الماضي. وتشمل هذه المخاوف الطابع المهيمن للتخطيط المنبثق من الأعلى وقدرته التنظيمية المشكوك فيها والأفكار الاجتماعية والسياسية التي تندرج ضمن إطاره وأعمال التقويض التي تنجم عن ذلك أثناء التنفيذ. وبدلاً من المشاركة في النقاش المعاصر حول التصميم الحضري باعتباره "دعوة تأييد" تستخدم "حلقات الآراء النقدية" للاسترشاد بها في عمليات التخطيط،[12] نجد أن فريق الجناح الكويتي غارق في مفردات مترسخة في الممارسات "التشغيلية" للدولة ذات الطابع المؤسسي. ويمكن معالجة هذا البعد من خطة التنمية باتباع منهج أكثر نقدًا.

ومع ذلك، تكمن قوة جناح الكويت في معرض بينالي البندقية للعمارة عام 2016 في قرار المصممين بمقاومة التقوقع الذي يعد أساس إعداد المعرض. ولا تزال القيمة الثقافية للأجنحة الوطنية الواقعة في "Gardini" البينالي، على النقيض من تلك الموجودة في "أرسنال"، تؤكد من جديد على التسلسل الهرمي الجغرافي، لتذكرنا بأن "الآخر" لا يزال يشكل جزءًا كبيرًا من ثقافة ومعارض "النخبة". ومما لا شك فيه أن تلك التصنيفات الضمنية تؤثر على ما يتم تقديمه للمستهلكين في الوقت الراهن. وبالتالي، يمكن استيعاب قرار القائمين على الأجنحة بمقاومة هذه المعايير في المستقبل. وقد قام آخرون بطمس معالم الحدود بصورة متعمدة. ففي العام نفسه (2016)، اتحدت إستونيا ولاتفيا وليتوانيا من أجل "تقديم جناح البلطيق"، الذي استعرض "مدى تأثير إعادة تطوير البنية التحتية للحقبة السوفيتية في المنطقة".[13] ومع ذلك، فقد أعرب القائمون على الأجنحة عن مواجهتهم لمعوقات في عملهم، مشيرين إلى أن هذا النوع من التعاون كان يتعارض مع "المبدأ التنظيمي الأساسي للمعرض".[14] وأضافوا قائلين: "لقد كان الأمر في غاية الصعوبة للوصول إلى التمثيل المشترك، حيث كان علينا المرور بثلاث وزارات ثقافة وثلاث وزارات خارجية".[15] وعلى الرغم من أن القائمين على الجناح الكويتي لم يصلوا إلى هذا المدى من التعاون، إلا أن العنوان يلمِّح إلى سد الفجوة الموجودة حاليًا بين دول الخليج.

ويلفت العنوان المثير للأفكار أيضًا الانتباه إلى المسميات الجغرافية العشوائي. فبعيدًا عن حدود "الشرق" و"الغرب"،[16] تُعد مكانة الكويت والدول الخليجية الأخرى غير راسخة في المبادئ التاريخية القائمة، على الرغم من تاريخها الطويل والحافل. وكما أشارت المعمارية نور بوشهري في مقالها بعنوان "إعادة إعمار جزيرة فيلكا: مخاطر تطوير مخطط رئيسي منظم لإعادة الإرث التاريخي والهوية الوطنية للجزيرة"، كانت جزيرة فيلكا موطنًا لأكثر من "4000 سنة من التاريخ العالمي المتواصل".[17] بل في واقع الأمر، ترتبط بعض هذه الجزر بالمواجهات الاجتماعية والسياسية والتجارية ذات الأهمية التاريخية. ولقد كان ظهور الكويت ككيان سياسي في القرن الثامن عشر بمثابة أول تفاعل مع مفهوم التقاليد والتراث؛ حيث تم حينها ربط الموقع بالأفكار المعقدة للأمة والمجتمع. وقد ساعد النمو السكاني المتنوع للدولة في حقبة ما قبل النفط،

very much part of "elite" culture and exhibition. These implicit classifications are simply repackaged for today's consumer society. Thus, the curators' decision to resist these norms could be explored in the future. Others have also blurred arbitrary borders. In that same year (2016), Estonia, Latvia, and Lithuania united to "present the Baltic Pavilion," which explored "the impact of redeveloping the region's Soviet-era infrastructure."[13] The curators did, however, express the obstacles they had faced, stating that this kind of collaboration went against "the very core format of the Biennale."[14] They added, "It was quite extraordinary how difficult it was to get the joint representation because we had to go through three ministries of culture [and] three ministries of foreign affairs."[15] While the curators for the Kuwaiti Pavilion did not go to this length of collaboration, the title hints towards bridging the divide that currently exists between the Gulf countries.

The thought-provoking title also draws attention to arbitrary geographical designations. Just outside the boundaries of "East" and "West,"[16] Kuwait and other countries in the Gulf occupy a precarious position in normative historical canons, despite their long and rich history. As Noor Boushehri noted in her essay, "Reconstructing Failaka: The Perils of a Controlled Masterplan in the Reconstruction of a Historical Narrative and National Identity," Failaka Island was home to over "4,000 years of global" and "uninterrupted history."[17] Indeed, some of these islands are sites of an important nexus of historic sociopolitical and commercial encounters. Kuwait's emergence, as a political entity in the eighteenth century, marked one of its earliest engagements with the notion of tradition and heritage; linking space and place with the complex ideas of nation and society. The expansion of this diverse pre-oil population, along with the securing of a constructed and imagined tradition, helped secure its political narrative in a region rife with tension. More recently, the time from the 1950s to the 1980s marks one of the more innovative periods of creative activity and destruction—in terms of architecture and urban design—that not only changed the Gulf landscape but also altered class dependencies and socioeconomic structures that inevitably challenged the pre-oil status quo. In that period (1950s-80s), popular myths were rationalized, codified, and institutionalized all in a matter of decades.

Beyond this historical narrative, Gulf States today are, as they always have been, important sites for architectural and urban experimentation by both local and international designers. While there seems to be no escaping the spectacle narrative of star architecture that pervades a great deal of writing on the Gulf, the curators move beyond this cursory debate and directly engage with the theme suggested by Aravena. As mentioned above, Karimi and Bukhamseen stated that the goal of the display was to first "tell the history of the Gulf, and then to resolve the contested nature of these islands through a new project for the region."[18] While it did not clearly define the connective tissue that will tie the Gulf islands together through the displayed selection of architectural projects, the idea to look beyond borders from a local's perspective and redirect the focus towards the Gulf was an important contribution that holds much promise. This direction could very well be the baton being passed to forthcoming curatorial teams. However, rather than imposing solutions from above, future teams could benefit from examining organic developments that better serve a local population.[19] Grass-root exercises challenge outdated forms of economic strategies and architectural typologies, and push back against inherent inequalities, thereby allowing people to directly participate in the making of their surroundings. These bottom-up models anticipate user needs and offer solutions beyond those provided by the state.

تعليق على مشاركة الكويت في معرض بينالي البندقية للعمارة

إلى جانب الحفاظ على التقاليد والتراث، على إبراز المكانة السياسية لها في منطقة تعج بالتوتر. كما تمثل الفترة الممتدة من الخمسينيات إلى الثمانينيات واحدة من أكثر فترات النشاط الإبداعي والابتكار - فيما يتعلق بالعمارة والتصميم الحضري - الذي لم يغير المشهد في منطقة الخليج فحسب، بل غير أيضًا التبعيات الطبقية والهياكل الاجتماعية والاقتصادية التي كانت تتعارض بلا شك مع الوضع القائم قبل ظهور النفط. ففي تلك الفترة (من الخمسينات إلى الثمانينات)، تم البحث عن أسباب منطقية للأساطير الشعبية وتقنينها وإضفاء الطابع المؤسسي عليها، وكل ذلك في غضون عقود قليلة.

وبعيدًا عن هذا السرد التاريخي، فإن دول الخليج تشكل اليوم، كما كانت على الدوام، مواقع هامة للتجارب المعمارية والعمرانية لكل من المصممين المحليين والعالميين. وفي حين يبدو أنه لا مناص من سرد مشهد العمارة الشهير التي تجتاح الكتابة عن الخليج اجتياحًا كبيرًا، تجاوز القائمون على الجناح هذه المناقشة السطحية وانخرطوا مباشرة في الفكرة الذي اقترحها Aravena. وكما سبق أن أشرنا أعلاه، فقد حدد علي كريمي وحامد بوخمسين هدف العرض بأن يقدم في البداية "تعريفًا بتاريخ الخليج، ثم يعرض حلاً للطبيعة المتنازع عليها لتلك الجزر من خلال مشروع جديد للمنطقة".[18] وفي حين أنه لم يتم توضيح الرابط الذي سيجمع الجزر الخليجية سويًا من خلال المجموعة المختارة من المشاريع المعمارية، إلا أن فكرة النظر إلى أبعد من الحدود من وجهة نظر محلية وإعادة توجيه التركيز نحو الخليج شكلت مساهمة مهمة تحمل في طياتها كثيرًا من البشائر. وقد يكون هذا التوجه هو الأنسب لتمريره إلى فرق التنسيق المقبلة. ومع ذلك، بدلاً من فرض الحلول المنبثقة من الأعلى، يمكن للفرق المستقبلية الاستفادة من دراسة التطورات الطبيعية التي تخدم المجتمع المحلي بشكل أفضل.[19] وتتحدى الممارسات الشعبية أشكالاً عفى عليها الزمن من الاستراتيجيات الاقتصادية والأنماط المعمارية وتصد أوجه التفاوت المتأصلة، لتسمح للناس بذلك بالمشاركة مباشرة في تشكيل بيئتهم المحيطة. وتشمل هذه النماذج المنبثقة من الأسفل توقع احتياجات المستفيدين وتقديم حلول تتجاوز تلك التي تقدمها الدولة.

وسيكون من المثير للاهتمام متابعة الطريقة التي سيفكر فيها المجلس الوطني الكويتي للثقافة والفنون والآداب وفريقه من القائمين على الجناح الكويتي في هذه التجارب السابقة. كما سيكون من المهم لهم طرح الأسئلة الصعبة التي من شأنها أن تقود إلى مزيد من التقدم والتطور، ومنها على سبيل المثال، كيف يمكن لهذه التجربة في هذا المعرض أن تستفيد من مشاركة المجتمع المحلي؟ وما هي الطرق المتاحة للمشاركة المحلية؟ وما الدور الذي يمكن لنا - نحن المعماريون والمعلمون والمؤرخون - أن نلعبه في هذا العرض "الثقافي" وفي التوعية بفوائد مشاركة الكويت في هذه المنصة العالمية؟ وما الدور الذي تلعبه المؤسسات، ككلية العمارة بجامعة الكويت وأعضاء هيئتها التدريسية وطلابها، في هذه العملية؟ وما فوائد اتباع نهج متعدد التخصصات عند تنظيم تلك الأفكار؛ والأهم من ذلك، كيف يمكن للجناح الكويتي أن يتحدى الأعراف والقيم الاجتماعية والثقافية المحلية والدولية؟ ليس من السهل الإجابة عن هذه الأسئلة إلا أنها توجهنا نحو خطاب نقدي سبق وأن بدأ بالفعل في المجلس الوطني للثقافة والفنون والآداب. ففي فترة تدمر فيها الحروب السياسية والاقتصادية المجتمعات وتشرد الملايين من البشر وتخلق أزمات اللاجئين، تقع على عاتقنا مسؤولية تجاوز النظريات المجردة واستخدام هذه الفرص لمواجهة الطريقة التي تُعرّف بها العمارة، كتخصص، وطريقة تطبيقها وممارستها. وتُعد هذه الأهداف مشتركة وسبق التعامل معها في الماضي ومن الضروري أن تستمر المشاركة الكويتية في معرض بينالي البندقية للعمارة. ويتجلى الهدف من ذلك في تعزيز هذا النقاش ذي المسؤولية الاجتماعية حول مستقبل العمارة في دولة الكويت، وفي منطقة الخليج ككل. وبالتعامل مع هذه المشاكل الواقعية، يمكن لمعرض بينالي البندقية للعمارة أن يصبح دليلاً ماديًا للحلول والانتقادات والتأملات المعمارية بشأن وضع العمارة في المنطقة. كما أن استمرار هذا الحوار والتقييم المستمر لما يحمله المستقبل للجناح الكويتي يشكل فرصة مثيرة للكويت ومنطقة الخليج بالكامل.

A Commentary on the Future of the Kuwaiti Pavilion at the Venice Architectural Biennale

It will be interesting to observe the way the Kuwait National Council for Culture, Art, and Letters and their team of curators reflect on these past experiences. It will also be important for them to ask the difficult questions that will drive further progress and development. For example, how can this biennale exercise benefit from engaging the local community? What are the methods for local engagement? What role can we—architects, educators, and historians—play in this display of "culture" and in raising awareness on the benefits of Kuwait's participation on this global stage? What role do institutions such as the College of Architecture at Kuwait University and their respective faculty and students play in this process? What are the benefits of an interdisciplinary approach when organizing the theme; and, importantly, how does the Kuwaiti Pavilion challenge local and international sociocultural norms and values? These are not easy questions to answer but they push forward a critical discourse that has already begun at the NCCAL. In a period where political and economic wars ravage societies displacing millions of people and creating refugee crises, it is our responsibility to move beyond abstract theories and use these opportunities to seriously resist the way architecture, as a discipline, is defined, displayed, and practiced. These are shared goals, ones that have already been addressed in the past and continue in this more recent Kuwaiti contribution to the Venice Architectural Biennale. The aim is to advance this socially responsible debate on the future of architecture in Kuwait and, more broadly, in the Gulf. By addressing these real-world problems, the Venice Architectural Biennale could act as a physical "catalog" for architectural solutions, commentaries, and reflections on the state of architecture in the region. The continuation of this conversation and the constant evaluation of what the future holds for the Kuwaiti Pavilion offers an exciting opportunity for Kuwait and the greater Gulf region.

Asseel Al-Ragam is an architect and an assistant professor at the College of Architecture at Kuwait University, where she teaches modern architectural history, criticism, and advanced design studio. Her 2008 PhD dissertation from the University of Pennsylvania, *Towards a Critique of an Architectural Nahdha: A Kuwaiti Example*, focuses on mid-twentieth century Kuwaiti urban and architectural destruction and development and draws links between societal transformation, modernity, and space. Her published papers, lectures, and teaching expand on these themes in relation to housing production and consumption, urban planning, preservation, and the adaptive reuse of modernist buildings. They also challenge Eurocentric accounts of cultural modernity. She was a visiting researcher and guest lecturer at the École nationale supérieure d'architecture Paris-Malaquais and at Sciences Po Paris, France. She is currently a member of the Technical Advisory Committee for Architecture and Urban Planning at the Private University Council in Kuwait.

[1] Kieran Long, "Elements Makes you Unutterably Sad for Koolhaas and What he Thinks Architecture Is," *Dezeen*, June 12, 2014. https://www.dezeen.com/2014/06/12/kieran-long-venice-biennale-rem-koolhaas-opinion/.

[2] Oliver Wainwright, "Alejandro Aravena's Venice Architecture Biennale: "We Can't Forget Beauty in our Battles," *The Guardian*, May 26, 2016, https://www.theguardian.com/artanddesign/2016/may/26/venice-architecture-biennale-alejandro-aravena.

[3] Alejandro Aravena, "Biennale Architettura 2016 – Meetings on Architecture" (November 26, 2016)," La Biennale di Venezia Channel, December 5, 2016, https://www.youtube.com/watch?v=4mL4dN6a8cA.

[4] Ibid.

[5] Hamed Bukhamseen and Ali Karimi, e-mail message to author, January 26 2016.

[6] Muneerah AlRabe ed., *Between East and West: a Gulf* (Kuwait: National Council for Culture Arts and Letters, 2016).

[7] See Noura Al-Sager ed., *Acquiring Modernity* (Kuwait: National Council for Culture Arts and Letters, 2014) and Muneerah AlRabe ed., *Between East and West: a Gulf* (Kuwait: National Council for Culture Arts and Letters, 2016).

[8] Zahra Ali Baba, interview by La Biennale di Venezia, Biennale *Architettura 2012—Zahra Ali Baba*, September 12, 2012. https://youtu.be/i5peMWhKaQc.

[9] Asseel Al-Ragam, «The Politics of Representation: the Kuwait National Museum and Processes of Cultural Production,» *International Journal of Heritage Studies* 20, no. 6 (2014): 663-674.

[10] Asseel Al-Ragam, "Towards a Critique of an Architectural Nahdha: A Kuwaiti Example" (PhD diss., University of Pennsylvania, 2008), 172. *Dissertations available from ProQuest*. AAI3309387 http://repository.upenn.edu/dissertations/AAI3309387

[11] Zahra Ali Baba, interview by La Biennale di Venezia, 2012.

[12] Rahul Mehrotra "Learning from…Mumbai: Rahul Mehrotra *CCA Channel*, June 29, 2012. https://www.youtube.com/watch?v=esP-JRnKEyHU.

[13] Ibid.

[14] Ibid.

[15] Ibid.

[16] Naji Moujaes, Habib Bitar, and Alaa Sheet's from the Pad 10 thought-provoking architectural proposal for the 2016 Venice Architectural Biennale, "Between North and South: Otherness," in Muneerah AlRabe ed., *Between East and West: a Gulf* (Kuwait: National Council for Culture Arts and Letters, 2016), 208-212.

[17] Noor Boushehri "Reconstructing Failaka: the Perils of a Controlled Masterplan in the Reconstruction of a Historical Narrative and National Identity," in Muneerah AlRabe ed., Between East and West: a Gulf (Kuwait: National Council for Culture Arts and Letters, 2016), 88.

[18] Hamed Bukhamseen and Ali Karimi, e-mail message to author, January 26, 2016.

[19] See for example Jawaher Al-Bader study on informal spaces and pop-up markets, "Spaces for Reviving Tradition," Paper in Legitimating Tradition IASTE 2016 Conference (Kuwait, 2016). see also *Madeenah* an award-winning multidisciplinary platform, founded by Deema Alghunaim that curates cultural tours and delivers spatial studies.

تعليق على مشاركة الكويت في معرض بينالي البندقية للعمارة

جناح الكويت 2014 - "إقتناء الحداثة"
صورة من عليا فريد.

Kuwait Pavilion 2014 - "Acquiring Modernity".
Photo Courtesy of Alia Farid.

جناح الكويت 2012 - "كثرة"
صورة من عبدالعزيز الكندري

Kuwait Pavilion 2012 - "Kethra".
Photo Courtesy of Abdulaziz Alkandari.

أسيل الرقم معمارية ودكتورة في كلية العمارة بجامعة الكويت، حيث تدرّس تاريخ العمارة المعاصر والنقد والتصميم المعماري. وتركز الأطروحة التي أعدتها لنيل درجة الدكتوراه عام 2008 من جامعة بنسلفانيا في الولايات المتحدة، والتي كانت بعنوان "TO-WARDS A CRITIQUE OF AN ARCHITECTURAL NAHDHA: A KUWAITI EXAMPLE "، على التطوير العمراني في الكويت في منتصف القرن العشرين وتربط بين التطور الاجتماعي وحداثة المباني. وتغطي منشوراتها ومحاضرتها هذه الارتباط وعلاقتها بالإنتاج والاستهلاك السكني والتخطيط العمراني والحفاظ على المناطق الحضرية ومواءمة إعادة استخدام المباني الحديثة، فضلاً عن تفنيدها للتفسيرات الأوروبية الخالصة للحداثة الثقافية. كما أنها عملت كباحثة ومحاضرة زائرة في ÉCOLE NATIONALE SUPÉRIEURE D'ARCHITECTURE PARIS-MALAQUAIS وفي معهد الدراسات السياسية SCIENCES PO في باريس فرنسا. وتعمل الدكتورة أسيل الرقم حاليًا عضوًا في اللجنة الفنية لتقييم المواقع والمباني والمخططات الهندسية في مجلس الجامعات الخاصة في الكويت.

Identity & Representation: Arab Architecture on the World Stage

Yasser Elsheshtawy

North and West and South up-breaking!
Thrones are shattering, Empires quaking;
Fly thou to the untroubled East,
There the patriarchs' air to taste!
—Johan Wolfgang von Goethe; West-Eastern Divan; 1814

Prologue

As I traversed the hallowed grounds of the fifteenth Venice Architecture Biennale, I found myself contemplating many questions. Are Arabs inherently incapable of producing anything of architectural value apart from the historic, the exotic, and the peculiar? Are they unable to make any substantive theoretical contributions, aside from the fourteenth-century urban musings of Ibn Khaldoun? Are the *ashwaiy'yat* of Cairo and its medieval core the only sites worthy of the attention of would-be scholars and experts? Are we forever condemned between the trappings of heritage conservation, including the constant, incessant, and unrelenting fetishizing of twentieth-century modernism and its effects across local variants? Through general observation, these musings were understandable, given the scarce Arab representation (only four countries, and one symbolic participation). Moreover, the general debate accompanying this event centered on Western pavilions with only the occasional acknowledgment of some "more exotic" Eastern accoutrements. The Arab pavilions were—for the most part—left out among the architectural elite. There were exceptions, of course, and some did receive both positive and critical feedback. Nevertheless, there was a nagging notion that things have not substantively changed over the last fourteen iterations of the renowned Biennale.

ملصق الجناح الوطني لدولة الإمارات العربية المتحدة على الجدار المحاور لـ«جاليريا ديل أكاديميا»

The UAE National Pavilion poster on a wall adjacent to the Gallerie dell'Academia.

In many ways, these attitudes harken to the archaic, orientalist perceptions about the "East" that reduce Arab culture to a set of easily recognizable symbols; an entire culture perceived as merely a vessel that has absorbed modernity without any meaningful input. And this is not just due to the influence of "outsiders" but also those from within the region, who were not able to escape the margins that have been placed around them. In this essay, I will be looking at the UAE and other Arab countries' participation in biennales and world expos, with the aim to explore larger issues and focus on cultural identity and representation.

In the epilogue, I reflect on the current fascination with the past—specifically twentieth-century modernism—and the extent to which this could be construed as a form of "misplaced" nostalgia. Spring boarding from Andreas Huyssen's analysis of the relationship between public memory and history, my central hypothesis is that perhaps the fascination with the past is essentially a way to express dissatisfaction with the present.[1]

Arab Representation in World Expos

Arab participation in world expos goes back to Egypt's contribution in the Paris World Fair of 1889. The exhibition, *Rue du Caire*, aimed to simulate an actual street in the old city. In fact, the representation was so accurate that it was deemed to be more authentic than the original. Subsequently, the focus on purely representational matters continued. Arab pavilions were a visualization of orientalist fantasies, composed of arches and structures that represented the desert and Arabia through Western perceptions. This saw its peak at the 1970 Osaka World Fair. In a fascinating article titled, "The Arabs at Osaka," Paul Hoye describes some of the pavilions he witnessed, offering a glimpse into how many of these structures were designed by people who had little knowledge of the

الهوية الثقافية وأوجه تمثيلها في المحافل الدولية: العمارة العربية على الساحة العالمية

ياسر الششتاوي

الشمال والغرب والجنوب تتحطم وتتناثر؛
والعروش تؤول، والممالك تتزعزع وتضرب؛
فلتهاجر إذًا إلى الشرق في طهره وصفائه؛
كي تستروح جوّ الهُداة والمرسلين!
—يوهان فولفغانغ فون غوته؛ الديوان الغربي الشرقي؛ 1814

التمهيد

وبينما كنت أخطو خطواتي على أراضي معرض بينالي البندقية الدولي للعمارة الخامس عشر، وجدت نفسي أفكّر في العديد من الأسئلة التي بدأت تراود ذهني. هل تعدّ الشعوب العربية بطبيعتها غير قادرةٍ على إنتاج أيّ تحفٍ ذات قيمة معمارية غير تاريخية أو غريبة أو اعتيادية؟ وهل هي غير قادرةٍ أيضًا على تقديم أيّ مساهمات نظرية موضوعية، غير التأملات الحضرية التّي قام بها ابن خلدون في القرن الرابع عشر؟ وهل تشكّل عشوائيات القاهرة وتفاصيلها التي تعود للقرون الوسطى المواقع الوحيدة التي تستحق انتباه العلماء والخبراء المحتملين؟ وهل نبقى إلى الأبد مدانين لمحاولات الحفاظ على مظاهر التراث، بما في ذلك التعصّب المستمر والمتواصل والصارم لحداثة القرن العشرين وآثارها المتكبدة على المتغيرات المحلية؟ فمن خلال الملاحظات العامة المشكّلة في هذا الصدد، تعدّ هذه المفاهيم والتأملات واضحةً، هذا وبالنظر إلى محدودية التمثيل العربي (من خلال أربعة بلدان فقط، ومشاركة رمزية واحدة). وعلاوةً على ذلك، تركّزت المناقشة العامة المصاحبة لهذه الفعالية على الأجنحة الغربية، في الوقت الذي تمّ فيه أحيانًا تقدير بعض الملحقات الشرقية «الأكثر غرابةً». أمّا بالنسبة للأجنحة العربية، فقد كانت في معظمها من بين النخبة المعمارية. وبالطبع، برز عددٌ من الاستثناءات، التي تلقى بعضها ردود فعل إيجابية وانتقادية. ومع ذلك، لا يزال يتمّ تسليط الضوء على حقيقة أن ما من شيء قد تغيّر جوهريًا على مدى النسخات الأربعة عشر الأخيرة لمعرض بينالي البندقية الدولي للعمارة الشهير.

وفي نواحٍ كثيرة، تتجلى هذه المواقف في التصورات القديمة والشرقية المشكّلة بشأن «الشرق» التي تعبّر عن الثقافة العربية بمجرد مجموعةٍ من الرموز التي يسهل التعرف عليها، والمتمثلة في ثقافة يُنظر إليها على أنها مجرد وعاء قد استوعب مظاهر الحداثة من دون تقديم أيّ مدخلات ذات مغزى. ولم يحدث ذلك كنتيجةٍ للتأثير الذي تسبب به «الغرباء» فحسب، بل أيضًا من خلال الأفراد من داخل المنطقة الذين لم يتمكنوا من التغلّب على العوائق والقيود التي تأسرهم. وفي خلال هذا المقال، سوف ألقي نظرةً على مشاركة دولة الإمارات العربية المتحدة وغيرها من الدول العربية في البيناليات والمعارض العالمية، وذلك بهدف استكشاف قضايا أكبر والتركيز على الهوية الثقافية وأوجه تمثيلها في المحافل الدولية.

أمّا في خاتمة هذا المقال، فسوف أتناول أوجه الانجذاب الحالي للماضي، لا سيما لحداثة القرن العشرين، ومدى إمكانية تفسير ذلك باعتباره شكل من أشكال الحنين «غير المناسب» للماضي. ومن خلال تحليل أندرياس هويسن للعلاقة القائمة بين الذاكرة العامة والتاريخ، تمكّنت من تكوين فرضيتي المركزية المتمثلة في إمكانية أن يشكّل الانبهار بالماضي في الأساس وسيلةً للتعبير عن عدم الرضا عن الوقت الحاضر.[1]

التمثيل العربي في المعارض العالمية

تعود المشاركة العربية في المعارض العالمية إلى مساهمة مصر في معرض باريس العالمي خلال العام 1889. وقد سعى معرض «رو دو كير» («Rue du Caire») إلى محاكاة الشارع الفعلي في المدينة القديمة. وفي الواقع، كان التمثيل دقيقًا جدًا لدرجة أنه كان أكثر حقيقةً من الواقع. ومن ثمّ، استمر التركيز على المسائل التمثيلية البحتة. وبالتالي، شكّلت الأجنحة العربية تصورًا للأوهام الاستشراقية، بحيث أنها ضمّت أقواسًا وهياكل تمثل الصحراء والجزيرة العربية من خلال التصورات الغربية. وقد بلغت هذه الظاهرة ذروتها في معرض أوساكا العالمي خلال العام 1970. وفي مقال رائع بعنوان «العرب في أوساكا» («The Arabs at Osaka»)، يصف بول هوي بعض الأجنحة التي شاهدها، في الوقت الذي يقدّم فيه لمحةً عن عددٍ من هذه الهياكل التي تمّ تصميمها من قبل أشخاص لا يعرفون سوى القليل عن الدول العربية التي يتمّ تمثيلها، ممّا جعلهم يلجؤون إلى نماذج نمطية معاد تدويرها وكليشيهات غير دقيقة للقيام بذلك. فعلى سبيل المثال ووفقًا لهوي، تمّ تصميم الجناح السعودي من قبل شركتين يابانيتين.[2] وإدراكًا منهما لمحدودية المعارف التاريخية والثقافية التي تتمتّعان بها، تولت الشركتان مهمة «إرسال فريقي عمل من الباحثين إلى المملكة العربية السعودية، وذلك من أجل الاطلاع على مبادئ التفكير الإسلامي وأسسه وتجميع البيانات الضرورية لهم والمواد التي

respective Arab countries being represented and thereby resorted to recycled stereotypes and inaccurate clichés. For instance, as Hoye points out, the Saudi pavilion was designed by two Japanese firms.[2] Recognizing their lack of historical and cultural knowledge, the firms "dispatched two teams of researchers to Saudi Arabia to ground themselves in Islamic thinking, compile data, and accumulate the materials they would need to capture. The goal, in a meager 4,800 square feet, was to find the flavor of a country in which dynamic social changes and an ancient religious code go hand in hand".[3] The results were less than exciting, according to Hoye, who observes that "the Saudi pavilion, with chaste white arches, green domes, and pale golden panels, seems inappropriately austere."[4] The Kuwaiti pavilion, designed by an Egyptian architect, was composed of "a low, square structure, with 82 fiberglass domes painted gold, 10 tiled-panels in green and gold, each depicting life in Kuwait, and a pool in which floats a model of a pearling dhow."[5] Hoye goes on to explain, "Inside the pavilion, hostesses in pale orange miniskirts and capes guide the crowds through a one-story series of exhibits."[6] The only exception to this historical approach was the Parisian-designed Algerian pavilion, which was comprised of a "handsome, free-form stucco, [and] includes a cool, chic French restaurant, and a swift escalator that lifts the visitors from the ground floor to a theater."[7]

الأجنحة العربية في معرض أوساكا العالمي، عام 1970
(المصدر: شركة أرامكو السعودية)

Arab Pavilions in the Osaka World Fair, 1970.
(Source: courtesy of Aramco)

Such a focus on historicity, a perpetuation of clichéd images, was particularly prevalent among the newly emerging nations of the Gulf. Lacking any kind of substantive urban heritage to draw from, they had to engage in a process of cultural invention. With time, innovative structures and approaches were tried. For instance, the Kuwaiti pavilion at the 1992 Seville Expo—which was designed by architect/structural engineer Santiago Calatrava—was composed of abstract, moving elements that enveloped the exhibition space. The UAE also had two memorable pavilions in Shanghai and Milan—the two most recent world fairs. Both pavilions were designed by Foster Architects and evoked the sand dunes of Arabia—a throwback of sorts to the representational approach of the past. While this kind of recycling of popular imagery continued, biennales, given their small scale and experimental nature, offered a more adventurous spirit and a means to transcend normative conventions.

My focus in the following section is on the 2016 Architecture Biennale in Venice. Due to my involvement as curator for the UAE National Pavilion, I had the unique opportunity to be a direct participant in furthering a certain cultural vision of the UAE, which is directly related to the main themes of this essay.

Arab Representation in the 2016 Venice Biennale

With its majestic pavilions all lined up on the main pathway, walking through the Giardini (the central venue of the Venice Biennale) was reminiscent of the old colonial order, with Britain, the United States, France, Belgium, Netherlands, and Spain—the architectural masters—surrounding their more recently instated brethren. The Arsenale (the other Biennale venue), given its specific linear layout in the former shipyard, was a bit more egalitarian. Nevertheless, among the four Arab-nation participants, only Egypt has permanent status and its own designated pavilion structure. The newcomers (relatively speaking, they have been participating for several years in both the art and architecture versions of the event) are Bahrain, Kuwait, and the UAE. Yemen was included for the first time this year, although its presence can be considered largely symbolical—albeit very significant.

الهوية الثقافية وأوجه تمثيلها في المحافل الدولية: العمارة العربية على الساحة العالمية

يحتاجون إليها لإتمام مهمتهم. وتمثّل الهدف، في مساحة ضئيلة تبلغ 4,800 قدمًا مربعًا، في الشعور بنفحة بلد يشهد تغييرات اجتماعية ديناميكية في الوقت الذي يُبقي فيه على وقوانينه الدينية القديمة».[3] وفي هذا الصدد، جاءت النتائج أقل من مثيرة. فقد لاحظ هوي أن «الجناح السعودي، وبأقواسه البيضاء العفيفة وقبابه الخضراء وألواحه الذهبية الشاحبة، يبدو وكأنه بسيط وغير لائق».[4] أمّا بالنسبة للجناح الكويتي الذي تولى مهمة تصميمه مهندس معماري مصري الجنسية، فقد كان مؤلفًا من «هيكل مربع منخفض، تتخلله 82 قبّة مصنوعة من الألياف الزجاجية المطلية بالذهب، و10 ألواح مكسوة بالبلاط باللونين الأخضر والذهبي من شأنها تصوير الحياة في الكويت، هذا وبالإضافة إلى بركة يطفو فوقها نموذجًا من مراكب صيد اللؤلؤ».[5] وتابع هوي شرحه قائلًا «داخل الجناح، تنتظرك مضيفات يرتدين تنانير برتقالية شاحبة قصيرة ومعاطف الكاب، ويتولين مهمة توجيه الحشود للاطلاع على سلسلة من المعروضات».[6] ويتمثّل الاستثناء الوحيد لهذا النهج التاريخي في الجناح الجزائري الباريسي التصميم الذي تتداخل فيه «أحجار الجص الجميلة والمتعددة الأشكال، كما يضمّ مطعمًا فرنسيًا فخمًا وسلالم متحركة سريعة من شأنها نقل الزوار من الطابق الأرضي إلى المسرح».[7]

الأجنحة العربية في معرض أوساكا العالمي، عام 1970
(المصدر: شركة أرامكو السعودية)

Arab Pavilions in the Osaka World Fair, 1970.
(Source: courtesy of Aramco)

وقد سادت أوجه التركيز المستمر هذا على الجوانب التاريخية والصور المعتادة، وبشكلٍ خاص، بين دول الخليج الناشئة حديثًا. ونظرًا لمحدودية توافر أيّ نوع من التراث الحضري الموضوعي الذي من الممكن الاستفادة منه، فقد تعيّن على هذه الدول الانخراط والمشاركة في عملية الابتكار الثقافي. ومع مرور الوقت، تمّ اختبار الهياكل والنهج المبتكرة المعتمدة. فعلى سبيل المثال، تألف الجناح الكويتي في معرض إشبيلية لعام 1992، الذي تولّى المهندس المعماري سانتياغو كالاترافا مهمة تصميمه، من عناصر مجرّدة، تتحرك في مختلف أرجاء المعرض. وكذلك، حظيت دولة الإمارات العربية المتحدة بجناحين بارزين في معرضي شنغهاي وميلانو العالميين. وقد تمّ تصميم هذين الجناحين من قبل شركة «فوستر أند بارتنرز»، بطريقة تعيد مشاهد الكثبان الرملية في شبه الجزيرة العربية إلى الذاكرة، وهو ما يشكّل ارتدادًا إلى النهج التمثيلي للماضي. وفي حين واصلت أوجه إعادة إحياء الصور الشعبية تأثيرها، فقد ساهمت المعارض البينالية، ونظرًا لطبيعتها التجريبي والصغيرة النطاق، في تعزيز روح المغامرة والحدّ من إبرام الاتفاقيات المعيارية.

ويتمحور تركيزي في القسم التالي حول معرض بينالي البندقية الدولي للعمارة الذي تمّ تنظيمه خلال العام 2016. وبفضل مشاركتي كمنسق في الجناح الوطني لدولة الإمارات العربية المتحدة، أتيحت لي فرصة فريدة للمشاركة، وبشكلٍ مباشر، في تعزيز رؤية ثقافية معينة لدولة الإمارات العربية المتحدة ترتبط مباشرةً بالمواضيع الرئيسية التي يتناولها هذا المقال.

التمثيل العربي في معرض بينالي البندقية الدولي للعمارة 2016

بفضل الأجنحة المهيبة المصطفة جميعها طوال مسار المعرض الرئيسي، أعاد التنقل عبر مختلف أرجاء الـ«جارديني» (وهو الموقع المركزي الذي انعقد فيه معرض بينالي البندقية الدولي للعمارة) إلى الذاكرة النظام الاستعماري القديم، لا سيما مع عرض أبرز التحف المعمارية التي تميّزت بها بريطانيا والولايات المتحدة وفرنسا وبلجيكا وهولندا وإسبانيا من بين غيرها من الدول الجديدة. وسيطر على الـ«أرسنال» (وهو موقع آخر من المعرض)، ونظرًا لتخطيطه الخطي المحدد في حوض بناء السفن السابق، طابع مميز يذكرنا بمبادئ مذهب المساواة. وغير أنه من بين الدول العربية الأربع المشاركة، كانت مصر الدولة الوحيدة التي تتمتّع بعضوية دائمة وجناح مخصص لها. أمّا المشاركون الجدد (الذين مضى على مشاركتهم عدّة سنوات في كلّ من النسخة الفنية والمعمارية لهذه الفعالية)، فهم البحرين والكويت ودولة الإمارات العربية المتحدة. وقد تمّ إدراج اليمن للمرّة الأولى هذا العام ضمن فعاليات المعرض، وذلك على الرغم من إمكانية اعتبار وجودها، وإلى حدّ كبير، رمزيًا، وإن كان مهمًا جدًا.

وفي هذا الصدد، لا بدّ من التمييز بين مصر ونظرائها من دول الخليج. يُنظر إلى مصر، بفضل تاريخها المعماري العريق والمتميّز ومؤسساتها التعليمية التي تخرّج الآلاف من المهندسين المعماريين كلّ عام، على أنها تتميّز بتموضع أفضل في هذا المجال، وذلك بالمقارنة مع نظرائها الثقافيين والإقليميين. وفي هذا الإطار، تتميّز منطقة الخليج العربي، وبفضل دولها الناشئة حديثًا، بثقافة معمارية لم تنضج بعد، وبالتالي فهي لا تزال محدودةً، من حيث قدرتها على التنافس، وبأيّ شكلٍ من الأشكال، مع الدول العالمية المجاورة لها التي تتميّز بثقافات معمارية أكثر عمقًا. ومع ذلك، يُفسح هذا المفهوم أيضًا المجال لإبراز تصاميم نمطية

Identity & Representation: Arab Architecture on the World Stage

A necessary distinction needs to be drawn between Egypt and its Gulf counterparts. Egypt, with its long and distinguished architectural history as well as educational institutions churning out thousands of architects every year, is in these ways viewed as better positioned than its cultural/regional counterparts. The Gulf, considered young as far as its nations go, has an architectural culture that is yet to mature and thereby is limited in terms of its ability to compete in any significant way with its more architecturally established global neighbors. Yet, this perception also lends itself to clichéd design. For many, their architectural output is the result of Western, capitalist ideals (to which some other Arab nations also prescribe) that place making money, with spectacular and speedy developments, at the forefront of their urban development strategies. As such, the resultant built environment is one that is transient, speculative, and not worthy of any serious architectural discourse. Their participation in architectural events is either heritage oriented, or a form of political propaganda, placed within lavish and glossy installations ("well-presented display" is a common refrain). In general, as the argument goes, they do not offer anything beyond surface architecture and their designs do not lend themselves to any sort of relevant theorization. Recognizing these criticisms, some Gulf countries go beyond the boundaries of the nation state—somehow implying that the local architectural output is insufficient—by developing themes and subjects that deal with pan-Arabism. One example of this was Bahrain's curious installation from 2014, which was curated by two Lebanon-based architects.

In the 2016 Venice Biennale, all four participating Arab nations had something interesting to say and offered ideas and concepts that were not singularly tied to their local contexts but also provided useful ideas in the broader scale of architectural theory. If we consider the event's theme, "Reporting From the Front,"[8] which aimed to broaden the quality of life in the built environment, Egypt provided a good example, since the notion of architectural and urban battlefields (fronts) is a perfect match for its urban conditions. The country is filled with stories of residents challenging the status quo and finding ingenious solutions to their lives. It is commissioned (curated) by Ahmed Hilal, an Egyptian graduate student of architecture at Politechnico Milan, and a team of Italian and Egyptian architects. They set out to map informal practices in Cairo and other cities as well as presenting what they referred to as, "surgical interventions."[9] The presentation is titled "Reframing Back: Imperative Confrontations." Conceived as a kind of storytelling, the Egyptian team collaborated with numerous researchers and practices who are working at the forefront of these efforts. Projects were selected from Western institutions such as PennDesign and the ETH Zurich in addition to some local Egyptian universities, including Modern Sciences and Arts University (MSA). This international collaboration demonstrates the intense interest in Cairo's built environment and the challenges it faces.

There were also contributions from local practices. The effort is well-researched and presented professionally, marking a qualitative shift from the last two events in Venice. While some have criticized the overwhelming nature of the information presented—there are really a lot of stories to tell—it does, in many ways, echo the urban chaos found in cities such as Cairo. However, the suitability of the approach for the Biennale, where a message needs to be clearly communicated, is questionable. Noticeably, the presentation would have benefited from some paring down and a clearer focus on the main theme. Also, as Manar Moursy, one of the energetic contributors to the project pointed out, "Left out of the exhibition is the work of non-architects," which would have greatly enriched the subject, perhaps resulting in even more stories. But there is no doubt

الهوية الثقافية وأوجه تمثيلها في المحافل الدولية: العمارة العربية على الساحة العالمية

معتاد عليها. وبالنسبة للكثير من الدول، تعدّ مخرجاتها المعمارية بمثابة نتيجة للمثل الرأسمالية الغربية (التي تنتمي إليها بعض الدول العربية الأخرى) التي تجعل المال، هذا وبالإضافة إلى التطورات المذهلة والسريعة، في طليعة استراتيجيات التنمية الحضرية. وعلى هذا النحو، تعدّ البيئة المبنية عابرةً ومضاربةً وغير جديرة بأيّ مدح معماري جاد. وفي هذا الصدد، تعدّ مشاركة هذه الدول في الفعاليات المعمارية إمّا تراثية المنحى أو تتخذ من إحدى أشكال الدعاية السياسية أساسًا لها، وذلك من خلال معروضات فخمة (يتمّ عرضها بشكلٍ مناسب). وبشكلٍ عام، لا تقوم هذه الدول بتصميم أيّ هياكل غير الأسس السطحية وبالتالي، فلا تصلح تصاميمها لأيّ نوع من التنظير ذي الصلة. وإدراكًا منها لهذه الانتقادات، تتجاوز بعض دول الخليج حدود الدولة القومية، ممّا يعني أن إنتاجها المعماري المحلي غير كافٍ، وذلك من خلال التطرق لمواضيع وعناوين تتناول مسألة العروبة. ومن الأمثلة على ذلك هيكل البحرين الغريب الذي تمّ إنشاؤه في العام 2014 من قبل اثنين من المهندسين المعماريين المقيمين في لبنان.

وفي إطار معرض بينالي البندقية الدولي للعمارة 2016، كان لكافة الدول العربية المشاركة الأربع شيء مثير للاهتمام لعرضه، تمثّل في أفكار ومفاهيم مفيدة لم تكن مرتبطةً، وبشكلٍ فردي، بسياقاتها المحلية بل متعلقة بالنطاق الأوسع للنظرية المعمارية. فعند النظر في الموضوع الذي دارت حوله الفعالية والمتمثّل في «تقارير من الجبهة»[8]، والرامي إلى تعزيز نوعية الحياة في البيئة المبنية، تجدر الإشارة إلى نجاح مصر في تقديم مثال جيد على ذلك، وذلك نظرًا لاعتبار مفهوم ساحات المعارك المعمارية والحضرية (أيّ الجبهات) مناسب تمامًا مع ظروفها الحضرية. فالوضع القائم في البلاد مثال حيّ على قصص سكان يتحدّون ظروفهم الراهنة سعيًا لإيجاد حلول بارعة لحياتهم. وقد تمّ تكليف أحمد هلال، وهو طالب دراسات عليا في مجال الهندسة المعمارية في معهد «بوليتكنيكو ميلان»، وفريق من المهندسين المعماريين الإيطاليين والمصريين لتنفيذ هذا المشروع. وسعيًا منهم لتحقيق هذه الغاية، قاموا بتحديد الممارسات غير رسمية في القاهرة وغيرها من المدن، هذا وبالإضافة إلى تقديم ما أشاروا إليهم باعتبارهم «تدخلات جراحية».[9]

وقد اتخذ العرض التقديمي من «إعادة صياغة العودة: مواجهات حتمية» عنوانًا له. وقد تم تصوّر هذا العرض التقديمي كأسلوبٍ من أساليب سرد الحكايات، وذلك بفضل تعاون أعضاء الفريق المصري مع العديد من الباحثين واعتمادهم مجموعة من الممارسات التي شكّلت طليعة هذه الجهود المبذولة. وقد تمّ اختيار المشاريع من قبل مؤسسات غربية، مثل مؤسسة «بين ديزاين» و«إي تي أتش زيورخ»، هذا وبالإضافة إلى بعض الجامعات المصرية المحلية، بما في ذلك جامعة أكتوبر للعلوم الحديثة والآداب (MSA). ويظهر هذا التعاون الدولي الاهتمام الشديد ببيئة القاهرة والتحديات التي تواجهها.

وقد تمّ تقديم عدد من المساهمات أيضًا من خلال الممارسات المحلية. وفي هذا الصدد، تمّ بذل هذه الجهود بعد إجراء أبحاث متعمقة وتقديمها بشكلٍ مهني، الأمر الذي من شأنه أن يمثّل تحولاً نوعيًا، وذلك بالمقارنة مع الفعاليتين الآخرتين اللتين تمّ تنظيمهما في البندقية. وفي حين انتقد البعض طبيعة المعلومات الهائلة المقدمة – إلّا أن ثمّة الكثير من القصص التي يمكن سردها، وهي، في نواحٍ كثيرة، تشكّل صدى للفوضى الحضرية القائمة في مدنٍ مثل القاهرة. ومع ذلك، لا يزال الكثيرون يتساءلون عن مدى ملاءمة النهج الخاص الذي يعتمده المعرض، والذي يفرض عليه ضرورة تعميم الرسائل بشكلٍ واضح. ومن الجدير بالملاحظة أنه كان من الممكن تقليص مدّة العرض التقديمي، والتركيز، وبشكلٍ أوضح، على الموضوع الرئيسي. فوفقًا لمنار مرسي، وهو أحد المساهمين النشطين في المشروع، «إن الاستبعاد من المعرض هو لغير المعماريين»، الأمر الذي كان سيؤدي إلى إثراء الموضوع، وربما ابتكار المزيد من القصص. ومن دون أدنى شك، شكّل الجناح المصري مادةً دسمة قد أثرت الحوار المعماري والمواضيع المختلفة التي تمّ عرضها ضمن فعاليات المعرض.

وفي خضم المساحات القديمة القائمة ضمن الـ«أرسنال»، تجاوز جناح الكويت الحدود السياسية. فقد ركز على مستجمع المياه (العربية/ الخليج الفارسي) التي تفصل ما بين الدول العربية وإيران، كموقع غنيّ بالإمكانيات الحضرية والمعمارية. وعلى النحو الذي أشار إليه علي كريمي (البحرين) وحمد بخمسين (الكويت)، فإنهم يتحدّون الوضع الراهن، وذلك من خلال استكشاف «الطريقة التي من خلالها يمكن للمهندس المعماري أن يتصور نطاق خارج حدود الوطن».[10]

وبالنظر إلى السياق السياسي للمنطقة، يعدّ الاقتراح الكويتي محفوفًا بالمصاعب. فحتّى التسمية هنا تشكّل تحديًا بارزًا. وفي هذا السياق، تُستخدم كلمة «الخليج» بصيغتها العامة (وذلك على الرغم من أن القيمين على الفعالية قالوا لي، أنها تعتبر أيضًا كاستعارة، تدلّ على الانفصال). ويقع هذا المستجمع المائي ضمن

that the Egyptian pavilion presented a solid case that enriched the architectural dialogue and the various topics that were exhibited in Venice.

Amidst the ancient spaces of the Arsenale, the Kuwait pavilion moved beyond the confines of political boundaries. It focused on the body of water (Arabian/Persian Gulf) separating the Arab nations from Iran as a site full of urban and architectural potential. As the curators, Ali Karimi (Bahrain) and Hamed Bukhamseen (Kuwait) pointed out, they are challenging the status quo by exploring “how the architect can imagine a scale beyond the national.”[10] Given the political context of the region, the Kuwaiti proposition is inherently fraught with difficulties. Even the naming here is problematic. The generic word “gulf” is used (although as the curators told me, it is also meant as a metaphor, indicating separation). This body of water is situated within a larger sociopolitical context and the focus is on its numerous islands. In viewing these as a potential site for exploring identity, culture and urban development parallels are drawn to the developments in the region—including various artificial islands under construction. As they observed, islands are the only space left for experimentation. The exhibition itself was conceived as a research project, documenting and mapping the numerous islands in the Gulf. Additionally, proposals have been sought from architectural firms to provide instances of architectural interventions that seek to address notions of unity, separation, and ecology, to name a few. Seven proposals were included, most being from firms within the Gulf region, with only two founded by Kuwaiti architects; the rest were either firms with an Arab partner/founder or were located throughout the region and the United States.

While conceptually strong, and the accompanying research and proposals are outstanding in terms of content as well as creative output, the actual installation is quite minimal. The space, occupying a large, uninterrupted area in the Arsenale, was conceived as a large body of water. To that effect bluish, shiny metallic tiles were placed on the ground, punctuated by white massing models (proposals for the island design). The overall effect was impressive, particularly early in the day before the shiny ground is covered in dust and sand brought in by visitors (the space acted as a conduit to subsequent pavilions). Yet, there was a feeling that the richness of the material and proposals had not been effectively communicated. In contrast to the Egyptian pavilion, where one was inundated with information, here the effect was minimal, with a sense that the information was incomplete. Yet aside from these exhibition-design issues, perhaps the most positive observation was the Kuwaiti commitment to engaging with local architectural talent. Much more needs to be done in this regard, but the beginnings were on display. A true progressive, local architectural culture can only emerge when the architects of the region are active participants in shaping their built environment.

Immediately following Kuwait was the Bahraini space, which contained a sculptural installation made from aluminum—which emblemized the exhibit’s theme—that was interspersed with photographs and an LCD screen displaying a movie about aluminum production. At first glance it seemed a curious and puzzling choice. What possibly is the connection to this small island nation? As it turns out, Bahrain has the fourth largest aluminum refining factory in the world. Yet, their thematic choice went beyond industrial concerns to address larger issues pertaining to identity, vernacular architecture, and appropriation.

While the display did not directly or clearly address these issues, they were explained in the accompanying publication. It starts out with a “conformation.”

الهوية الثقافية وأوجه تمثيلها في المحافل الدولية: العمارة العربية على الساحة العالمية

سياق اجتماعي سياسي أكبر، بحيث يتمّ التركيز على جزرها العديدة. وعند النظر إلى ذلك كموقع محتمل لاستكشاف الهوية الثقافية، فستتمّ الاستفادة من أوجه التشابه في الثقافة والتنمية الحضرية لإحداث تطورات في المنطقة، بما في ذلك مختلف الجزر الاصطناعية قيد الإنشاء. وعلى النحو الذي تمّت ملاحظته، تعدّ الجزر المساحة الوحيدة التي لا تزال قائمةً لخوض التجارب عليها. وقد تمّ تصور المعرض نفسه كمشروع بحثي، من شأنه توثيق وتحديد مواقع العديد من الجزر في الخليج. وبالإضافة إلى ذلك، تمّ تلقي عدد من المقترحات من شركات معمارية، وذلك من أجل تقديم أمثلة حول حالات التدخلات المعمارية التي تسعى إلى معالجة مفاهيم الوحدة، والانفصال، والبيئة من بين غيرها. وفي هذا الإطار، تمّ إدراج سبعة مقترحات، جاء معظمها من شركات عاملة ضمن منطقة الخليج، تولّى تأسيس اثنين منها فقط مهندسون معماريون كويتيون. أمّا البقية، فكانت إمّا شركات ذات الشريك/المؤسس عربي الجنسية أو قائمة في جميع أنحاء المنطقة والولايات المتحدة.

وفي حين تعدّ الفكرة قويةً من الناحية المفاهيمية والأبحاث والمقترحات المصاحبة لها مميزةً من حيث المحتوى وأساليب الإنتاج الإبداعي المعتمدة، إلّا أن عملية التنفيذ الفعلي كانت متدنية المستوى بشكلٍ ملحوظ. ويتراءى الموقع الذي يحتلّ مساحةً شاسعةً في الـ«أرسنال»، للنظر على أنه مستجمع مياه كبير. وتحقيقًا لهذا الغرض، تمّ تركيب بلاط معدني أزرق لامع على الأرض، تخللته مجموعة من النماذج البيضاء (كجزء من الاقتراحات المقدّمة لتصميم الجزيرة). وكان التأثير العام مثيرًا للإعجاب، لا سيما في وقتٍ مبكر من اليوم قبل أن تغطى الأرض اللامعة بالغبار والرمال التي يحملها معهم الزوار (بحيث يعتبر الموقع بمثابة ممرّ يقود إلى أجنحة أخرى). ومع ذلك، ثمّة شعور بأنه لم يتمّ إيصال مدى أهمية المواد المستخدمة والمقترحات المقدّمة بشكلٍ فعّال إلى الجمهور. وبالمقارنة مع الجناح المصري حيث يتمّ تزويد الزائر بكمّ هائلٍ من المعلومات، كان التأثير هنا محدودًا جدًا لدرجة أنه بات الزائر يشعر أن المعلومات غير مكتملة. وبصرف النظر عن القضايا المعنية بتصاميم المعرض، تمثّلت الملاحظة الأكثر إيجابية التي كونها الزائرون في الالتزام الكويتي للانخراط مع المواهب المعمارية المحلية وتمكينها من المشاركة في مشروع كهذا. ولا يزال هناك الكثير ممّا ينبغي القيام به في هذا الصدد، إلّا أنه قد تمّ بذل الجهود الضرورية لعرض أبرز المعالم التاريخية. فالثقافة المعمارية التقدمية المحلية الحقيقية لا يمكن أن تظهر إلّا عندما يشارك معماريو المنطقة بفعالية في تشكيل بيئتهم الحضرية.

السطح اللامع للجناح الكويتي. يظهر الزوار كما لو أنهم يسيرون على الماء.

The shiny surface of the Kuwaiti pavilion. Visitors appear as if they are walking on water.

مباشرة بعد الكويت، يأتي الفضاء البحريني الذي يحتوي على منحوتة مصنوعة من الألومنيوم ترمز إلى موضوع المعرض، تخللتها صورًا وشاشةً تعرض فلمًا حول عملية إنتاج الألمنيوم. للوهلة الأولى، كان يبدو ذلك خيارًا غريبًا ومحيرًا. فما هي الصلة الممكنة القائمة مع هذه الدولة الجزرية الصغيرة؟ وكما تبيّن، تضمّ البحرين رابع أكبر مصنع لتكرير الألمنيوم في العالم. ومع ذلك، تجاوز اختيارهم لهذا الموضوع الاهتمامات الصناعية لمعالجة قضايا أكبر تتعلق بالهوية والهندسة المعمارية المحلية وتخصيصاتها.

عرض مفصل للنموذج والرسومات المصاحبة له.

Detailed view of a model and accompanying graphics.

وفي حين لم يتناول المعروض هذه المسائل بشكلٍ مباشر أو واضح، فقد تمّ شرحها في المنشور المرفق. تمّ تخصيص مقدمة المنشور لتناول عملية «التشكيل». ويتخلل هذا المنشور بيانًا موجزًا عن الفيلم والصور (المعروضة في المعرض)، هذا وبالإضافة إلى قسم آخر مخصص لمناقشة العلاقة القائمة بين الآلة والجسم البشري خلال مختلف مراحل الإنتاج. وتتضح هذه الأمور أكثر فأكثر في البيان الصادر عن المفوض، الذي يشير إلى عملية التحديث التي شهدتها البحرين والطريقة التي من خلالها تشكّل تقنية الألمنيوم واحدةً من مظاهر هذه المشاركة. وهكذا، تمّ تفسير مساهمة البندقية على أنها «قراءة جديدة» لهذه المادة وتطبيقاتها المختلفة. وشرح علي كريمي (القائم المشارك على تنظيم جناح الكويت) بشكلٍ أكثر تفصيلًا مفهوم العمارة العامية المحلية، وأشار إلى أنه عندما يتعلق الأمر بالخليج، فتشكّل هذه الإنشاءات «أمنيات خيالية». ومن خلال النظر في مختلف الأبنية المعمارية التي تمّ تصميمها، بما في ذلك أوجه استخدام المواد المتعددة، نرى أن البحرين قد شاركت في عملية تخصيص محددة شكّل فيها «الألومنيوم المسألة البحرينية الراهنة الجديدة، وخطوة أخرى في تاريخ التعريف الذاتي من خلال إعادة التخصيص».

الجناح البحريني يحتفل بإنتاج الالومنيوم.

The Bahraini Installation celebrating aluminum.

وبالفعل، تعدّ هذه الأفكار رائعةً، بحيث تساهم في جعل الخطاب المبني حول التحضر والهندسة المعمارية في الخليج يتخطى النماذج المعهودة (وهي كثيرة جدًا، بحيث لا يمكن ذكرها كلّها). وبالتالي، كانت مشاركة الدولة في عملية الحداثة وتكييفها في ظل السياق المحلي مؤثرةً. ومع ذلك، من المؤسف أن العرض المصاحب قد افتقد بطريقةٍ أو بأخرى لكلّ ذلك. فقد تمّ تنظيم الجناح من قبل آن هولتروب (مهندسة معمارية

Identity & Representation: Arab Architecture on the World Stage

A brief, slightly meandering, statement about the film and photographs (in the exhibition), including a discussion about the relationship between the machine and the human body in various moments of production. Things are further clarified in the commissioner's statement, which mentions Bahrain's modernization and how aluminum refinement is one manifestation of this engagement. The Venice contribution was construed as a "new reading" of this material and its various applications. Ali Karimi (co-curator of the Kuwait pavilion) further elaborated on the notion of the local vernacular and correctly pointed out that when it comes to the Gulf, such constructs are "wishful fiction." By looking at the various architectures produced, including the use of material, we see that Bahrain engaged in a process of appropriation in which "aluminum is the new Bahraini vernacular, another step in the history of self-definition through re-appropriation."

These are fascinating ideas, moving the discourse concerning urbanization and architecture in the Gulf beyond the typical fixations (too many to mention). Their engagement with modernity and its adaptation within a local context was poignant. Yet, it is unfortunate that the accompanying display somehow missed all of that. The pavilion was curated by Anne Holtrop (a Dutch architect) and Noura Al Sayeh (a Bahraini architect and longtime advocate of cultural and heritage preservation). As noted, the large space was occupied by a rather small structure made of aluminum. Its shape consisted of a series of arches that defined certain spaces through which people could move. A series of framed photographs were placed rather awkwardly alongside the structure. Altogether, it was a disorienting display, whose meaning was not entirely clear.

The accompanying book explains the research that was done—none of which found its way into the installation. This includes an archival search in newspaper records, advertisements as well as a substantive mapping project to show the diffusion of the material in the urban and architectural landscape of Bahrain. Of note here are photographs by Camille Zakaria, which focus on the application of aluminum in various facades. These offer a fascinating glimpse into the resultant variation that arose from the use of aluminum and how it has become very much part of the local vernacular. This also makes an interesting connection to other urban centers in the region.

داخل الجناح الاماراتي.

Inside the UAE pavilion.

The need to fit within this exhibition format is understood but there is a compelling case that it was too minimal. Nevertheless, it was a fascinating and courageous idea that is deserving of further discussion. It demonstrated that we can move beyond the confines of heritage, history, and identity and have the ability and resources to make a substantive contribution to the architectural discourse concerning regionalism in architecture.

The pavilion of the UAE—which I curated—adopts a similar approach to Bahrain's in the sense that it attempted to go beyond clichés and stereotypes in the region. The exhibit was titled: "Transformations: The Emirati National House." It sought to directly engage with the theme of the Biennale by examining architectures that enhance the quality of life. To that effect, I looked at one housing typology which began in the early 1970s and the extent to which it was transformed by its inhabitants. Aside from offering insight into a significant part of the UAE's urban and architectural landscape, it also suggested lessons of wider significance. It is an example, and a success story, of a socially conscious architecture that is not speculative or iconic. Provision of decent housing for the disadvantaged is a universal concern and the *Sha'abi* house demonstrates how

الهوية الثقافية وأوجه تمثيلها في المحافل الدولية: العمارة العربية على الساحة العالمية

هولندية) ونورة السايح (مهندسة معمارية بحرينية ومن دعاة الحفاظ على التراث الثقافي). وكما لوحظ، احتلّ هيكل صغير نوعًا ما مصنوع من الألومنيوم مساحةً كبيرةً. وكان يتألف من سلسلة من الأقواس التي حددت مساحات معينة يستطيع الناس التحرك من خلالها. كما تمّ وضع سلسلة من الصور المؤطرة إلى جانب هذا الهيكل. وبشكلٍ عام، يظهر العرض والمعنى الذي يحمله بشكلٍ غير واضح تمامًا. ويشرح الكتاب المصاحب للعرض الأبحاث التي تمّ إجراؤها والتي لم يجد أيّ منها طريقه إلى التنفيذ. ويشمل ذلك بحثًا في محفوظات سجلات الصحف والإعلانات، فضلاً عن تنفيذ مشروع من شأنه إظهار مدى انتشار المواد في المواقع الحضرية والمعمارية في البحرين. وتجدر الإشارة هنا إلى صورٍ تمّ التقاطها بعدسة كميل زكريا، من شأنها التركيز على أوجه استخدام الألمنيوم في واجهات معمارية مختلفة. وبالتالي، تقدّم هذه الصور لمحةً رائعةً عن أوجه التنوّع الناتج عن استخدام الألومنيوم الذي أصبح جزءًا كبيرًا جدًا من الواقع المحلي. ويساهم ذلك أيضًا بتوطيد العلاقة مع المراكز الحضرية الأخرى في المنطقة.

من المفهوم أنه ثمّة حاجة لضمان التناسب مع شكل المعرض هذا، لكن من الواضح هذه الفرص المتاحة كانت محدودةً جدًا. ومع ذلك، شكّلت هذه العملية فكرةً رائعةً وشجاعةً تستحق المزيد من المناقشة. فقد أثبتت أننا قادرون على تجاوز حدود التراث والتاريخ والهوية وأننا نتمتّع بالقدرات والموارد اللازمة للقيام بمساهمة جوهرية في الخطاب المعماري المتعلق بأوجه العمارة الإقليمية.

وتبنّى الجناح الوطني لدولة الإمارات العربية المتحدة الذي قمت أنا برعايته، نهجًا مشابهًا للبحرين، بمعنى أنه حاول تخطي القوالب النمطية والكليشيهات في المنطقة. وفي هذا السياق، اتخذ المعرض من «تحولات: البيت الوطني الإماراتي» عنوانًا له. وفي هذا الصدد، سعى الجناح إلى دراسة الموضوع الذي يدور حوله المعرض، وذلك من خلال استعراض الأبنية التي من شأنها تعزيز جودة الحياة. وتحقيقًا لهذا الغرض، فقد قمت بدراسة تصنيف سكني واحد تمّ إجراؤه في أوائل سبعينيات القرن الماضي وأوجه تحوله من قبل سكانه. وبالإضافة إلى تقديم نظرة ثاقبة حول جزء كبير من الواقع الحضري والمعماري لدولة الإمارات العربية المتحدة، فقد تمّ اقتراح دروس ذات أهمية أكبر. وبالتالي، شكّل ذلك مثالًا يُحتذى به وقصة نجاح تتمحور حول هندسة معمارية واعية اجتماعيًا غير تأملية أو رمزية. وتعدّ إمكانيات توفير سكن لائق للمحرومين مصدر قلق على الصعيد العالمي، وبالتالي، يظهر البيت «الشعبي» كيفية بناء مساكن قابلة للتكيف. وبالتالي، يعدّ الاستخدام المستمر والتغيير الذي شهده هذا النموذج مثالًا نادر لتجربة معمارية مستمرة. وفي إطار السياق الخليجي، سعى الجناح الوطني لدولة الإمارات العربية المتحدة إلى الابتعاد عن مفاهيم الأشكال المذهلة والأيقونية، لتبني مساحات أكثر انتشارًا تستوفي متطلبات السكان اليومية واحتياجاتهم الضرورية. وبالتالي، تمثلت الفكرة في إظهار التنوّع الذي تتميّز به البيئة المبنية في البلاد وبراعة سكانها.

وفي الواقع، من الممكن تفسير ظاهرة البيوت الشعبية باعتبارها شكل من أشكال العمارة العامية التي تتحدى قوانين التخطيط من التنازلي الذي أصبح سائدًا جدًا في المنطقة. وقد تمّ التعبير عن هذه الآراء في الغرب كردّ فعل على أفكار التخطيط الحداثي، بحيث ظهر ذلك من خلال معرض رودوفسكي حول الهندسة المعمارية التي لا تتطلّب مهندسين معماريين في ستينيات القرن الماضي.[11] ويسلّط عاموس رابوبورت، في قطعته البارزة «شكل المنزل والثقافة» (House Form and Culture)، الضوء على أهمية الثقافة وأنماط الحياة المختلفة في تحديد شكل المنازل.[12] وفي وقتٍ لاحق، بحث بول أوليفر في كيفية تطبيق أفكار رابوبورت على المساكن في جميع أنحاء العالم.[13] أمّا من حيث عمليات التخطيط وسياسة الإسكان، عبّر جون تيرنر، في كتابه المعنون «الإسكان من خلال الناس» (Housing by People) قائلًا: «ما يقوم به الناس بأنفسهم هو أكثر كفاءةً وأكثر فعاليةً وأكثر استمراريةً».[14] وأعرب نبيل حمدي عن آراء مماثلة في كتابه «الإسكان بدون مساكن» (Housing Without Houses).[15] وبالتالي، يتبع موضوع معرضنا القائم في البندقية، وبشكلٍ كبير وتقليدي، نهج هؤلاء العلماء وأبحاثهم، بمعنى أنه يساهم في تعزيز قيمة «العمارة الشعبية»، وأن تزويد السكان بالأدوات اللازمة لبناء منازلهم الخاصة قد يؤدي في نهاية المطاف إلى تحقيق المزيد من النتائج المرضية. وقد سعى الجناح الوطني لدولة الإمارات العربية المتحدة، من خلال هذا الموضوع المتمثل في «المساكن القابلة للتكيف»، إلى تعزيز موقفه، وبشكلٍ كامل، ضمن المناقشات المعمارية المعاصرة.

غير أنه لم يتمّ تجاهل المسائل التمثيلية تمامًا. وقد أثيرت فكرة «البيت»، وذلك بالنظر إلى أن الاتجاه المواضيعي للجناح كان يتناول الشواغل المحلية. وتحقيقًا لذلك، نظرت إلى الجوانب الهندسية للمنزل،

to construct an adaptable and flexible typology. The continuous use and change of this model is a rare example of an ongoing architectural experiment. Within the context of the Gulf, the UAE exhibit intended to shift the architectural discourse away from notions of spectacular and iconic forms, to more ubiquitous, "every-day" spaces based on necessity. The idea was to show the diversity of the nation's built environment and the ingenuity of its residents.

مدخل الجناح الوطني لدولة الإمارات العربية المتحدة.
تصوير: محمد سومجي.

The entrance to the UAE National Pavilion.
Photo by Mohamed Somji.

Indeed, Sha'abi houses could be construed as forms of architectural vernacular that challenge the top-down planning that has become so prevalent in the region. Starting with Rudofsky's exhibition about architecture without architects in the 1960s, such views were expressed in the West as a reaction to modernist planning ideas.[11] Amos Rapoport, in his landmark piece, "House, Form, and Culture," elaborates on the significance of culture and lifestyle in determining the form of houses.[12] Paul Oliver later looked at how Rapoport's ideas were applied to dwellings across the world.[13] And in terms of planning processes and housing policy, John Turner, in his aptly titled "Housing by People," argued, "What people do themselves is more efficient, more effective, more enduring."[14] Similar views were expressed by Nabeel Hamdi in "Housing Without Houses."[15] Thus the subject of our exhibition in Venice very much follows in the tradition of these scholars and their research – in a sense valorizing "people's architecture" and that providing residents with the necessary tools for building their home can ultimately lead to more satisfactory results. And it was with this theme – adaptable housing -- that the UAE pavilion sought to position itself squarely within contemporary architectural debates.

Representational issues were not completely ignored, however. The notion of "home" was evoked, given that the thematic direction of the pavilion dealt with domestic concerns. To achieve this, I looked at the geometry of the house both from an architectural and urban perspective. The notion of transformation, which is the degree to which the house changed over time, formed an integral part in developing the exhibition design concept. These transformations comprise changes that took place within a modernist plan, through the accretion of elements over time. The concept of the pavilion expresses this process through the development of a strategy that seeks to spatially express these ideas. Given that the pavilion is placed within an existing historic structure, the intervention was a delicate installation, inserted within this solid context. Through its materiality and overall feel, the objective was to remind viewers of home, wherever that might be.

الزائر في الجناح الوطني لدولة الإمارات العربية
المتحدة يتفقد عرضًا استقصائيًا للبيت الوطني
في جميع أنحاء البلاد.
تصوير: محمد سومجي.

A visitor at the UAE pavilion inspects a survey display of the National House across the country. Photo by Mohamed Somji.

In reviewing the Arab contribution to the 2016 Biennale, I hope to have unequivocally shown that contemporary Arab architecture and urbanism is not some curious sideshow, to be left to the expertise of "outsiders" who somehow know better. There is more to the Gulf than Masdar, the Palm Islands, Burj Khalifa, Louvre-AD, and whatever else is usually churned out in any discussion about the ubiquitous Gulf city. The environment of the everyday and the spaces of our daily encounters are where we will find a true, authentic, and vibrant urbanity. And no one is more qualified to engage these matters than local actors. The region is filled with architects, researchers, writers, artists, and academics who can make a substantive contribution to the local architectural discourse. What these pavilions also show is that there is an emerging young generation that has the necessary knowledge and drive to tackle these issues. For the Gulf, this is particularly important as there is a direct need for national and cultural self-assertion, with an unwavering belief in one's own ability and architectural output. While outsiders are always welcome, and indeed encouraged to partic-

الهوية الثقافية وأوجه تمثيلها في المحافل الدولية: العمارة العربية على الساحة العالمية

سواء من منظور معماري أو حضري. وقد شكّل مفهوم التحوّل، والمتمثّل في مدى تغير المنزل مع مرور الوقت، جزءًا لا يتجزأ من عملية تطوير مفهوم تصميم المعرض. وتشمل هذه التحوّلات التغييرات التي طرأت على إطار خطة التحديث، وذلك من خلال تراكم العناصر على مر الزمن. ويعبّر مفهوم الجناح عن هذه العملية من خلال وضع استراتيجية تسعى إلى التعبير عن هذه الأفكار مكانيًا. وبالنظر إلى أن الجناح يقع ضمن هيكل تاريخي قائم، فتمثلت أوجه التدخل في عملية تركيب دقيقة، تمّ ادرجها في إطار هذا السياق الصلب. ومن خلال ما له من أهمية مادية وشعور عام، تمثّل الهدف المنشود في تذكير المشاهدين بأهمية ذلك.

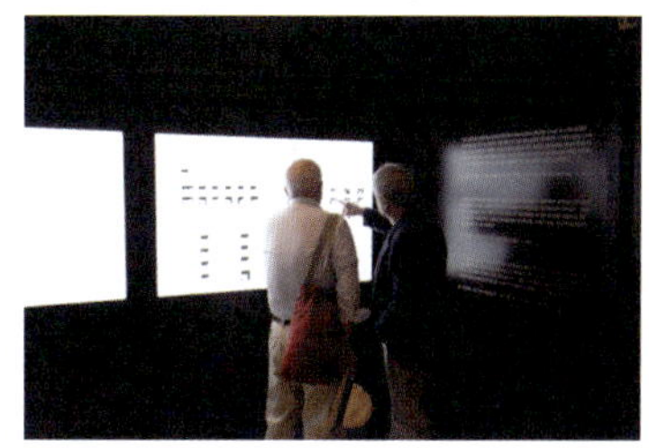

زوار أمام مخطط تحليل هيكلي للبيت الوطني
تصوير: محمد سومجي.

Visitors in front of a structural analysis diagram of the National House.
Photo by Mohamed Somji.

وعند استعراض المساهمة العربية في معرض بينالي البندقية الدولي للعمارة الذي تمّ تنظيمه خلال العام 2016، آمل أن أكون قد تمكنت من إيضاح فكرة أن أوجه العمارة العربية المعاصرة والتوسع الحضري لا تنطوي على أفكار غريبة لا يتناولها سوى «الغرباء» الذين نعتقد أنهم يتمتّعون بمعارف أفضل. وبالتالي، ينطوي الخليج على أكثر من مجرد مدينة مصدر، وجزر النخيل، وبرج خليفة، ومتحف اللوفر، وأيّ موضوع آخر عادة ما يثار في أيّ نقاش يدور حول مدن الخليج الواسعة الانتشار. وبالتالي، سنجد في البيئة اليومية ومساحات لقاءاتنا اليومية حضارة حقيقية وأصلية وحيوية. ولا يعدّ أحد أكثر تأهيلاً لإشراك هذه المسائل في العمارة من الجهات الفاعلة المحلية. فالمنطقة عامرة بالمهندسين المعماريين، والباحثين، والكتّاب، والفنانين والأكاديميين الذين يتمتّعون بالقدرات الضرورية للقيام بمساهمات فنية في الخطاب المعماري المحلي. وتظهر هذه الأجنحة أيضًا نشوء جيل من الشباب الذين يتمتّعون بالمعارف والمحفزات اللازمة لمعالجة هذه القضايا والتصدي لها. أمّا بالنسبة لدول الخليج، فيعدّ هذا الأمر مهمًا جدًا نظرًا للحاجة المباشرة إلى تأكيد الذات على الصعيدين الوطني والثقافي، والتركيز على الإيمان بقدرة المرء وإنتاجه المعماري. وفي حين يشكّل الغرباء دائمًا موضع ترحيب، وبالتالي يتمّ تشجيعهم بالفعل على المشاركة في هذا النوع من الفعاليات، إلّا أن الخبرات التي يتمتّعون بها لا تشكّل بديلاً عن المعارف التي يتمّ رصدها محليًا. وبهذه الطريقة وحدها سيتردد صدى الثقافة المعمارية وسيتمّ احترامها في جميع أنحاء العالم.

الخاتمة: مأزق الحنين إلى الماضي

يبدو أن المشاركة الأخيرة في المعارض العالمية والبيناليات تشير إلى نوعٍ من الابتعاد عن المسائل التمثيلية التقليدية، في الوقت الذي يتمّ فيه إبراز الطبيعة الشبه غير مستقرة لعملية إعادة التوجيه هذه. فعلى مستوى ما، لا تزال أوجه الانشغال تظهر بشأن الحداثة في القرن العشرين، الأمر الذي يتجسّد في الأشكال المعمارية التي تعود إلى ستينيات وسبعينيات القرن الماضي. ويستند ذلك إلى الفكرة المتمثلة في «خسارة» التقاليد والتاريخ، بفعل ظاهرة التحضر السريع. وبالتالي، فإنه من واجب الجهات الفاعلة المستنيرة في الدول، سواء الخارجية أو الداخلية منها، حماية هذا الكنز والتأكد من الحفاظ على ذاكرته والآثار القليلة المتبقية منه.

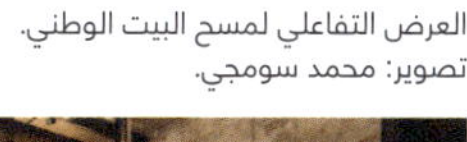

العرض التفاعلي لمسح البيت الوطني.
تصوير: محمد سومجي.

The interactive display for the survey of the National House.
Photo by Mohamed Somji.

ويسود هذا الشعور بالخسارة بين أوساط الشعوب في أجزاء كثيرة من العالم. وفي هذا الصدد، يشير أندرياس هيسن، وهو الذي اتخذ من مرحلة ما بعد الحداثة أساسًا تقوم عليه أعماله، إلى أن نهاية القرن العشرين قد شهد على «انفجار من خطابات الذاكرة».[16] ويرى آخرون أن ذلك يعدّ شكلًا من أشكال عملية «اختراع التقاليد»، والذي يعدّ بمثابة جهاز نفسي يتمّ من خلاله رفض بعض جوانب الماضي «لتأكيد صحّة الجديد». وبالتالي، يشكّل الاحتفاظ بالماضي «الآخر» في بعض الأحيان دليلًا مستمرًا على تفوق الظواهر الجديدة.[17] وهكذا، يؤدي عدم الرضا الشديد عن الحاضر إلى تعزيز أوجه التعلّق بالماضي. ومع ذلك، ثمّة خطر يلوح في الأفق، من شأنه أن يؤدي إلى الهوس.

وتتمثّل إحدى الأبعاد الأخرى الهامة في الدور المتواطئ الذي يؤديه الخبراء، مثل المؤرخين والمحافظين، في تعزيز هذه الرؤية. وفي هذا الإطار، يوضح هويسن أن الدور الذي يؤديه التأريخ يشكّل أداة هيمنة وإدامة للأيديولوجيات. وبالتالي، يتمّ، ومن من خلال مبادرات الإدراج والفهرسة والتوثيق والأرشفة، تعزيز إحدى أشكال التأليف، الأمر الذي من شأنه أن ينطوي على فترة العمارة الحديثة المحددة ضمن إطار زمني معين. وفي هذا السياق، يعيد الخبراء المعماريون إلى الذاكرة معارفهم بالتاريخ المعماري، وذلك بهدف الاستيلاء على أشكال وتفاصيل من ماضي المنطقة بقصد إعادة تشكيلها في سياق مختلف.

أمّا بالنسبة للمدن، فقد بدأت الذكريات والجوانب الزمنية تغزو فضاءات الحداثة المحايدة، لتشكّل إحدى

ipate, their expertise is no substitute for knowledge that is generated locally. Only in this way will an architectural culture emerge whose voice will be heard and respected throughout the world.

Epilogue: The Pitfalls of Nostalgia

Recent participation in world fairs and biennales seem to suggest that there is indeed a move away from traditional representational matters while highlighting the rather precarious nature of such reorientation. At some level, there is still some preoccupation with twentieth-century modernism, a fetishizing of architectural objects from the 1960s and 1970s. The narrative here is based on a perception that, due to rapid urbanization, traditions and history are "lost." Thus, it is the duty of the countries' enlightened players—both outsiders and insiders—to safeguard this treasure and to make sure that its memory is preserved or that the few remaining traces are protected from demolition.

Such a pervasive sense of loss is a popular sentiment in many parts of the world. Postmodern theorist Andreas Huyssen notes that there has been an "explosion of memory discourses at the end of the twentieth century."[16] Others argue that this is a form of "invention of tradition," a psychological device through which some aspects of the past are rejected to "validate the new." While sometimes the retention of the past as "other" is continuing proof of the superiority of the new."[17] Thus, a deep dissatisfaction with the present prompts a kind of collective effort to reminisce about the past. Yet there is a danger that this can lead to fetishizing.

Another important dimension here is the complicit role of experts—such as historians and conservationists—in furthering this vision. Huyssen explains that the role played by historiography is as a tool of domination and perpetuation of ideologies. Thus, through listing, indexing, documenting, and archiving, a form of authorship is established, which lays claim to the body of modernist architecture produced in a certain timeframe. Architectural experts evoke their knowledge of architectural history to freely plunder forms and details from the regions' past with the intent to reconstitute them in a different context.

In the case of cities, memories and temporality are beginning to invade the spaces of neutral modernism, becoming a palimpsest with multiple layers of meaning. Yet, there is a danger here, as Huyssen correctly points out, that we may not be able to distinguish between a mythic past (one that we are imagining) and a real past (what was, in fact, actually there): "The strong marks of present space merge in the imaginary with traces of the past, erasures, losses, and heterotopias."[19] For longtime residents in the transient cities of the Gulf, evoking such nostalgic recollections may act as a form of resistance to "obsolescence" and "disappearance." Clinging to any kind of remnants of the past becomes an all-pervasive effort. It is therefore significant to distinguish between "usable pasts and disposable pasts." And as Huyssen reminds us it "is time to remember the future, rather than simply to worry about the future of memory."[20] If such advice is not heeded, cities run the danger of becoming fossilized versions of their past, with citizenry disengaged from its spaces, leading to alienation, dissatisfaction, and exclusion.

[1] Andreas Huyssen, Present Pasts: Urban Palimpsests and the Politics of Memory, (Stanford University Press, Stanford CA, 2003).
[2] Paul F. Hoye, "The Arabs at Osaka." Saudi Aramco World, July/August, (1970).
[3] Ibid.
[4] Ibid.
[5] Ibid.
[6] Ibid.
[7] Ibid.
[8] Alejandro Aravena, "Reporting From the Front," curatorial theme for the Biennale di Venezia, (Venice, Italy May 28 to November 27, 2016).
[9] Ahmad Hilal, "Reframing Back: Imperative Confrontations," Under the Auspices of Ministry of Culture Arab Republic of Egypt, for the Egypt Pavilion, Biennale di Venzia, (Venice, Italy May 28 to November 27, 2016).
[10] "Kuwait Exhibition Catalog," Biennale di Venezia, (Venice, Italy 2016).
[11] B. Rudofsky, Architecture without Architects, an Introduction to Nonpedigreed Architecture, (Museum of Modern Art New York, NY; distributed by Doubleday, Garden City, 1964).
[12] Amos Rapoport, House Form and Culture, (Englewood Cliffs, N.J, Prentice-Hall, 1969).
[13] Paul Oliver, Dwellings: the Vernacular House World Wide, (Phaidon London, 2003).
[14] J. F. C. Turner, Housing by People: Towards Autonomy in Building Environments, (London: Marion Boyars, 1976).
[15] N. Hamdi, Housing Without Houses: Participation, Flexibility, Enablement, (New York, N.Y., Van Nostrand Reinhold, 1991).
[16] A. Huyssen, Present Pasts: Urban Palimpsests and the Politics of Memory, (Stanford University Press, Stanford CA, 2003).
[17] R. Dennis, Cities in Modernity: Representations and Productions of Metropolitan Space, 1840-1930, (New York, NY: Cambridge University Press, 2008).
[18] Huyssen, Present Pasts: Urban Palimpsests and the Politics of Memory, (2003), p 7.
[19] Huyssen, Present Pasts: Urban Palimpsests and the Politics of Memory, (2003) p 29.
[20] Ibid.

Yasser Elsheshtawy is Associate Professor of Architecture at United Arab Emirates University, Al Ain, where in addition to teaching he also runs the Urban Research Lab. His scholarship focuses on urbanization in developing societies, informal urbanism, urban history and environment-behavior studies, with a particular focus on Middle Eastern cities. He authored a series of books and publications including "Dubai: Behind an urban spectacle.

الهوية الثقافية وأوجه تمثيلها في المحافل الدولية: العمارة العربية على الساحة العالمية

أشدّ الحواجز ذات الطبقات المتعددة من المعاني. وعلى النحو الذي يشير إليه هويسن، ثمّة خطر كامن هنا يتمثّل في عدم قدرتنا على التمييز بين الماضي الأسطوري (الذي نتخيله) والماضي الحقيقي (الذي كان موجودًا في الواقع). وفي هذا الصدد، عبّر هذا الأخير قائلًا: «تندمج العلامات الفضاء الحالي في ما هو وهمي وتحمل معها آثار الماضي، وما تمّ محوه من الذاكرة، والخسائر، وكل ما هو بمعزل عن هيمنة الظروف».[18] أمّا بالنسبة للمقيمين منذ زمنٍ بعيد في إحدى مدن الخليج، فإن استحضار الذكريات القديمة والحنين إليها قد يعدّ شكلًا من أشكال مقاومة «التقادم» و«اختفاء الثقافة». فالتشبث بأي نوع من بقايا الماضي قد ينطوي على جهودٍ كبيرة. لذلك، من المهم التمييز بين «ماضي يمكن الاستفادة منه وماضي لا بدّ من التخلص منه». ووفقًا لهويسن، فقد «حان الوقت لتذكر المستقبل، بدلًا من مجرد القلق بشأن مستقبل الذاكرة». وفي حال لم تستجب المدن لهذه المشورة، فقد تتعرض لخطر أن تصبح نسخًا متحجرةً من ماضيها، يبتعد فيها مواطنيها عن أماكنهم، ممّا يؤدي إلى الاغتراب وعدم الرضا وحتّى الاستبعاد.

ياسر الششتاوي أستاذًا مساعدًا للعمارة في جامعة الإمارات العربية المتحدة في العين حيث يدير مختبر البحوث الحضرية إلى جانب عمله في التدريس. تركز دراسته على العمران الحضري في المجتمعات النامية والتخطيط الحضري غير الرسمي والتاريخ الحضري ودراسة علاقة البيئة بالسلوك مع تركيز خاص على مدن الشرق الأوسط. وقد قام بتأليف سلسلة من الكتب والمنشورات من بينها: "دبي: ما خلف المشهد الحضري".

Design Team

Hamed Bukhamseen is a graduate of the Harvard University Graduate School of Design where he earned a Master of Architecture in Urban Design. With a Bachelor of Architecture and Bachelor of Fine Arts from the Rhode Island School of Design, he was awarded the Architecture Alumni Travel Award where he undertook studies and interventions on public water infrastructure. He has worked internationally within the US, Germany and Kuwait on various architectural and artistic projects. Aimed primarily at the merger of interests in art and architecture across the urban realm, his work has been published in numerous media outlets and has been exhibited in Cambridge, Rome, Venice, and Dublin.

Ali Karimi is a Bahraini architect interested in social housing, public space, and infrastructural re-imaginings of the Gulf countries. Ali is a graduate of the Harvard Graduate School of Design where he received a Master in Architecture. He has worked in Brussels with OFFICE KGDVS, in New York with SO-IL, and in Santiago-Chile with Elemental. In addition to his time abroad he has also attained regional experience in public projects through his time in Bahrain with Gulf House Engineering. He has also conducted research on government-built housing in the GCC with the Affordable Housing Institute in Boston as a Joint Center for Housing Studies Fellow; and in Havana with a grant from the David Rockefeller Center for Latin American Studies. His work has been published in San Rocco, CLOG, Wallpaper Magazine and other media outlets.

Muneerah Alrabe is a research-led designer interested in the intersection of politics, sociology, economics and their patterns in relation to design. She is a recent graduate with a Master of Science of Architecture candidate in the Aga Khan Program for Islamic Architecture (AKPIA) at Massachusetts Institute of Technology (MIT). She holds a Bachelor of Architecture from Syracuse University and has professional experience in the field of architecture and design in Kuwait, Germany, and USA. Her work looks at the socio-spatial politics of public space within Kuwait City in the hopes of achieving a new understating of public spaces within Kuwait. By examining social, political, and economic patterns she hopes to enhance and develop public life and create social tools for a sustainable public life in Kuwait. Her most recent work focuses on co-founding StudioPlay, a research-led design collaborative that critically observes and analyzes the way we live today to propose practical design solutions for a sustainably tomorrow.

Fahad AlHunaif is a New York based graphic designer and art director. He has worked with various magazines which includes Harvard Design Magazine, White Zinfandel, and Surface Magazine. With a Masters Degree in Graphic Design from Parsons the New School for Design, Fahad graduated with top honors and recognition.

Saphiya Abu Al-Maati holds a Master of Architecture degree from the Graduate School of Architecture, Planning, & Preservation at Columbia University. She completed her Bachelor of Arts in Peace & Conflict Studies with a specialization in Human Security at UC Berkeley, where she developed an interest in the intersection of design, power, & politics. Saphiya has been involved with the exhibitions team at GSAPP, alongside assistant teaching undergraduate studios at Barnard College. Her work on Egyptian migrant workers in Jordan, educational models in Atlantic City, and affordable housing in the South Bronx are published in the latest two editions of Columbia Abstract.

Shahab Albahar is currently a faculty member teaching design & theory of architecture at Kuwait University's College of Architecture. He earned his Master in Landscape Architecture from Harvard University, and prior dual Bachelors in Architecture & Fine Arts from Rhode Island School of Design (RISD). He also is co-managing director of Inmaginative Ltd, a consultancy firm aimed for those interested in pursuing degrees in design gain admission to top programs in the US. He is planning on advancing his studies & earning a PhD in Environmental Planning at the University of Virginia. He truly believes in the agency design holds in empowering & advancing society. His dream is to establish an art & design institution in the Gulf, the first of its kind in providing a platform that facilitates the pedagogy of innovation through experimenting & collective thinking.

Mai AlBusairi is a graduate of the Kuwait University - College of Architecture receiving a Bachelor of Architecture. AlBusairi participated in the 2014 Venice Biennale as part of the FREEPORT Program, and is an artist responsible for several public space installations in Kuwait City. AlBusairi recently co-founded Parallel Studio in 2015, a practice offering design services in art, architecture, landscape architecture and interior design.

Rawan Alsaffar is a graduate from the Harvard Graduate School of Design with a masters in Landscape Architecture (2017) and a Masters in Advanced studies in Urbanism, Landscape and Ecology. She received her bachelor of Architecture degree from Rhode Island School of Design. She is interested in the intersection of design and research, and the interchange between critical practice and architectural writing. Her work looks at infrastructure at the regional scale and its effect on urbanization. Her current research focuses on the relationship between oil and desalination in the Arabian/Persian Gulf and their effect on agriculture and marine environments. She has worked as a research assistant at MIT and Harvard and in many offices across the world including PACE, Design Earth, and the EUC in China.

Nada Alqallaf is a Kuwaiti Master of Architecture (M Arch II) and Landscape Architecture (MLA I AP) candidate at the Harvard Graduate School of Design. Nada earned a B Arch from the University of Arizona in 2013. After graduating, she worked as an architectural designer at AECOM in San Francisco and SQC International in Kuwait. During her two years of practice Nada worked on a range of projects including NASA Aims laboratories in California and design competitions for the Kuwait Oil Company in Kuwait.

Yousef Awaad Hussein is a Master of Architecture candidate at the Harvard University Graduate School of Design as a John E. Irving Fellow. He studied Civil Engineering at Dalhousie University before completing a Bachelor of Science in Architecture at McGill University in 2014. His interests are positioned at the intersection of architecture, landscape, and urbanism, oriented towards re-imagining the architecture of the city-state. Yousef has conducted research on the use of the aerial perspective in British planning in Protectorate Kuwait as a Penny White Project Fund awardee; and landscape urbanism in Colombia on a David Rockefeller Center for Latin American Studies travel grant. His work has been published in a number of anthologies and exhibitions including Design Miami 2015, The Wallpaper Magazine, GSD Platform Books and Exhibitions, and the Autodesk BUILD space.

فريق التصميم

حامد بوخمسين تخرّج من كلية الدراسات العليا للتصميم بجامعة هارفارد حيث حصل على درجة الماجستير في الهندسة المعمارية والتصميم الحضري. يحمل بوخمسين درجة بكالوريوس الهندسة المعمارية وبكالوريوس الفنون الجميلة من كلية رود آيلاند للتصميم، كما فاز على جائزة السفر لخريجي الهندسة المعمارية، حيث أجرى عددًا من الدراسات والتعديلات على البنية التحتية العامة للمياه. كما شارك في العديد من المشروعات الدولية في الهندسة المعمارية والفنون في الولايات المتحدة الأمريكية وألمانيا والكويت. ومن منطلق حرصه على الدمج بين اهتماماته بالفن والعمارة في المجال العمراني، نُشرت أعماله في العديد من المنافذ الإعلامية المرموقة وعُرضت في كلٍ من كامبريدج، وروما، والبندقية، ودبلن.

علي كريمي معماري بحريني مهتم بالإسكان ، والمساحات العامة، وهيكلة البنية التحتية لدول الخليج. علي خريج كلية الدراسات العليا للتصميم في جامعة هارفرد حيث حصل على درجة الماجستير في الهندسة المعمارية. عمل في بروكسل مع مكتب مع KGDVS، في نيويورك مع SO-IL ، وفي سانتياغو شيلي مع ELEMENTAL. بالإضافة إلى الوقت الذي قضاه في الخارج حصل أيضا على خبرة إقليمية في المشاريع العامة من خلال وقته في البحرين مع دارالخليج للهندسة .كما أجرى أبحاثا حول الإسكان الحكومي في دول مجلس التعاون الخليجي مع معهد الإسكان في بوسطن وفي هافانا بمنحة من مركز ديفيد روكفلر لدراسات أمريكا اللاتينية. وقد نشر عمله في مجلة سان روكو، كلوغ، مجلة Wallpaper*، ووسائل الإعلام الأخرى.

منيرة الربعي باحثه ومصممة مهتمة بالجوانب المشتركة بين السياسة وعلم الاجتماع والاقتصاد وأنماطها فيما يتعلق بالتصيم. نالت شهادة الماجستير في علوم العمارة من برنامج الآغا خان للعمارة الإسلامية في جامعة ماساتشوستس للتقنية. وتحمل شهادة بكالوريوس في العمارة من جامعة سيراكيوز، ولها خبرة مهنية في مجال العمارة والتصميم في الكويت وألمانيا. تتحرى أبحاثها السياسات الاجتماعية المكانية للأماكن العامة في مدينة الكويت، أملاً في تحقيق فهم جديد للأماكن العامة في المدينة بهدف تحسين وتطوير الحياة العامة في الكويت. ومن المنتظر في سبتمبر 2017 أن تنضم إلى أعضاء هيئة التدريس بكلية العمارة في جامعة الكويت لتدريس التصميم ونظرية العمارة.

فهد الحنيف هو مصمم جرافيكي و مخرج فني و هو مستقر حالياً في نيو يورك. قد عمل فهد مع عدة المجلات و المنشورات من بينها مجلة هارفرد للتصميم، Surface، و White Zinfandel .تخرج فهد من كلية بارسون للتصميم بماجستير بالتصميم الجرافيكي حاصلاً على مرتبة الشرف.

صفية أبو المعاطي تحمل درجة الماجستير في العمارة من كلية الدراسات العليا للعمارة والتخطيط والترميم في جامعة كولومبيا. وقد أتمت مرحلة البكالوريوس في دراسات السلام والنزاع، متخصصة في الأمن الإنساني في جامعة كاليفورنيا في بركلي، حيث برز اهتمامها بالعلاقة بين التصميم والسلطة والسياسة. ولطالما شاركت صفية مع فريق المعارض في كلية الدراسات العليا للعمارة والتخطيط والترميم، إلى جانب العمل مدرسًا مساعدًا في الاستوديوهات الجامعية بكلية برنارد. وقد نشرت أعمالها حول العمال المصريين المهاجرين في الأردن والنماذج التعليمية في مدينة أتلانتيك والسكن ميسور التكلفة في جنوب برونكس في الإصدارين الأخيرين من الكتاب السنوي Columbia Abstract (ملخص كولومبيا).

شهاب البحر يعمل في الوقت الحالي عضو هيئة تدريسية، حيث يقوم بتدريس التصميم ونظرية العمارة في كلية العمارة بجامعة الكويت. وقد نال درجة الماجستير في هندسة المناظر الطبيعية من جامعة هارفرد، بعد أن حصل على شهادتي البكالوريوس في كل من العمارة والفنون الجميلة من كلية رود آيلاند للتصميم. كما يعمل مديرًا مشاركًا لشركة Inmaginative Ltd، وهي شركة استشارية تسعى لمساعدة المهتمين بالحصول على شهادات في التصميم ليحظوا بالقبول في أبرز البرامج الدراسية في الولايات المتحدة. ويخطط لتطوير دراساته والحصول على شهادة الدكتوراه في التخطيط البيئي من جامعة فيرجينيا. يؤمن شهاب حقًا بالقوة التي ينطوي عليها التصميم في تمكين المجتمع وتطويره. ويتجسد حلمه بتأسيس معهد للفنون والتصميم في الخليج، ليكون الأول من نوعه في توفير منصة تسهل تدريس الابتكار من خلال التجريب والتفكير الجماعي.

مي البصيري خريجة كلية الهندسة المعمارية بجامعة الكويت، حيث نالت درجة البكالوريوس في الهندسة المعمارية. شاركت البصيري ضمن مؤسسة بينالي فينيسيا عام 2014 كأحد المشاركين في برنامج FREEPORT، وهي الفنانة المسؤولة عن الإشراف على العديد من المساحات العامة في مدينة الكويت. شاركت البصيري مؤخرًا في تأسيس Parallel Studio – وهو مشروع لتقديم خدمات التصميم الداخلي والهندسة المعمارية وهندسة المناظر.

روان الصفارخريجة كلية الدراسات العليا للتصميم في جامعة هارفرد، حيث نالت درجة الماجستير في هندسة المناظر الطبيعية (2017) ودرجة الماجستير في الدراسات المتقدمة للتخطيط الحضري والمناظر الطبيعية وعلم البيئة. وقد حصلت على درجة البكالوريوس في العمارة من كلية رود آيلاند للتصميم. تهتم روان بالجوانب المشتركة بين التصميم والبحث، وكذلك النواحي التبادلية فيما بين الممارسة النقدية والكتابة المعمارية. تتناول أعمالها البنية التحتية على المستوى الإقليمي وأثرها على عملية التوسع الحضري. ويركز بحثها الحالي على العلاقة بين النفط وتحلية المياه في الخليج العربي/الفارسي وأثرها على الزراعة والبيئات البحرية. وقد عملت باحثة مساعدة في معهد ماساتشوستس للتقنية وجامعة هارفرد والعديد من المكاتب حول العالم من بينها بي إيه سي إي، وديزاين إيرث، وإي يو سي في الصين.

ندى القلاف ندى مرشحة لبرنامج الهندسة المعمارية (M Arch II) وهندسة تصميم المسطحات الخارجية (او مناظر طبيعيه) (MLA I AP) بكلية الدراسات العليا للتصميم بجامعة هارفارد. حصلت ندى على درجة البكالوريوس في الهندسة المعمارية من جامعة أريزونا عام 2013، وعملت بعد تخرجها مصممة معمارية لدى شركة AECOM في سان فرانسيسكو، و-SQC International في الكويت. وخلال هذين العامين من الخبرة العملية، عملت ندى على مجموعة من المشروعات من بينها مشروع مختبرات NASA Aims في كاليفورنيا ومسابقات التصميم لشركة نفط الكويت بدولة الكويت.

يوسف عواد مرشح لنيل درجة الماجستير في العمارة من كلية الدراسات العليا للتصميم في جامعة هارفرد بصفته حائزًا على زمالة جون إي. إرفنغ. وقد سبق له أن درس الهندسة المدنية في جامعة دالهاوسي قبل إكماله درجة البكالوريوس في الهندسة المعمارية في جامعة ماكجيل عام 2014. ينصب اهتمامه على الجوانب المشتركة بين العمارة وتصميم المناظر الطبيعية والتخطيط الحضري، موجهًا صلب اهتمامه لإعادة تصور عمارة الدولة المدينة. وقد أجرى يوسف بحوثًا حول استخدام المنظور الجوي في التخطيط البريطاني أثناء الوصاية على الكويت للفوز بجائزة تمويل مشروع بيني وايت، كما استخدم التخطيط الحضري للمناظر الطبيعية في كولومبيا للحصول على منحة سفر من مركز ديفيد روكفلر لدراسات أمريكا اللاتينية. وقد نُشرت أعماله في عدد من المنشورات المختارة والمعارض، ومن ذلك معرض ميامي للتصميم عام 2015، ومجلة وول بيبر، وكتب ومعارض منصة جي إس دي، وأوتوديسك بيلد سبيس.